传承人类法治薪火
启蒙现代法治精神
探索中国法治之路

〔美〕乔安娜·L.格罗斯曼　〔美〕劳伦斯·M.弗里德曼　著
朱元庆　译

INSIDE THE CASTLE
Law and the Family in 20th Century America

围 城 之 内
二十世纪美国的家庭与法律

JOANNA L. GROSSMAN
&
LAWRENCE M. FRIEDMAN

北京大学出版社
PEKING UNIVERSITY PRESS

著作权合同登记号　图字：01-2017-8789
图书在版编目（CIP）数据

围城之内／（美）乔安娜·L.格罗斯曼，（美）劳伦斯·M.弗里德曼著；朱元庆译.—北京：北京大学出版社，2018.12
ISBN 978-7-301-30137-1

Ⅰ.①围… Ⅱ.①乔… ②劳… ③朱… Ⅲ.①婚姻法—法制史—研究—美国—20世纪 Ⅳ.①D971.239

中国版本图书馆 CIP 数据核字（2018）第281671号

INSIDE THE CASTLE: Law and the Family in 20th Century America, by Joanna L. Grossman and Lawrence M. Friedman
Copyright © 2011 by Princeton University Press
All rights reserved. No part of this book may be reproduced or transmitted in any form or by any means, electronic or mechanical, including photocopying, recording or by any information storage and retrieval system, without permission in writing from the Publisher.

书　　　名	围城之内 WEICHENG ZHI NEI
著作责任者	〔美〕乔安娜·L.格罗斯曼　〔美〕劳伦斯·M.弗里德曼　著 朱元庆　译
责任编辑	柯　恒　陈晓洁
标准书号	ISBN 978-7-301-30137-1
出版发行	北京大学出版社
地　　址	北京市海淀区成府路205号　100871
网　　址	http://www.pup.cn　http://www.yandayuanzhao.com
电子信箱	yandayuanzhao@163.com
新浪微博	@北京大学出版社　@北大出版社燕大元照法律图书
电　　话	邮购部 010-62752015　发行部 010-62750672 编辑部 010-62117788
印　刷　者	北京中科印刷有限公司
经　销　者	新华书店
	880毫米×1230毫米　A5　13.875印张　335千字 2018年12月第1版　2018年12月第1次印刷
定　　价	69.00元

未经许可，不得以任何方式复制或抄袭本书之部分或全部内容。
版权所有，侵权必究
举报电话：010-62752024　电子信箱：fd@pup.pku.edu.cn
图书如有印装质量问题，请与出版部联系，电话：010-62756370

目 录

致　谢	001
导　论	003

第一部分　喜结连理：结婚和婚誓

第一章	结婚和州政府	029
第二章	婚姻、法律和社会：一张交织的网	054
第三章	普通法婚姻	082
第四章	"心理安慰"的终结	094

第二部分　宽容时代的浪漫之爱

第五章	性自由的崛起	115
第六章	同　居	127
第七章	同性关系	146

第三部分　琴瑟不合：解除婚姻及其后果

第八章	各奔东西：离婚和婚姻无效	163
第九章	金钱与感情：离婚的经济后果	197
第十章	连带伤害：离婚家庭中的孩子	219

第四部分 老一代与新一代

第十一章　多代同堂：老年法和继承法　　237

第十二章　父母和子女：权利和责任　　263

第十三章　我们属于父母还是法律？　　286

第十四章　选定之人：收养与法律　　304

结　语　步入虚空　　328

注　释　　331

索　引　　421

致　谢

本书是长期致力于家事法研究的专家学者间友好合作的最终结果。有机会与各位共同合作探讨这一充满活力的重要领域，我们深感荣幸。在此，我们也对提供帮助和支持的朋友、同事和家人深表感谢，特别是帮助我们通读书稿并提出宝贵意见的玛克辛·艾希纳（Maxine Eichner）、玛丽·格罗斯曼（Mary Grossman）和格兰特·海登（Grant Hayden）。两位匿名审稿人提出的批评意见和建议，以及本书编辑查克·迈尔斯（Chuck Myers）的热心支持，在此也一并致谢。霍夫斯特拉大学（Hofstra University）的诺拉·德姆莱特纳（Nora Demleitner）院长在本书写作过程中给予了慷慨资助，并免除了我们的授课任务。乔安娜的朋友和同事约翰·德威特·格雷戈里（John DeWitt Gregory）资助了研究资金，为她争取到了完成本书所需的宝贵时间。霍夫斯特拉大学法律图书馆的帕特里夏·卡斯廷（Patricia Kasting）总能开心地接受资料查询的任务，并及时为我们提供查询结果。我们还要向为本书查询资料，完善脚注的众多研究助理们表示谢意。他们是安德烈亚·卡鲁索（Andrea Caruso）、阿什利·莱恩（Ashley Lane）、萨莎·明顿（Sasha Minton）和利娅·萨克斯泰因（Leah Saxtein）。特别感谢为本书耗费大量时间精力的萨拉·克拉布特里（Sarah Crabtree）、安德鲁·福特（Andrew Ford）和布琳·奥斯特雷格（Bryn Ostrager）。我们要特意向斯坦福大学法学院院长拉里·克雷默（Larry Kramer）致谢，还要向在诸多方面为本书写作提供便利的玛丽·泰伊（Mary Tye）和斯蒂芬妮·巴索（Stephanie Basso），安德鲁·舒帕尼兹（Andrew Shupanitz）和戴维·奥耶（David Oyer），以及斯坦福大学图书馆的许多热心馆员致谢，他们是保罗·洛米奥（Paul Lomio）、埃里卡·韦恩（Erika Wayne）、索尼娅·莫斯（Sonia Moss）、塞尔吉奥·斯通（Sergio Stone）、凯特·威尔科（Kate Wilko）和乔治·威尔逊（George Wilson）。最后，我们还要感谢我们各自的家人，正是他们时刻提醒我们家庭的地位无可取代。

导 论

在任何社会,每一个人都出生于某一个家庭。即使是一个出生即遭遗弃的新生儿,可能被包在脏兮兮的毯子里,放在某家门前,最终也会生活在某个家庭之中。没有家的孩子极有可能夭折。但家却以各种各样的形态存在着。有爱意满满之家,也有爱意全无之家;有令人抓狂之家,也有圣人之家;有纯粹由男人组成的家庭,也有纯粹由女人组成的家庭;有三口之家,也有多代同堂之家;有大户人家,也有小户人家。甚至一个独居的人在某个地方也有他所属的家庭,可称其为一人之家,或一家之一分子。正如狼或白蚁,人类也是社会动物、家庭动物。家庭是社会的基本单位。千家万户就像分子一样,共同构成我们所称的"社会"。家庭在当今社会中仍然具有举足轻重的地位,尽管现代生活在诸多方面弱化了家庭,强调自我。由于个人主义对家庭和家庭生活具有压倒一切的影响力,所以,这也成为本书的主题之一。然而,家庭仍然是一个很重要的社会机构。我们试图向大家揭示个人和家庭的关系、家庭观念的变迁以及法律在其中扮演的角色。

家庭也是社会组织。家庭结构和家庭生活因地、因时而异,也因文化差异而差别很大。在某些社群中,男人可以妻妾成群;在另一些极少见的社群中,女人也可以一妻多夫。有些地方家庭核心是母亲的兄弟,或岳母或婆婆;女性在婚姻、性生活、养育子女等方面拥有决定权;而有些地方极为重视血缘关系,不管亲疏远近,可能远房的表亲也拥有决策权;有些社会,比如美国,即使是亲兄弟姐妹,成家后也互不干涉他人生活。法律及法律制度对家庭的作用——规范、影响、塑造、挑战,甚或无视——自然而然也因家庭形式本身的多样化而变化多端。

本书着眼于二十世纪和二十一世纪前十年的美国家事法,或者可以说,本书着眼于法律和家庭。"家事法"一词是法律人为结婚、离婚、子女抚养、家庭财产以及与之相关事务法律关系所造。本书涵盖上述内容,但本书也涉及其他影响家庭的法律,比如继承,或刑事法与家庭事务的交叉部分——家庭暴力和婚内强奸。[1]

然而,我们并非对这一主题无所不包。就某些方面而言,本书更准确地说重点放在中产阶层的家事法。有关贫穷家庭的家事法是另一个更广大的领域。这些内容通常既未分类在"家事法"之下,也未涵盖在通常的约法和法律条款之内。但其构成了美国法的重要内容,此领域的著述也是汗牛充栋。其发展史充斥着各州以提供福利待遇为条件干涉贫穷母亲及其他妇女的家庭生活,甚至性生活的悲惨故事。这些干涉方式对中产阶层家庭而言,无论是在法律上还是在社会上都无可容忍。我们将在未来专门著书关注此类问题,但本书对此所涉不多。

我们已明确了本书的基本出发点。家事法与家庭生活息息相关。也就是说,一个社会里的家庭发生的任何事情都对家事法有决定性作用。法律不是自发生成的,不是根据某种神秘的内在程序自然发展变化的,法律一定是随其所在社会的发展而发展变化。法律与社会的关系极为紧密,但也总是云遮雾绕。部分原因在于,在一个纷繁复杂的社会里,家庭生活也从不简单,其实质(如果有的话)也从来不是直截了当和清楚明白的。从来没有恰如其分的语句可以准确描述 1900 年的美国家庭,或 1950 年的美国家庭,或 2011 年的美国家庭。只要美国的家庭生活充满张力,纷繁复杂,冲突不断,那么美国的家事法也会如此。因而,我们所讲述的故事也同样复杂多变,但我们认为,发展的主线清晰明确。

世纪巨变

二十世纪的社会发生了持续不断的剧烈变化,这一世纪以汽车和飞机的发明起始,以电脑和互联网的普及落下帷幕;以传统世界的分崩离析开始,主要是传统欧洲帝国,以出现了几个小岛成为主权国家,而强大帝国轰然倒塌的世界结尾。这个世纪有种族灭绝和战争,也是人权发展和令人难以置信的技术大发展的世纪。随着人口增加,人均寿命延长,到二十世纪末,这个世界已拥挤不堪。一切发展都对法律留下了印记,事实上以某种方式体现在法律上或借由法律的变化而发生。在所有的发达国家,法律数量的增长速度甚至超过了人口增长的速度。

家事法(广义上的)发生了什么变化?部分变化始自十九世纪,部分变化为二十世纪独有。也许,最重要的趋势就是传统家庭的没落,也就是十九世纪人们所理解的、以圣经和传统道德所维系的家庭。传统家庭在二十世纪面临越来越大的压力,从某种意义上说,此类家庭已四分五裂。

"传统家庭"呈现出下列画面,就像诺曼·洛克威尔*所描绘的家庭一样。温暖的家里,居住着一个男人和一个女人以及他们的孩子们。夫妻两人相互忠诚,分坐餐桌两端。丈夫是一家之主,负责养家糊口,拥有绝对权威,说一不二;性格坚毅,也善解人意;受人尊敬,并不可怕。妻子负责打理家务,性格温和,忠于丈夫,对其言听计从,照顾孩子,事无巨细,任劳任怨;帮助孩子建立宗教信仰,形成道德价值

---

* 诺曼·洛克威尔(Norman Rockwell,1894—1978),二十世纪早期美国重要的画家及插画家,作品横跨商业宣传与爱国宣传领域。其中最知名的系列作品包括《四大自由》与《女子铆钉工》等。——译者注

全书脚注无特别注明的,均为译者注。以下不再逐一标明。

观;教育子女尊崇父亲,无私奉献其母爱。孩子们在父母的关爱下健康成长。当然,这是一个标准的传统白人中产家庭。

上述图景是一个理想的家庭画面,有时也许更多是一个幻象。大多数家庭并非如此。[2]特别是非白人的贫穷家庭从来不会奢望如此的家庭生活。而且,整个十九世纪,死亡和解体破坏了成千上万个家庭。这个世纪充斥着抛家弃子、酗酒和孤儿。法律尽其所能地对正统的家庭表示尊重和支持,而压制或无视那些离经叛道的家庭。法律给予父亲绝对的权威,妻子和孩子必须服从。丈夫拥有孩子的监护权。只有当丈夫成为一个性情暴戾之人,或风流成性,或抛家弃子,离婚才有可能。丈夫控制了家庭的经济命脉,而一个已婚妇女在整个十九世纪都无权买卖财产,拥有农场、住房以及城市里的多数东西,也不能立遗嘱。法律上,妻子的地位就像一半疯子加上一半奴隶。正如布莱克斯通*所言,夫妻就像"合二为一"之人,只不过,此"一"纯属丈夫,与妻子无关,丈夫是这个"一"的主宰。

当然,十九世纪的法律也并非一成不变。社会快速变化,法律也如此。法律以渐变的方式正式、非正式地顺应着发生在人们以及家庭生活中的变化。从十九世纪中叶开始,各州开始纷纷通过关于已婚妇女财产权的法律,赋予妻子财产权、买卖权以及以其自身名义赚取酬劳的权利。虽然法院有时无视这些法律,部分法院在认可已婚妇女权利方面也极为吝啬,但变革最终占据了上风。婚姻财产方面的法律变化并非源自激烈的权利运动,亦非由于男性意识的提高而来,而是由于具体社会经济发展的需求。

5 继承法方面的新进展很大程度上提升了妇女的地位,特别是寿命

---

* 威廉·布莱克斯通爵士(Sir William Blackstone,1723—1780),英国法学家、法官。1758 年起在牛津大学任教,成为英国大学里教授英国法的第一人。

长于丈夫的妇女们。在普通法制度下，寡妇主要靠古老的亡夫遗产制度度过余生，这使她可以终身获得丈夫土地的部分权利，但除此以外，别无一物。新的法律明确了寡妇可以拥有夫妻全部财产的一部分，而且可以随意处置。同样，这其实也仅仅部分源于社会公平或慷慨之举。通过免除遗产受到可能沦为亡夫遗产的威胁，而此种威胁可能为土地所有权蒙上"阴影"，此举有助于确保更为有序地处置土地。

十九世纪早期，离婚极为罕见且程序繁杂。在南方的某些州，只有州立法机关才能批准离婚。北方的某些州创设了一个司法离婚制度，即将离婚视为一个常规的法庭程序。很多州的正式离婚规则在严与松之间徘徊不定。最终，大多数州采用了偏严的标准。离婚不受鼓励，这就是法律对离婚的姿态，也是主流伦理观点。但离婚法发展的现实很快就摆脱了偏严的标准。在十九世纪的最后几十年里，各种各样规避严格离婚法律规定的做法层出不穷。有些州已成为离婚更快、更容易的"离婚天堂"。当然，也出现了许多虚假离婚。

理论上，不存在离婚协议一说。夫妻之间没有权利达成此类协议，也没有权利决定终止婚姻关系。离婚应该是授予一个无辜配偶的特权，比如说，一个长期受到丈夫殴打的妻子，或遭受丈夫抛弃的妻子，或丈夫与他人通奸的妻子（根据纽约州法律，只有因通奸才能获得离婚特权）。但实践中，十九世纪晚期的大多数离婚事实上就是双方协议的结果，或者可以说，双方共谋的结果。从法律上来说，这些协议都属欺诈，都以法庭上的谎言为依据。但法律制度却照单全收，法官即使识破了这些把戏，也视若无睹。

在监护权纠纷方面，父亲一方在1800年至1900年间失去了优势。子女监护权不再理所当然地归父亲所有，而这却是传统的规则：作为一家之主，父亲在别居或离婚的情况下，自然而然成为子女的监护人。到十九世纪末，新规则渐成主流：子女利益最大化。实践中，这通常意味着,至少对年少子女而言,能够获得母亲的关爱。

到二十世纪初,家事法已发生了巨大的变化。二十世纪带来了什么?变化很多,可用"巨变"形容。变化的剧烈程度也许超出十九世纪的任何事物。简单几句话很难概括这些巨变。然而,很多变化就像十九世纪的发展一样,与诺曼·洛克威尔画作中的婚姻及家庭生活所反映的法律关系渐行渐远,走向变化更频繁、更复杂的法律关系。我们已提到了其中的一个主要变化:"家庭"这个法律概念的扩大和再定义。婚姻已不是合法性行为的唯一途径。到二十世纪末,法律上已无"非婚生子女"这一概念。非婚生子女与婚生子女所享有的权利基本一致。此变化直接导致另一个可能会令维多利亚时代*的美国人汗颜的情形:同居不仅合法,而且稀松平常。性自由获得了社会和法律的广泛认可。而且,在某些地方,同性伴侣也被认可为一种家庭类型。

另一个变化在于家庭福利责任的变迁,即从个人或家庭变为政府。社会保障制度和医疗保障制度就是典型范例,还有涉及养老金及养老基金的相关法律体系。在二十世纪,联邦政府首次在儿童福利法律方面作出尝试,深度介入儿童抚养法律,以及虐待儿童、对儿童放任不管等问题。政府此举的目的是强化家庭生活,但其目的是否达成,抑或进一步弱化了家庭地位,确实是一个有趣的问题。无论如何,税法从整体上看都对家庭有利:例如,拥有房屋者可以其支付的按揭还款抵扣收入所得税,寡妇或鳏夫所获亡夫(妻)的遗产免征遗产税。到二十世纪,州政府承担了教育孩子的责任,并由州财政开支。适龄儿童必须到学校接受教育,父母无权拒绝。对此,确

---

* 维多利亚时代(Victorian era),前接乔治时代,后启爱德华时代,时限常被定义为1851年至1901年,即维多利亚女王(Alexandrina Victoria)的统治时期。

实也存在一些分歧和争议，比如在家学习、私人学校，以及小众特定人群（如阿米什人*）完全掌控其子女成长和受教育权等问题。但这些问题不是主流。针对优秀孩子专设有支持计划；对不良少年，也专设有未成年人法庭。涉及孩子的法律在诸多方面都有所增加，而且更加复杂，从某种意义上说，处罚更轻。同时，对家庭里成年人的制约却变得越来越松，无过错离婚、同居权，以及对非婚生子女的保护都是这一变化的明显例证。

　　本书将试图描述发生在家事法上的这些剧烈变化。问题是，变化的动因是什么？仅从法律本身寻求答案毫无意义，关键在于把握社会的运动轨迹：男女关系的巨变，二十世纪晚期出现的大众文化现象，媒体的影响，以及其他一些因素。上述这些因素以何种方式对法律产生影响即是本书试图探讨的主题。因此，借用社会科学的术语，影响家庭变化的因变量就是法律。家庭生活本身的变化主要是作为动因的自变量。这些变化显而易见，比如，性伦理方面的变化明显导致了涉及同居、未婚生子、使用新生殖技术，以及同性婚姻或结合等法律规则的变更。相较以前，出现了组建家庭的多种方式，构成"关系"的多种方式。家事法只不过映射了这些社会现象而已。

　　二十世纪，对家庭生活产生影响的几个明显要素值得我们关注。技术革新首当其冲——避孕药具和人工授精的广泛适用导致大量从未出现过的家庭形式成为可能；其他的一些技术进步也对家庭生活产生了更细微的间接影响。汽车使家庭流动性更大，可以远离拥挤的大城市并直接导致了城郊生活的兴起，而城郊生活也导致了一家一户的大量出现，位于城郊的房子掩映在树木和花草之间，以栅栏与邻相隔，

---

* 阿米什人（Amish）是美国和加拿大安大略省一群基督教再洗礼派门诺会信徒（又称亚米胥派）；通常认为他们拒绝现代科技，但事实上许多阿米什人村落都使用电力，并且还拥有发电机和蓄电池。

拥有更高的隐私度。"城郊人"的大量出现,加之美国人血脉中的不安分因子,加速了所谓大家庭的土崩瓦解。很多家庭的祖父母都不再与其子女共同生活,甚至相隔甚远。

人口方面也发生了一个本质变化。人的寿命更长——由于抗生素的大量使用,更好的营养以及现代医学水平的广泛提高。寿命的延长极大地改变了继承的动力。正如约翰·朗贝恩*教授指出,二三十岁继承父母遗产和等到双亲九十五岁离世后再继承遗产完全是两回事。诸如房贷和大学学费贷款等终身"礼物"在家庭内成为至关重要的财富转移,比继承遗产更为关键。³更长的人均寿命也改变了离婚的动力。劳伦斯·斯通**认为,大多数婚姻可以像100年前一样勉强维持,离婚成为"死亡的功能替身"。⁴

总而言之,金钱对这个国家的家庭和家事法产生了重要影响。相对而言,美国在十九世纪已经成为一个较为富裕的国家。到二十世纪,特别是二十世纪后半叶,美国已经成为一个极为富裕的国家。事实证明,大萧条只是一轮长期增长中的短暂停滞(至少我们希望如此)。然而,本书的写作过程却恰逢史上最严重的萧条期(2008—2010)。随着时间推移,越来越多的人脱离了贫困阶层,进入中产阶级的大家庭。纵观世界,中产家庭的孩子比贫穷家庭的都要少。他们的家庭生活完全有别于贫穷家庭,也与富裕家庭不一样。他们拥有闲暇(即休闲时间)进行消费;孩子们都拥有各自的房间,卫生间也设施齐备。对隐私以及裸体的态度发生了变化。这些态度的变化以极细微的方式影响着性行为,而影响性行为的隐私也会对家庭产生冲击。这

---

* 约翰·朗贝恩(John Harriss Langbein),耶鲁大学法学院教授,主要研究领域为信托和遗产法、比较法以及英美法律史。

** 劳伦斯·斯通(Lawrence Stone,1919—1999),英国历史学家,主要研究领域为英国内战及英国婚姻、家庭、贵族史等。

些态度还加速了"自我表现型个人主义"[5]潮流的发展——在我们的时代就是极端个人主义——这也对家庭生活和家事法产生了深刻的影响。

所有这些社会的发展变化都以一种因果关系相互联结。技术创造财富,财富产生闲暇,闲暇鼓励消费和广告业,所有这一切因素加上人口变化的趋势催生了一种注重个人成长和个人主义的文化。传统家庭在这些巨变的强力作用下摇摇欲坠。媒体也扮演了一个推波助澜的角色,散布了一种不断获取、不断消费、不断发展自我的讯息。他们是影响家庭的一股重要的外部力量。孩子们更早地接触外部世界,而且是以一种比十九世纪的村庄和城市更生动、更激烈的方式。身处电视时代,孩子们已成为一个市场、目标客户,以及潜在的和实际的消费大军。社交生活的手段使他们与同龄人相处的时间远多于与父母相处的时间。青春期成为性情狂暴的时期。同时,民权运动——民权观点——进一步强化了女性要求平等权利的运动。工作机会、职业生涯、专业发展均向女性开放。自然而然,经济生活中女性地位的不断提高必然导致其家庭角色地位的不断提高。相对而言,家庭变得更不像一个社会单位,而更像一个个人的集合体,每个个体都有其自身的权利和义务。我们会发现,到二十世纪末,人们不仅开始听到女性权利,还会听到儿童权利,而这一概念对于我们的先辈来说简直闻所未闻。

左右摇摆:婚姻法

二十世纪早期,涉及婚姻的法律在很多方面比先前受到外界因素的更多干扰。各州纷纷提出各自主张,要求对婚姻事务进行规范。到十九世纪末,普通法婚姻在美国已显颓势。普通法意义上的婚姻完全无需任何手续和程序——没有证书,没有见证人,没有法官,也没有执行人(更不用说伴郎、伴娘和婚礼蛋糕了)。两个人只要你情我愿,就可以结婚。大多数州曾经认可这种婚姻,即他们认为普通法婚姻与通过特定仪式成婚的婚姻并无二致。但随着时间的推移,越来越多的州认为普通法婚姻应该寿终正寝。

这个变化的原因之一是人们对美国人的基因表现出高度关注。二十世纪早期,人们极为关心"优生"方面的科学。对体面人来说,婚姻是性生活和拥有下一代的前奏。通过控制婚姻,可以确保那些身患疾病、精神错乱的人以及罪犯无法结婚并生育下一代。但普通法婚姻却不受州的任何管控。在这一时期,有些州曾尝试进行绝育,通过这一较为极端的做法来提高人口质量。黑人与白人之间的跨种族婚姻遭到禁止,美国西部一些地方也禁止亚裔与白人结婚。这样做的目的是为了防止"混种人"的出生。事实上,跨种族的性交行为大量存在,在美国南方,主要存在于白人男性与黑人女性之间。法律的目的是为了将此种性关系定性为非法,并不受认可。还存在所谓"婚姻工厂"一说。随着人们的流动性加大,对各州执行其有关婚姻的严格法律形成了挑战,进而形成了一套复杂认可(或不认可)外州婚姻的规则。

二十世纪下半叶,婚姻法发生了急剧的逆转。法律控制放松了;民权运动宣告了那些禁止跨种族婚姻法律的寿终正寝;成文法里彻底删除了有关绝育的规定;婚姻也失去了其最为神圣的意义——对合法认可的性关系的垄断。"同居"(曾被称为"戴罪生活")在二十世纪下半叶变得极为普遍,以至于在某些地方的某些阶层,已见惯不怪。数百万的男女"同居",共同生活,进入"试婚"阶段。或者可以说,同居已成为婚姻的替代品——其本身已成为家庭生活或性生活的一种形式。

人们的行为方式发生了变化,法律变化会滞后吗?答案当然是不会。整个二十世纪下半叶,许多州都对其刑事法律进行了清理,并废除了涉及私通的法律规定。只有"圣经地带"*地区还存在此类法律规定,但也很少执行。下一个重要的进步发生在加利福尼亚州的马文案(Marvin v. Marvin, 1976)。[6] 此案判决的要义在于,同居者之间存在相应的权利义务。一份两人共同生活,分享金钱和财产的"协议",仅仅因为两人同床共枕并共同生活,并不违法(曾经被认为不合法)。马文案在法律界引起不小的震动,媒体广为报道,成为脱口秀和杂志议论的话题。其实际影响可能并没宣传的那么大,但此案证明人们的道德观已发生改变,也证明了法院对人们生活方式改变的高度敏感性。总的来说,婚姻家庭和非婚家庭之间的界线模糊了。

到二十世纪末,针对"传统价值观"的攻击逐渐集中在婚姻和性关系上。显然,这是由于"传统"的青黄不接。其他"传统价值观"仍坚挺如前:比如,涉及杀人或盗窃的规范。但有关生活方式和个人选择等方面何为好坏,何为正误,何为符合道德并可接受却被彻底重新定义了。甚至直到二十世纪末,老一套做法仍然还有坚定的捍卫者,而且甚至仍然被宣称为是占据"道德高地"的观点。但任何自称为获得广泛民意的道德主张可能都缺乏统计数据的支撑。数百万人——可能是绝大多数——都至少抛弃了一些"传统价值观"。他们自主选择是否结婚,并不认可婚姻是唯一值得拥有的"两性关系"。他们自主决定是否生育子女,避孕和堕胎不再遮遮掩掩。最高法院对此起到了推波助澜的作用,特别是堕胎问题。到二十世纪末,堕胎仍然争议极大(虽然普遍存在),但避孕基本上已不再是一个有争议的话题。婚外性关系也大量出现,最高法院在劳伦斯诉得克萨斯州案(*Lawrence v. Tex-*

---

* 圣经地带(Bible belt)是美国基督教福音派在社会文化中占主导地位的地区,大致涵盖西北至堪萨斯州、西南至得克萨斯州、东北至弗吉尼亚州以及东南至佛罗里达州的广大区域。

as，2003）的判决中将宪法规定的隐私权扩展至包括任何成人私下自愿结成的任何"亲密关系"。[7]

简单说，婚姻已不再是一个神圣的事情。如果非要加个标签的话，婚姻是承诺。当然，人们还是会相互吸引、坠入爱河，也会步入婚姻殿堂、组建家庭，期望建立长久持续的两性关系。老派婚姻先是让位于伴侣婚姻，后又让位于后伴侣婚姻。所谓"伴侣婚姻"就是将婚姻视为双方分享的伙伴关系。这是一种两个平等主体间的婚姻，取代了（对许多夫妻而言）旧式的、家长作风浓厚的婚姻。由于各州纷纷对涉及婚姻的权利义务，以及夫妻各方的角色作出各自规定，婚姻也不再简单明了。婚姻双方拥有了更大的自由度设计自己的婚姻生活。在"伴侣婚姻"中，婚后以丈夫为主体的"合二为一"彻底不存在了。婚姻是两个大致平等的人的自愿结合，他们各自的角色复杂多变。大多数情况下，丈夫仍然起主要作用，但绝非拥有绝对权威。

二十世纪后期，出现了一些新的变化，我们称之为"后伴侣婚姻"，或者借用安德鲁·肖琳（Andrew Cherlin）的概念——"个性化婚姻"。[8]平等仍是一个目标，但婚姻也被视作一个极度个人的事务，一条通向自我实现、个人成就的道路。伴侣婚姻随着伴侣关系的终结而终结。当两人反目，这种共同分享的关系也就失去了原有的热度。后伴侣婚姻的没落是由于两人都认为其不再有利于个人成长和发展。不管基于何种程度，只要双方认为婚姻已无法满足各自期望，婚姻关系就走到了尽头，到此为止。

当然，这些观念上的变化并非一蹴而就。"性革命""性别革命"以及"同性恋权利革命"相继出现，但与俄国革命和法国革命不同，这些"革命"没有具体日期，没有战斗，也没有可资纪念的起义。这些"革命"都是社会风气变化的自然产物。针对违反婚约的诉因所进行的攻击就是观念变化的一个早期例证。订婚就是法律上认可的契约，因此撕毁婚约就是违约。提起此类诉讼的女性居多，通常都是已与其未婚夫同床共枕，甚至怀有身孕，或已生下子女的女性。真正的诉讼其实是针对引诱，以及失去受人尊重的地位。到1930年，这一观念已明显过时，且出现了一场要求废除"心理安慰"法律规定的运动。许多州都废除了违背婚约及其他老旧的法律规定——如引诱侵权行为，"诱奸他人妻子"以及"离间夫妻感情"。一些州在二十世纪八九十年代仍允许此类诉讼，直至州立法机关或法院彻底将其抛弃。个别州仍固守陈规，保有那些明显过时的婚姻观和性爱观。

可能最令人吃惊的变化就是要求同性婚姻合法的运动。1900年时，同性婚姻完全不可想象，而且同性性行为在各州都是一项严重的罪行。同性权利运动的兴起和大众观念的变化导致各州在二十世纪晚期逐步取消了同性性行为应受刑罚的规定。2003年，最高法院在劳伦斯案中宣布废除所有涉及同性性行为的法律规定。同性伴侣开始要求更多权利：同性结合以及同性婚姻。一些城市通过颁布法令，允许同性结合的伴侣至少可享有部分正常婚姻的财务福利以及其他一些福利，诸如到医院探视生病伴侣的权利，为过世伴侣下葬的权利等，就像正常婚姻配偶一样。有些地方模仿婚姻给予同性伴侣相应地位，比如同性结合以及正常健康的伴侣关系。但仅仅是认为同性婚姻应大肆传播的念头就引发了人们的道德恐慌，也导致很多州，以及国会慌忙"捍卫"传统婚姻不受其冲击。

离婚以及准离婚

二十世纪越来越多深陷不幸婚姻中的美国人期望有权终结婚姻关系，重新开始。但离婚一直饱受争议，有关离婚的法律也是一团乱麻，含混不清。有人基于宗教理由强烈反对过于随便的离婚，或根本不同意离婚。不是所有人都认为离婚本身是一件好事。充其量,离婚是一件"必须的坏事"。不可否认的是,社会对离婚的需求极大。正如我们观察到的,虽然十九世纪的正式法律规定表面上对离婚毫不退让,但人们总有办法通过离婚分道扬镳。这一"双轨制"持续至二十世纪,导致了一些莫名其妙的后果。有钱有闲的女人们跑到内华达州雷诺市迅速定居,然后离婚。而居住在纽约的丈夫们却不得不制造偷情的假象(花钱雇请另一个女人扮演情人)以使其妻子能"发现"其"婚外情",这是当时唯一可行的离婚依据。还有些人甚至为了离婚远赴墨西哥或其他地方,但法律效力令人生疑。

但到了二十世纪,随着离婚率的稳步上升,旧秩序轰然倒塌。一些州小心翼翼地开始允许以"夫妻不和"为由离婚。而另一些州在二十世纪中期左右事实上开始容忍夫妻无过错离婚。已分居数年的夫妻可以无需提供任何理由而获准离婚。

旧制度在二十世纪仍然苟延残喘,费力地与新变化一争高下。有一点可以肯定,没人喜欢旧制度。它散发出阴谋和欺诈的腐臭味道。改革的提议一而再,再而三地出现。专家们希望允许协议离婚——通常仅针对经过调解的努力和某种形式上的冷静期后双方一致同意的离婚。但所有为了双方身心健康的离婚以及建立此类家事法庭的努力均以失败而告终。反对随意离婚的力量集合起来共同抵制或阻碍变革的发生。

终决来得又突然又激烈。非过错"革命"(如果我们可以这么说的话)彻底摧毁了陈旧的基于过错的体系。套用赫伯特·杰克布(Herbert Jacob)的话,这是一场"静悄悄的革命"。[9]从政治意义上说,这场变革似乎发生的"润物细无声"。事实上,旧体系长久以来就在走向衰败,它已成为名副其实的"纸牌屋",一触即破。基于"无过错"的离婚在1970年肇始于加利福尼亚州。在接下来的十多年里,如荒原野火般势不可挡。最后,所有州都采纳了某种形式上的无过错离婚。无过错不仅仅是协议离婚,它成为出于双方各自需求的离婚。

无过错原则解决了一个问题,但家事法律师并不会因此关门大吉,另寻出路。支付抚(扶)养金、财产分割、监护权等问题变得比以往更加普遍,更加复杂。男女之间在宪法意义上是平等的,而且不管在婚姻存续期间还是离婚后,也应该是平等的。但性别角色仍然存在,这使涉及财产的问题变得更难解决。一些夫妇达成了婚前协议和分居协议,以便婚姻破裂时能控制后果,但多数人还是仰赖法律。还有一种争议认为无过错原则给女性到底是带来福音还是恶果。毫无疑问,离婚总的来说对女性是一种伤害,不管无过错是否加重了伤害程度,法院都必须进行平衡:一方面,男人们认为他们的前妻离婚后应自谋生路;另一方面,女人们认为她们帮助男人们完成大学学业,或开创职业生涯所作出的贡献应使其理所当然地分得男人们的财产。

子女监护权也是一个棘手的问题。一些州尝试"共同监护",即将子女一分为二(法律意义上),给予双方平等的权利。(现实生活中,这种"共同监护"几乎不可能实现)。有些州备受"懒爸爸"——逃避支付子女抚养费的男人——问题的困扰,并试图就此立法。在一个个人流动性极高的国家,这个问题事实上已成为一个全国性的问题。"懒爸爸"也促成联邦政府重视此问题,并就此设计一项制度强制夫妻不管是否离婚,都应抚养子女,保证其福利。联邦政府在家庭关系问题上进行介入也是前所未有的。

无过错原则已大行其道,但不是每个人都乐见其结果。毕竟,数百万人从来就不接受这些变革——在婚姻和性的问题上从来就不随波逐流。很多人惊讶于离婚变得如此便捷,如此廉价。到二十世纪末,已出现了复兴传统婚姻的社会运动。始自路易斯安那州的一场运动旨在阻挡离婚大潮,该州为那些缘定终身,又拒绝接受无过错离婚观念的夫妻们颁行了一种新形式的婚姻——"合约婚姻"。然而,"合约婚姻"并不算成功,因婚姻而起的文化大战远未结束。

针对离婚发生的一切与结婚经历的变革一样深远。无论结婚还是离婚,总的来说都比过去更宽松了。结婚容易,不结婚也容易,分道扬镳也很容易。一对同居的伴侣根本用不着办理离婚手续就可以分手,各自打包,各奔前程。对已婚夫妇而言,离婚就比同居伴侣复杂多了。然而,在无过错原则下,离婚确实又简单又便宜。相对而言,联系双方之间的纽带变得不那么紧了。正如"合约婚姻"运动所显示的一样,这并非简单的线性发展。当然,甚至到二十世纪末期,一些夫妇出于宗教原因,仍不认可离婚。尽管法定别居和宣告婚姻无效也是离婚的变通做法,但相对于离婚的数量来说,这些做法远非普遍。

到二十世纪末,尽管选择步入婚姻殿堂的男女有所减少,但婚礼的钟声依然不绝于耳。便捷离婚可能是传统家庭土崩瓦解的一个标志,但这也是婚姻作为社会构成的一种力量显示。离婚也许为下一段更好、更理想的婚姻奠定了基础。塞缪尔·约翰森(Samuel Johnson)将再婚戏言为代表"希望战胜经验"。[10]虽然出现了诸多变化,婚姻仍然对双方意味深远:可能是一份承诺,或是向旧时"相敬如宾"关系致敬。人们还是期望有礼物、宴会、婚纱和面纱的婚礼。婚姻也仍会给双方带来法律上和经济上的一些实惠,比如在有生之年以及一方离世后的纳税优惠。长期保持同居伴侣关系的双方则无法享受这些实惠。尽管如此,我们发现,到二十世纪末,婚姻也以家庭伴侣法律和同性结合,以及同居一方向另一方提出经济主张等形式出现了一些变化。

死亡和变形

家庭也和人一样经历诞生、成长和死亡。有些社会多代同堂,一起聚居。美国家庭总的来说则小得多。典型美国家庭都是核心家庭：父亲、母亲和孩子们。即使像这样的核心家庭在2000年的时候在美国也不到一半。越来越多的老年人选择不和其成年子女生活在一起，同时，越来越多的成年子女也选择离家独自生活。他们成年后就搬出父母家，使父母家看起来就像一个"空巢"。随着成年子女先后搬出，家庭规模的萎缩已成为一个趋势，直到只剩父母，然后一方离世，另一方独居，直至最后家庭消亡。

当然，家庭在下一代那里得到了延续（对大多数家庭而言）。然而，死亡在法律上也有重要意义，因为最终老一代的喜怒哀乐也延续到了下一代的家庭中。有关遗嘱、信托以及继承的法律相继发挥作用。这些制度设计对家庭生活以及整个社会都极为关键。富有家庭由于能够继承财产将继续富有，而贫穷家庭由于没有这个优势相对而言还是无法改变面貌。社会结构随着金钱、财务、股票和证券等财产的代际转移也出现了代际更新。这些内容通常不在"家事法"的范畴之内，但对于千百万家庭而言又意义重大。金钱聚合家庭，也拆散家庭。家人之间会就谁能继承，继承多少吵个不停。同时，老一代的寿命不断延长，这也凸显了老一代在有生之年进行财产安排的重要性。

那么，另一种形式的转让如何呢？对大多数人而言，从年迈父母那儿继承纯属天经地义，但照顾他们就是个问题了。情感上的包袱很难转移给政府，但经济负担就另当别论了。没有什么比1935年通过的《社会保障法案》和1965年通过的《医保法案》对家庭、家庭生活和家庭结构影响更大。这些制度安排之所以不可撼动、广为人知，是因为其对中年人和老年人都产生了深远的影响。对老年人而言，这两个法案就是他们的生命线，其成年子女当然也受益匪浅，他们摆脱了照顾年迈父母而产生的经济负担。

17

导　论

子 女

家庭不一定必须有孩子,但孩子却需要家庭。在美国社会,正如其他社会一样,生养子女、教育子女直至成年是父母的责任。在美国,基本上只有父母才承担此责任,而在其他国家,大家庭可以承担除怀孕以外的所有责任。美国社会的一个不为人知的基本规则是,各州政府、各种集体、社团或组织对养育子女均不插手,也没有针对如何养育孩子的任何法律规则。父母决定给孩子买什么玩具,上什么学校,信仰什么宗教,吃什么,穿什么,如何待人接物。二十世纪早期,这甚至上升到了宪法权利。根据宪法的规定,称职的父母有权决定其孩子的"照料,监护和控制"。除了极少数例外,各州均不得对此进行干预,甚至包括祖父母在内的第三方也无权干涉。但这一简单规则在家庭日趋复杂化的时代备受压力,在这个时代,各种成年人与孩子都有类似父母的关系。

尽管存在二十世纪的这个"不管不顾"的政策,但联邦政府依然试图确保孩子享有最基本的养育标准。联邦政府对虐待和弃养儿童进行了强制界定,并要求各州实施,而且还在全国建立了研究和记录此类问题的研究中心,并建立了资助儿童抚养的全新架构。

各州只有在父母无法或不愿照顾其子女,或者父母对其亲生子女虐待时才介入。根据各地法律的规定,无法为孩子提供基本生活保障或虐待孩子均属犯罪。各州政府作为父母所在地的权威机构,事实上,有权,也有责任将遭受家庭暴力或折磨、忍饥挨饿或弃养的孩子带离家庭。问题是,这一权力也很容易被误用。折磨很好辨识,但弃养却不易发现。各州在这一领域的政策备受争议,例如,政府将孩子从苏族、纳瓦霍族或霍皮族父母手里强行带走,并交给寄养家庭或寄宿学校。有时，政府对移民的风俗习惯会作出不当判断，对父母而言，仅因贫穷而获罪是不可忍受的。而另一方面，各州常常因未能应对而备受指责。特别是二十世纪晚期，发生了许多耸人听闻的丑闻——孩子在寄养家庭被殴打、虐待、挨饿或者直接被杀害，好像任何人都不适合进行干预，或者干预过少、太迟。社会工作机构在这些丑闻中充当了替罪羊。

有时，父母们很希望州政府出面干预。青少年法庭是二十世纪的新生事物。美国的首个青少年法庭于十九、二十世纪之交设立在伊利诺伊州（芝加哥）的库克县，并从此蔓延到全美各地。青少年法庭主要处理社会弃儿和青少年罪犯。通常都是父母把自己的子女交给州政府处理。他们希望政府能管教其"屡教不改"或"无法管束"的孩子。特别是移民家庭，情况尤甚。无论是否必要，青少年司法都只是失败家庭教育的替补。现代"弃婴安全岛"的法律起到了一个类似的作用：母亲可以将新生婴儿弃置于一个安全的地方（而不是垃圾箱），不用担心承担刑事后果。

州政府的角色在一个领域极为积极：教育。二十世纪，孩子需普遍且强制性接受教育。童工已基本消除。对大多数五六岁的孩子而言，大部分时间是在学校度过的，远离家庭，处于政府公务人员的指导和管理之下。即使是就读于私立学校（多数是宗教学校）的孩子也必须学习州政府审定的课程。学校与其他同龄孩子一道，以及诸如电视等外来影响，消减了父母的权威。这也是一个更大趋势的一部分——也是我们本书的中心主题之一——即家庭趋向于解体为独特个体的联合体，每个成员都拥有其权力和权威区域。

收养、生殖技术和新式家庭

州政府有时可以拆散一个家庭，把孩子转移到别处。法律也可以通过收养创设一个类似自然家庭的家庭。作为十九世纪的一项创举，收养是一个严格的法律程序。借由该程序，一个基因完全不同的陌生人可能成为家庭一员，在几乎所有的法定效果上，与自然生养的孩子并无二致。在这一领域，既有各州确立的规则，也有私人机构，甚至存在某种形式的婴儿黑市。孩子是否应安置于相同种族和宗教背景的家庭一直是一个问题。另一个重要的问题是如何保密。二十世纪前十年，各州先是将收养程序隔离于公众审查之外，而后又坚持该程序的参与各方匿名。到二十世纪五十年代，几乎所有州都将孩子的亲生父母以及出生状况视作绝密。这一态度在二十世纪晚期发生了巨变。被收养的孩子要求有权"寻根"及获知他们的基因来历。不管出于何种原因，成百上千被收养的孩子，通常先是不顾收养父母的情绪，然后遍查各种资料，寻找他们那些也许坦然（也许不愿）面对其遥远过去的亲生父母。

非婚生子女曾几何时是一个可怕的耻辱（大多数被收养的孩子都是非婚生子女）。但到二十世纪，非婚生子女与离婚一样，带来的羞耻感大大减弱。早在 1921 年，亚利桑那州的一项法律就宣称每个孩子"都是其亲生父母的合法子女"，与"生于合法婚姻"的孩子没有差异。1968 年，最高法院在利维诉路易斯安那州案（*Levy v. Louisiana*）中赋予非婚生子女宪法保护。[11]甚至"非法出生"一词也被"非婚生"所取代，而且没有人再用"杂种"一词指代他们。如果同居都没有任何不妥，那么可以推论，同居所生子女也不是什么"非法"的了。1985 年，22% 的新生儿由未婚妈妈生育；1997 年，这一比例上升至 32%；到 2008 年，甚至达到令人吃惊的 40.6%。[12]大多数黑人孩子都属于非婚生育。社会对未婚妈妈接纳程度的上升也导致了可收养孩子数量的下降，以及涉外收养压力的加大等问题。

只有已婚夫妇才能合法生育子女这一说法也早已过时。二十一世纪早期出现的一些家庭形式在十九世纪看来简直匪夷所思。二十世纪九十年代,代孕进入人们的视野。一些妇女通过为无法生育子女的夫妇生育孩子来获取报酬。科学的进步也使试管受孕技术愈发成熟和普及。有些母亲提供卵子,却不怀孕;也有些母亲怀孕,却并非卵子提供者——一些妇女的肚子里怀着"别人"的孩子(别人的基因)。一个孩子也有其卵子母亲,子宫母亲,捐精父亲,以及愿意养育其的父母亲。也有收养孩子的同性伴侣或通过代孕生育而拥有子女。女性同性伴侣则可以通过人工授精生育子女。甚至还有父母过世后才出生的孩子。所有这些发生在母亲、父亲、家庭生活上的变化都提出了许多法律问题并期望法律给出解决办法,而这更显错综复杂,前后不一。

  本书主要关涉美国家事法的变迁及其社会背景。这一主题极为宏大,在任何国家都是一个宏大的命题。并且,可以肯定的是,每一个国家——事实上,每一个城市,每一个州——都有其独有的文化,以及其家事法发展变化的独有故事。但推动美国家事法发展的社会力量并非美国独有,因此,这一领域的法律发展在其他地方也遵循着大致相同的范式。比如,几乎所有西方国家的离婚都在向更宽松的方向发展。只是在英国或意大利,比起美国来说耗时更久。对智利来说,更是姗姗来迟。到2011年,只有马耳他仍拒绝支持绝对离婚,但无过错离婚已为大多数国家所接受。同居不仅在美国极为普遍,欧洲也不例外。性革命也不仅仅发生在一个国家。

  然而,美国在某些方面却偏离了发达国家通常的发展模式。美国人中选择结婚的人更多——84%的美国女性在40岁时会结婚,而瑞典这一数据是70%,法国是68%。[13]似乎美国人更容易坠入情网,但他们也很容易劳燕分飞。结婚的多,离婚的就多,再婚的就多。美国孩子比意大利孩子更早离家独居。一个西班牙男人或女人在结婚前会选择与父母同住,而成年美国人不管婚否都会搬出去独居。另一个本质差异在于家事法,尽管二十世纪出现了一些联邦层面的制度设计,但美国的家事法主要由各州制定。正如玛丽·安·格兰顿(Mary Ann Glendon)指出,美国不像其他国家一样,没有"负责处理家庭事务"的内阁官员,也没有"明确的全国家庭政策"。[14]

通观全书,我们试图将法律变化与社会变化联系起来——将家事法置于历史和社会背景之下。古语云:一个人的家就是他的城堡。现在这已不再是一个人的,也不再是一个城堡了(即使曾经如此)。但家是家庭的基础。我们的目标是深入探寻家庭,进入这个城堡,描绘一个世纪以来家庭的激变路径。在下列各章中,我们将首先详述组建家庭过程中的问题——婚约以及对婚姻的法律规制。我们还会探讨婚姻的法律意义和社会意义,包括涉及婚姻的税法和移民法,以及家庭暴力——婚姻破坏者。然后,我们将讨论婚姻的边界,包括普通法婚姻和"心理安慰"法律规定的盛衰。针对传统婚姻和传统性观念受到的现代挑战——性自由、同居、同性婚姻等问题,我们将专章论述。家庭破裂也是一个重要主题:别居、无效婚姻,以及相对复杂的二十世纪的离婚。离婚导致的后果:监护权、子女抚养、财产分割以及支付抚养费等问题。家庭中的老年成员,特别是年迈的父母,以及年轻成员——亲生子女或收养子女的问题也会涉及。针对因父母过世而导致家庭消亡所带来的遗产及其他问题也会专章论述。我们也会关注所谓"新新家庭",即脱离传统模式组建的家庭——通过同居,或借助于生殖技术,或涉及多位成年人所形成的家庭。最后一章主要关注的是父母与子女关系的形成以及父母权利问题。

本书涉及的主题跨越百年,在此期间,家庭发生了巨大的变化。没人知道未来会怎样,但这一涉及人们亲密关系中极为重要领域的法律将不断发展变化似乎又是永恒的主题。二十世纪发生了太多的事件,有没有一个单一的主题、清晰的发展脉络统领所有的变化?可能没有。但是,"家庭"的社会概念向一个方向发展变化却着实令人震惊。旧式家庭烟消云散,曾几何时紧密联系的社会单位现在越来越成为个人的集合体,各行其道。家庭成员们都是各自选择(或认为他们选择了)其现代生活道路的独立个体。他们结婚、离婚都率性而为。他们自由地随心所欲,而且法律也允许他们如此,只要不对他人造成伤害。甚至孩子也越来越被当作一个缩微的个体对待。他们再也不是他们父母的奴隶。父母们也可以选择是否生育孩子。当然,孩子不能选择他们的父母,但他们在成年后可以选择与父母断绝一切关系,也不对养育他的家庭承担任何经济责任,而在很多文化中并非如此。由于传统家庭的瓦解,政府——法律——介入进来填补了社会组织的空白。

家庭的发展变化始终是历史舞台上的重头戏。认识到变化是相对的而非绝对的至关重要。经历了这些变化,家庭仍然存在:变化、修正,甚至有时面目全非,但家庭始终是社会秩序的坚固基石。我们今天所经历的正是长久以来法律和社会变迁的产物,正如峰回路转,砥砺前行。本书将为各位读者详解。

第一部分

喜结连理:结婚和婚誓

第一章
结婚和州政府

2008年5月2日,米尔德里德·杰特·洛文(Mildred Jeter Loving)在她弗吉尼亚的家中去世,享年68岁。洛文女士是一位混血儿,其夫理查德·洛文先她而逝。她有一儿一女,8个孙辈,11个重孙。其夫是一位白人,他们于1958年结婚,那时他们的婚姻违反了弗吉尼亚州法律,因此他们只有四处流亡,直到1967年最高法院宣布废除该州婚姻法。[1]

2009年,福妮塔·杰索普(Foneta Jessop)去世时也是68岁。在亚利桑那州科罗拉多市,站在她灵柩前的是其丈夫梅里尔(Merril),一个主张一夫多妻组织的成员。梅里尔身边站着他的"其他妻子们,都穿着白色长裙"。一些成员将该组织成员的生活描述为"富有诗意",而梅里尔的妻子之一卡洛琳(Carolyn),最终却选择退出该组织并对福妮塔的感受作出了另类描述,梅里尔的首任妻子"非常不开心……由于体型变胖,渐渐失宠,终日独居",关在自己的房间里,除了吃饭,洗衣服和看"电视上播出的秀兰·邓波儿(Shirley Temple)的老电影"[2],根本不出门。

两个妇人的过世,两段婚姻。福妮塔和米尔德里德的生活相去甚远——除了二者都受到了当时婚姻法的影响。我们在开篇这一章选取了界定和控制婚姻的规则和教条作为我们的主题。这部分法律,与大多数家事法的其他方面一样,都主要由各州制定。各州列出限制结婚的情况,并宣布违禁的婚姻要么无效(事实无效),要么可撤销(可以宣布无效)。一些婚姻禁止的情形——如近亲结婚和重婚——都通过各种刑事禁令加以强化。尽管联邦法不涉及有关婚姻的情形已成过去,但还是由各州主要负责起草各自的结婚条件和婚姻类型。在此,我们提出下列一些基本问题:谁,在何种情况下,可以结婚?谁被禁止结婚,为什么?有效婚姻如何缔结?我们的探讨基于种族和优生学的婚姻限制条件的盛衰,以及更加持久的其他限制条件,如重婚、近亲结婚和未成年结婚。各州婚姻规范的核心是始于二十世纪六十年代的对结婚"权"宪法保护制度的确立,该制度至少部分地限制了各州实施某些限制婚姻规定的自由。另一个核心问题是,在一个主要由州法主导的领域,跨州婚姻的认可规则决定着婚姻是否可以跨越州界。我们还将以素描的笔触讲述不断扩张的婚姻自由,该自由仅被少数似乎不可动摇的社会规范所阻碍。

一夫多妻

一夫多妻,无论基于何种程度,摩门教(Mormon)的一夫多妻,在十九世纪都是一个热门话题。它曾遭全国齐声谴责,引起众怒。人们口耳相传着摩门长老们的性爱秘史,认为他们的妻子们比性奴好不了多少。[3]1890 年,摩门教会宣布放弃一夫多妻制。一夫多妻当然一直都被认为有违法律。1862 年,《莫里尔法》(Morrill Act)将美国境内的重婚定为一项联邦罪行。[4]联邦法将"非法同居"定为犯罪,这也是为了针对摩门教徒。1878 年的雷诺兹诉美国案(Reynolds v. United States),最高法院支持了重婚法,尽管有人声称这一判决违反了受宪法第一修正案保护的宗教活动自由。[5]尤为甚者,犹他州有条件地禁止了一夫多妻。[6]今天,每个州的法律均规定重婚婚姻无效。

摩门教会对一夫多妻的放弃至少正式宣布了教会重要成员不得实施一夫多妻。毫无疑问,教会中还是有个别信徒直至二十世纪,仍秘密地实施着一夫多妻。1918年去世的摩门教创始人约瑟夫·F.史密斯(Joseph F. Smith)就有不少妻子，共为他生了43个子女。当里德·斯穆特(Reed Smoot)在二十世纪早期当选为摩门教教主时，他也被指控拥有多个妻子(但他却对此否认)，有人试图阻止他当选。摩门教会仍会谴责一夫多妻，但一些生活在犹他州偏远地区的极少数人依然固守这一传统。

其中一个团体名叫"短溪"，生活在犹他州和亚利桑那州交界的地方，在此，教徒们自由地维持着他们的信仰和生活方式。尽管政府屡次以控诉、突袭、诉讼等方式试图让他们放弃一夫多妻式婚姻，否则就将他们的孩子强行带离，但他们仍坚定地执着于他们的信仰。[7]1935年的一次调查发现，一些"布雷斯任联合指令"组织中的男人有"2到6个妻子和5到29个子女"。这项调查由该社区的一些妇女"在填写救济申请表时称自己为'多妻'"而引发。[8]

一夫多妻并不会就此简单地从人们视野中消失，不管是在摩门教的少数教徒中，还是在其他一些小的教派中。基督后日圣人原旨教会(Fundamentalist Church of Jesus Christ of Latter Day Saints, FLDS)主席鲁伦·杰夫斯(Rulon Jeffs)2002年去世，终年93岁，他留下了多达20个妻子和数以百计的孙辈，葬礼上，由他的32个儿子为他扶柩下葬。[9]他生活的"短溪"至今还有很多多重婚姻的家庭生活在那里。这一教派在2010年2月的《国家地理》(National Geographic)杂志上成为封面故事，内容里有大量一夫多妻生活的照片和对该教派成员的深度访问。[10]根据该杂志报道，大约有38000名"脱离摩门的原旨主义教徒"仍实施"多重婚姻"。FLDS是其中最大的一个群体，大约有10000名信徒，至少有一位"主教"拥有80个妻子。人们可以想象，该群体里的出生率居高不下。[11]

针对一夫多妻的法律之战也没有就此终结。2001年，一位名叫托马斯·格林（Thomas Green）的犹他州男士被控 4 项重婚罪名，受到审判并最终被判处入狱 5 年。[12] 此人拥妻无数，其中有一些还是亲戚，被定罪时，这些妻子已为他生育了 25 个子女，还有 4 个即将出生。他和他的妻子们上了脱口秀节目，大肆宣扬他们的生活方式并宣称其生活方式拥有宪法权利。虽然当地检方已很久未处理一夫多妻指控了，但格林的所作所为激怒了检方，因此将他送上了被告席。[13] 格林案是犹他州近五十年来的第一个针对一夫多妻的指控，尽管犹他州有成千上万的居民仍生活在一夫多妻制的家庭中。[14] 但近些年来，更大的压力不是来自欲望和性，或者一夫多妻制的长盛不衰，而是来自对妇女和儿童的剥削。迎娶幼年女孩的习惯成为一个十分棘手的问题。格林最年轻的妻子嫁给他时才 14 岁——女孩的母亲也曾嫁给格林——而且女孩已有孕在身。尽管婚姻合法，但格林后来还是因婚前性行为致孕被定为强奸儿童罪。[15] 由于他每次再婚前都会和前妻离婚（但却和她们保持夫妻关系），2007 年他获释时，这个女孩——强奸儿童罪的受害者——成为他"唯一合法的妻子"。[16]

此类问题在 2008 年和 2009 年再次成为热点，媒体聚焦于发生在得克萨斯州埃尔多拉多"渴求锡安"农场的一次突袭行动，那里是 FLDS 教派的一个聚居点。教派领袖之一，雷蒙德·M. 杰索普（Raymond M. Jessop）与教派中的其他男性被捕。他们被控与未成年女孩发生性行为并结婚，有些女孩只有 12 岁。行动的意图也是将那些孩子从农场中解救出来。对杰索普的指控由于教派女信徒们的不配合而极为困难，但在 2009 年，杰索普还是因"教会长老为其指定一未成年女孩成为其第九个妻子"被定为性侵害罪。[17]

在性革命的年代，仍然有部分人开始发出这样的质疑：一夫多妻制有什么不好？当然他们指的一夫多妻与"渴求锡安"的做法不一样，而是一种更文明的形式。男人可以合法占有许多女性，只要她们心甘情愿,当然他也可以拥有2个或6个情人,这在大多数州都不算违法(犹他州和科罗拉多州的情况有所不同,这两个州对重婚罪的定义包括已与某人结婚后,仍有意迎娶或与他人同居——这一措施摆明了是为了防止格林及其他当代一夫多妻者的操作模式)。[18]那么,与这些女性结婚,而不是仅仅与她们共同生活在一起有什么不好呢?这个问题可能比较适合一部新真人秀——姐妹妻子(Sister Wives)——的观众回答,该节目描述了一个当今生活在犹他州的"正常"一夫多妻的家庭生活。没有未成年婚姻,没有性掠夺,没有依赖福利制度,只有一个名为科迪的男人与其3个妻子和13个孩子生活在为一夫多妻婚姻特别定制的大房子里。而且,节目播出期间,他还娶了第四个妻子(带着她另一个婚姻生育的3个孩子)。科迪在节目开始前以这样的独白开场:"我是一个一夫多妻者,但我们的生活并非你们所想象。"[19]

当然,我们可以很容易发现一夫多妻制有何不妥。允许一个男人拥有数个妻子会彻底破坏现行有关婚姻财产和子女监护方面的法律,并将造成很大程度上的法律混乱,而且男人至上的问题也会长期存在。穆斯林可以拥有4个妻子,一些非洲社团也在实行一夫多妻。[20]一位小名为"邓格"的肯尼亚一夫多妻者最近去世,活了九十多岁。他留下了多达100个遗孀和200个子女,他甚至专为这些子女修建了两所学校。[21]来自这些国家的移民遍布西方国家,包括美国。在他们的社区里,一夫多妻显然是一个问题,一种男性主导的形式,而且,在一个(官方认可的)性别平等时代,这种做法行不通。而且对于这些群体中的那些不是头领的人而言,影响甚大。数百位年轻男性被驱逐出FLDS,表面原因是"破坏性影响",实际上可能是出于"教会首领冷漠的精打细算",他们必须限制"男人们对一大群可以迎娶的年轻女性进行竞争"。毕竟,如果一个男人娶了80个妻子,另外的男人就很难找个伴儿了。[22]

在"渴求锡安"农场,女人们的服从不只是个传言,还是事实。从电视上可以看到,这些女人穿着一样的长裙,梳着一样的发型,毫无主见,行为僵硬,就像被下了药。丽贝卡·马瑟(Rebecca Musser),一个脱离了该教会的前信徒,在杰索普案中作证证实,该教会创始人和首领——鲁伦·杰夫斯和其子沃伦(Warren)"控制妇女们生活的方方面面,从吃到穿,与谁成婚,何时结婚"。[23]沃伦·杰夫斯因强迫一位14岁的女孩嫁给其表兄,并明知随后会发生违背意愿的性行为而被定为强奸罪共犯。[24]

但除这些教派成员外的任何一个人对一夫多妻制是否应被允许提出质疑本身一定是时代的标志。当然,只有男人,而不是女人会问出这个问题。没有人公开讨论一妻多夫。[25]如果一夫多妻合法化,可以想见这样的情景——一个男人,许多女人;反过来(周二她和克劳德同房,周三和史蒂芬,周四和麦克斯,而且都合法)的情形似乎不大可能。美国确实是一个性包容度越来越大的社会,但也是一个男女平等越来越普遍的社会,不管出于何种理论,实施一夫多妻都是对男女平等的公然冒犯。女权主义者和基督徒都对此表示同意,只是可能出于不同的原因。

种族混合

防止跨种族通婚的法律长期以来都是国家对婚姻进行管制的一种主要形式。[26]此类法律可追溯到十九世纪,甚至更久远的年代,在殖民地时期就有类似规定。到1913年,48个州中还有不少于30个州保有这类法律。[27]这30个州都禁止黑人和白人通婚。但处于种族混合法律的目的定义"黑人"意义时,总会遇到问题。直到1924年,弗吉尼亚州对"有色人种"的定义为拥有"十六分之一或更多黑人血统"的人。

同一年,该州的成文法更进一步确立了所谓"一滴血"规则,即一个只要拥有任何可追溯的非洲祖先的人都不是白人。[28]内布拉斯加州更是扩大了种族禁令的范围,规定只要婚姻一方为白人,而另一方只要是"拥有八分之一或更多的黑人、日本人或华人血统",则婚姻无效。[29]在西海岸各州,针对亚裔的规定成为此类种族混合法律的主要内容。比如,俄勒冈州规定,白人与任何拥有四分之一"华人血统"的人结婚,则该婚姻无效。[30]加利福尼亚州更是将此项禁令的范围扩大至包括白人与"马来人"之间的婚姻。[31]

毫无疑问,南方各州对跨种族婚姻的感受最强烈。具有讽刺意味的是,所有针对"种族融合"和"异种化"的负面宣传,那些认为白种人处于危险中的尖锐呼声,全国将面临"彻底毁灭",以及"白种人将被有色人种淹没"的预言似乎都忽略了这样一个事实:正是白人,特别是在奴隶制期间,导致了大量混血儿的产生。[32]但对此类通婚的深层次情感反应并不限于南方。当黑人拳击手杰克·约翰逊(Jack Johnson)在芝加哥与一位名为露西尔·卡梅隆(Lucille Cameron)的白人女性结婚,这在当时成为一个全国性丑闻。佐治亚州国会议员西伯恩·罗登博瑞(Seaborn Roddenbery)提出一项提案试图修改宪法,将白人与"有色人种"间的通婚定为非法,该提案将"有色人种"定义为包括"非洲血统的任何人种"。[33]罗登博瑞特别提到了约翰逊与卡梅隆的通婚,"本国的一个白人女孩居然成为一个非洲野蛮人的奴隶",并对此类通婚怒斥道:"不能再容许这些贪婪的寄生虫腐蚀纯正社会里的无辜女孩,或白人妇女了!"[34]但他的提案未在国会通过。

反对跨种族婚姻的声音出奇地强烈,即使是在北方。1919年,一位名为梅布尔·普夫尔(Mabel Puffer)的白人女性与一位名为阿瑟·哈萨德(Arthur Hazzard)的黑人男性在新罕布什尔州领取了结婚证书,这一举动在该州甚至引发了一场小型风暴。新娘的家人哭天抢地地要阻止该门婚事。哈萨德最终被捕,被控偷窃普夫尔的钱财。女方家庭成功地使普夫尔被认定为精神异常而被隔离治疗。[35]这一切竟发生在没有法律禁止跨种族通婚的新罕布什尔州。这些严厉的策略最终奏效,两人的结婚梦想从此泡汤。[36]

二十世纪二十年代引起轰动的事件之一是莱因兰德案。房地产富商之子伦纳德·莱因兰德(Leonard Rhinelander)娶了贫苦人家的女儿——爱丽斯·琼斯(Alice Jones)。莱因兰德家族怒火中烧,对伦纳德施加压力要求终止该门婚事。伦纳德确实离开了爱丽斯,并向法院提请宣示其婚姻无效。但依据呢?欺诈!她隐瞒了她是黑人的事实。这个案子成为当时的报纸头条。爱丽斯是黑人吗?某种意义上说,她必须向陪审团赤裸相向,展示她的肤色。伦纳德输掉了官司——陪审团认为爱丽斯是黑人,但他们认为伦纳德在娶她之前应该知道这一事实。爱丽斯被认定为无罪,但她从此再未与伦纳德生活在一起。人们假定,如果爱丽斯隐瞒了她的人种,伦纳德就不会输掉这场官司。[37]

涉及种族混合的法律存在了很多年。这些法律慢慢地,不为人察觉地失去了其规范力。而且,第二次世界大战结束之后这些法律显然已与世界潮流格格不入——至少在北方和西部各州。成千上万的黑人离开了南方,融入了北方城市。这赋予了他们某种程度的政治权利,因为不像南方,他们在北方拥有选举权。一些北方州率先颁行了粗糙的"公平就业"法。1948年的佩雷斯诉夏普案(*Perez v. Sharp*),加利福尼亚州最高法院否定了民法中宣示白人与非白人婚姻违法的相关章节。[38]安德里亚·佩雷斯(Andrea Perez)是墨西哥裔美国人(在加利福尼亚州被认定为白人);塞维斯特·戴维斯(Sylvester Davis)是黑人。他们都信奉罗马天主教。他们请求加利福尼亚州最高法院发布令状,为他们颁发结婚证书。法院批准了他们的请求,并宣布现行法律无效。这是二十世纪第一个作出此种判决的法院。

佩雷斯案开创或促成了一个潮流。其他一些西部州自愿废除了其当时禁止跨种族通婚的法律规定。俄勒冈州于1951年废除,蒙大拿州于1953年废除,科罗拉多州和南达科他州于1957年废除,内华达州于1959年废除,其他各州分别于二十世纪六十年代纷纷废除该规定。种族观念的变化以及人们对"纳粹执行的种族歧视""禁止跨种族通婚"的反感可能是促成这一变化的主因。[39]但是,可以肯定的是,南部各州并未迈出这一步。可大势所趋,尽管还没有法律上的强制规定,但是公共机构和私人组织内对跨种族同居和通婚的反对已大幅度减弱。到1963年,美国空军已不过问其服役人员在海外巡航时是否与其他种族通婚,一份谴责各州反对跨种族婚姻法律规定的决议案也提交给了参加美国青年民主俱乐部大会(Young Democratic Clubs of America)的所有代表。[40]同年,全美天主教福利大会家庭生活分会(Family Life Bureau of the National Catholic welfare Conference)的咨询委员会通过决议,谴责"美国社会惩罚、排斥那些行使其基本权利,自由选择婚姻伴侣,缔结跨种族婚姻的人的态度和残暴行为"。[41]两年后,参加联合长老教会大会(United Presbyterian Church)的代表通过一项毫无争议的建议,敦促废除所有现存的跨种族结合禁令。[42]

1964年,最高法院审理的麦克劳克林诉佛罗里达州案(*McLaughlin v. Florida*)[43]涉及佛罗里达州一项将跨种族性行为实质上规定为犯罪的法律。该法规定,如任何"男性黑人和女性白人,或任何男性白人和女性黑人……经常在夜间同居,共处一室",将被处以罚金并被判最高入狱一年。同种族间的同居、私通、通奸也被视为罪行,但法律要求提供进行性行为的证据以定罪。最高法院宣布此项法律违宪。佛罗里达州可以利用刑事法规维持"性纯洁",但不得仅基于种族将违法者单列,并给予更严厉的惩罚。然而,最高法院并未就"各州禁止跨种族婚姻,表达任何观点"。该案中一点都未提及。

仅仅 3 年后，在 1967 年洛文诉弗吉尼亚州案（*Loving v. Virginia*）中，最高法院完成了最后一击。[44] 理查·洛文在华盛顿特区娶了一位混血妻子，米尔德里德·杰特，后夫妻二人回到弗吉尼亚州。根据弗吉尼亚州法律的规定，一个白人不得与任何"有色人种"结婚。执法人员"进入洛文的卧室，用强光手电筒照射二人，并要求其解释为何要与'这个女人'同床共枕"。[45]（警长在后来的采访中这样为其行为辩护："上帝创造了知更鸟和麻雀，但并未让二者混居一处。"）警方随后逮捕了二人，将其定罪，并判其入狱一年。然而，洛文夫妇后来被告知，如果二人离开弗吉尼亚州，并在 25 年内不一起返回，就可以免于服刑。于是，二人在华盛顿特区附近安顿下来。但不久后，二人决定返回弗吉尼亚州，推翻针对他们的法院判决。美国公民自由联盟（American Civil Liberties Union）决定为其辩护，并将官司一直打到最高法院，最高法院作出了对二人有利的一致判决。根据最高法院的判决，弗吉尼亚州的法律只不过是为了"维护白人至上"的手段。最高法院的判决提到了婚姻自由，我们将在后面的章节详述。但此案判决主要是剑指那些禁止跨种族婚姻的法律规定。任何州都不应以种族主义的理念限制婚姻伴侣的选择。此案最终使各州出台的限制跨种族婚姻法律寿终正寝。

洛文案的判决总体而言被人们认可接受。在最高法院作出该案判决两个月后缔结的弗吉尼亚州首个跨种族婚姻鲜有人提及。[46] 数月后，田纳西州首个跨种族婚礼在纳什维尔市政厅和法院大楼的台阶上举行。[47] 阿拉巴马州是最后一个废除其形同虚设的禁止跨种族婚姻法律的州，其直到 1999 年才修订州宪法的相关条款。[48] 一位作家在州宪法修正案投票日前夜这样写道：

> 在这样一个昵称为"南方之心"的州，在这片布尔·康纳（Bull Connor，南方最臭名昭著的种族歧视者）和乔治·华莱

士（George Wallace，支持种族主义的阿拉巴马州州长）治下的土地，这场祛除过去惨痛标志的运动可能很难真正深入人心。高速公路上不见任何宣传牌，没有出现支持或反对的游行队伍，人们的院子里、汽车上也看不到任何标语。有关州宪法第二修正案的文章很少见诸当地报端。[49]

进步的路途中难免出现磕磕碰碰，但大趋势是走向接受。1970年，阿拉巴马州卡尔霍恩县的一个法官拒绝为一对跨种族结婚的男女颁发结婚证。联邦法院不得不指示阿拉巴马州遵守新的法律规定。佐治亚州和北卡罗来纳州也出现了抵制。[50]但最终，每个州都必须服从，去除其州宪法中禁止跨种族婚姻的相关规定。毫无疑问，一些笃信上帝的人们仍然坚信跨种族婚姻有违神的旨意，但他们的数量在不断减少，他们的政治影响力已属强弩之末。2009年，路易斯安那州治安法院的一位法官以担心跨种族夫妇所生子女为由拒绝签发结婚证，这一行为让公众大跌眼镜。[51]作出这一决定的基思·巴德韦尔（Keith Bardwell）告诉记者，他"不是种族主义者。我只是不相信种族混合结婚是件好事。我有大把黑人朋友。他们常来我家，他们可以随意使用我的卫生间。我待他们并无二致"。但他相信，跨种族婚姻所生子女会由于黑人社会、白人社会都拒绝接受他们而痛苦不堪。[52]此事引发人们对联邦司法部的投诉，这对夫妇当然轻易找到了另外一个为他们签发结婚证的官员。经过此事，一些人仍然愿意赞同这位拒绝签发结婚证的官员。

正如一夫多妻制的禁令并未完全消除人们实践一夫多妻，推翻跨种族婚姻的禁令也不可能彻底使其正常化。最高法院的裁决使洛文夫妇回到了家乡弗吉尼亚州，使理查德能够第一次"公开与妻子相拥并公开与其以夫妻相称"。[53]（他们共同生活了8年，理查德在1975年死于一起醉驾交通事故。）但很难说，最高法院的裁决对跨种族婚姻有什么实质性影响。尽管人们已拥有了法律上与其他种族的人通婚的权利,但真正实践该权利的人却不多。

受洛文案判决的影响,跨种族婚姻在随后的几年内有过短暂的激增。黑人和白人间的婚姻"在 1946—1955 年间和 1956—1965 年间增加了 6 倍"。[54]这一趋势在二十世纪七十年代得以持续,但当今的美国人仍然倾向于与本种族通婚。[55]跨种族婚姻仅占美国婚姻总数的 6%[56],非洲裔美国人仍属于"所有族群中最不可能与白人通婚"的族群。[57]"非洲裔美国人与白人之间的社会界线仍极为清晰且不易改变",特别是涉及"恋爱关系和谈婚论嫁"。[58]洛文案确实改变了现实法律,但正如拉切尔·莫兰(Rachel Moran)所言,"认为最高法院能将存在于民间 300 年之久的涉及性、婚姻、家庭的'分开但平等'观念一朝消除,显然是幼稚的"。[59]但这一判决确实给予了"普通美国人对其亲密关系中种族角色进行再思考的自由"。

缔结婚姻的宪法权利

最高法院就洛文案的判决意义超越了法律或跨种族婚姻行为。自此以后,时不时听闻各州高等法院受理是否应当对结婚和离婚设定规范的争议。[60]但法院在此类案件中的角色仅限于裁判:解决由各州设定结婚或离婚限制所导致的争议。[61]洛文案之前,最高法院从未就此制定任何规则,从未宣布哪个州的结婚或离婚法律规定无效。然而,当最高法院关注婚姻问题的重要性时,从未宣称人们拥有某种形式的缔结婚姻权利,也从未指出各州宪法不得对此权利进行任何限制。正如菲尔德大法官在 1888 年梅娜德诉希尔案(*Maynard v. Hill*)判决书中写道,"婚姻,因其创设了人们生活中最重要的关系,因其比其他任何组织形式对一个民族的道德观及文明影响深远,应始终受立法机关的管

控。"⁶²各州自行设定其道德边界，只要大致上符合联邦制传统意义上的国内关系法即可。⁶³

洛文夫妇基于宪法第十四修正案的平等保护原则和正当程序原则对弗吉尼亚州的相关法律提出了挑战。他们大获全胜，开启了一个新时代，即各州涉及婚姻的法律必须与联邦宪法的平等和隐私保护规范相一致。在回应弗吉尼亚州的禁令违反了宪法第十四修正案的平等保护原则时，弗吉尼亚州的辩护意见认为，其种族分类"对缔结跨种族婚姻的白人和黑人都进行平等的惩罚"，因而，"并未构成基于种族的歧视"。⁶⁴弗吉尼亚州认为，任何法律只要具备"合理基础"，即可存在。⁶⁵最高法院直接驳斥了弗吉尼亚州的"平等适用"辩解，并对其法律采用了"最严谨的审查"⁶⁶，认定无足以令人信服的理由使该州的种族分类合理化。最高法院的总结与该州主张完全相反：

> 弗吉尼亚州仅禁止涉及白人的跨种族婚姻这一事实，显示这一分类仅基于其自身的合理理由，作为旨在维持白人至上的手段……毫无疑问，仅仅出自种族分类限制人们缔结婚姻的自由违反了平等保护条款的核心要义。⁶⁷

最高法院本可到此为止，但其却继续指出跨种族婚姻禁令还违反了宪法第十四修正案的正当程序原则。最高法院援引了1942年的斯金纳诉俄克拉何马州案（*Skinner v. Oklahoma*），该州有一项强制绝育以惩罚某类盗窃犯而非其他人的法律，最高法院以违反一项基本权利为由宣布该法无效。⁶⁸最高法院在洛文案判决书中提到，正如保有生殖能力的权利一样，"婚姻自由长期以来都被视为自由人正当追求幸福必需的重要个人权利之一"。"婚姻是一项'基本民权'，对人们的生活状态和生存状态至关重要。"⁶⁹

自此,各州对婚姻施加的任何限制措施都可以以违反联邦宪法为由进行分析。洛文案可能仅被认为是一起有关种族平等的案件,但其催生出的婚姻权利却迅速生根发芽,苗壮成长。最高法院在该案之后又受理了两宗涉及缔结婚姻宪法权利的重要案件。在1978年扎布洛茨基诉雷德黑尔案(*Zablocki v. Redhail*)中,最高法院宣布威斯康星州的一项法律无效。该法规定,未经法院事先批准,承担抚养义务的无监护权父母,在子女仍由福利机构抚养期间,不得结婚。[70] 从洛文案到扎布洛茨基案,隐私权得到了极大扩张,涵盖了堕胎、与家庭成员共居、婚外避孕等。[71] 扎布洛茨基案判决多数意见将婚姻称为一项"本质上极为重要"的权利,任何直接和实质上干涉该权利的法律都要经受"严格审查"。[72] 扎布洛茨基案释放的信号就是州婚姻法可以用除种族以外的理由进行质疑。毕竟,扎布洛茨基案被告——一位十几岁未婚生子的白人父亲,又有了另一个已怀孕的女友——不属于任何"可疑"阶层。[73]

大约十年后,最高法院又在1987年特纳诉萨夫利案(*Turner v. Safley*)中重提婚姻权利。[74] 密苏里州监狱管理的规定,只有监狱长以存在"迫切理由"批准后,方可允许服刑犯人结婚。[75] 但最高法院裁定,结婚是一项基本权利,只有在符合法定刑罚利益的前提下方可剥夺,而密苏里州监狱在此案中违背了该标准。[76] 特纳案成为婚姻权利系列案件三部曲的最后篇章。然而,这一权利能扩展到何种程度成为围绕同性婚姻争论的焦点,我们会在第七章专门讨论。

婚姻的其他限制:健康考虑、手续、婚龄和近亲

直至二十世纪最后十年,同性婚姻成为热门话题之前,跨种族婚姻都是婚姻法历史上最具争议的主题。但各州对结婚施加了许多其他限制,一些几乎已成为各州共有,其他的也成为州际冲突的源泉。

随着十九世纪晚期优生运动的兴起,各州纷纷开始通过法律禁止患有疾病的人或被认为有"缺陷"的人结婚。[77]我们会在第三章讨论普通法婚姻时分析其原因。简单说,各州利用婚姻法控制人口生育。所有州都曾经,也仍然存在限制智障人群结婚的规定。"精神不正常"的人和"弱智"通常都被限制结婚。[78]各州普遍不会限制阳痿患者结婚,尽管这可以作为另一方申请婚姻无效的依据。[79]1909年,华盛顿州通过一项法律,禁止"酗酒者、惯犯、癫痫患者、弱智、神志不清者、傻瓜或精神不正常者",以及"遗传性精神不正常者"和"严重肺病患者或其他传染性性病患者"结婚。[80]该法适用于所有45岁以下的女性,以及与其结婚的男性,其诉求显而易见。

此类法规同样在很多情况下适用于癫痫患者——康涅狄格州和密歇根州在1900年前有此类规定;明尼苏达州在1901年,堪萨斯州在1903年,俄亥俄州在1904年都有类似规定,而且与前述华盛顿州的规定类似。直到二十世纪五十年代,仍有17个州禁止癫痫患者结婚。这些法律同样还特别将婚姻仅限于达到生育年龄的人群。1905年,在康涅狄格州古尔德诉古尔德案(*Gould v. Gould*)[81]中,玛丽昂·古尔德向法院申请"离婚或婚姻无效令"。她丈夫罗伊患有癫痫,并在结婚时对其隐瞒。罗伊并未就此辩解,但初审法院驳回了她的请求。康涅狄格州最高法院推翻了初审法院裁决。癫痫是"一种极为严重且会导致人格扭曲"的疾病,并会"削弱智力"。此病还会由父母传给子女,癫痫夫妻所生子女通常"体力、智力发育不全"。毋庸讳言,到二十世纪末,这些法律规定都被废除了。[82]

一些州在二十世纪早期要求进行婚检。许多州都禁止患有性病的人结婚。一些州还要求对梅毒和淋病进行专门检查。到二十世纪三十年代末,有8个州专门立法要求检查梅毒,还有6个州将淋病也列入检查项目。[83]在抗生素广泛使用前,可以确定的是,人们有强烈且充分的理由反对梅毒和淋病患者结婚,或更准确地说,反对与其发生性关系。男性通常都是从性工作者处感染此类疾病,然后传染给无辜的妻子和子女。这也成为易卜生名剧《群鬼》(*Ghosts*)和法国剧作家 Eugene Brieux 的《坏物》(*Damaged Goods*)的主题。后者因其令人惊诧的主题很难找到剧院演出,但 1913 年,芝加哥演出了一场该剧。[84] 与该剧剧名同样的词被用于 1918 年一份非洲裔美国人报纸——《芝加哥捍卫者报》(*Chicago Defender*)的专栏名。"如果你身患梅毒,还与一位漂亮的无辜迷人女孩订婚……无限期地推迟婚礼吧,或者干脆毁掉这个婚约。"你已是一个"坏物","如果你与她成婚,你就是一个骗子"。[85]

这样的恐惧情绪广为散布,所以法院通常支持此类限制婚姻的法律也不足为奇。1914 年彼得森诉魏杜尔案(*Peterson v. Widule*)[86]中,威斯康星州最高法院支持了该州一项法律规定。该法要求男性在获得结婚证前需出示其未患有任何性病的医疗证明。温斯洛(Winslow)大法官认为,社会"有权自保以避免自毁,也有权保护人民遭受生不如死的命运"。但为何该法只针对男性呢? 他认为:"常识告诉我们……绝大多数女性结婚时都很纯洁,而婚前有不法性关系的男性却大有人在。"因此,"新婚男性传播性病的概率大大高于女性"。[87]

诸如此类要求进行验血的规定都先后遭到废除。俄亥俄州直至二十世纪七十年代仍要求医生出具证明,确认基于"血清检测标准"申请者未患有梅毒,或所患疾病"未达至该病传染他人的程度"。[88] 今天,只有少数几个州仍要求婚前验血或出具其他健康证明。例如,密西西比州要求进行婚前验血,检查梅毒,由州指定机构出具分析报告,并记录在案。[89]印第安纳州要求 50 岁以下妇女出具是否接种过风疹疫苗的证明,因为该病可能使孕妇产下具有缺陷的子女。爱达荷州要求夫妻双方领取"保密的艾滋病教育宣传手册"并"确认"已仔细阅读及回答了手册上的"保密问题"。[90]二十世纪八十年代晚期,伊利诺伊州短暂地要求过结婚申请者接受艾滋病病毒检测,但很快就由于公众反对和高昂成本而取消了这一规定。[91]由于检测的高昂开支和极低的阳性结果,该州"每一例阳性检验结果,大约花费 243000 美元"。[92]此项规定还使该州登记结婚人数骤减,人们为逃避此项强制检测纷纷前往他州登记结婚。[93]多数州都废除了这些陈旧的健康限制条件。宾夕法尼亚州在 1997 年取消梅毒检查;俄克拉何马州和哥伦比亚特区分别在 2004 年和 2008 年取消。[94]例如,在纽约州结婚只需 40 美元的结婚证和 24 小时的等候期。(很多州都没有等候期,恋人们可以冲出家门,立即成婚。)对结婚要求的放宽与另一个更大的趋势一致,即各州纷纷放弃对婚姻和婚生子女的管控,将更多的权力移交给个人决定其自己的安排。

所有州都要求婚礼仪式应由公众认可的官员以庄严的方式举行(与普通法相比)。任何神职人员都可胜任,法官也可以。各州之间存在一些细微差别。俄亥俄州规定,神职人员、法官、市长都可以主持婚礼,"聋哑学校的校长"也可以。[95]纽约允许纽约族裔文化学会(New York Society for Ethical Culture)的会长们证婚,该组织提供"非宗教婚礼仪式"服务。[96]许多州都特别规定辉格教徒可以证婚,该教派认为每一个教徒都是神父。他们中少有人能符合神职人员的标准定义,这要求获认可的宗教团体的授任和具有广大的信徒。[97]

一些诉讼对通过邮件,或今天更常见的互联网主持的婚礼效力问题提出了疑问。这些神职人员未能达到婚姻法中对神父的定义。1962 年,在加利福尼亚州莫德斯托成立的全能生命教会(Universal Life Church,ULC)是一家非常规教派的教会,其网站宣称为 2000 万神职人员进行过授阶(其中包括本书的一位作者)。[98]该教会无任何教规,也不要求其信徒信仰上帝。其网站宣传该教会"无任何宗教藩篱,无任何戒律,无任何教规,也无需缴纳任何费用"。

科伯特·布莱克韦尔(Cobert Blackwell)的兄弟们对娜丁·福腾伯里(Nadine Fortenberry)主张以寡妇身份占有布莱克韦尔的遗产份额表示质疑,认为他们的婚姻无效,因为该婚姻是由持有 ULC 颁发的"神职人员证书"的克劳德·克拉克(Claude Clark)主持。当他们结婚时,布莱克韦尔是一位居住在密西西比州沃尔索尔县的 58 岁孤寡老人。他与娜丁在 1984 年 11 月领取结婚证,"次日,一个周五,我们起航前往杰克森,寻求法律认可"。一位当地的法官让他们找到了克拉克,并让其次日为他们主持了婚礼。不到 3 个月,布莱克韦尔离世,他的 7 个兄弟姊妹要求继承除依密西西比州法律指定的由在世配偶继承的份额以外的所有遗产。他们将焦点聚集在克拉克的神职人员证书上。只有神父、犹太教的拉比,或"其他宗教组织的宗教人员"可以在密西西比州主持婚礼。[99]然而,密西西比州最高法院认可了他们的婚姻效力。尽管多数人认为,"根据南方笃信圣经地带的标准来看,ULC 很难被认为是一个常规意义上的教会",但"它已足以被认可为一个宗教机构",而且克拉克"也足以被认可为一个宗教人员"来主持一场婚礼。[100](一位法官仅对判决结果表示赞同,但批评了多数意见中的"足以"标准,认为其是"马蹄理论"。)

其他州法院对 ULC 非正统的授阶仪式就没那么宽容了。纽约州和弗吉尼亚州的法院均宣布由 ULC 神职人员主持的婚礼无效。[101]1980 年,北卡罗来纳州最高法院宣布北卡罗来纳州诉林奇案(State v. Lynch)中的重婚定罪判决无效,理由是被告的第一段婚姻由 ULC 神职人员主持,因而婚姻无效。[102]一年后,该州立法机关修订了其婚姻法,追认了 ULC 神职人员主持婚姻的效力,但并未明确 ULC 神职人员新主持的婚礼是否有效。[103]犹他州通过一项法律禁止神职人员通过邮件或在线形式主持婚礼,但联邦法院以违反平等保护条款为由宣布该法无效。[104]

曾几何时,各州普遍规定离婚后需相隔一段时间后才能再婚。对离婚的初次判决是"非终局裁判",最终生效需经过一段时间。1903年,加利福尼亚州以一部法律的形式将此法定化。此类法律与人们跨州离婚的尝试此消彼长,我们将在第八章专门讨论。再婚等候期能够最大限度地确保遭受对方前往他州"秘密"离婚的配偶有机会提起诉讼或上诉,或至少在再婚形成实质伤害前发现这一密谋。离婚夫妇处于一种不确定的状态,无法在离婚令正式生效前再婚,这也是1937年加里·格兰特(Cary Grant)和艾琳·邓恩(Irene Dunne)主演的电影《丑陋的真相》(The Awful Truth)所描绘的情景。但这些限制也形同虚设,通常而言,一个人在离婚生效的那一刻就可以再次结婚。到二十世纪末,仍有几个州存在例外情况,比如威斯康星州仍规定离婚令生效后6个月内不得再婚。[105]提供更便捷的终结婚姻的方法和更顺利地开始下一段婚姻当然是法律发展的大趋势。

一些对婚姻的限制措施确实保留了下来。最明显的就是年龄限制。过去,男女之间的结婚年龄有所区别,各州规定也不一致。内布拉斯加州在二十世纪二十年代规定,男性年满18岁,女性年满16岁即可结婚,但未成年人结婚需获得父母许可。[106]新墨西哥州的规定是男性21岁,女性18岁,低于此年龄结婚需获父母许可,但低于18岁的男性和低于15岁的女性结婚均无效。[107]二十世纪六十年代,南卡罗来纳州规定女性14岁,男性16岁即可在父母许可的情况下结婚。[108]此种性别差异今天看来似乎无效。最高法院在始自1971年的一系列案件中宣布基于性别的分类极为"可疑"。但年龄底线经受住了违宪审查而保留了下来。各州可根据当事人的特定年龄阶段调整未成年人的宪法权利。[109]

今天,除加利福尼亚州和马萨诸塞州外,各州都规定了法定最低结婚年龄。[110]堪萨斯州仍"游离"在外。直至2006年,该州仍允许12岁的女孩和14岁的男孩在父母许可下结婚。[111]2005年,内布拉斯加州

22岁的马修·科索(Matthew Koso)和14岁的克里丝特尔(Crystal)跨越州界,来到堪萨斯州结婚,因为内布拉斯加州禁止17岁以下的任何人结婚。穿着牛仔裤,手持粉色康乃馨的二人在一位法官的主持下在堪萨斯州的海华沙成婚。根据堪萨斯州法律的规定,克里丝特尔的父母同意了他们的婚事,但马修仍在内布拉斯加州被指控强奸并定罪。他们刚出生的女儿成为定罪的唯一证据。[112]内布拉斯加州并未对他们的婚姻效力提出质疑,只不过拒绝将他们的婚姻视为对强奸指控的抗辩,控方认为强奸行为发生在结婚之前。科索在服刑15个月后回家与其妻女团聚,而此时,他妻子才刚满16岁,达到内布拉斯加州经父母同意可结婚的年龄。[113]在媒体随后对该案一边倒的负面报道后,堪萨斯州修订了其婚姻法,新法禁止任何14岁及以下的人结婚;年满15岁,需获法院令状,方可结婚;年满16岁和17岁结婚需经双方父母同意。[114]其他州对婚龄的规定大都不分男女,通常都高于一个世纪前的规定。少数州的典型法律可允许年满16岁或17岁的未成年人在获得父母许可的前提下结婚;一些州允许16岁以下的人结婚,但需提供怀孕,已生育子女或法院批准的证据。[115]除密西西比州外,所有州都将无需父母获准结婚的年龄规定为18岁。[116]

各州都曾有过,且仍保有一些针对近亲结婚的限制规定。实质上,这些规定对直系家庭成员而言没有什么差别。俄狄浦斯在哪里都不可能与他母亲结婚。兄弟与姐妹,叔婶与侄子女之间也不得结婚。许多州都禁止直系血亲间结婚,不管两人中间相隔多少代。对于这些相对而言极亲密的家庭关系,大多数州不仅禁止结婚,如结婚立即宣告其婚姻无效,而且还会将发生性关系的二者定罪。各州法律对姻亲间及前姻亲间或继父母间结婚的法律规定不一。

禁止近亲结婚的法律在美国很大程度上有其宗教根源。在英格兰,近亲乱伦仅在宗教法庭会被处以惩罚,而宗教法庭通常会适用《旧约全书》禁止关系过于亲密的人们结婚。根据教规的规定,夫妻应为一体,因此与双方的亲属均有亲密关系,所以这一禁令同样适用于血亲和姻亲。美国司法机关通过将乱伦宣示为犯罪背离了英国法,而且还将其作为宣示婚姻无效的依据,尽管刑法通常都对乱伦进行狭义的定义。

现代社会之所以禁止近亲结婚,是由于担心后代的基因错乱。然而,法律上有其他理由。玛格丽特·米德(Margaret Mead)认为,"近亲不得发生性行为"是"人类社会的根本机制"。益处是明显的:孩子们可以"自由玩耍,坐在父母膝头,抓扯父亲的胡子,将头埋在母亲的双乳之间——这些举动不可能让人产生非分之想的邪念"。[117]克劳德·利维-斯特劳斯(Claude Levi-Strauss)认为,这一禁忌使全社会受益,通过迫使家庭成员与其他家庭成员建立关系,使整个社会能正常运行。[118]

尽管有些限制近亲结婚的规定在全美都有效,但还有些规定却因州而异。1930年,至少有27个州禁止表亲间结婚。[119]今天,仍有24个州有此限制,但有6个州在无法生育的特定情况下允许。[120]比如,犹他州允许年满65岁的表亲结婚,或至少年满55岁,且已无法生育。[121]表亲间结婚的社会禁忌效力比法律限制大得多。虽然,诸如杰瑞·李·刘易斯(Jerry Lee Lewis)和阿尔伯特·爱因斯坦(Albert Einstein)这样的名人都与其表亲结为连理,但表亲结婚在美国仍属有违常理。包括欧洲大部分国家在内的许多国家都对表亲结婚不加限制,在非洲的某些地方和亚洲,表亲结婚甚至是当地的习俗。[122]

对后代缺陷的担心仍主导着婚姻法,并使表亲间婚姻无法接受。但2002年《基因咨询学报》(*Journal of Genetic Counseling*)的一项研究报告认为,表亲结婚所生子女产生的基因异常风险并不比"正常"夫妻更高。[123]表亲结婚所生子女的严重出生缺陷概率仅比无血缘关系父母所生子女略高。对表亲结婚无宪法障碍,但各州均认为对其禁止极为必要,且符合州的"迫切"利益需求。现代基因科学以及多数美国的表亲都非成长于同一个家庭这一事实,则对这一禁令提出了反对意见。总的来说,美国婚姻家庭法正越来越多地抛弃类别化规则,让个人在两性关系和婚姻家庭方面拥有更多的自主权,虽然这可能并不都是好的。然而,对近亲结婚的传统限制仍很坚固。一些法院宣告某些限制近亲结婚的法律无效,所针对的是通过收养产生的兄弟姐妹关系,而事实上他们并无血缘关系。[124]对这一普遍趋势,目前没有什么逆转的迹象。

联邦制国家里的婚姻

针对离婚,各州都有住所的要求,但这一要求并不针对结婚。一个人可以在他喜欢的任何地方,在任何时间结婚——度假时,或在家乡,任何地方。这使"结婚工厂"成为现实。最显著的例子是内华达州。该州的拉斯维加斯市和其他城市遍布"婚礼礼堂";这不仅吸引那些前往内华达州离婚(再婚)的人们,也吸引每一个想要"闪婚"的人。在那里,你可以发现各式各样的婚姻。一家机构提供"拉斯维加斯式的简约婚礼",另一家也可以提供"周密计划,充满乐趣的'猫王'式婚礼"。[125]一家名为"沙利马婚礼礼堂"的机构可以提供"大峡谷直升机婚礼",先举行婚礼仪式,然后乘坐直升机巡游,接着"乘马车"前往一个农场,"真正的牛仔"会以"神话传说、传奇故事和民间歌曲"款待新人。[126]"目的地婚礼"指新人与来宾一道前往一个度假目的地,宣读结婚誓词。这种婚礼在1996年至2006年的10年间增长了4倍,部分反映了庞大的婚礼产业的发展和扩张。当然,这一产业也将新人及其父母的积蓄消耗殆尽。[127]2009年,美国的平均婚礼花费高达28000美元。[128]

蜜月结束后,新人回到家中,期望他们的婚姻在居住地也同样有效。他们婚后外出或旅行也有同样期望。大多数时候,他们都能如愿以偿。各州通常都对异地缔结的婚姻承认其效力。但我们在本书第七章可见,大多数州对同性婚姻都区别对待,也存在其他的一些例外情况。

正如弗雷德·霍尔(Fred Hall)和玛丽·里士满(Mary Richmond)在1919年对婚姻法所言:"经过这么多年的努力和尝试,让我们看看法律规定的无奇不有,甚至混乱不堪吧!"[129]缺乏缔结婚姻的住所地规定使"规避婚姻"普遍存在——为规避结婚的某些限制,离开生活的那个州,到他州结婚。二十世纪早期,统一州法委员会全国大会(National Conference of Commissioners on Uniform State Laws, NCCUSL)——一个倡导各州法律一致规范化的独立机构,曾天真地想统一各州的婚姻法。但在1907年,该组织的一份报告宣布,将推迟这一想法,先从推行统一的离婚法入手。[130]1911年,这个机构确实提出了统一婚姻和婚姻许可法案,但该法案主要针对结婚的程序性要求。该组织确实试图推动一些实质性变化,包括废除普通法婚姻,以及提高无需经父母同意的未成年人婚龄,但始终在法定婚龄方面留下空白,使各州能够自行设定。[131]后来的一些统一法案同样回避了哪些人可以结婚的基本问题。[132]再后来也出现过几次未成功的修订宪法的尝试,要么是给予国会广泛的权力对结婚和离婚进行规范,要么是具体在全国范围内禁止一夫多妻或跨种族婚姻。[133]

一部全国统一的婚姻法肯定能解决各州就结婚问题所产生的冲突,但各州均不愿意放弃其对婚姻问题的控制权。有关结婚限制的法律之间的混乱只有通过制定承认他州和他国婚姻的法律规则间接地得到治理。这些规则试图在尊重他州法律和尊重外国法律之间找到平衡,同时限制"宽松"的他州或外国法律规定造成的影响。通行的规则是"婚姻缔结地"规则——即一个在婚姻缔结地有效的婚姻,在任何地方都应有效。[134]同样,一个在婚姻缔结地无效的婚姻,在任何其他地方都无效。但如果一个婚姻破坏了重要的公共政策或公共利益,各州都可以不认可该婚姻的效力,即使其在缔结地有效。违反"自然法"或一州"实证法"的婚姻属于例外情况。没有哪个州会承认一夫多妻者的第二个、第三个,甚至第四个妻子,尽管在其所在州此类婚姻完全合法。一夫多妻制婚姻和近亲婚姻"普遍"都属于婚姻效力承认规则的例外情况。[135]在洛文案之前,至少总有几个州允许跨种族婚姻。那这类婚姻在其他州会被承认吗?如果婚姻纯属为了规避当地法律,可能不会得到承认。[136]但如果夫妻双方的居所地本来就允许此类婚姻,那它就有可能被其他地方认可。[137]

实证法上的例外通过将其视为"无效",给予立法机关阻止司法机关承认某种类型的婚姻的权力。此类"实证法"的一个主要例子就是禁止规避结婚的法律规定。比如,印第安纳州规定,"如当事人居住在本地,意图规避本地有关婚姻登记和禁止结婚的相关规定,前往他州登记结婚,然后打算返回本州居住,且确实返回,则该婚姻无效"。[138]到1931年,有17个州有类似的法律规定,一些州直接套用了1912年提出的《统一婚姻规避法案》(Uniform from Marriage Evasion Act)。[139]

普遍规则和狭义例外指有时各州会承认其自己都不会允许的婚姻。1953年纽约发生的梅遗产案(Estate of May)[140]中,都是犹太教徒的叔父与有一半血缘关系的侄女于罗得岛州由一位拉比主持结婚。犹太教规允许此类婚姻,罗得岛州法律允许"犹太人可以与其宗教允许的亲属成婚"。[141]范妮(Fannie)和山姆·梅(Sam May),叔侄关系(而且两人恰巧同岁),在一起生活了32年,育有6个子女。他们的一个女儿被遗产法庭指定为其母亲的遗产管理人。但山姆认为,仍在世的配偶更应当担此职责。其女儿认为父母的婚姻由于故意规避纽约州法律,因而无效。一个是其父母刚刚获得住所的州和一个是他们连续生活了32年的州。她因此认为其父亲并非在世"配偶"。法庭驳回了她的主张。纽约州禁止叔侄之间结婚,但他们的婚姻可以被认可,因为该婚姻在罗得岛州有效,而且没有什么强有力的政策禁止认可该婚姻。表亲间的婚姻在一些禁止此类婚姻的州也会获得认可。[142]针对我们第三章要讨论的普通法婚姻,也是如此。法庭有时还会因为一些有限的目的而认可一些特定类别的婚姻。比如,1948年,密西西比州法院允许一位在他州成婚的跨种族婚姻在世配偶继承其亡夫的遗产,尽管此类婚姻在该州被视为有违公共政策。[143]

整个二十世纪,各州婚姻法间的差异逐渐缩小。社会力量和法制力量的合力使限制婚姻的规定和缔结婚姻的要求趋同。婚姻法和家事法一样,向一个大方向发展进步:双方拥有更多自由,比如与谁结婚的自由。唯一的例外在于那些仍受社会规范牢牢把控的情况,比如反对近亲结婚的法律和一夫多妻。我们在后面的章节会提到,与自己中意之人结婚的自由已扩展到了一个重要边界:同性婚姻。这个问题不仅扭转了走向统一的趋势——马萨诸塞州和密西西比州当然不会向一个方向发展——而且还催生了一条跨州婚姻认可的全新路径。

第二章
婚姻、法律和社会：一张交织的网

51　　1948 年,梅米·威尔(Mayme Vail)的丈夫因身患肺炎,奄奄一息,她发誓每天都去教堂祷告,期望丈夫早日康复。她可能没料到,这一习惯一直持续了六十多年。当然,她更没料到,她和她丈夫——克拉伦斯(Clarence)——在 2008 年成为吉尼斯在世最长久夫妻纪录保持者。在二老分别年满 101 岁和 99 岁时,他们在明尼苏达州白熊湖市举行了结婚 83 周年纪念活动。包括二老的 6 个子女,39 个孙子女,101 个曾孙子女和 40 个玄孙子女的大家庭欢聚一堂。[1]当时,NBC《今天》(*Today*)节目主持人曾向她请教如何保持一个从十几岁就开始的美满婚姻,梅米的回答很直率:"结婚时,你们都曾向对方宣誓,不管未来是好是坏,富有或贫穷,执子之手,白头到老。我们只是坚守各自的誓言而已,就是这样。"[2](她还提到,他们上一次发生争执是在 1946 年。)当克拉伦斯被问及是否曾想过要离婚时,他只是说:"我不记得了。"

这种美满婚姻就是立法者、法官、政客和支持者褒扬的典范。当然,现实生活中的婚姻比这更复杂,更多元。莎莎·嘉宝(Zsa Zsa Gabor)就是威尔夫妇婚姻的反例。莎莎是一个结了 9 次婚的女演员,社交名媛。当被问到她有多少个丈夫时,她竟反唇相讥:"你是说除了我现在的丈夫吗?"[3]尽管其 3 个著名的姐妹先后拥有过 18 个丈夫,但莎莎是唯一一个有孩子的人,她说她的女儿只不过是她第二任丈夫强奸她的产物。

威尔夫妇和嘉宝姐妹都属美国婚姻生活的两个极端。标准的美国婚姻根本不存在。通常,夫妻双方会在二十五六岁,或二十八九岁成婚,养育两到三个孩子,然后在婚后七八年的时候,会经历一次离婚危机。[4]我们曾讨论过正式的婚姻法,我们还会在第九章专门探讨夫妻双方的财产权利。然而,婚姻还是重要的社会组织。对美国婚姻现状大唱悲歌的人大有人在:同性婚姻反对者,家长制家庭支持者,反离婚的道德卫士,孩子权利捍卫者,等等。婚姻比以往任何时候都脆弱无比,可能发生急剧的变化,但它仍是美国人民生活和美国社会的根本所在。而且,婚姻对美国社会和法律制度影响深远。本章将在社会和法律的背景下,探讨婚姻。我们将关注究竟是哪些人在结婚,婚姻对他们究竟意义何在。然后,我们会探寻婚姻在法律上的含义:夫妻双方的权利、义务,包括经济权利。我们还将谈及婚姻的黑暗面——家庭暴力和婚内强奸。

速写美国婚姻

如果我们将二十世纪初和二十世纪末的初婚平均年龄进行比较,结果可能不会太引人注目。[5]对女性来说,1890 年至 2009 年间,初婚年龄只增长了 3 岁——从 22 岁变为 25 岁。对男性而言,同一时期也仅从 26 岁增加到了 28 岁。但二十世纪五十年代,男女的初婚年龄都降到了最低点,分别是 22 岁和 20 岁。始自二十世纪七十年代,每十年初婚年龄便会增加一岁。[6]晚婚可能是由于我们曾讨论过和将要讨论的潮流造成的——同居的广泛出现,避孕药具更便宜、更容易获得,大学教育越来越普及以及女性经济地位的提高。[7]正如《纽约时报》(*New York Times*)的一篇文章提到的,"成年之路正变得越来越长"。[8]今天年轻人所作的任何人生决定都比他们的父辈更晚——学校教育时间延长,更晚获得经济独立,更晚结婚,以及更晚为人父母。对许多现代人而言,20岁至30岁的整整十年都是青年向成年的过渡,而对他们的上一代来说,这一过渡期则要短得多。

尽管有所推迟,大多数美国人最终还是会结婚成家。"结婚率"——每1000个15岁至44岁女性结婚的人数——在1932年达到最低点,是年每1000个该年龄段女性只有81人结婚。而后,这一比例在第二次世界大战时期稳步上升,1945年至1947年间达到143/1000的峰值。然后,又逐渐下降,在1986年回落至1932年的水平,而且持续走低。[9]到1990年,结婚率为54/1000。[10]尽管有此下降的趋势,但人口中不婚的比例还是较低。比如,1975年至1990年的15年间,24岁已婚女性的比例从62%陡降至38%,而同时期50岁至54岁已婚女性的比例却维持在95%的高位。[11]

当然,离婚率只是婚姻这个故事的一个部分。离婚率似乎对每一代都拉响了警报。但世间万事万物均有千丝万缕的联系。美国的离婚率在1870年至1900年间翻了三番,即便如此,4‰的离婚率与二十世纪八十年代每1000个婚姻中有23对夫妻劳燕分飞相比也算小巫见大巫。[12]离婚率对改革者也拉响了警报,并引领他们在多数情况下拒绝放宽离婚方面的法律规定,这与不断上升的离婚需求背道而驰。[13]离婚率在十九世纪最后25年至二十世纪六十年代的几十年间呈稳步缓慢上升的趋势,之后开始飙升。

二十世纪八十年代中期,研究结婚和离婚的社会学家得出了令人震惊的结论:半数的婚姻最终都走向了离婚。[14]这一比率自那时以后有少许下降,到今天,每10个婚姻中有4个最终会离婚。[15]但并非所有的婚姻都情况一样,并非每一对夫妻都面临同样的离婚危机。过早结婚的夫妻当然会面临更高的离婚风险,然而,这一数据并不明确。例如,没有受过大学教育和受过多年大学教育的女性比仅仅拥有一个大学学位的女性更容易离婚。[16]在深受圣经影响的美国南方,现在的离婚率是史上最高的,而那里的夫妻通常早婚(婚前性行为被认为是一项罪过)。[17]婚后10年也是离婚的高发期。一个离婚网站给出了一份问卷,涉及一些基本信息——性别、结婚年龄、子女、结婚时间、教育程度等问题——在填完该问卷后,网站会对此人未来5年的离婚概率给出一个预测。[18]

大多数离婚的初婚夫妻都会再婚。[19]初婚到再婚的时间间隔平均为3.5年,离婚后10年内,81%的25岁前离婚的夫妇会再婚,68%的25岁或以上年龄离婚的夫妇会再婚。[20]一半的再婚女性会与第二任或后续配偶生育至少一个子女。[21]不同的研究表明总体再婚率在三分之二到四分之三之间。但这些再婚的夫妇比初婚夫妇离婚的可能性更高。[22]正如安德鲁·谢林(Andrew Cherlin)指出,"结婚和离婚共同描绘了这个国家的现实图景,人们相互组合,分手,再次组合的速度比其他西方国家都要快得多"。[23]所有这些情况意味着成年人的未婚时间比以前多得多。已婚成年人的比例从1960年的72%降至2008年的52%。[24]

对美国婚姻的任何描绘如果缺少对种族变化,特别是白人和黑人间的种族变化的关注,都是不完整的。在重建时期,非洲裔美国人快速、急切地要求他们的结婚权,很多确实也步入了婚姻的殿堂,以致北方军一度大占上风。[25]到1900年,结婚"已在非洲裔美国人中极为普遍",就像大多数其他美国人一样,离婚的人们再婚也很常见。[26]到二十世纪四十年代,60%的24岁黑人女性和40%的同龄黑人男性都已结婚,这一比率大大高于白人。[27](差别仅存在于非洲裔美国人,拉丁裔和亚裔女性对待婚姻和白人女性的态度类似。)[28]这一差别触及了所有与婚姻有关的统计数据,并在有关黑人生存状况和黑人"下层阶级"存在原因的讨论中占据主要地位。[29]

目前,非洲裔美国人结婚率低,离婚率高,再婚率低。[30]正在进行中的"脆弱的家庭和子女全面发展研究"(Fragile Families and Child Well-being Study)发现,非洲裔美国人在非婚生子女出生后30个月内结婚的比例极低。[31]一项针对1980年人口调查数据进行的分析报告显示,黑人女性不婚的比例1960年后一路攀升。[32]比如,29岁仍未婚的黑人女性从1960年的13%升至1980年的29%。而非拉丁裔的白人女性这一数据分别为8.3%和13.2%。对于那些未完成高中学业的黑人女性,1960年至1980年间的这一数据更是从13.1%升至32.3%;而白人女性的这一数据分别是6%和9%,差别惊人。[33]

婚姻方面的差距只是在1980年后有所扩大。1980年至2000年间,25岁至29岁白人女性已婚比例从81%降至68%,而同年龄段黑人女性的已婚比例则从63%降至38%。[34]2009年的"当前人口调查"数据显示,25岁至29岁白人女性的已婚比例为57%,同年龄段黑人女性的已婚比例只有31%。[35]50岁至54岁年龄段的已婚率居高不下,在20年间仅从96%降至95%。而同年龄段黑人女性已婚率的比例则从93%降至85%,到2009年更是降至75%。

婚姻问题上的种族差别原因何在?婚姻观念似乎无法解释,事实上,黑人女性比起白人女性来说更可能"相信婚后生活会更好"。[36]经济原因和结婚机会似乎是导致这一差别的主要驱动力。黑人女性在婚姻市场上的处境比白人女性悲观得多。[37]黑人男性更愿意娶一个非黑人的配偶,而黑人女性则不然,结果就是这一差别持续加大。[38]根据近期的一项研究,2008年22%的成婚的黑人男性配偶为其他种族,而1980年这一比例仅为7.9%。同年成婚的黑人女性中,只有9%嫁给了非黑人男性。[39]结婚对象的人数也因适龄黑人青年在监狱服刑或过早夭折而不断减少。[40]最后,可能也是最重要的原因就是,黑人男性相对贫穷的经济状况也使他们更难找到意中人成婚,黑人女性的经济地位相对要高些,因此她们比起白人女性来说更愿意独身。[41]证据表明,黑人男女"在考虑何时成婚时似乎比白人男女更看重经济因素,正如可以预测的那样,考虑到他们更不稳定的经济状况"。[42]婚姻市场以外的其他因素也可以解释这一种族差距,比如非婚生子女的数量差距也会对结婚的可能性形成逆相关的关系。[43]

种族不是婚姻问题的唯一指征。皮尤调查中心近期的一份报告指出了不同阶层间正在不断扩大的婚姻差距。处于较低社会经济地位的成年人与其他人一样"急于结婚",但他们"高度重视经济安全并将其视为结婚的一个前提"。而这一标准对经济困难的群体和收入差距不断扩大背景下的低收入人群而言很难达到。[44]受教育水平也是结婚率的一个重要指征。皮尤的调查发现,64%的大学毕业生选择结婚,而未接受大学教育的人群中结婚的比例只有48%。

婚姻期望

列夫·托尔斯泰的《安娜·卡列尼娜》的开篇语家喻户晓:幸福的家庭都是相似的,不幸的家庭却各有各的不幸。我们认为,托尔斯泰只说对了一半——幸福的家庭幸福的方式也不一而足。当然,每一个婚姻,不管幸福与否,都是独一无二的,而且,对外人而言,不可言说。很难说清楚二十世纪已婚男女的所思所想。我们从一些书籍、杂志文章可以获得些许提示,可能有时还会因此被误导。人们的行为模式——比如,结婚率和离婚率——也可以说明问题。通过这些资料,我们至少可以得知婚姻观念和变化模式的一些情况。而这些观念和模式的变化自然对婚姻法产生了深远的影响。

大趋势是显而易见的:传统婚姻已逐渐而且只是部分地让位给了人们所称的"伙伴"婚姻。[45]可能"让位"一词在某种程度上会造成误导。两个变化很明显:表象和现实。传统婚姻的表象——诺曼·罗克韦尔式的婚姻——在某种程度上只是一个理想状态,或可能更多是一个传说。正如斯蒂芬妮·孔茨(Stephanie Coontz)所指的那样,维多利亚时期的中产阶层家庭很难普遍存在。温暖舒适的家庭生活仰赖于其他家庭的工作和帮助,而他们"太贫穷,无力构筑自身的家庭爱巢,因此只能为别人提供爱巢"。对中产阶层家庭来说,可能会有一位"爱尔兰裔或德国裔女孩负责擦地板",一位黑人女孩负责洗衣,一位采煤的威尔士男孩为他们的壁炉提供煤块,还有一位年轻的犹太或意大利妇女在血汗工厂为他们生产衣服。孔茨为其研究成果取了一个贴切的名字:绝不能再这样活着。[46]而且,死亡和疾病就像原子分裂器一样摧毁了数十万家庭。过去的好时光也留下了数百万计的鳏寡孤独。

想要对各个家庭一窥究竟,获知真相,了解家务琐事,感知一个个封闭小家庭的喜怒哀乐非常困难,或者绝无可能。然而,十九世纪晚期至二十世纪早期确实出现了一些转变,特别是中产家庭,从传统婚姻转向了伙伴婚姻。随着世界大势的变迁,婚姻中的性别角色也发生了微妙的变化。伙伴婚姻至少在某种程度上排斥过去婚姻中男女各占"半边天"的旧观念。相反,伙伴婚姻的基础是"夫妻之间情感上的相互需要,他们是朋友,是伙伴,是浪漫的恋人",而且,极为看重"充满活力、激情的和谐性生活"。[47]家庭结构的变化,以及如威廉·奥尼尔(William O'Neill)所言的"19世纪成熟的自由主义观念创设了一个民主的、互敬互爱的理想家庭模式,这一模式对年轻人、女性、知识分子和社会底层人士都极具吸引力"。相对而言,这一家庭模式的效果就是,家庭成员间的"交往更紧密,打破基于性别和年龄的地位体系,强调个性差异、家庭氛围、情感和性格"。[48]

但现实不会总是尽遂人意。可能男人和女人念婚姻誓词的方式不一致。伙伴婚姻并未真正达到期望中的性别角色平等,紧张的压力和双方的矛盾总会导致事与愿违,悔不当初,最终劳燕分飞。[49]

到二十世纪晚期,婚姻似乎发展到了一种后伙伴婚姻的状态。在同居和性革命盛行的时代和"表现型个人主义"时代[50],出现了一种新式婚姻,有人把它称为"表现型婚姻"。夫妻双方都在追求其个人发展,他们以"个人发展,而不是通过取悦对方和养育子女所获得的满足感"衡量婚姻质量。[51]而且,美国人倾向于"将感情的宝都押在夫妻关系上";"与邻里关系、亲戚关系、社区义务和宗教相比,极为看重夫妻之间的互敬互爱以及家庭关系",这在以前可能会被认为是"极度危险的反社会,甚至被认为是病态地过于关注自身"。[52]这当然成为婚姻的沉重包袱,不管是对丈夫还是对妻子而言都是如此。一旦婚姻生活无法达致理想状态,唯一的解决方式就是离婚。如果伙伴婚姻失败后的结局是协议离婚,那么表现型婚姻失败的结局就要个性化一些了,即单方面提起的无过错离婚。

婚姻的法律后果

可以确定的是,法律对婚姻的各个阶段都会产生影响,不仅从缔结婚姻到婚姻终结,而且在婚姻存续期间也是如此。[53]婚姻观的变化也反映在家事法的变迁上。家事法的发展趋势是家长制家庭的消解,走向法律意义上夫妻地位的平等。与其说家庭是一个社会单位,倒不如说家庭是一个个赋权个体的集合体。

但并非从一开始就是如此。早期的婚约更多的是涉及"夫妻法",而不是"家事法"或"家庭关系法"。法律规定了夫妻的具体性别角色。男人有责任养家糊口。他们应该控制自己不对家庭成员实施身体和精神虐待,并时刻保持清醒、忠诚、远离监狱,且责任众多。当然,男人也享有诸多强有力的权力——选择家庭所信仰的宗教和住所,大多数情况下,主宰家庭的财政。而女人主要负责操持家务,给家庭成员关爱。女人还要生养,教育子女;烹煮食物,打扫卫生,并服从丈夫合理的性要求。妻子当然也应该忠诚,而且与她们的丈夫相比,对她们的性标准要高得多。丈夫偶尔出轨,可以获得原谅,但妻子则不然。

因此,男人不管在哪个方面都俨然"一家之主"。在有关监护权的案件中,他们比他们的妻子更受优待。已婚女性只不过是其丈夫的附庸。曾几何时,刑法上确实将女性排除在承担某些刑责之外,因为她们被视为生活在丈夫的影响和主宰之下。查尔斯·狄更斯(Charles Dickens)的名著《雾都孤儿》(*Oliver Twist*)里的巴伯(Bumble)先生在谈到这一认识时冲口而出,如果法律这样认为,那么法律就是"蠢货"。

男人还拥有或管理着几乎全部的婚姻财产。对这一习俗的经典描述来自布莱克斯通(Blackstone)的《英国法释义》(*Commentaries*),该书首印于1765年,总结了当时的(英国)婚姻法。[54]"已婚女性法律地位"原则和"婚姻共同体"观念有力地支撑了传统的性别角色。已婚女性法律地位是"一项普通法原则,依此原则,夫妻被视为一人,在夫妻关系存续期间,妻子的法律地位和权利在某种程度上丧失或中止"。[55]用布莱克斯通的话来说,夫妻应为"一体",但丈夫处于绝对主导地位。已婚女性在婚姻存续期间在法律上无能力缔约,拥有、销售或交换财产,保有其挣得的收入,获得其自有的住所,或以其个人名义起诉和被诉。婚后,妻子应随夫姓,这一点更多是习俗而非法律,但强制改名的法律在二十世纪七十年代被广泛接受。[56]美国最高法院在十九世纪的一起著名案件(该案判决驳回了一位女性要求获得在伊利诺伊州进行法律执业权利的主张)中评论道:"女性离开其丈夫在法律上无任何地位,丈夫应被视为她在社会生活中的代表。"[57]

已婚女性法律地位原则给予丈夫在婚姻存续期间完全的责任管理属于妻子的财产,并成为婚姻存续期间所获取的所有财产的所有人,包括妻子挣得的薪酬。可以肯定的是,存在绕开这一原则的做法。

比如，父亲可以为其女儿设立一个信托基金，并在女儿婚前将财产转入该信托基金。这样就使丈夫无法染指该财产。[58]但这样做程序复杂，代价不菲，只对富裕家庭有用。对大多数夫妻来说，丈夫在婚姻存续期内拥有法律和财政大权。

简单说，大体上十九世纪的男女结婚后，他们各自婚后的地位已由当时的法律明确界定。尽管婚姻是双方你情我愿而缔结的，但无法以同样的方式正式解除婚姻关系。（现实情况有所不同，我们会在第八章专门讨论。）婚姻是一个公民结合的形式，国家对此表示支持，利益极大。婚姻的整体情况主要由法律管制，而非个人。

到二十世纪最后25年，对传统婚姻模式的法律支持已全部寿终正寝。"棺材"上最后的两颗钉子是十九世纪废除的"已婚女性法律地位"和二十世纪六七十年代性别平等在法律上正式登堂入室。从十九世纪四十年代开始，各州纷纷通过《已婚女性财产法案》(Married Women's Property Acts)。[59]到1850年，"有17个州批准已婚女性具有法律上的能力处置其财产"。[60]其他州在十九世纪结束前纷纷效法。这些法律允许妻子以其自身名义获取及持有财产，并逐渐能够支配其个人所得。性别关系正在发生着变化，但经济领域的变化，以及一个更加现代、更加合理的土地权利和财产权利体系的需求也扮演了一个重要角色。到1900年，女性——不管婚否——都有权从事法律职业（尽管人数很少）。到二十世纪，女性（不管婚否）都被认为是自立的个体：能够经商，当参议员或国务卿，巡警，采矿，驾驶飞机，以及做任何曾几何时被男性垄断和多数由男性承担的工作。婚姻并未将女性排除在职场或喧嚣的经济生活之外，至少不会被正式排除在外。

自此以后，丈夫和妻子再也不是合二为一的了。然而，并非所有传统婚姻的特点都立即消失殆尽，有一些甚至延续到了二十世纪。已婚女性获得其丈夫的扶养权得以延续。如丈夫未尽此义务,则可能获罪。根据印第安纳州一项法律的规定,直至二十世纪,抛弃妻子(除非因其"通奸或其他邪恶或不道德行为")和"未提供合理扶养手段"离开妻子的丈夫可能会被判入狱 3 年。[61] 1907 年,加利福尼亚州的法律也将丈夫不尽扶养义务入罪,只要他拥有"足够的扶养能力"。如果他弃妻子于"贫穷处境"或拒绝、无视妻子的衣食、居所需求,以及"医疗救治",他也可能会获得严厉的刑事处罚。[62] 某些情况下,第三方可以主张丈夫的扶养义务。如果一个商人通过赊账形式为他人妻子提供"生活必需品",可向丈夫提起诉讼要求支付。妻子也可以间接地要求其丈夫强制履行其义务,如果她可以说服商人继续以赊账的形式向她提供"生活必需品"——食物、衣物、药物及家居用品。加利福尼亚州的该项法律直到 1976 年才修订为同时适用于丈夫和妻子,将该法中的"丈夫"修订为"个人",妻子修订为"配偶"。[63] 直到 1980 年,威斯康星州法院在夏普家具公司诉巴克斯戴夫案(*Sharpe Furniture, Inc. v. Buckstaff*)中判定丈夫应对其妻子赊购的一套沙发承担责任,妻子只有在丈夫无能力支付时才承担责任。[64]

1940 年的格雷厄姆诉格雷厄姆案(*Graham v. Graham*),马格丽莎·格雷厄姆(Margrethe Graham)同意每月支付其丈夫西德尼(Sidney)300 美元,条件是他必须辞去工作,跟她一起去"旅行"。这是典型的性别角色颠倒。[65] 两人分开后,西德尼向法院提起诉讼,主张他未获得的 25000 美元。密歇根州联邦法院驳回了他的请求。两个朋友,或两个陌生人之间可以订立此类合同,但夫妻双方不能。法院认为,婚姻"不仅仅是双方之间的私人契约",还是"各州极为关注的一种人生状态";双方的部分权利义务"不因双方的各自意愿转移"而发生改变。[66] 他不能为了钱,放弃选择二人居所的权利;她也不能通过订立契约让与她获得其丈夫抚养的权利。与此相左的规则"会导致人们对婚后生活产生无休无止的矛盾和争议"。马格丽莎当然拥有向其丈夫支付每月300美元的自由,其夫当然也完全可以自愿像个宠物狗一样跟着她四处游荡。但二人不得通过订立合同达到这个目的。

1976年路易斯安那州的一家法院也拒绝执行该州一对夫妻婚前协议的一个条款,该条款将夫妻性生活限定为"每周一次"。[67]当妻子在离婚诉讼中主张扶养费时,丈夫以妻子违反了该婚前协议为由提出抗辩(丈夫声称妻子"要求一天三次性生活";而妻子则抱怨每周只能"接触"丈夫一次)。法院坚决拒绝了"婚前共识可以废除或修改州婚姻法规定的婚姻义务的观点"。"夫妻生活"不得由契约做任何修订。[68]

考虑到婚姻或家庭隐私,法院也不愿意将触角伸入婚姻的神秘殿堂。1953年的麦奎尔诉麦奎尔案(*McGuire v. McGuire*),莉迪娅·麦奎尔(Lydia McGuire)向内布拉斯加州的一家法院请求强制其丈夫履行扶养义务。[69]二人于1919年结婚,婚后她尽到了一个妻子的责任——操持家务,煮饭洗衣,喂养家禽,对丈夫逆来顺受。尽管她丈夫查尔斯拥有80英亩土地及其他资产,但他还是让妻子生活在贫困之中。他有12年没带妻子去过电影院,甚至连妻子要求像邻居一样安装房屋水管和部分家具的基本生活设施,也断然拒绝。他就是一个吝啬鬼,如此而已。法庭对莉迪娅的遭遇表示同情,在法律上,她有权获得丈夫的扶养。但法院以尊重家庭隐私为由,拒绝介入此案。生活水准属于家务事,"无需法院裁决"。只要他还维持这个家,并且两人还生活在一起,那么"婚姻关系的目的就已达成",尽管他极为吝啬。[70]讽刺的是,如果二人分居,或离婚,她会在法庭获得更多支持。

本书第九章会讲到,当今的法院更愿意执行那些夫妻一方死亡或离婚的婚姻双方订立的婚前、婚后或分居协议。但婚姻存续期间针对双方"行为"的契约仍存在很大问题。[71]当然,婚前或婚姻关系存续期间订立此类契约的夫妇也不多。萨莉·埃里克森(Sally Erickson)和伦兹·戴维森(Renzie Davidson)因一份奇特的婚前协议在2006年成为新闻人物。该协议旨在"确定婚姻财务、感情和其他方面的问题"。[72]萨莉承诺每周做4次早餐,伦兹则承诺在她"不做早餐的日子"不叫醒她。萨莉承担家用开支,但"伦兹不得抱怨萨莉设定的空调温度"。萨莉应"关注伦兹的感受程度";毕竟,"感到冷时穿上一件毛衣,比觉得热时脱掉衣服更让人接受"。另外一些条款包括,一张强制搓背的时间表,需支付5美元的唠叨,以及每说一句脏话就打扫7天院子的惩罚。这份协议从没在法庭上出示过;萨莉得知,伦兹在离开她的两年前就秘密与她办理了离婚手续。法庭是否会执行这份协议还是个问号。法院还是极为不愿审查"属于个人"的家庭事务的。这种不管不顾的态度,加上丈夫通常比妻子拥有或控制更多的财富这一事实情况,创设了一个家庭隐私区域,在实践中完全偏向于丈夫一方。[73]

1983年的《统一婚前协议法案》(Uniform Premarital Agreement Act, UPAA)在27个州得以通过。该法案允许双方订立包括"个人权利义务"在内的涉及婚姻任何方面的协议。[74]但很少有现实案例经受这一规定的审查。法院仍担心执行这些规定会"加剧双方的冲突,带来严重的执行问题,以及有碍司法效率"。[75]此类协议首先在现实生活中极少。促使人们步入婚姻殿堂的是激情和愿景;只有富有的夫妻在二度结婚时才可能将财务及其他方面的条款事先拟定。极少数夫妻会利用(有限的)法定权利对一个完整的婚姻约定些许附加条件。

然而,尽管人们不愿让夫妻对他们的婚姻"讨价还价"(至少以某种方式),但传统婚姻观念受到侵蚀仍是一个主导方向。个人对双方关系的性质和条件的选择逐渐取代了"各州强行规定的标准模式"。[76]正如亨德里克·哈托格(Hendrik Hartog)所言,今天"婚姻的种类就像各式夫妻一样多种多样,每一对都是独特选择和双方感情投入的产物"。[77]第八章讨论的无过错离婚也反映了向个人选择的长期转变,伙伴型婚姻已愈发成为社会生活的普遍现象。[78]

婚姻的其他情况

除婚姻产生的核心权利义务外,散见于法律秩序里的其他规则也对婚姻的后果起着不可忽视的作用。总体上说,这些规则也显示了婚姻观念变迁的影响力,尽管通常以一种复杂的方式展现。

比如,证据法中存在婚姻特权——这是一项经受了家事法发展变迁和夫妻角色变化后,仍保留下来的规则。刑事诉讼中,夫妻一方有权拒绝出庭作出对另一方不利的证言证词。在某些州(不是所有州),夫妻一方可以阻止另一方作证。还存在夫妻密谈特权——婚姻秘密的特权。夫妻任一方都可坚持要求另一方保守向其作出的秘密陈述。任一方均可拒绝他人获知此秘密的请求。

也许,这些规则之所以能得以保留是因为它们并不依赖于任何特定的婚姻观念。它们迎合的是传统婚姻和"合二为一"的理念。虽然富有争议,但它们同时也符合伙伴型和表现型婚姻。当今更多的夫妻处于平等的地位,但由于婚姻仍被视为对社会极为重要的一个组织形式,虽伤痕累累但仍顽强存在,因此我们仍有理由对其百般呵护。有时,这意味着我们需要坚持男女仍能形成一个单独的集合体,二者各自的个性和权利不应被随意分割。

侵权法的发展似乎,仅仅是似乎,走向了另一个方向。依据普通法体系,女性不能以侵权为由起诉其丈夫。法庭认为,允许妻子起诉丈夫会破坏婚姻。1910年的汤普森诉汤普森案(*Thompson v. Thompson*)[79],一位生活在哥伦比亚特区的女子试图以攻击和殴打为由起诉其丈夫,要求赔偿。最高法院驳回了她的诉求。该区法律废除了多数将已婚妇女视为无行为能力之人的法律规定。这意味着传统的侵权规则不适用了吗?最高法院不这么认为。"为夫妻之间相互指控打开法院大门"会伤及"公共福利和家庭和谐"。

人们想知道,1936年发生在艾奥瓦州的一起丈夫谋杀妻子的案件对促进"家庭和谐"有何作用。受害妻子的遗产管理人试图向男方提起侵权之诉,但法庭却固守陈规,驳回了该请求。[80]普罗瑟(Prosser)在1941年发表的侵权法论文记录了法院可以允许妻子以财产侵权为由起诉其丈夫,但不得以个人伤害为由提起侵权之诉。[81]然而,这一规则已饱受诟病。正如我们所见,法律发展的大方向是将婚姻重新定义为两个不同个体的结合。他们在婚前、婚后和婚姻存续期间都保有各自的个性。感情深厚的夫妻自然不会常常以起诉对方为乐,但在真实案例中这完全与感情无关。1993年发生在佛罗里达州的韦特诉韦特案(*Waite v. Waite*)就是如此。该案推翻了这一规则;丈夫使用大砍刀对妻子造成了伤害。[82]后来的侵权之诉与婚姻和谐毫无关系,真正的被告是妻子的保险公司。同年的贝蒂诉贝蒂案(*Beatie v. Beatie*),丈夫驾车时发生了一起事故,导致妻子残废,产生了巨额医疗费。表面上,丈夫是被告,但妻子的真正目的是从保险公司获得巨额保险赔偿。特拉华州法院无视先前判例,受理了该案。[83]大多数州都采用此类方法处理,但仍有许多州固守陈规。[84]

婚姻与公民权

婚姻也会对公民权产生影响。曾几何时,一个嫁给了美国公民的女人就可以自动获得美国公民身份,无需经历通常的申请程序。她基本上被视为是其丈夫的附庸,但这一观点有其不那么光彩的一面。根据1907年《国籍放弃法案》(Expatriation Act of 1907)的规定,如果一个美国女人嫁给一个外国人,她将失去其美国公民权,而获得"其丈夫所在国的国籍"。[85]但如果一个男人娶了一个外国女人,则不会失去其与生俱来的公民权。个中缘由,一目了然。女人首先要忠实于她的丈夫。如果丈夫是外国人,她就不再是美国人了,丈夫效忠外国,妻子必须跟随丈夫效忠外国。二十世纪早期,移民是一个主要的政治问题。由于来自南欧和东欧数以百万计的人们涌入美国,许多老派美国人担忧国家的未来。与这些外国人结婚的女人已不为美国所需要。

依照《国籍放弃法案》失去美国国籍的妻子的情况比表面看到的更复杂。虽然嫁给外国人就会失去美国国籍,但不是永远失去。如果婚姻因丈夫去世或离婚而终结,妻子可以获准"恢复"其美国公民权,要么前往美国使领馆登记,要么回到美国生活。婚生子女也可随母亲国籍的"恢复",或生活在美国的实际情况,而获得美国公民权。按照南希·科特(Nancy Cott)的说法,这一做法反映了一种"使美国母亲能够继续保有其美国身份的未明说的国家目标"。[86]

但是,正如我们看到的那样,婚姻的本质一直在发生着变化。曾有女性对《国籍放弃法案》提出质疑。埃塞尔·麦肯齐(Ethel Mackenzie)居住在加利福尼亚州,她嫁给了一个名叫戈登·麦肯齐(Gordon Mackenzie)的英国人,他也生活在加利福尼亚州。女方已在加利福尼亚州有过投票选举的经历,她向旧金山选举专员委员会申请注册为选民,但因其已非美国公民而被拒。1915 年,最高法院维持了《国籍放弃法案》。法庭认为,"夫妻的身份属于一项古老的法律原则",且此种身份"既非偶然也非随意"。丈夫一方在法律事务和社会事务处于主导对"国际政策"具有切实的涵义。[87]

《国籍放弃法案》并未持续多久。1922 年的《凯博法》(Cable Act)抵消了该法案的多数负面效应。[88]根据《凯博法》的规定,一个与外国人结婚的女性除非正式宣布放弃公民资格,并不因此丧失其个人权利。(然而,如果她嫁的是一个"无法获得公民资格的外国人",她的权利就会被剥夺。也就是说,如果她嫁给一个中国人。在那个时代,中国人被排除在移民和入籍之外。)⁸⁹

埃塞尔·麦肯齐不是唯一一个与规则抗争的女性。另一个是露丝·布莱恩·欧文(Ruth Bryan Owen)。欧文的政治热情与生俱来:她父亲是威廉·詹宁斯·布莱恩(William Jennings Bryan)。欧文与一位英国军官结婚。婚后,她在佛罗里达州第四国会选区参选国会议员,于1928年当选。落选者——共和党的威廉·C. 劳森(William C. Lawson)——随后对选举提出质疑。《凯博法》于1922年通过,根据其条款,露丝·欧文于1925年入籍。但劳森认为欧文不具备当选国会议员的资格,因为她的公民资格并未达到连续7年这一国会议员任职要求。众议院为此召开专门听证会。会上,欧文出席并提醒众议院"从未有过任何一个美国男性面对这样一个委员会解释他的婚姻"。她高声呼吁尊重"美国女性公民权的尊严"和作为一个"美国女性"应享有"与男性完全一致待遇"的权利。⁹⁰ 不知是否出于她雄辩的口才,众议院最终支持她当选国会议员,也可能纯粹出于政治原因。《凯博法》随后进行了修订,废除了针对女性的不利条款,到1934年,这一问题得以彻底解决。

今天的移民法已不存在性别区分的条款。但家庭因素以及性别角色仍在该法的结构里占据主要地位。公民有权将其配偶带到美国,而移民法对此充斥着针对不同家庭的不同待遇。这成为该法至今都存在的一个异常之处。如果美国公民将他的外国配偶带到美国,且他们在抵美两年内离婚,该配偶可能被驱逐出境。曾出现过这样的一幕:一个美国人死于交通事故,其遗孀收到一封邮件,不是慰问信,而是驱逐令。2009年10月,这一政策得以逆转。⁹¹

我是一个男扮女装的战时新娘

这是一部 1949 年由格兰特和谢里登（Ann Sheridan）主演的风靡全美的电影片名。1945 年的战时新娘法为美军服役人员的配偶打开了赴美之门。1946 年和 1947 年，国会连续通过了另外两部士兵新娘法。当然，"战时新娘"应该是女性，而非男性。电影中，格兰特扮演一位法国军官，娶了一位在美军服役的女军官。接着出现了一系列戏剧情节，格兰特甚至将自己男扮女装成一个新娘。当然，电影结局皆大欢喜。但幽默的情节其实仰赖于男扮女装，黑白颠倒。

1953 年的鲁特沃克诉美国案（*Lutwak v. United States*）[92] 中，马塞尔·鲁特沃克（Marcel Lutwak）、穆尼奥·诺尔（Munio Knoll）和雷吉纳·崔特勒（Regina Treitler）被控违反移民法。违法行为是什么呢？"协助三名外国妇女作为退伍士兵的配偶非法进入美国。"被告将好莱坞电影里的情节在现实生活中如法炮制，只是缺少了电影里的浪漫和幽默。被告在第二次世界大战结束后发现他们在欧洲的其他（男性）亲戚在战争中活了下来，急于将他们带到美国，遂出此下策，让他们与曾在美军服役的女性缔结"形式"婚姻。这些女性均获得了"数额不小"的报酬。被告最终被定罪，最高法院也确认了他们的罪行。此种婚姻技术上是否符合伊利诺伊州或法国的法律关系不大。当事人通过"假结婚"阴谋欺诈美国联邦政府，尽管他们"从未像真正的夫妻一样生活"。3 位大法官持不同意见：他们认为不存在欺诈，因为尽管初衷不妥，但他们的婚姻仍然应被视为有效。"于人于己方便的婚姻并不少见。"

鲁特沃克案的辩方重点依赖传统普通法规则，即配偶间不得出庭作出不利于对方的证言。然而，涉及该案的女性——那些假结婚的

"妻子"——是控方的关键证人。被告能阻止她们站上证人席吗？控方认为，当然不能。婚姻纯属造假，不管她们的"丈夫"有何要求，她们都应该出庭作证。从某种方面看，这才是该案的关键点所在：她们到底是不是真正的"妻子"。辩方在此点上并未占上风，被告最终都被判入监。

作为经济个体的已婚夫妇

根据现代法律的规定，在一个伙伴型婚姻和自我表达型婚姻盛行的时代，丈夫已不再是家庭里法律上的主宰。然而，由于税务上的关系，夫妻双方可以通过协商真正成为布莱克斯通所称的"合二为一"。两人可以共同提交联合个人收入所得税抵扣表，可以将两人的收入集合起来共同申请抵扣。

我们熟知的个人收入所得税是二十世纪的产物。宪法第十六修正案授权国会征收此税，于1913年执行。早期，只有富裕阶层才会缴纳此税，而且税率极低。但变化在逐渐出现。二十世纪三十年代，全美缴纳此税的人口不到总人口的5%。第二次世界大战彻底改变了这一状况。政府需要大量财力维持战争开支，个人收入所得税成为数千万普通民众必须缴纳的税种，到1945年，事实上有4500万人缴纳了该税。

从1918年开始，已婚夫妇获准共同报税，将两人的收入合而为一，叠加计算。这一政策使夫妻双方在承认夫妻共同财产的州大致处于同等地位。在这些州，夫妻各自的收入被视为夫妻共同财产，并以此征税。对于妻子无收入的家庭而言，这一政策给予了他们极大的好处。妻子在家从事家务，尽管她并不拥有一半收入，但比起各自单独报税，夫妻两人纳税要少得多。将这一优惠在全美各州推行成为政治上的迫切需要。

在很多方面，政府和第三方都将已婚夫妇视为一个经济共同体。例如，尽管夫妻双方无需承诺"携手到白头，至死方休"，但如果二人确实如此，一方去世后给对方留下的财产可以免缴遗产税。在此意义上，夫妻确实是一个（经济）共同体，只有在双方都故去时，遗产才需纳税。[93]

然而，认为丈夫是一家之主，妻子纯属附庸的传统观念仍难破除。1932年6月，正是美国大萧条时期，国会通过了一项法案，本质上将已婚妇女排除在政府公职人员之外，如果她们的丈夫已为联邦政府工作。为了"减少人员"，首先被辞退的就是配偶"已为美国政府和哥伦比亚特区服务"的已婚人员。政府雇佣人员时，优先考虑配偶未在政府部门谋职的人员。[94]根据《社会保障法案》（Social Security Act）的规定，任何10年婚龄以上的夫妻一方都可以提取其配偶缴纳的社保金，[95]即使获得补助的配偶从未从事任何工作或未能获得任何酬劳，也可申请。当然，从形式上看，这一政策对男女一视同仁，但事实并非如此。

ERISA（《雇员退休金收入保障法案》），一部规定个人退休金的复杂法律，使配偶成为退休金权益的主要受益人。[96]《联邦家庭和病假法》允许夫妻一方请假（无薪）照顾生病的配偶。[97]一些州允许遗孀对配偶因故死亡提起诉讼，要求赔偿。[98]为雇员提供保险的雇主使雇员配偶提起诉讼成为可能，尽管通常不适用于未婚伴侣。还有一些由婚姻自动获得的非经济优惠——比如医院探视和作出医疗决定的权利。因此，尽管法律对已婚夫妻的规定经历了很多变化，但仍可发现已婚夫妻与未婚人士在诸多方面，特别是经济方面的差异极大。他们在很多方面被当作一个共同体，但在其他方面，绝非如此。

性歧视

在宪法第十四修正案通过的一百多年后,最高法院突然裁定"平等法律保护"意味着性歧视而违反宪法。1971年后,最高法院将一些作出明确性别区别的法律和政府行为列为"高度审查"清单,这意味着,实践中,这些法律和政府行为几乎都会被认定为无效。一系列新的案件判决对性别关系方面的法律产生了剧烈的影响。[99]

家事法深受这些新案例和禁止在工作场合和教育领域进行性歧视的新民权法的影响。[100]通过点滴积累,法院将规定夫妻不同待遇的规则各个击破。[101]1979年的奥尔诉奥尔案(*Orr v. Orr*),最高法院将阿拉巴马州一项限制妻子获得养老金的法律排除在外。[102]许多法院重新解释了"生活必需品"规则,认为夫妻双方,而非仅指丈夫,均有权获得食物和医疗救治,均应信任对方。[103]

那些要求已婚妇女随丈夫姓氏的规则如何了呢?[104]罗丝·巴勒莫(Rose Palermo)是纳什维尔市的一名律师,1973年与纳什维尔市另一个名为邓迪·奇塔姆(Denty Cheatham)的律师结为夫妻。田纳西州并不要求已婚妇女改随夫姓,但该州的选民登记法规定,已婚妇女如在婚后90日内不以其丈夫的姓氏重新登记为选民的话,其名字将会从选民手册中剔除。罗丝拒绝将名字登记为"罗丝·奇塔姆"(可能她认为丈夫的姓氏对其从事律师工作不利,与'欺骗他们'谐音)。罗丝认为她不应因该法被迫间接地更改她的姓氏。法庭支持了她的主张,认为一个女人结婚后可以选择保有她自己的姓名,或改随夫姓。"一切由她自主选择。"[105]

然而,很多关于婚姻和性别方面的老旧社会规范仍然根深蒂固。高达90%的美国已婚女性仍然在婚后改随夫姓,虽然她们并无宪法上的义务必须如此。[106]男性仍然是主要的社会劳动者,且是家庭收入的主要来源,尽管挣钱养家现在已是夫妻双方共同的责任(形式上)(见第九章)。女性同样仍然承担了大多数家务——打扫卫生、做饭,以及照顾子女。孩子出生后,辞职的女性远多于男性。比起女性来,社会还未完全接受男性请产假:他没怀孕,也没生孩子,更不能哺乳,照顾孩子应是女人的工作,特别是新生儿。虽然家庭中性别角色的变化实实在在,但仍有很长的路要走。

性、婚姻和家庭暴力

传统婚姻的法律模式基于四个重要支柱:夫妻一体、性别角色固定、国家规定的标准义务,以及婚姻隐私。最后一个的影响力最持久。出于保护婚姻隐私的考虑,法庭通常会拒绝支持夫妻双方订立的某些协议。保护隐私的宪法权利典型案例(第五章详述)就是格里斯沃尔德诉康涅狄格州案(*Griswold v. Connecticut*)。该案明确提到卧室属于"神圣领地",并将已婚夫妻性生活方面的隐私确定为"隐私领域"。[107]

家庭暴力

然而,这个"神圣领地"会出现很多问题,有时会成为充斥着暴力的所在。据说,警察局和法院都不愿干预夫妻间拳脚相向的问题,即使可能威胁一方的安全。但立法机关和法院已开始阻止此种不作为。耶鲁大学法学院的瑞瓦·西格尔(Reva Siegel)教授指出,在现代法律广为接受的二十世纪七十年代和八十年代之前,婚姻隐私成为男性殴打妻子的合理托辞。某种程度上说,事实确实如此,但男性因此免受指责的程度却不明了。研究1880年至1920年间丹佛和纽约的卡罗琳·拉姆齐（Carolyn Ramsey）发现，杀死伴侣的男性在这一时期受到严惩[108]，而杀死丈夫的受虐妻子却得到了宽大处理。也许致人死亡的极端家庭暴力会引起重视，而普通的殴打行为却难以获得处理。

殴打妻子的现象存在于很多国家。这些国家的男人认为"教训"妻子是他们的权利，如果妻子未能按照他们设定的标准行事的话（当然，丈夫是唯一的裁判）。在西方国家，至少直到二十世纪初，此种规则从未获得法律认可。当然，刑法典的措辞并未终结家庭暴力。一个醉酒的鲁莽丈夫在家殴打自己的妻子，妻子或邻居通常只有报警（曾几何时，妻子也是施暴的一方）。警察显然很不愿意受理此类报警。他们通常不会逮捕施暴者。二十世纪七十年代针对密歇根州一个县的研究发现，警方遵循一个"缝针规则"。他们只会在受虐妻子的伤口需要缝针时，才会逮捕施暴的丈夫。而通常情况是，警察会到现场，教育施暴者或巡视周边，劝说双方冷静，然后离开，或者将双方移交给某些社会服务机构。[109]

二十世纪末，女权团体对此种态度大肆攻击。她们要求获得更多保护，免受丈夫和爱侣的殴打。二十世纪三十年代以来的女性似乎越来越不能忍受针对她们身体的施暴。根据琳达·戈登（Linda Gordon）的研究，在此之前，当她们向政府部门投诉，大多数是为了获得丈夫的扶养。1930年后，投诉事由主要是殴打妻子。琳达认为，当女性极为依靠其丈夫时，她们的首要需求是她们自己和孩子们如食物、衣服等的供应。职场中的女性获取丈夫扶养的意识不强，她们更多强调的是"人身安全"。[110]

到二十世纪七十年代，不知为何，施暴被视为一个极严重的问题。根据1972—1974年的受害人研究，丈夫或前夫占据了针对女性施暴案件的四分之一。对与丈夫分居的女性而言，遭受丈夫或前夫殴打的危险"与遭受其他人殴打的风险一样高"。[111]为回应女权团体施加的压力,很多州都颁布了强制逮捕法。警方应在面对家庭暴力的情形时,逮捕施暴者。检察官也不再可能对此类案件作出不予起诉的决定。1976年,宾夕法尼亚州通过了免受虐待法。[112]现在,每个州都通过了类似法律,赋予受虐妻子或伴侣申请保护令的权利。此类保护令会对施暴者提出警告,远离受害者,并对其处以惩罚。当然,并非所有施暴的男性都对此类保护令唯命是从。

通　奸

婚姻,不管它还有其他什么作用,通常就是两性的结合。曾几何时,只有已婚男女才能拥有性生活的权利,但现在早已改变。本书第八章将讲到的通奸,在无过错离婚出现之前,几乎一致地可以被认为是离婚的依据。[113]而且,通常也被认为是一项罪行。[114]只不过这种罪行并不常受到惩罚。逮捕记录表明警方对此兴趣不大,也没有那么多人向警方就此投诉。但这并不意味着通奸少有发生。根据1953年著名的金赛报告(Kinsey report),近四分之一的已婚女性"到40岁时,曾有过婚外性行为"。[115]男性的比例则更高。金赛估计,近半数的已婚男性在婚姻存续期间"与他们妻子以外的女性有过性行为"。[116]金赛的统计数据常遭人批评,认为数据缺乏依据。但核心问题是,通奸曾经是,现在也是一个相当普遍的现象。

二十世纪下半叶,多数州都对通奸实行了非罪化。那些仍将通奸作为罪行保留在法律中的州也很少使用。然而,某种意义上说,法律体系和社会曾将通奸看得太重了。一个将妻子情人(或者甚至是通奸的妻子)杀害的男人极有可能获得公众(男性)的同情。很多时候刑法典要么将此类罪行认可为不构成一级谋杀,要么实际上免于处罚。如果法典对此熟视无睹,陪审团则会介入。1918年,克利夫兰市的查尔斯·哈普（Charles Hupp）射杀了查尔斯·乔伊斯（Charles Joyce）。此案属于典型的"三角恋"。哈普在"暴怒"之下将乔伊斯射杀，明显是为了维护家庭的圣洁。陪审团最终认定他无罪。[117]

为这些丈夫开脱罪行的法律本身已渐渐被人们淡忘。然而，这些案件事实仍然影响着陪审团的行为。另外，杀害施虐丈夫或情人的女性也会被宽大处理。这并非新出现的情况，只是出现了法理和程序上的创新。杀害施虐伴侣的女性可以声称自我防卫——即使当实施谋杀行为时，被害人处于熟睡状态。通常，"自卫"要求在迫切的危险下进行，但法院越来越接受"遭殴打女性综合征"这一心理学证据。该证据可使陪审团作出无罪裁定，减轻她的罪行，只要行为人的行为是由于受害人长期虐待所致。[118]

婚内强奸

曾几何时，甚至现在还有很多人坚信，男性总是性欲旺盛，贤淑女子总是逆来顺受，对性生活持可有可无的态度。婚姻让一个男人拥有了满足其性饥渴的权利。事实上，他乐此不疲。人类种群的未来取决于男人的性喜好。如果一个男人拒绝性行为，或无能为力，那么他的妻子也可以此为理由解除婚姻或直接离婚，后面的章节我们会专门讨论。如果女性拒绝性行为，或不能进行性行为，男方也可以解除婚姻或离婚。

一个妻子应该服侍她的男人，满足他的性欲。这一观点来自于男人不能因强奸他的妻子而获罪这一广为传播的理念。[119]这一古老的理念显然成为二十世纪晚期女权主义运动的靶子。法院在某种程度上一点一点地弱化了这一理念。1922年发生在纽约的人民诉梅丽案（People v. Meli），一个名叫艾尔福雷德·波伊乐（Alfred Boehler）的18

岁男子强奸了乔茜·梅丽（Josie Meli）。梅丽的丈夫约翰被捕。据说，约翰"协助并教唆"了整个强奸过程，而且"全程在场并动手制服梅丽的反抗"。虽然辩方援引婚内强奸理念进行辩护，但法庭仍作出了定罪裁定。[120] 1981年新泽西的一个案例中，被告阿尔伯特·史密斯（Albert Smith）"冲进分居妻子的公寓，反复对妻子殴打并强奸妻子"。虽然他们在法律上仍属合法夫妻，但法庭仍然认定强奸罪行成立。[121]

直到二十世纪八十年代，多数州仍以各种形式保有婚内强奸免责的规定，只有为数不多的几个州——俄勒冈州和内布拉斯加州——将其彻底摈弃。然而，其他州也对其法律进行了修订。纽约州属于较保守的州，其法律将强奸规定为"使用暴力强迫女性"进行性行为，并将"女性"规定为"任何未与行为人结婚的女性"。1984年的人民诉利伯塔案（People v. Liberta）[122]，纽约州上诉法院最终驳回了婚内强奸免责的请求。

利伯塔案的事实极为重要。马里奥·利伯塔（Mario Liberta）拥有长期的暴力史，其妻子于1980年获得了"临时保护令"。之后，他强迫妻子与之发生性关系（而且当着他们两岁半儿子的面）。他最终被定强奸罪。人们可以想象，婚内强奸多数不可能发生在幸福的家庭，通常都伴随着婚姻破裂、夫妻分居，双方都饱含痛苦的回忆。包括纽约州在内的多数州都会判定利伯塔有罪，尽管它们仍保有婚内强奸的理念，因为他和妻子已分居生活。但法院却急于更进一步，彻底摈弃这一理念。

这样做纯属大势所趋。到二十世纪末，多数州已修订其婚内强奸免责的法律，一些甚至彻底废除。[123] 加利福尼亚州的强奸定义既针对婚外，也针对婚内。该州法律具体说明"婚姻关系"并不"足以构成同意"。[124] 但婚内强奸的法律仍将婚内强奸视为与其他强奸有所区别，除非受害人在强奸行为实施后一年内将其汇报给"医务人员、神职人员、律师、庇护所、咨询师、司法官、强奸危机应对机构、控诉机构、执法人员或消防队员",否则不得提起指控。[125]

婚内强奸普遍存在吗?这取决于如何定义"强奸",而且在女权团体和其他组织的施压下,这一定义也发生了剧烈的变化。对此有过一个小规模的婚内强奸指控研究。一项针对全美进行的婚内强奸和约会强奸的调查,通过分析新闻报道和强奸咨询机构的数据,发现1978年至1985年间报道的210起强奸案中,男方都遭到了警方的逮捕。其中,118起最终提起了指控,104起指控最终定罪,这是一个很高的比例。但是,正如戴安娜·卢塞尔(Diana Russel)所言,成千上万的女性"遭到其丈夫'以普通'的方式强奸",除非他使用"铁链、烈犬、窒息或死亡威胁",否则受害女性通常都不会报警。[126]

由于婚内强奸案通常都涉及不幸福的破裂婚姻,常见的理由——勒索,或婚姻隐私,或危害婚姻关系——的作用不大。新的秩序却开了一个坏头。1978年,俄勒冈州审判了一个名为约翰·赖德奥特(John Rideout)的21岁学生,他被指控强奸其妻子——格蕾塔(Greta)。该案当时占据了报纸头条。呈堂证供极具轰动效应(也引起了人们的广泛讨论)。夫妻二人是否真的"在性交之前,在卧室内外"相互追逐?妻子是否真的用膝盖顶了丈夫的下身,并因此遭到丈夫的暴力?丈夫是否未受妻子挑衅而对其毒打,并强行发生性关系?陪审团面对大量自相矛盾的证据,最终宣布被告无罪。[127]

更加引起轰动的是1993年发生的臭名昭著的博比特事件。约翰·韦恩·博比特(John Wayne Bobbitt)和他的妻子罗琳娜(Lorena)都只有二十来岁。妻子说,丈夫殴打并强奸了她。罗琳娜并未简单地报警,她采取了更极端的行动,在丈夫熟睡时将丈夫的阴茎切了下来(后来医生给他接了上去)。夫妻都要接受审判,都被指控使用暴力行为。[128]媒体闻风而动,倾巢而出。博比特夫妇和赖德奥特夫妇一样成为人们笑谈的话题，报纸头条，遭受愤怒的谴责都不为过。更典型的案例是佛罗里达州第一个因强奸妻子而被定罪的威廉·里德尔（William Rider）。41岁的里德尔被裁定谋杀罪成立。假释期间，里德尔与玛丽安（Marion）成婚，随后，玛丽安说她遭到丈夫强奸。这一切发生在1984年，当时在全美22个州，共有50起类似案件被定罪。[129]

很难弄清楚婚内强奸极少发生还是普遍存在，正如很难说清楚家庭暴力极少发生还是普遍存在一样。如果普遍存在，到底有多普遍？可以明确的是，在婚姻这个殿堂里，成百万的男性压迫他们的妻子和爱人，给予她们不公待遇。这些婚姻里又有不明数目的不公待遇最终走向暴力或其他强迫状态（只有极少数的女性虐待她们的丈夫并给予其不公待遇）。十九世纪以来，家庭暴力增加了，还是减少了？我们不得而知。

婚内暴力可能是现代婚姻——伴侣型或自我表达型婚姻——的一种畸形症状。此种婚姻本应该男女平等，相互依靠，携手共度人生，实现共同的梦想。家事法中一条贯穿二十世纪晚期的主线是婚姻愈发成为两个独立个体的结合，独立到各自婚后仍坚守他们各自的独特个性。女性不再臣服于男性的淫威之下，她可以独立自主，自作主张。婚姻也变得更具社会张力，更加个性化。具有讽刺意味的是，此种形式的婚姻导致了离婚的普遍，在某些情况下，这也是招致拳脚相向的原因所在。但对千百万家庭而言，以及对社会整体而言，已无回头之路。

第三章
普通法婚姻

进入二十世纪的美国至少还保有着上世纪盛行的一些遗迹:普通法婚姻。[1]本章我们将详述二十世纪普通法婚姻理念在美国的兴衰。

普通法婚姻是非正式的但完全合法的婚姻。如果男女之间相互情投意合,无需结婚证、法官或牧师,无需证人,什么都不需要,两人就可结为合法夫妻。十九世纪上半叶的一系列法院判决在多数州都确立了这一规则。此类案例通常都有固定模式。本质上看,两人在所在社区以夫妻名义,事实上也是,生活在一起,就应该认为婚姻成立。他们共处一屋,共同生活。社区里的人们都认为他们是一家人。法律当然也应该作此推断:即他们在某个时刻,对对方说出了"我们结婚了"这样的话。如果真是如此,那他们就算合法结婚,他们的关系事实上也不需要这样的些微证据。虽然很多情况下,他们并未说出口。

此种貌似奇怪的规则背后隐含着什么呢?记录下来的案例给予了我们答案。这些案例中都存在某种形式的纠纷,要么有关土地,要么有关财产。一个女人声称她是寡妇,拥有合法的继承权利,但其他家庭成员拒不承认她的身份,认为财产应归他们所有。当时,记录也不完整。为何不适用一个规则,保护一个大家都认为已婚的妇女呢?这样可以使孩子免受非婚生之耻,还能将土地和财产保留在家庭之中。

法官当然对争议的核心——土地和财产心知肚明。但土地和财产不是问题的全部。宗教教义和道德规范约束着人们的性行为。在那个时代,至少在理论上,婚外性行为被认为是一项罪过。道德与这些案例存在着千丝万缕的联系。普通法婚姻是真实存在的婚姻，具备神圣的夫妻关系，与十个主教主持的婚礼在效力上和约束力上并无二致。但如果不存在普通法婚姻，这样的男女就是罪人，生活在最深重的罪过之中。记录下来的多数案例中，所谓的婚姻开始仅仅是同居——法院将其视为一种"伤风败俗"的男女关系，等同于非法关系。由于一些"伤风败俗"的男女关系"不为人知地发展成了长相厮守的男女结合"，所以一位评论家严肃地指出，"良好的公共政策应该最终接纳这一结果"，而忽略"起初无视法律的行为"。[2]

各种法律学说不断将婚姻描述为一种"民事契约"。与神圣无关，也与国家认可无关，只是一份协议，一系列双方的承诺。普通法婚姻就是如此：一份民事合同。当然，这是一份极为特殊的合同。如果两人缔结一份普通民事合同——比如，买卖一匹马——他们可以选择取消买卖行为。然而，一段普通法婚姻不能以这样的方式解除。普通法上从未有过离婚这一概念。[3]当然，"契约"这一概念确实在此具有涵义。它代表一种真实的理想状态。婚姻是夫妻双方的个人选择和决定，政府应该置身其外，教会也应如此。婚姻的基础是爱情，或至少应是双方的承诺，不是家庭，不是财产，不是政府，只应该是个人选择。

正如我们前面讲到的，普通法婚姻背后的事实依据可能完全是一个假象。两个人在某个时刻，四目相对，相见恨晚，山盟海誓，在现实生活中很难真正发生。很少有证据表明存在这样的事情。证据通常都依赖外在环境——双方的具体行为。就像我们提到的法律上的假定。当然，也不完全是基于假定，认可婚姻是自由选择的结果、个人真实意愿的反映、两人之间的实际协议，或反映了理想化的郎才女貌式的相互吸引和罗曼蒂克式的爱情。但总存在双方的山盟海誓吧？普通法婚姻的规则掩盖了这一问题。如果他们生活的社区认为两人已婚，且双方的日常行为看起来与寻常夫妻的生活并无二致，这足以在法律上认可二人的婚姻。两人夫唱妇随的行为也给他们的关系投来温暖的道德光照。如果二人的日常起居、行为方式与传统婚姻一致，而且人们也认可二人的夫妻名义，则法律上二人的婚姻关系即为有效。极具讽刺意味的是，我们对婚姻预期的理解部分来自于普通法婚姻的那些案例，法官们不厌其烦地强调夫妻生活应该是如何进行的。[4]

普通法婚姻的观念在很多方面用处极大。比如，在记录不完备、神职人员人手不够的时代就很有用。同样，当婚礼仪式因某种原因未能举行时，也能用上（比如，有一个案例中主持婚礼的"牧师"是一个冒牌货）。[5]但最重要的是为非法性行为"正名"。婚姻是真实存在并有效的，而不是其他什么关系，不真不假，介于"违法的亲密关系"和正式婚姻之间的什么关系。这样做强化了传统观念：只有婚姻才能确保性行为的合法化。当然，普通法婚姻也扭曲了"婚姻"的定义，如果在理论上没有的话。显然，这样的代价是值得的。但随着法律和社会发生的变化，不管是体制上的还是社会规范上的，普通法婚姻都一定会受到影响。

到十九世纪中叶，多数州都接受了普通法婚姻。自那以后，普通法婚姻经历了起起伏伏。大多数时候处于低谷。1900年，大致有一半的州认可普通法婚姻的效力。到二十世纪末，只有不到10个州认可。[6]各州接二连三地废除了这一做法。加利福尼亚州于1895年废除普通法婚姻。伊利诺伊州于1905年废除，每过10年都有更多的州加入废除的行列。明尼苏达州于1941年宣布废除，佛罗里达州于1967年废除，俄亥俄州于1991年废除，爱达荷州和宾夕法尼亚州于1995年废除。[7]这些州现在都要求婚姻应经由某种正式的仪式方可生效。男女要结婚的话，首先需要结婚证书，然后需要邀请牧师或法官主持婚礼。

普通法婚姻合法时期，也出现过轰动一时的审判。夏洛特·菲克塞（Charlotte Fixel）在1932年成功地获得法院认可其作为亚伯拉罕·

厄兰格（Abraham Erlanger）的普通法遗孀，并继承了他巨额遗产的一半。两人在厄兰格于纽约去世前共同生活了10年，纽约州于厄兰格去世次年宣布废除普通法婚姻。庭审持续了创纪录的3个月，处理遗产纠纷的法官最终形成了长达500页的法庭意见书。对强烈反对菲克塞主张的厄兰格亲属的致命一击来自一位目击证人的证词，该证人在大西洋城偶遇菲克塞和厄兰格。菲克塞向该证人炫耀她的第二枚新婚戒指，而且厄兰格感叹道，"是的，我们又结婚了。"[8]厄兰格还向他的旧友介绍菲克塞为"我的妻子"，并称她为"厄兰格夫人"。法官认为，该婚戒是两人结婚的重要标志，二人"10年来相互信任的生活，毫无意见分歧；两人生活的融合，家庭生活的延续，共同处理对外和公共事务，与真心相对的普通夫妻生活毫无二致"，法官受此影响极大。法官还明确了厄兰格维持二人名誉的愿望。对他的支持来自这样一个观点，"宣扬纯真的爱情，而不是实施犯罪和不道德的行为"，以及"反对纳妾，维持尊严和体面"。他认为，这些观点"深受普通法婚姻法各个部分的充分认可"。尽管菲克塞胜诉，但对此案的广泛报道成为纽约州最终废弃普通法婚姻的主要因素。

今天，在10个仍认可普通法婚姻的地方，传统要求保留了下来。[9]比如，得克萨斯州仍认可其称为的"非正式婚姻"，如果两人以夫妻相称并向他人表示二人的夫妻身份，只要有双方签字的结婚声明，或存在双方同意结婚的证据，婚姻即为有效。[10]有几个州在其法律中仍保有普通法婚姻，但规定双方需年满18岁。[11]还有几个州的法律规定，对婚礼仪式的要求并非限制普通法婚姻，且并未规定具体特别仪式或为缔结婚姻必需的婚姻誓词。[12]大多数州根据我们在前面章节提到的婚姻效力认可规则，都会给予在其他地方成婚的普通法婚姻以法定效力。[13]没有普通法婚姻的南达科他州最近也宣布，该州也认可此类婚姻。[14]

今天申请确认普通法婚姻地位的夫妇越来越少，而且能够成功确认的也不多。1989年,芭蕾舞演员桑德拉·詹宁斯(Sandra Jennings)与演员威廉·赫特(William Hurt)申请确认普通法婚姻效力的审判引起了人们的广泛关注。[15]两人于1981年在纽约上城夏季演出季时相识。一年半后,赫特成了名人,而且两人育有一子——亚历山大(Alexander)。纽约州法院面临的问题是,两人在赫特拍摄奥斯卡获奖影片——《大寒》(*The Big Chill*)——时在南卡罗来纳州共同生活的10周是否构成普通法婚姻。如果婚姻满足南卡罗来纳州的法律规定,纽约州会认可其法律效力。詹宁斯已与赫特达成协议,由赫特每年支付65000美元作为儿子的抚养费,但她进一步提出希望从赫特的收入中分一杯羹。然而,她收集的证据难以达到普通法婚姻成立的标准。尽管赫特可能曾跟詹宁斯说过,二人"在上帝的见证下,已结为夫妻"以及二人"比已婚夫妇更像相亲相爱的夫妻",但法官仍认定,根据南卡罗来纳州法律的规定,二人结婚的"现实意愿和共同意志"缺乏足够证据。出庭作证的电影明星都明确表示二人并未成婚,这成为诉由不成立的致命一击,由此可以看出两人在人们面前并未以夫妻相称。[16]这已足以回击她提出的一个孤立事件所形成的证据——赫特曾自称接过一个来自他"妻子"的电话。该案的结果让詹宁斯失望:她仍可获得孩子的抚养费。詹宁斯的律师告诉《纽约时报》记者,法官"对赫特痴迷"。他说,法官在庭审开始时说的第一句话就是,赫特出演的《大寒》是她的"钟爱影片",而且赫特是她"钟爱的演员"。[17]

除了电影明星偶尔在南卡罗来纳州拍电影时拈花惹草外,在为数不多的几个仍保有普通法婚姻的州里,普通法婚姻有多重要呢?作为一个社会现象,可能极不重要,甚至没有任何重要意义。还有人知道其存在吗?很难说。可能许多以夫妻名义生活在一起的人们对此一无所知,也不明了他们生活的州是否认可其婚姻效力。[2009—2010

热播季播出的电视剧——《实习医生格雷》(Grey's Anatomy)——就是围绕一对通过"张贴告示"结婚的夫妇所展开的。但故事发生在华盛顿州,该州根本不承认普通法婚姻。]对大多数人而言,婚姻意味着正式的结婚证、隆重的婚礼,通常还有鲜花、聚会、婚纱,人们载歌载舞,热烈庆祝;或者是一个多少带着庄重意味的程序,在家里或者在遍布拉斯维加斯的某一家"婚礼殿堂"里,当着当地法官或治安官宣誓。另一方面,仍有许多人认为一对男女在一起以夫妻名义共同生活满7年就能够成为普通法夫妻。1997年,加利福尼亚州大学洛杉矶分校(UCLA)的一位法律教授在法学院新入学的学生中做了一个"非正式调查"。结果发现加利福尼亚州这样的情形还真不少。[18]事实上,加利福尼亚州在一个世纪之前就废除了普通法婚姻。(英国的一项调查也显示,一半多的受访者相信普通法婚姻在二十一世纪仍然存在,但英国于1753年就废除了。)[19]7年的共同生活在任何州都无特定意义,即使在那些承认普通法婚姻的州也是如此。"7"这个数字似乎在人们头脑里具有某种神奇的魔力,但在法律上完全没有任何意义——普通法婚姻完全可以在分秒之间确立。

更典型的是,人们使用"普通法婚姻"或"普通法妻子"时,指称的是生活在一起,事实上并未结婚的两个人。1972年,一位女性读者给专栏作家阿比盖尔·冯·布伦(Abigail Van Buren)写信提出建议,信中她把自己描述为一位"容貌姣好,聪颖过人的23岁女子"。她很想成家,过安定的家庭生活,但她的26岁男友却说他还没准备好。男友告诉她(据她所言)"家里的所有男性(包括他父亲)的妻子都是普通法妻子。他们根本用不着结婚!外人根本无从得知,所以也不存在任何见不得人的事情"。她问记者,她该咋办?阿比盖尔只是告诉她应该坚持正式婚姻。显然,女读者所言的"普通法婚姻"只不过是同居而已。很多报纸的新闻报道在使用这一术语时,都是指的这个意思。[20]

从某种意义上说,一段仍被认可的普通法婚姻只有在当有人质疑其效力时方才进入人们的视野。除此以外,我们看到的就是两人共同生活,貌似已婚,也被他们的邻居认为他们已婚。如果没人对二人的财产安排提出质疑,我们永远都不知道他们是否成婚。他们的"婚姻"被人们熟视无睹,就像森林里倒下的一棵树,没人看到,也没人听到。

何种社会因素导致普通法婚姻的没落?背弃普通法婚姻的发展趋势似乎与家事法发展的主线不符。似乎对婚姻作为一个民事契约的整体概念都予以否定,而这一契约仅以男女双方的想法和意志为依据。普通法婚姻貌似与现代性极为适应,强调个人意志,弱化身份和仪式。比如,政府对离婚法的干预越来越小,离婚的决定完全取决于当事双方。那为何政府还要对结婚加以干预呢?普通法婚姻为何又会愈显颓势呢?

首先,现代社会是一个官僚社会,充斥着各种记录和文件。普通法婚姻纯属异类,无记录,政府庞大的登记注册部分也找不到任何踪迹。十九世纪早期,在记录不充分的时代,普通法婚姻解决了大量涉及财产所有权的纠纷和困惑。到 1900 年,普通法婚姻已不起任何作用。各州政府常规性地收集大量统计数据,而普通法婚姻成为一种恼人的存在。它阻碍而不是便利财富的有序处置,且成为法律不确定性的温床。第一次世界大战期间,多达 10 万的美国士兵宣称他们拥有普通法妻子和孩子。这令战争风险保险局(Bureau of Waw Risk)极为头疼。美国退役军人局(United States Veterans Bureau)的一位官员说,该局实际上已成为"全世界最大的家庭关系法院"。[21]奥托·E.凯格尔(Otto E. Koegel),著有大量有关普通法婚姻的著作,对此类婚姻持怀疑态度。他认为,大多数此类婚姻只不过是罪恶地生活在一起的两个人而已。正如玛丽·瑞奇蒙德(Mary Richmond)和弗雷德·霍尔(Fred Hall)在 1929 年所言,普通法婚姻(尽管当时仍有很多州认可其效力)

已沦为"与时代脱节的产物"。此类婚姻缺乏任何"永久性的政府记录",充斥着"模糊不清的,令人费解的和毫无任何记录的男女关系"。它给遗产继承和依照工人补偿法或社会保障法申请补贴和其他权益带来了不小的麻烦。社会保障由各州法律决定谁应该是谁的遗孀,并有权申请补贴。普通法婚姻也给离婚诉讼带来麻烦,诸如针对重婚的起诉及其他很多情况。[22]

普通法婚姻获得如此恶名还有第二个重要原因。政府无法得知谁已结婚,谁还未婚。各州政府越来越期望对此加以管制。毕竟,婚姻是生儿育女的前奏。已婚夫妇生儿育女,而未婚夫妇(通常)没有子女。至少,他们不应该生养子女。自十九世纪末开始,各州政府对这一问题愈发担忧:谁适合结婚?更重要的是,谁不适合?或者,更进一步,谁适合生养子女?而谁不适合?

政府为何突然对此大感兴趣?这与当时时代的其他发展密切相关。十九世纪末,许多州都通过了各自严厉的禁止堕胎法。本质上说,堕胎已成为犯罪行为。[23]严厉立法出台的背后是越来越多的人坚信全美正面临一场人口危机。中产阶级良民、做派老旧的美国人、受人尊敬的已婚妇女都没有尽到她们作为妻子和母亲的责任。相反,大多数新生儿出生在移民家庭,主要是来自南欧和东欧的移民家庭。他们是并不"殷实"的新移民,但非常乐意生育子女。更糟糕的是担心出生在被人们认为下等家庭,社会底层——穷人、病人、罪犯及弱智的孩子会越来越多(本书第一章曾对此有过讨论)。国家可能会丧失主心骨,失去活力以及道德约束。甚至有人担心盎格鲁中产阶级在进行"种族自杀"[1903年语出西奥多·罗斯福(Theodore Roosevelt)总统]。[24]

因此,婚姻和繁衍后代成为政府政策的重要议题。政府有权力,也有责任对人们如何缔结婚姻进行规范。普通法婚姻显然与此背道而驰,其实质是任何人都可以结婚生子——甚至包括基因有缺陷的人。当时正处在优生学说大行其道的时代,也是科学种族主义盛行的时代,人们普遍相信疾病、犯罪倾向、邪恶、甚至从事娼妓都会遗传给下一代。当理查德·达格戴尔(Richard Dugdale)将研究他所认为的"垃圾"家庭公开出版后,这成为始自十九世纪七十年代许多学术著作的主题。达格戴尔认为,任何生活失意的罪犯都可追溯到一个可怜的人身上,而这个人一定是某一个"垃圾"先生的文盲孩子。他坚信这些人就像"巷子里的老鼠"一样繁殖极快,而且已威胁到"良好教养的社会阶层"。[25]

后来的研究大致相同。1912 年,亨利·赫伯特·戈达德(Henry Herbert Goddard),新泽西州一家"弱智"人研究所的主任,公布了他认为与前人类似的研究结果。他将他悲惨的家庭成员称为 Kallikaks,美国独立时期来自一名士兵的非婚生子,母亲神志不清。两人的孩子们后来都沦为妓女、酒鬼、罪犯和其他不成器者。[26]

戈达德建议对这类人采取绝育措施,而且事实上,在优生运动甚嚣尘上的时代,政府确实开始通过类似法律。印第安纳州于 1907 年率先通过了此类法律。[27]加利福尼亚州在 1909 年紧随其后。根据加利福尼亚州法律的规定,监狱服刑的犯人若有"道德扭曲和性变态"的记录和行为表现,可以对其实施绝育手术。加利福尼亚州进行的此类绝育手术数量居各州之首。[28]绝育术从未真正减少"次品"的出生,当然也不可能达到其初衷。然而,到 1921 年,两千多人被实施了绝育手术。[29]据此情况,废除普通法婚姻可能会弥补人口控制政策上的漏洞。

还有一个因素导致了普通法婚姻的寿终正寝。此类婚姻的效力只有在关涉财产权和继承时才显现出来。正如我们所知,人们总觉得这样的婚姻与坑蒙拐骗脱不了干系,许多所谓的"妻子"只不过是企图从遗产中分一杯羹而已。1935 年,杰拉尔丁·奥特(Geraldine Ott)声称她是伯特兰·泰勒(Bertrand Taylor)的遗孀,二人在她 27 岁,而他

65岁时缔结普通法婚姻。两人于1928年在堪萨斯州匹兹堡她的家里"完婚"。据她所言,泰勒希望为二人的婚姻保密,他想避开公众的视线,并认为二人的"年龄差距"可能会"败坏他的名誉"。她还说,泰勒的律师曾向她解释,普通法婚姻具备完全的效力。泰勒曾问她,是否愿意成为他的妻子,而她回答,愿意。7年后,泰勒去世,留下巨额遗产,高达一百多万美元。遗嘱中,泰勒将1万美元赠与他的"朋友"——杰拉尔丁·奥特。当然,她并不满足于此,她想要以泰勒遗孀的身份分得她应得的那部分。[30]

庭审在纽约进行,泰勒在此拥有一处居所。双方进行了举证。遗产律师出示了"几份机动车驾驶执照申请表",杰拉尔丁在表上填写的是未婚。[31]而杰拉尔丁则传召了包括两位门童和一位珠宝销售在内的几位证人,他们都作证曾听到杰拉尔丁被称为泰勒夫人。一位洛杉矶的医生也声称曾与二人共进晚餐,而奥特迟到了,泰勒说,"这就是结婚给他带来的惩罚"。[32]一位名为布洛杰特(H. H. Blodgett)的外科医生曾为杰拉尔丁进行阑尾手术。他的证词表明"在他为奥特女士进行术前检查时,泰勒先生一直在旁"。而且,泰勒先生还支付了手术费用。[33]这一切都显示二人是已婚夫妻。一位医生怎么可能在他为一位女性患者进行全身检查时让一位男士待在房间里?然而,法庭仍作出了对杰拉尔丁不利的裁决。她当然大失所望。不仅为钱(她这样说道),还为"因此给她带来的不明不白的身份"。[34]她的失望毫无疑问是真切的,但这正是导致普通法婚姻最终走向消亡的因素。一个已故的有钱男人和一个仍在世的年轻女性。[35]普通法婚姻的命运与违反誓言、离间夫妻感情和诱奸人妻的犯罪行为并无二致,我们将在下一章对此进行讨论。

伊利诺伊州出现了对普通法婚姻的另一种批判的声音。1904年,《芝加哥论坛报》(Chicago Tribune)的一篇文章以耸人听闻的语气指出,普通法婚姻的理念允许年满17岁的男孩和年满14岁的女孩"无需父母、朋友知晓或同意,缔结普通法婚姻",这是一个"充满邪恶的危险"做法。文章还声称,每年都有"一些14岁至17岁的女孩",还是孩子时,就被冷漠的父母或接受政府补助的监护人送给"各个年龄阶段的男孩和男人们",有时这样做只是为了"丢掉包袱"。特别是外国人应对此种不负责任的行为负责。该州要求停止此类不负责任的虐待行为。[36]事实上,该州立法机关在1909年就废止了普通法婚姻。[37]

整个二十世纪,普通法婚姻在多数州都走到了末路。[38]大多数州都发现保有普通法婚姻所付出的成本与其带来的些许合理结果不成比例。相反,这些州找到了其他一些同样可以获得类似结果的"良好公共政策"。法院不断加大认可同居者权利的力度,正如我们将在第六章所提到的,但法院同样也依据衡平法上的权力,在需要的时候为当事人提供救济。这些被称为事实婚姻,一般认定婚姻或善意婚姻的做法使法院可以忽略婚姻缔结过程中的一些技术瑕疵,而重点关注当事人貌似婚姻的关系。[39]1927年发生在新泽西州的一个案件中,当事人是露丝(Ruth)和理查德·帕金森(Richard Parkinson),二人都是虔诚的天主教徒,于当年在一位天主教牧师的见证下结婚,婚后育有两个孩子。1939年,露丝与丈夫离婚,同年,新泽西州废除了普通法婚姻。[40]1950年,二人决定再续前缘,共同生活。他们拜访了当地牧师,告诉他二人曾离婚,并要求牧师再次见证两人的结合。但牧师告诉他们,二人"早已在上帝的见证下结婚"。二人显然完全接受了这一说法,认为早已成婚,遂继续生活在一起,且未再举行婚礼。(上诉法院将露丝描述为一个仅接受了6年"教会学校教育"的女性,"不成熟",根本不明事理。)后来,理查德死于一场事故,露丝要求依据工人补偿法获得抚恤金。她的主张在行政层面就被驳回了,理由是不管二人在上帝眼中的关系为何,根据新泽西州法律的规定,二人的婚姻关系不成立。上诉法院对此不予认可,认为露丝属于"事实婚姻"或"善意婚姻"的妻子。二人坚信婚姻成立,而且与所有夫妻一样对彼此忠心,因此新泽西州政府也应以同样方式对待二人。

结　论

就是在仍保有普通法婚姻的州,此种结婚方式也不普遍,并一直饱受争议和压力。老旧传统的做法在现代社会中日渐式微,不足为奇。然而,令人惊奇的是,出现了大量不断呼吁复兴普通法婚姻的文章。[41]虽然字面上并未明说,但实际操作时也许可行。这一想法背后的社会现实是同居的大量出现。大量的男女住在一起,维持着"亲密无间的关系",压根就没想过结婚,所谓的性革命难辞其咎。大规模的社会现象一定会在法律制度上留下印记。普通法婚姻的消亡是否意味着"私许终身,保持亲密关系"的未婚男女就没有已婚男女享有的权利? 这一问题让法院很伤脑筋。后面的章节我们会专门讲述同居及其法律后果:我们会追溯到普通法婚姻盛行的时代,探讨其保护的权利以及引起的问题。

第四章
"心理安慰"的终结

二十世纪美国家事法的一个显著方面就是许多紧密相关的诉由逐渐消失:夫妻反目,背信弃义、离间夫妻感情、诱奸人妻等。人们还可以将因"诱奸"提起的民事和刑事诉讼加入其中。

这一发展的过程原因错综复杂,不可能有单一的原因能解释这些诉由消失的依据。但这一现象显然与婚姻的社会意义紧密相关,而且明显地与二十世纪一项主要社会运动——性革命——脱不了干系。特别是认为只有已婚男女才能合法发生性关系这一观念的淡化。这些诉由存在于传统婚姻的阴影下,其效力完全取决于传统的存在。随着传统婚姻的日渐式微,这些诉由也湮没在历史的进程中,尽管仍留有些微痕迹。

违背婚约

上述一系列诉由中最重要的一项就是违背婚约。法律上将订婚视为一种契约。如果某人取消婚礼,那他可能会被以违背婚约为由诉至法院。理论上说,男方女方都有可能是取消婚礼的那方。现实中,此类诉讼仅由女方提起。此类诉讼的目的是为了给予体面的、多数属于中产阶级的女性以救济——毕竟,她们被人诱骗,又遭人抛弃。原告是男性的情况极为少见。1917 年发生的奥尔森诉萨克斯顿案(Olson v. Saxton)[1]堪称奇案。有妇之夫阿瑟·P. 奥尔森(Arthur P. Olson)与该案被告莫莉·巴顿(Mollie Patton)有染。不久,奥尔森离婚,经常给巴顿钱,并为她造了一座房子。巴顿答应嫁给他,但后来,她却与他人成婚。奥尔森随即要求巴顿返还1700美元,而巴顿主张降低返还金额,按照二人"每次性交5美元"扣减奥尔森提出的金额。显然,二人交欢次数不少,即使按照每次5美元的低价,最终扣减了整整200美元。无论如何,奥尔森都败了。[2]社会风俗不认可男人为违背婚约提起诉讼。任何一个君子都不会因女人取消订婚索要赔偿。虽然他可能伤心至极,但他不应要求赔偿。而女人则不同。

整个社会也是这么认为的。首先,众所周知,女性比男性拥有更细腻的感情,更容易因感情而受到伤害。但这类事情的主要问题并非羞辱、尴尬和精神创伤。如果一个男人承诺娶一个女人,但不断推迟婚礼,甚至延后数年,最终干脆取消婚约,这对一个女人来说,打击极大。她已人老珠黄,错过了生命中的青春年华。而且曾有人与她订立婚约,但又弃她而去的事实会让潜在的追求者止步不前。如果二人的关系仅止于亲吻、牵手和月下漫步,而她只能耐心等待,这实在不妙。通常,两人会有更亲密的举动,偷尝禁果,女性会失去贞洁——人们会认为她被"毁了",已属"弃物"。对一个体面的女人来说,这无异于宣布她从此再无缘婚姻。更糟糕的情况是,怀有身孕,并非婚生子。当然,那个男人是个卑鄙小人,无耻混蛋,始乱终弃,"糟蹋"了一个纯洁无瑕的可怜女子。

性在此类案例中出现的频率有多高?1880—1890年间判决的54起案件中,23件有双方曾发生过性关系的证据,其中10起案件中的原告生了孩子。6起案件确定二人未发生性关系,其他案件情况不详。[3]我们没有可资比较的二十世纪的数据。可查到的案例也可能无法为初审法院审理的案件提供指导意义,更不用说那些庭外解决的案例了。但性问题和非婚生子肯定是此类案件中的一个主要因素。

当然,理论上看,贞操问题并不是根本问题。不管是遗孀,还是离婚女性或一个失去贞操的女性都完全可以将对她不忠的男性诉至法院。实际情况是，失贞在很大程度上对此类案件的原告极为有利。当然，从逻辑上说，如果双方你情我愿，女方的证据也作用不大。毕竟，这不是强奸案。如果当初她点头同意，那么她就亲手开始了这段无果之恋，那她怎能因她自己的愚蠢和荒唐要求他人赔偿呢？但我们都知道，法律的生命力其实不在于符合逻辑，而在于与社会习俗保持一致。性问题只会强化原告的力量，而不是削弱。[4] 弗兰克·基泽（Frank Keezer）在其有关家事法的著作中讲道，"法庭不会为诱骗者铺平道路。"[5] 毕竟，"良家"妇女都是柔弱无辜之类，女人们的"点头同意"都是因为男人们的连篇谎言，或者花言巧语。但无论"诱骗"过程说了多少花言巧语，也无论它们意义为何，原告在她的违背婚约之诉中，都无需证明确实存在"诱骗"行为。（很多州都将过失诱骗列为独立的民事诉由，也将其列入犯罪行为。）通常，法庭只会接受"诱骗"事实。在法庭眼中，女性等同于受害者。原告应尽一切可能将自己描述为受害者——因一个负心汉而深受其害。1900 年发生在田纳西州的司柏林诉帕克斯案（*Spellings v. Parks*）中，原告被描述为一个"保守、胆小、温和的女孩"，一个起初甚至连手都不让他碰的女孩。但"她很快就臣服于男人，很快就发生了一切该发生的事情"，而且还生了孩子。陪审团最后判给她 1500 美元。原告真的如此胆小、温和吗？被告曾试图说明原告母亲是个妓女，但遭法庭断然拒绝。[6]

可以想见，每天都有许多婚约被取消。多数女性只是默默吞下苦果。只有少数人坚持提起诉讼。毕竟，打官司过去是，现在也是不光彩的事，是一场煎熬。谁会如此坚持呢？如果她已生了孩子，当然，她已受到了严重伤害。在这样的情况下，法律也好，陪审团也好，会自然而然地对她投来同情的目光。理论上，违背婚约与种族或阶层没有关系。一些劳工阶层的女性确实充分利用了这一诉由。但实践中，这个诉由主要为体面的中产阶层女性设置。

一些案件确实对怀有同情心的陪审团触动很大,最终导致巨额赔偿金的判决。1915年缅因州加蒙诉亨德森案(*Garmong v. Henderson*)[7]的陪审团作出了116000美元的赔偿裁决,这在当时是一大笔金额。1931年,密歇根州一个案件中的富有被告被陪审团判赔45万美元,相当于今天的数百万美元。法官最终将赔偿金额降低至15万美元。[8]此类裁决的巨额赔偿金额甚至远高于人身伤害案件的赔偿额,但并非普遍。当然也有许多被告最终胜诉的案例,或者仅被判赔极少的金额。以其他几个诉由提起的诉讼也是如此。1925年,皇后区的切斯特·B. 纳普(Chester B. Knapp)将他家中的一个租客告上法庭,声称该租客让他妻子移情别恋,要求获得10万美元赔偿,陪审团最终仅象征性地判赔6美分。[9]

通常,在违背婚约之案中,男女双方社会地位相等,都是中上阶层成员。如果二人地位悬殊,通常都会出现的情况是:一个下层女性起诉一个上层男性。这也确实是此类诉讼的巨人之踵,也是为什么即使在十九世纪,仍会引起争议的原因。哪种女性会提起此类诉讼呢?总是那些"折翅之鸽",当然,也不乏另一种女性——以色换钱者或敲诈勒索者。吉尔伯特(Gilbert)和沙利文(Sullivan)在《陪审团审判》(*Trial by Jury*)中取笑的就是这类人。[10]文学作品中,原告通常都是一个年轻貌美的悍妇,恣意妄为,而被告通常都是愚蠢的富有老头。一位学者讲到,原告的动机无外乎"纯粹的唯利是图"。金钱根本无法弥补一颗受伤的心。打官司"通常就是敲诈勒索",导致"受过良好教养的温良女性无法忍受的丑闻曝光"。[11]

到了二十世纪,尽管饱受批判,但违背婚约之诉仍然存在。陪审团得出他们认为合理的赔偿金额,法庭通常都会予以支持。可个人形象也极为重要。1928年发生的一个案件中,原告科迪莉亚(Cordelia

P. Carney)已 59 岁,被告邓肯(Duncan McGilvray)69 岁。原告似乎并不爱被告,还说被告"有一股湿淋淋的马匹身上的味道"。原告可能只是看重被告的钱财。陪审团认为原告一分钱都不应获赔。[12]通常,只要被告比原告年长、富有,欺诈、贪欲或勒索的想法就一定会影响案件的结果。

诱奸人妻和离间夫妻感情

婚姻濒临破裂时,另一项诉由有一个奇怪且具欺骗性的名称——诱奸人妻。但这是民事而非刑事诉讼,并且起诉的事由几乎与"发生性关系"关系不大。关键是性问题,而非措辞。如果一个已婚女性与其丈夫以外的男性发生性关系,丈夫可以起诉该通奸者。而且这是一项古老的诉由,在英格兰,可以追溯到十七世纪。[13]

另一类诉讼涉及离间夫妻感情,原告可以起诉任何破坏原告与其配偶关系的人。男人可以提起此类诉讼起诉掺和其夫妻生活,挑起妻子与其作对的岳母。十九世纪末发生的一起案件中,雅各布·范德比尔特(Jacob Vanderbilt)不顾阶层差异和家庭反对与维奥莉特·沃德(Violet Ward)成婚。范家拒绝承认他的妻子。后来,当雅各布不得不与维奥莉特分手时,维奥莉特以离间夫妻感情为由将她丈夫的父亲诉至法院。[14]这一诉由的渊源可能来自古时男人拥有的获得其妻子"陪伴"的权利,这意味着他有权获得妻子的照顾、关爱和服侍。当然,满足性欲是一项主要的"服侍"内容。女性也有类似权利,但没有丈夫的权利重要。

离间夫妻感情,从某种程度上说,是违背婚约的反面。后者完全是女性提起的控诉,而前者几乎都是男性提起诉讼的理由。缅因州最高法院在 1890 年的一个案件中指明了这一点。该案的原告是妻子,起诉被告使其丈夫"堕落并对他怀有奸淫目的",因此"离间了丈夫对她的感情"。法院认为,一个不忠的妻子与其丈夫生育的孩子可能引起人们的怀疑,而一个不忠的丈夫则"没有这样的后果"。女方提起此类诉讼只会引发"他人难以名状的苦楚,且两人破镜重圆的希望极其渺茫"。[15]

简单说,这一理念只会让人们想到双重标准。诱骗行为主要是男性所为(或有此企图),女性通常不会引诱男性,而且男性不可能像女性一样被"毁了"。如果丈夫拈花惹草,妻子通常网开一面。男人逢场作戏都可获谅解,女性则不同。在离间夫妻感情和诱骗人妻的案件中,妻子是否同意与他人发生性关系通常无关紧要。她已被假定为受害者。男人永远是作恶的那个。

十九世纪末,一些案例中开始允许女性使用此诉由提起诉讼,到二十世纪早期,更为普遍。1910年,新泽西州的一家法院允许一位女性以"不怀好意地引诱"其丈夫为由起诉被告。[16]法庭认为,成文法给予已婚女性权利以其自身名义提起侵权之诉,那为何不能起诉这种侵权行为呢?1930年,《纽约时报》报道,"著名漫画家和剧作家——布鲁斯·班斯法瑟(Bruce Bairnsfather)的妻子"塞西莉亚(Cecilia)向一位名为康斯坦斯·古丽尔(Constance Collier)的女演员索赔10万美元。塞西莉亚认为,古丽尔"不怀好意地引诱"其夫,并劝他离她而去,对她"身心造成巨大伤害"。布鲁斯坚称二人的婚姻已完全破裂,直接搬到了古丽尔家。[17]该案最终庭外和解。

根据1888年至1920年纽约的记录,我们可以发现此类诉讼的剧烈演变过程。这一时期记录的29起诉讼中,原告为女性的有17起,男性有12起。其中9起为女性起诉丈夫的情人,8起是起诉其他人,通常是亲戚。男性起诉妻子情人的有10起,只有2起是起诉亲戚。[18]显然,这些案例已完全背离了此类诉讼的古老初衷,几乎都关涉感情伤害,而非看起来极为类似家长财产权利的那些权利。而且,提起诉讼的男女都有。

离间夫妻感情和诱奸人妻通常在诉讼中都会被提出。1927年新泽西州的一个案件中,退役海军上尉沃德·布罗厄姆(Ward Brougham)以诱奸人妻和离间夫妻感情为由提起诉讼,起诉约翰·A.弗莱切(John A. Frech)——一位年逾七十的萨默赛特县法官。1928年,该案开庭,原告声称被告每天早上在原告离开后,前往他家,"开车带着其妻子到纽约等地四处游玩,还在森林野餐"。被告给原告妻子花费大笔金钱购买"高档服装和珠宝";而且还出示了原告妻子给被告写的情书,信中被告的昵称是"大小子"。目击证人还曾看到两人紧紧相拥。被告坚称他被人陷害。质证环节结束后,法庭驳回了诱奸人妻的诉由,将离间夫妻感情的问题交由陪审团裁决。陪审团商议12个小时后,作出了裁定,原告一无所获。[19]

违背婚约及其连带诉由:没落到消亡

前文提到的三类诉由释放出了五味杂陈的信息。此类诉讼本来是为了保护中产阶级的尊严和面子,特别是中产阶级女性。同时,也描绘了一幅柔弱、细致和纯洁的女性形象。然而,随着时间推移,女性的另一面形象——唯利是图、邪恶无耻、欲壑难填、荒淫无度却变得愈发显眼,而男性则是"清一色"地拜倒石榴裙下,甘愿上当受骗的蠢货,如飞蛾扑火一般,前赴后继。日积月累,此种形象渐渐威胁到了这三类"心理安慰"型诉讼的自身命运。

媒体在强化负面形象方面功不可没。他们极为热衷报道耸人听闻的丑闻案件。1909年,芝加哥一个名叫詹姆斯·H.拉佩尔(James H. La Pearl)的"前马戏团班主"以离间夫妻感情为由起诉了阿德里安·C. 霍诺(Adrian C. Honore)。霍诺是芝加哥名人"波特·帕尔默(Potter Palmer)夫人的兄弟"。拉佩尔夫人是一位"迷人的金发女郎,门牙上镶着钻石"。"在马戏团,她是一位骑手",直到表演中出事。而拉佩尔本人,在经营马戏团的日子里,拿手节目是"大炮飞人"。[20]夫妇二人总算找到了一项共同"事业"——起诉名人。类似这样的原告及其妻子提起的诉讼肯定不会是啥好事。

1922年,舞蹈演员埃文·伯罗斯·方丹(Evan Burrows Fontaine)指控柯尼勒斯·范德比尔特·惠特尼(Cornelius Vanderbilt Whitney)*是她孩子的父亲。她以违背婚约为由起诉,并索要100万美元赔偿。惠特尼的律师将官司称为"密谋敲诈"。[21]类似法律肥皂剧的情节渐次登场。惠特尼的律师发现方丹之前与一个水手有过一段婚姻。二人的婚姻虽被宣布无效,但完全是基于伪证(律师之言),因此,婚姻无效裁决没有效力。当然,如果方丹仍属法定已婚女性,她就不得提起违背婚约之诉。至少有一位法官接受了这一辩护意见。该法官认为,方丹作伪证成立。上诉法院推翻了初审判决。但最终,方丹两手空空,什么也没得到。[22]她的发财梦彻底破碎。后来,人们在大西洋城的一家"沙滩酒吧"看到她在表演。她把她的很多物品存在个人仓库里,她的故事在美国成为下流段子的主题。1931年,因未付仓储费,她存放在那儿的物品被拍卖。一位"不知名女性""显然被埃文的悲惨爱情故事所感动",以6美元拍下了一首诗。[23]

年轻女性在诉诸法律诉讼的道路上鲜有成功者。1917年,29岁的霍诺拉·奥布莱恩(Honora O'Brien)在纽约将84岁的约翰·伯纳德·曼宁(John Bernard Manning)诉至法院。[24]据说,曼宁当时已"轻微中风",但还算一个"相当有活力"的男人。而且他还腰缠万贯——拥

---

* 柯尼勒斯·范德比尔特·惠特尼(1899—1992),美国著名富商,电影制片人。第二次世界大战结束后,被杜鲁门总统任命为商务部副部长及多国特使。

有约 1500 万到 2000 万美元的财富,在当时可算巨富。二人的关系发展的如闪电旋风一样快,但不久,曼宁就厌倦了。陪审团认为曼宁不值得同情(据说,他曾"将他女儿的宠物狗勒死",还"因修改资质文件,被证券交易所驱逐",而且他还在法庭上作出了"不可饶恕的""邪恶"的虚假证词),裁定他需支付高达 20 万美元的赔偿金。上诉法院认为金额过高,霍诺拉的社会地位"并未受到任何影响,也不会影响她今后嫁人"。她是不是仅仅为了曼宁的钱呢?难说,女人会为"金钱目的"嫁人而不丧失她的权利。上诉法院最后可能不情愿地维持了原判,但将赔偿额减少为 12.5 万美元。

方丹和霍诺拉是起诉有钱老男人的两个年轻女子。但也出现过相反的案例,年轻男性与富有的有夫之妇有染。花匠麦克斯(Max Frederick Kleist)与"百万富翁"的女儿朱丽叶(Juliet Breitung)结婚。二人感情破裂后,麦克斯以离间夫妻感情为由将朱丽叶的父亲诉至法院,要求 25 万美元赔偿。法院未受理他的起诉。[25]

只要有名人打官司,媒体就会欣喜若狂。1936 年,陪审团裁决被告弗里德里克·金贝尔(Frederick Gimbel)——一家百货公司继承人,赔偿莉莉安·曼德尔(Lilian Mandel)25 万美元。1917 年,两人相识,当时女方 22 岁,男方 25 岁。莉莉安是一家服装店的销售助理。[26] 1930 年,演员马德姬·米歇尔(Madge Mitchell)以违背婚约为由将 57 岁的威廉·N. 弗莱施曼(William N. Fleischmann,酵母大王,弗莱施曼集团董事长)诉至法院。米歇尔是选美冠军,两人于米歇尔"在好莱坞一家酒店任职美甲师时"相识。[27]

对此类名人诉讼感兴趣的读者很容易接受报道中的负面形象。报纸只会选择最吸引人们眼球的案件加以大肆报道,这一定会使报纸文章散发着"腐臭"的味道。比起媒体选择报道的案件,更多的典型案件并不具有很强的戏剧性[28],而且这些案件的事实在很多情况下都含混不清。立法者开始倾听愤怒的精英男士抱怨这些针对他们的"心理安慰"诉讼。原告被描述为没心没肺的寄生虫,无情无义的敲诈勒索者,躺在名人、富人身上的吸血鬼。1911年,丰收国际总经理克拉伦斯·芬克(Clarence Funk)被诉至法院,他被人指控"对约瑟芬·本宁夫人不恰当的关注"。但克拉伦斯坚称他从未听说过此人,认为诉讼完全是一场意图"污蔑"他名声的"阴谋陷害"。[29]

批判的声音与日俱增,到二十世纪三十年代,已达到振聋发聩的程度。1929年,罗伯特·C.布朗(Robert C. Brown)写到,违背婚约之诉"有百害而无一利",并很有可能,也确实"成为敲诈勒索的工具"。[30] 1935年,哈利特·斯皮勒·达格特(Harriet Spiller Daggett)认为,此诉由已成为"一群以色相换取钱财的无良妇女的手中利器",原告们完全就是"一群不知廉耻的贪财女人"。[31]爱情应是婚姻的基础。如果爱情如冰雪消融,控诉反悔婚约的权利也应一并消失。到二十世纪三十年代,这样的情况已极为少见,如果曾经屡见不鲜的话。1923—1924年,共有22297起民事诉讼在洛杉矶高等法院被提起,其中有45起的诉由为离间夫妻感情,有15起为违背婚约。1935年前的13年间,整个纽约州,只有4起涉及诱奸人妻的诉讼请求。[32]当然,也有很多纠纷可以庭外和解,而且确实也存在和解的情形。然而,媒体报道却给人们带来一个"心理安慰"纠纷大爆发的印象。根据《纽约时报》及其他著名报纸的调查,二十世纪前期,有几十篇报道都有关违背婚约、离间夫妻感情及类似的诉由。1934年至1935年,纽约时报发表了八十多篇有关违背婚约和离间夫妻感情官司的报道。《芝加哥论坛报》"在不到20年间,此类报道增加了6倍"。[33]难怪会出现反对违背婚约作为诉由的强烈呼声。[34]包括印第安纳州和密歇根州在内的一些州直接废除了此类诉由。在具体实践中,这些州也顺带取消了诱奸之诉、离间夫妻感情之诉和"诱奸人妻"之诉。[35]1935年,密歇根州废除此类诉由的提案将其统称为"严重滥用"的源泉,危害"完全无辜,没有任何过错"的好人,且都是由"不知廉耻之徒"为"不当得利"提起的。[36]在印第安纳州,罗伯塔·韦斯特·尼科尔森(Roberta West Nicholson)夫人,该州议会一位有着"温柔声线"的唯一女性,身穿"一袭黑色长裙,配以宽大褶皱领袖"领导了该州废除此类诉讼的抗议活动。她说,这些诉讼"披着美丽的外衣"。婚姻应是"一项神圣的礼仪,而非商业交易"。她也承认,极少的此类纠纷最终会诉至法院,其本质只不过是敲诈勒索。[37]

伊利诺伊州的情况更加复杂。该州也出现了呼吁废除此类诉讼的运动。《芝加哥论坛报》将常见的这些控诉称为"敲诈、勒索和丑闻",属于"滥用司法手段"。该报呼吁立即废除。[38]1935年,该州立法机关废除了违背婚约、离间夫妻感情和诱奸他人妻子的诉由,该州议会参议院的投票结果是37∶0。提案的通过被人们"欢呼为'唯利是图者的丧钟'"。[39]伊利诺伊州最高法院却站在了"唯利是图者"一边,于1946年宣布该结果违宪。正如当时一家报纸所言,为那些"受到伤害"的人恢复了获得"申请安慰性经济补偿"的权利。[40]

1947年,该州通过一部新的法律,重申违背婚约会被"用于敲诈勒索"。根据新法的规定,原告只能获得"实际"损失的赔偿,不得申请任何"惩罚性、示范性、报复性或叠加性赔偿"。[41]该法还要求受害人在违背婚约的事实发生后3个月内,书面发出通知,写明计划结婚的日期、遭受的损失,以及被告是否"仍有结婚的愿望"。1949年,田纳西州通过一项法律,限制此类诉讼。根据今天仍在执行的该法的规定,如果被告在审判时年满60岁,则禁止申请惩罚性赔偿。该法还要求提供原告证词加以佐证,书面证词或两位无利害关系人当庭作证。如果原告曾经结过婚,这一事实可能会使赔偿金降低。[42]

直到我们前面讨论的曼德尔与金贝尔的案件发生时,纽约州正在废除违背婚约之诉。该州上诉法院支持1935年废除该诉由以及其他

"心理安慰"诉由的法律。⁴³上诉法院认为"深思熟虑的人们,很早就意识到""违背婚约提起赔偿的诉讼所引发的丑闻……警醒了法院,且对婚姻构成威胁"。⁴⁴一位评论家写到,此类诉由与"人们早已发生变化的性道德观念、女性地位和家庭功能"大相径庭。⁴⁵

正如我们前面提到的,对此类诉讼的攻击当然也包括离间夫妻感情,这个诉由同样也成为敲诈勒索著名富人的主要手段。人们通常会认为,这些"名人"一定有不可告人的秘密。1921年,爱德华·麦克法林(Edward McFarlin)在亚利桑那州以离间夫妻感情为由将参议员拉尔夫·卡梅隆(Ralph Cameron)诉至法院。原告声称,被告"拘禁并藏匿"其妻,且在包括纽黑文的一列火车上在内的许多地方与其妻发生"不轨行为",并索赔10万美元。参议员于1920年才当选,他愤怒地否认了所有指控并将诉讼称为敲诈勒索。参议员最终因诉讼时效过期未受影响。⁴⁶可以确定的是,麦克法林极有可能涉嫌敲诈,当然,参议员也可能并非他自称的毫无过错。很难将麦克法林之类的人当作可怜的受害者。正是此类诉讼的出现加速了离间夫妻感情这一诉由退出历史舞台的进程。最终,这一诉由与其他违背婚约的诉由一道湮没在历史的尘埃里。⁴⁷

诱奸人妻也遭受了同样的命运。此类诉讼中,虽然唯利是图者是男性而非女性,但其散发出的"腐臭"与其他诉讼并无二致。1935年,印第安纳州的促进公共道德法将违背婚约、离间夫妻感情、诱奸人妻以及针对"诱骗任何未年满21岁女性"的诉讼,一并废除。⁴⁸1939年,加利福尼亚州紧随印第安纳州作出同样举动:废除离间夫妻感情、诱奸人妻、针对"诱骗未达法定年龄之人"的诉讼以及违背婚约的诉讼。⁴⁹到二十世纪三十年代末,有9个州完全废除了此类诉讼,其他州后来也纷纷效仿。

虽然还有一些州仍保留着此类诉讼,但许多年来都处于无人提起的状态。在性革命的时代,这样的法律规定还有何意义呢？人们的贞操观念已大不如前。要想在二十世纪三十年代"糟蹋"一个女性,可比十九世纪难多了,并且越来越难。[50]特别是在同居盛行的年代,根本就不可能。1992年,一位(男性)律师将其未婚妻诉至法院,要求获得4万美元赔偿——"为她购买皮草、汽车、打字机和婚戒的花费",甚至包括"他为庆祝两人订婚买的一瓶香槟"。很难相信,《纽约时报》竟然对此进行了报道。[51]

另一波废除高潮发生在二十世纪七八十年代。[52]一些州的法院,而不是立法机关,"废除"了诱奸人妻的诉讼。[53]爱达荷州曾出现一个案例,托马斯·尼尔(Thomas Neal)到法院起诉与其妻玛丽·尼尔(Mary Neal)离婚。妻子反诉其夫与另一女性吉尔·拉加斯(Jill La-Gasse)有染,要求赔偿。该州从1918年起就再未出现过此类诉讼,法院直接废除了该诉由。[54]法院认为,男性不再是女性的所有者。此类诉讼很有可能是某人陷入"敲诈的计谋之中",并"毁坏"此人的名誉。[55]在该州早前发生的另一起案件中,法院也直接废除了离间夫妻感情的诉由。[56]1976年,华盛顿州的一家法院也终结了离间夫妻感情之诉,认为该诉讼纯属"古董",极不正常,且害处不小。甚至"一个成功的原告最终也是一个失败者……他会因此堕落为唯利是图的小人"。[57]

到二十世纪晚期,接近一半的州都废除了离间夫妻感情的诉讼,要么由立法机关作出决定,要么由法院作出裁定。其他州也对此类诉讼加以许多程序性或其他限制,而且据我们所知,此类案件也极少出现。[58]到2000年,只有为数不多的几个州仍保有此类诉由。北卡罗来纳州出人意料地成为其中之一。该州仍可向陪审团和法院提起离间夫妻感情之诉。[59]1997年,该州一个陪审团裁定"第三者"向多萝西·哈特梅尔(Dorothy Hutelmyer)赔偿100万美元。理由是多萝西的丈夫乔(Joe)离她而去,与他的秘书另组家庭。[60]另一案件中的原告是一位摔跤教练,以与其妻子"在酒店发生性关系"为由起诉另一男性。陪审团作出了91万美元的"补偿赔款"和50万美元的惩罚性赔偿。[61] 2006年,乔治·伯格(George Berg)从其5岁儿子处获知其妻的出轨行为,将其妻的情人诉至法院,最终,该案以高达15万美元庭外和解。[62] 北卡罗来纳州每年大概有200起离间夫妻感情的诉讼,很多同时也包括诱奸人妻之诉。[63]

赔偿金额最高的离间夫妻感情诉讼出现在2010年——900万美元。原告辛西娅·沙克福特(Cynthia Shackelford)起诉安妮·伦奎斯特(Anne Lundquist)破坏其33年的婚姻。辛西娅告诉记者,她希望这一判决向"潜在的破坏他人家庭者"传递一个简单的信息:"滚开。"[64] 前参议员和总统候选人约翰·爱德华兹(John Edwards)的前妻伊丽莎白·爱德华兹(Elizabeth Edwards)威胁提起离间夫妻感情之诉。约翰与其竞选活动摄像师——莱内·亨特(Rielle Hunter)有染,并生下了一个孩子。但伊丽莎白并不打算起诉莱内,而是起诉约翰的竞选助手——安德鲁·杨(Andrew Young),指控他促成了二人的恋情并极力掩盖,因此"离间"了其夫妻感情。[65]

犹他州[66]、南达科他州[67]和密西西比州也在仍坚持此类诉讼之列,尽管密西西比州最高法院于1992年宣布废除了诱奸人妻的诉讼。[68] 帕特里夏·奥尔福德(Patricia Alford)嫁给了农民——杰夫·阿尔福德(Jeff Alford)。帕特里夏与其任职的比卢普斯普石油公司老板有染。该老板是"40岁的有钱人"(而她是"24岁的怨妇")。两人离婚后,丈夫将老板诉至法院。陪审团不知出于何种原因拒绝了离间夫妻感情的诉由,但以诱奸人妻为由作出了赔偿裁决。该州最高法院驳回了该裁决并在密西西比州终止了此类诉讼。

但法院特别支持了离间夫妻感情的判决。法院认为,诱奸人妻过于极端。任何通奸行为,即使双方你情我愿,也可能导致官司缠身。而离间夫妻感情不同。2007年,密西西比州最高法院维持了一个陪审团针对离间夫妻感情作出的64.2万美元的裁决(加上11.2万美元的惩罚性赔偿)。[69]该案也是女性与其上司有染。原告约翰尼·瓦伦丁(Johnny Valentine)的爱情虽然甜蜜,可他的婚姻却不顺利。其妻桑德拉(Sandra)与其上司——杰瑞·菲奇(Jerry Fitch)有染,并生下一个孩子。菲奇认为,离间夫妻感情是一项过时的诉由,要求法庭将其废除。但法庭拒绝了他的请求,倾向于保护"婚姻关系及其神圣性"免受一些人"花言巧语,物质引诱"导致婚姻破裂,夫妻反目。[70]

因此,自二十世纪始,此类诉由日渐式微,仅见于不多的地方,就像失去栖息地的稀有动物一样。极少有原告能大获全胜,获得巨额赔偿,多数铩羽而归。在佐治亚州芬奇诉斯古普塔案(*Finch v. Dasgupta*)中,1988年,原告开始与被告"约会"("约会"是二人发生性关系的委婉说法)。原告要求与被告结婚,被告认为时机尚不成熟。被告大错特错,几年后,当原告认为时机成熟,"在被告的一只鞋里留了个纸条,让被告娶她"。此举并未形成具体婚约。1992年,原告要求被告给她买婚戒,但被告给了她一个戒指盒(里面放着一张支票)。被告说,他需要在婚前"先处理一些事情"。两人保持了10年关系。法庭驳回了原告的违背婚约和普通法婚姻成立的主张。被告并未作出任何结婚的承诺,也未在任何文件上签名,事实上,被告拒绝作出任何承诺,当然,违背婚约就根本无从谈起。[71]

但另一位叫罗斯玛丽·雪儿(RoseMary Shell)的女性在2008年获得了陪审团判赔的15万美元。[72]被告是她的前未婚夫韦恩·吉布斯(Wayne Gibbs)。原告证明,2006年,被告向她求婚,她辞去了一份高薪工作,回到佐治亚州,并搬到被告住所与其同居。但当年12月,被告在二人的卫生间留下一张纸条:"对二人结婚还需要再考虑考虑。"几个月后,被告完全取消了订婚。原告不得不谋取另一份比来到佐治亚州前的薪水少得多的工作。显然,陪审团受此影响极大。

陪审团显然对雪儿和吉布斯"罪恶"的同居生活压根不在乎。即使在深受圣经影响的南方,"罪恶"也与以前相比大不一样。该案罕见地受到当地报纸的大肆报道。佐治亚州的陪审团愿意惩罚吉布斯,法官也持同样的观点。2009年,共和党国会议员奇普·皮克林(Chip Pickering)的妻子将一位女性以离间夫妻感情为由诉至法院,声称此人与其丈夫发生了不轨行为。而皮克林曾力促布什总统将2008年定为"全国圣经年"。[73]

虽然传统性道德日渐式微,但一些规则却没有。贞操在人们心中已不值一文,但公正仍在。捍卫此类古老诉由的人们大谈特谈"家庭价值观念"。起诉其偷情丈夫情人的多萝西·哈特梅尔这样讲道:"美国人应高声宣扬家庭的重要意义,婚姻应该是上帝的恩赐。"[74]诚然,即使在深受圣经影响的南方,人们争论的问题是婚姻的缔结,而非性纯洁。可能双方的相互承诺和长相厮守给双方都带来了责任,打破此种关系必须付出代价。也许这才是近些年出现的诉讼带给我们的教训。

现代"心理安慰"

今天,不兑现婚约的真正后果可能不是失去贞操或未来结婚的机会成本。当然,双方感情一定会受到伤害,同时失去的可能还有"真金白银"。对男方来说,可能是一枚昂贵的婚戒。对女方来说,可能会是筹办婚礼的前期支出。法院受理了数量令人吃惊的"婚戒"官司,以及一些婚礼费用官司。除为数不多的几个仍承认"心理安慰"诉讼的地方外,法院只会承认上诉两类不兑现婚约所造成的损失。

礼仪专家坚持认为,多数情况下,婚戒应归还男方——2009年一枚婚戒的平均价格为6348美元——多数州的法律也认可这一规则。

第四章 "心理安慰"的终结

婚戒确实被认为是一种"有条件的礼物"。这一做法意味着,婚戒只有在条件满足——举行婚礼——后,才能"给予"新娘。根据许多法院都遵循的严格无过错规则,给予方有权在婚礼未举行的情况下,要求返还婚戒,或其等价钱款。对此无人提出质疑。纽约州法律允许法院作出裁定要求返还以结婚为前提转让的财产或金钱。[75] 1965年,该法通过不久,法院就将其适用于"婚戒"官司,要求不兑现婚约的情况下返还婚戒,不管婚礼未如期举行是谁的错。该州在1971年戈登诉戈登案(*Gaden v. Gaden*)的判决书中写道:"事实上,大多数不兑现婚约的情形中,不存在谁的过错,只不过是一方或双方都改变了主意,不认为对方是自己的终身伴侣。"[76] 多数近期发生的婚戒案都采纳了这一做法。[77]

一些婚礼筹办支出可能无法通过法律手段返还,对46%的为婚礼而美白自己牙齿的新娘而言,这是个坏消息。新娘及其家人主要负责筹办婚礼所需的餐饮、花卉、服装设计、场地租赁等费用。根据2008年全美婚礼调查报告,女方父母为婚礼花费承担了58%的费用,而男方父母仅承担32%的费用。新婚夫妇当然也会承担部分婚礼费用。[78] 尽管他们会购买婚礼险——专门针对"不可抗力"或家人疾病而造成婚礼取消的保单,但这类保单都不赔偿因"变心"而取消的婚礼。即使赔偿,保险公司也要求出示证据,证明投保人是在"束手无策"的情况下才申请保险公司赔偿。[79]

2001年,弗吉尼亚·狄菲娜(Virginia DeFina)在纽约起诉其前未婚夫——斯蒂芬·斯科特(Stephen Scott),要求其返还婚礼筹办费用。之前,婚礼因二人的"过激言行"而取消。两人都是"个性鲜明、意志坚定、受过高等教育的成年人",而且两人也计划自行支付所有婚礼开支。两人一致同意,女方负担婚礼费用,男方将其公寓的一半权益转让给女方。婚礼取消前,女方共花费16000美元。男方认为,他可以收回公寓的权益并要求女方归还其在蒂凡尼购买的婚戒,而女方所支出的筹办婚礼费用得不到任何补偿。

纽约州在1935年就废除了违背婚约之诉,婚礼费用是此类诉讼索赔的主要诉求。但1965年通过的法律清晰地表达了"以结婚为前提转让"的财产,金钱或不动产,可以要求归还。[80]这一规定被解读为允许法院要求返还婚前赠与的礼物,因此审理弗吉尼亚案的法院裁定,涉及婚礼费用的合同也应当执行。法庭这样做可能没有考虑到违背婚约诉讼给当事人带来的"感情伤害和幸福幻灭"。[81]相反,这一做法的目的是使双方重归各自之前的经济地位,"而不是为了在婚礼未实际举行时,奖赏或惩罚任一方"。[82]法庭最终裁定弗吉尼亚将公寓权益归还斯蒂芬,而后者应支付筹办婚礼的费用。

纽约州是允许返还婚礼费用诉讼的一个例外。多数法院都认为,此种诉讼早因"心理安慰法律的废除而遭禁止"[83],即使所有开支都有账可查。由于存在女方支付婚礼费用的传统,这意味着女方"肯定会在男方不兑现婚约的情况下,遭受巨大经济损失"。[84]在多数涉及婚戒的规则中,男方的损失都被认为"真实存在且应该赔偿",而涉及婚礼费用如何处理的规则对女方却恰恰相反。雷切尔·莫兰(Rachel Moran)写道:"大失所望的准新娘们花费大量金钱筹办婚礼,或因婚姻的承诺而以身相许,却得不到任何赔偿。"[85]

二十世纪的社会观念变化注定会让此类诉讼寿终正寝,此类诉讼如果不是真正有害的话,至少也极为怪异。在性革命和自我表现型个人主义盛行,现代女性大行其道的年代,这些做法纯属"老古董"。到二十一世纪,多数此类法律已不见踪影。

第二部分

宽容时代的浪漫之爱

第五章
性自由的崛起

二十世纪前10年,一系列案件都提出了一个相同的好奇问题:美国宪法是否保护个人购买、提倡或使用性用具的权利?这样的问题能在一个法院被人提出就是那个时代的典型特征。毕竟,美国对各式各样的性行为进行规范,甚至禁止的做法由来已久。至少一家联邦上诉法院对这一问题作出了肯定回答:是的,朋友们,性隐私的权利范围足以包括购买和使用情趣用品。某种程度上看,这也是不断挑战,削弱政府干预性行为和家事的性自由权利斗争的最终胜利。性自由权利的发展当然对现代家事法的发展进程产生了巨大的影响。

本章我们将着重探讨二十世纪中叶以来,与性行为有关的法律所发生的巨大变化。当然,这一切的开端就是人们性观念的变化。最高法院在这一进程中的几个关键节点,通过认可隐私权合宪,为人们观念的改变打下了坚实的法律基础。这一隐私权随时间推移,包括了避孕、堕胎,甚至同性性行为。借由这些案例,最高法院认可了无性婚姻(比如,对监狱服刑的犯人)和无婚姻的性关系(被禁止结婚的同性恋),同时,也认可了不生育后代的婚内性行为(通过认可非婚生子女和未婚父亲的权利)。新权利的出现极大地限制了政府将性关系局限于婚姻的行政权力——这是政府长期以来一直的追求——或强制执行固定的、传统的道德准则。一些州法院比联邦法院在认可新的性秩序方面,甚至走得更远。

有违道德的犯罪:控制婚外性行为

110　　二十世纪一开始,各州就对性道德表现出了极大的关注。[1]许多州都将允许发生性行为的年龄提高。到1913年,加利福尼亚州的规定是18岁,田纳西州是21岁。至少对于男性来说,与未成年人发生性关系是一项重罪。法律上,女性总被认为是受害者,即使她可能同意,甚至更积极地发生性关系。鸡奸同样也是一项严重罪行。1910年,国会通过《曼恩法案》(Mann Act),即著名的"白人贩奴法"。该法将"处于卖淫或牟利,或其他不道德目的"跨州拐卖妇女列为犯罪。[2]自1910年开始的"消灭红灯区"运动直接将矛头对准了有组织卖淫。人们怀着极大热情,大张旗鼓地游行示威,发表演讲,立法立规,试图关闭所有妓院,让妓女从良,最终证明徒劳无功。这一切都是对包括吸毒、在禁酒期达至顶峰的酗酒等人生恶习发起的斗争。

　　因此,二十世纪早期出现的"进步时代"运动对丑恶现象发起了全面清除。各州法典里都不乏反映传统道德、张扬传统婚姻的法律。通奸是一项犯罪。未婚生子、卖淫、诱奸他人也是犯罪。生活不检点——未婚发生性关系——在很多州都属犯罪行为。本书第六章讨论的同居当然也是犯罪。[3]

　　卫道士们反对的其实不是性行为——没有性行为,人类就会灭种。(讽刺的是,只有到后来的性自由时代,随着医学技术的进步,才真正做到了无性生育,尽管多数人还是比较青睐老办法。)[4]他们反对的是婚外性行为。男女之事、床笫之欢应仅限于夫妻的卧房。婚内性行为不仅完全合理合法,而且还是一项神圣的义务。

111　　当时的法律只有在婚姻走向破裂边缘时才会介入。如我们前章提到的违背婚约诉讼就是专为已订婚但永远不会再举行婚礼的人们所设。两人与已婚夫妇"一样",同居一屋,同床共枕有时也足以使普通法婚姻成立。但男女之间禁止发生与婚姻完全没有任何关系的性行为。[5]

诸如此类的刑事禁令绝不是对不道德行为的表面限制。是的,虽然很多时候并没有严格执行——如何严格执行呢?——但刑事卷宗确实记录了许多人被指控犯有"违背道德的罪行"。[6]若这些法律得以执行,一定是为了达到某种目的。抛弃妻子者如不回家,将被判入监;法律要求造成他人未婚先孕的人必须"奉子成婚";通奸和生活不检点之徒遭到严惩。但这一切很快就会发生变化。

到罗斯福新政时期,禁酒令狼狈地退出历史舞台,动摇了整个道德大厦——只有禁毒例外。到二十世纪末,刑事法庭已在规范性关系和家庭关系方面(除非出现家庭暴力)不再扮演积极的角色。(后面的章节里,我们会讲到民事法庭对组建和解散家庭的作用逐渐加强的过程。)许多州不动声色地废除了针对通奸和生活不检点的法律规定。[7]二十一世纪所剩无几的一些残余规定,检察官对其也置之不理。本来是为了"纯洁生活、消除罪恶",到头来貌似"罪恶"占了上风。性关系方面的条条框框——至少字面上如此——变得无影无踪。这就是所谓的"性革命"时代。

确实也发生了一场真正的革命,也是公众观念的一场革命。同居和同性恋都登上了大雅之堂。人们的实际行为是否也发生了革命呢?很难确定,但发生的可能性极大。著名的金赛报告传递出了这样的信息:暗流涌动,现实与理论相去甚远。金赛于1948年发表男性性行为报告,于1953年发表女性性行为报告。金赛的主要观点就是,对许多人而言,发生非法性关系是一件稀松平常之事,包括通奸。金赛报告当然没有引发性革命,但它反映了时代的特征——观念的变化。也许,观念变了,行为也就变了。

但究竟是何种原因导致了性革命呢？诸多因素映入我们的眼帘：避孕药片[8]，民权运动，传统宗教信仰在一些人群中的淡化，女性和年轻人的解放，电影、电视和大众传媒的影响，以及个人主义思潮的兴起。可能这些都发挥了作用。不管原因为何，从观念到行为发生的变化都给家事法带来了深远的影响。

宪法隐私权

美国家事法几乎完全属于各州管辖的范畴。虽有些显著的例外，但联邦政府多数时候置身事外，在形成此领域法律方面的作用不大。然而，家事法深受联邦宪法隐私权发展的影响。

1942年发生的斯金纳诉俄克拉何马案中显露出了此权利的微光。[9]该案争议的焦点是该州一项允许对惯犯和"精神有问题"的人实施绝育手术的法律。俄克拉何马州的法律并非独一无二，1907年印第安纳州率先立法，加利福尼亚州于1909年通过该法。[10]当时的社会背景是优生运动，人们普遍相信犯罪、不道德和精神残疾会一代代地遗传下去。绝育法旨在至少部分地解决这一问题。我们也看到，出于同样的考虑，曾出现过限制或规制结婚权的法律。婚姻是生育后代的前提，而只有健康正常的人才能繁衍后代。

斯金纳案出现前几年的1927年，绝育手术获得了无上荣耀：最高法院在巴克诉贝尔案（*Buck v. Bell*）中予以认可。[11]卡丽·巴克（Carrie Buck），被人们认为"精神有问题"，据说也是一个"精神有问题"母亲的孩子，并且也"非婚生育了一个同样有精神问题的孩子"。根据弗吉尼亚州法律的规定，应对其实施绝育手术。小奥利弗·温德尔·霍姆斯（Oliver Wendell Holmes）法官在其撰写的法律意见书中支持弗吉尼亚州的该项法律，其中有这么一句"生育三代蠢货已够了"。[12]

然而,到斯金纳案的时代,优生运动已近尾声。其理论依据与纳粹的种族优越论如出一辙,而美国与纳粹的战争正打得如火如荼。到1942年,许多科学家都令人信服地指出,优生运动完全基于伪科学。斯金纳,曾因偷鸡和抢劫而被定罪,现在面临扎手术。但他最终扳倒了俄克拉何马州的绝育法。最高法院发表了很多对该法不利的言论,在最终形成裁决的过程中,也出现了这样一种声音:生育孩子是一项基本权利。[13]

对隐私权起主要作用的案件是1965年的格里斯沃尔德诉康涅狄格州案(*Griswold v. Connecticut*)。[14]该州一项法律将销售避孕药品和器具定为犯罪行为。最高法院宣布该法无效。威廉姆斯·O.道格拉斯(William O. Douglas)大法官起草的主要意见宣称在宪法里隐藏着的某处,或至少在权利法案所隐含的"影响"中,找到了隐私权。道格拉斯大法官写道,"夫妻的亲密关系"和婚床都是"神圣的领域"。我们会允许警察根据"捕风捉影地使用了避孕药品的迹象就搜查"这些"神圣领域"吗?"这些想法与围绕婚姻关系存在的隐私权观念格格不入。"[15]

在1972年的艾森斯塔特诉贝尔德案(*Eisenstadt v. Baird*)[16]中,最高法院又向前走了一步。马萨诸塞州允许销售避孕药具,但只能向已婚夫妇出售。然而,布伦南(Brennan)大法官认为,"隐私权"是一项个人权利,与是否结婚无关。夫妻双方拥有完全的自由作出有关是否生育孩子的细致决定,"政府不得横加干预"。这一系列案件的顶峰出现在1973年的罗伊诉韦德案(*Roe v. Wade*)[17],该案判决宣布所有现存的禁止堕胎法律均违反宪法,并认为堕胎权至少在怀孕初期是一项基本权利,受宪法保护。该案判决在当时引发人们的争议,即使现在,仍无定论。后来的几个案例有所倒退,但怀孕初期的某个时候,不受政府干预地选择堕胎,是一项受宪法保护的核心权利。[18]

从鲍尔斯案到劳伦斯案

到二十世纪七十年代,最高法院从宪法中解读出某种模糊的"隐私权",并对一些事关生命和生活中的重大决定给予宪法保护,对生育的决定,以及大多数形式的性活动。从没有人彻底弄清楚最高法院在这些案例中的真实意图,是否可以将这些判决解读为认可通过避孕进行的合理的计划生育。在一些极端案例中,甚至是对堕胎的认可,而不是对性行为本身和性活动数量的认可。[19]但堕胎权和避孕权对家庭生活而言,至关重要。将此类权利囊括在宪法内具有重要的象征意义和实践意义。不去过度强调最高法院的作用也很重要。在格里斯沃尔德案中被否决的康涅狄格州法律格外严格,而且该法也得到恰当执行。避孕药具在全国的大多数地区已可获取,尽管都隐藏在药店的柜台之下,迫使顾客小声向店员询问时才拿出来。也许,必须经历格里斯沃尔德案才能使避孕套能大大方方地摆上货架,尽管这样做不可避免。尽管堕胎是另一个更复杂的问题,但至少在全国多数地区获得了人们的广泛接受。

1986年,佐治亚州一项将双方同意情况下发生的鸡奸行为定为犯罪的法律挑战了隐私权的边界。最高法院在鲍尔斯诉哈德威克案(*Bowers v. Hardwick*)[20]中支持该法。多数意见援引了正当程序条款,仅对基本权利予以保护——用宪法学术语来说,就是"暗含于有序自由的概念中"。将同性性行为定为犯罪的法律有很长的历史,并将此行为钉在社会耻辱柱上。同性之间鸡奸当然不属基本权利。该案以5∶4的微弱多数作出裁决,事实上,持多数意见的大法官之一——刘易斯·鲍威尔(Lewis Powell)在该案判决后数年公开表示,他"可能在这个案件中犯了错"。[21]鲍尔斯案仍对阻止将宪法权扩大至隐私的努力贡献不小。该案中得到最高法院支持的那部法律最终也难逃被废除的命运,只不过是由佐治亚州最高法院废除,而不是某个联邦法院。该州法院认为,州宪法对隐私权的保护应大于联邦宪法。[22]

在联邦层面,鲍尔斯一案判决只延续了不到20年。最高法院在2003年劳伦斯诉得克萨斯州案(*Lawrence v. Texas*)中改弦更张。[23]该案否决了得克萨斯州一部将同性性行为定为犯罪的刑事法律。案件的起源是警察接到报案称一处私人住宅涉嫌扰民。而警察在该住宅内发现两个男性在发生性关系。该州刑法禁止"同性之间发生变态性交"。[24]最高法院认为,该法违反宪法第十四修正案中有关正当程序的规定,并特别推翻了鲍尔斯案判决。劳伦斯案在最高法院案头时,时代已大不一样,经过同性恋权利运动,出现了一系列重大变化。许多州和地方立法都对同性性行为持较包容的接纳态度。最高法院直指鲍尔斯案当时就是错判,现在更是错判。劳伦斯案判决一改鲍尔斯案判决的狭隘分析。当然,两起案件判决结果的截然相反也与最高法院发生的个别人事变动以及公共舆论的大幅度转变有关。

即使在劳伦斯案中,最高法院也还是没有明确将宪法保护扩展至性行为本身,而只是对成年人间双方同意的个人关系进行保护,但"仅限于家中和各自的私生活"。[25]该案判决认可的权利包括"以亲密行为""公开表达"二人关系;个人有权对"不以繁衍后代为目的的亲密私人关系"作出决定,不管是否已婚。[26]

更重要的是,劳伦斯案判决推翻了一个根深蒂固的观点,即各州可使用其警察权,至少在涉及个人亲密关系方面,坚守传统道德规范。最高法院确实也将第十四修正案提供的保护限制在"个人关系"。该案判决"并不涉及未成年人,也不涉及可能因此受到伤害或胁迫的人,或在两人关系中很难表示不同意见的人,以及公开行为或卖淫行为"。²⁷这些情形下的性行为仍归州法院管辖。最高法院还试图阻止未来可能出现的质疑同性婚姻禁令的案件。"该案也不涉及政府是否必须正式认可同性恋人士形成的任何关系。"

劳伦斯案的直接影响就是鸡奸法的终结,当时还有13个州保有此法。但该案判决书对刑法和家事法的其他方面还有更广泛的潜在含义。劳伦斯案后,所有涉及成年人之间合意性行为的法律都岌岌可危。而且该案判决对各州对社会施加特定道德规范的权利提出了疑问。当然,不能对此作字面理解。针对盗窃、作伪证和伪造的法律一定与道德规范一致。但自此以后,宪法对那些涉及基本权利或重要个人权利的法律——那些毫无理由地照搬传统道德规范,特别是性道德规范的法律——都提出了疑问。结果就是,各州对性行为施加规范的权利遭到大大限制。

鸡奸法与其他涉及性行为的法律一道销声匿迹。多数州已一并废除了针对通奸和私通的法律。"法定强奸"取代了"非法性交",前者不分性别,并将犯罪行为限于年长男性或女性对未成年人的性掠夺。联邦《曼恩法案》被修订。但并非所有州都接受这一做法。劳伦斯案判决之时,五分之一的州仍在其刑法中保有禁止成年人发生非婚性行为的条款。²⁸在该案判决的推动下,哥伦比亚特区通过法律废除那些诸如通奸之类的"过时犯罪行为"。²⁹但还是有些州固守旧法。仍会时不时出现质疑每一件可能出现的涉及性问题法律的案件,比如禁止一夫多妻和通奸,或者禁止推广或销售性用品,以及法定强奸规定等。

劳伦斯案带来的挑战所造成的结果五味杂陈。那些限制或将成年人间私下合意性行为定罪的法律寿终正寝。该案判决后,涉及私通和同居的法律显然无效。比如,弗吉尼亚州的私通法在2005年被宣布无效。穆吉特·马丁(Muguet Martin)将其前男友——克里斯托弗·兹赫尔（Kristopher Ziherl）以过失传染生殖器疱疹——一类被认可的侵权行为——为由诉至法院。被告使用了技术性辩护技巧，认为原告因与他人发生非法私通行为所造成的任何伤害，均无权索赔。[30] 马丁以劳伦斯案为由对该州私通法提出质疑，该州最高法院表示赞同。[31] 因而扫清了马丁要求兹赫尔对其传播的可恶疾病承担责任的障碍。下一章我们会看到北卡罗来纳州针对同居的刑事禁令也是根据相同依据得以废除。

我们对其他规范性行为法律的命运不得而知。得克萨斯州还会起诉那位销售性玩具的 3 个孩子的母亲吗？琼尼·韦布（Joanne Webb）在其家庭派对上销售性玩具，就像居家母亲们销售密封盒一样。（"激情派对"是一家大型性玩具公司。该公司的明确目标是提倡女性自主创业，同时"用精心设计的提升男女亲密关系的贴心产品提升公司客户的性关系"。）[32] 韦布于 2004 年在向她认为是夫妻的一对寻求性满足的年轻男女销售性玩具后被捕。那对男女实际上是便衣警察。得克萨斯州反淫秽法将推广"刺激性器官"装置列为犯罪。[33] 显然，销售本身并未遭禁止，违法的行为是向他人建议不同产品及使用方法，这构成非法"推销"性玩具。

有 8 个州将分销性玩具列为犯罪。[34] 但性革命已使许多辅助性工具登堂入室。HBO 的一档热播剧——《欲望都市》（*Sex and the City*）——以 4 位年轻单身女性的个人生活为主题。剧中最拘谨的一个角色——夏洛特（Charlotte）——迷上了一款女用性玩具，而且痴迷程度已到了她的朋友们"必须进行干预的地步，因为夏洛特不断取消与朋友们的聚会，与她的'新朋友'待在家里"。[35] 该剧播出后，"整个北美性用品商店的该款商品被人们抢购一空"。[36]

联邦法院对于劳伦斯案是否赋予销售或使用性玩具宪法保护存在分歧。韦布虽未遭指控，但得克萨斯州的法律还在不断被用于控告他人。该法直至 2008 年才被美国第五巡回上诉法院在可靠顾问公司诉厄尔案(*Reliable Consultants, Inc. v. Earle*)中宣布无效。[37]该法的意思是:"一个希望在单独或与他人一起时合法使用安全性用品的个人却无法在得克萨斯州合法购买该性用品,这严重侵犯了宪法权利。"阿拉巴马州也有类似法律,但只有实际销售的行为才属犯罪。美国第十一巡回上诉法院在 2007 年的威廉斯诉摩根案(*Williams v. Morgan*)中支持了阿拉巴马州的该项法律。法庭认为,尽管劳伦斯案已有判例,但各州仍对"公共道德"保有"合法利益"。[38]

阿拉巴马州最高法院在另一起质疑该法的案件中也对该法表示了支持。一家销售性用品及性用品使用书籍的公司向法院提出对该法的质疑。[39]法庭引用了劳伦斯案,但指出对该案可以有广义和狭义的解读。法庭倾向于作狭义解读,即劳伦斯案仅针对"将个人性活动定罪"的法律,而阿拉巴马州的法律禁止的是"公开的商业活动"(销售性玩具)。法庭认为该法通过了是否违宪的审查。

劳伦斯案的结论事实上含混不清,而且也不清楚法院会在多大程度上接受。堪萨斯州的马修·利蒙(Matthew Limon)是一个 18 岁的残疾人,他与一个 14 岁的男同学口交。两人你情我愿。但事后,马修被判入狱 17 年。如果马修的同伴是个女孩,会依据不是那么罪恶深重的"罗密欧与朱丽叶"法律[40]起诉,该法仅适用于异性之间的强奸,而且依据该法马修可能获判的最高刑期为 15 个月。马修在起初的上诉中都遭败诉,但劳伦斯案判决后,美国最高法院推翻了对他的有罪判决,并将案件发回堪萨斯重审。[41]堪萨斯州最高法院作出了对马修有利的判决。劳伦斯案判决并未准许各州法律在强奸案中对同性性行为处以较异性性行为更重的刑罚。[42]

另一方面,比如犹他州支持其禁止一夫多妻的法律。[43]该州最高法院认为,尽管该州法律不仅将重复的民事婚姻入罪,还将已婚人士与他人结成的宗教婚姻或与他人同居入罪,劳伦斯案判决仍不适用于该州。[44]法庭拒绝将同时与多人保持夫妻关系视为隐私权。首席大法官克里斯汀·德拉姆(Christine Durham)就此点提出强烈异议,认为各州通过给予重婚如此宽泛的解释扩大了宪法权力。劳伦斯案的意义在于,各州不得"仅仅因为多数居民青睐某种不同形式的个人关系,就将此种行为入罪"。[45]一家联邦上诉法院同样支持了威斯康星州的一部禁止兄弟姐妹乱伦的法律。法庭认为,劳伦斯案"并未宣布成年人拥有只要经双方同意就可以发生任何形式性行为的权利"。[46]

通奸在13个州仍属犯罪,而且这些州的法律仍未因劳伦斯案而被宣布无效。但这些"古董"法律很少被执行。2003年弗吉尼亚州一名男子被控通奸引起了人们的关注。丑闻发生后,被告与其妻子和解。但被告情人却向其提起报复性刑事指控,要求判赔250美元。该男子起初对指控表示认罪,并辞去从事了32年的镇检察官一职。[47]随后,他撤回认罪书,并对州法提出质疑。但控方最后撤回指控,导致该法未受质疑。[48]

通奸在很多州都仅仅会给当事人带来个人影响,比如纽约州州长——戴维·佩特森(David Paterson)在就职首日的记者招待会上承认,他和妻子都曾与他人通奸。戴维接替前任——艾略特·斯皮策(Eliot Spitzer)出任州长。斯皮策在传召高级妓女服务的丑闻被曝光后,黯然辞职。[49]尽管通奸至少在技术上仍属纽约州的一项罪行,但戴维承认通奸行为后,没有出现任何法律或政治后果。[50]另一起最近的丑闻涉及南卡罗来纳州州长——马克·桑福德(Mark Sanford)。马克有几天踪影全无,无法联系,也无人代其履职。有妇之夫的他其实是飞去南美与其情人秘密约会。许多人将此纯粹当作个人私事。[51]也有人试图对其弹劾,但主要针对的是使用公款及玩忽职守,而非道德瑕疵。最后,他任州长一职的时间远超其婚姻。[52]

第五章 性自由的崛起

120　　斯皮策、戴维和马克的丑事说明婚外情仍属丑闻,仍可危及甚至终结一个人的政治生涯。但维多利亚时代会使人震惊的事情,放在今天通常仅算"小菜一碟"。性革命可能不会彻底掀翻旧制度,但正如我们所见,它将曾几何时主宰美国法律秩序的传统掀了个底朝天。

第六章
同　居

　　二十世纪没有什么潮流比得上迅速激增的同居给家庭生活带来的影响。同居既是婚姻的前奏,也可以直接当作婚姻的替代品。这一潮流是性革命、新型性自由的直接产物,我们在前一章有所提及。法院和立法机关不得不解决这一全新的社会问题。我们将在本章涉及同居如何在使同居双方对对方提出主张的能力或要求获得某种类似家庭地位的能力不断增长的同时,失去其负罪感和羞耻性。简而言之,这一潮流经历了从法律和社会否认到获得点滴民事保护的过程。法律上说,同居已成为被认可的生活内容,并对婚姻和亲子关系造成了影响。

同居之"罪"

　　有史以来,法律对同居要么漠然处之,要么横眉怒对。一些州,特别是南方的一些州,曾将其视为一项刑事罪行。1805年,北卡罗来纳州通过的一部法律规定,"未婚男女如有淫邪行为、同床共枕,应被处以二级轻罪"。[1]许多州都有类似法律,将未婚生活在一起的男女判处刑罚。法律上"淫邪行为、同床共枕",就是俗话里的"罪恶生活"。C.H.汉密尔顿(C.H. Hamilton)就曾在1912年因"与玛丽·多尔(Mary Dore)同居通奸"而遭定罪,并在县监狱服刑一年。汉密尔顿是有妇之夫,而玛丽仍未婚,二人的同居显然触犯了加利福尼亚州当时的法律。[2]亨利·托马斯(Henry Thomas)和玛丽·隆(Mary Long)1897年因淫邪同居被定罪,并获刑18个月。当地警长破门而入,点亮火柴,发现二人同处只有一张床的一屋,二人因此获罪。但定罪决定随后被佛罗里达州最高法院推翻。[3]证据是"二人淫邪同居行为隐秘",而非"如已婚夫妻一样公然共处或同居"。该州法律强调的不是非法性关系,而是"未婚男女共同生活的丑行和耻辱"。同居之所以入罪,是为了"防止此种邪恶丑陋之举对公共道德的破坏"。[4]

二十世纪晚期的美国与上述佛罗里达州案例发生的时代相比恍如隔世。1962年的《示范刑法典》(Model Penal Code)并未将未婚性行为入罪。当时人们对适用刑法推行古老的道德典范极为诟病。[5]尽管几乎所有州当时都将同居入罪,但到二十世纪七八十年代又纷纷废除,或仅适用于公共场合的性行为,而非私下行为。比如马萨诸塞州于1987年修订法律,将"有淫邪行为、同床共枕的未婚男女"处以刑罚的内容删除,但保留了"男女之间,不管婚否,在公开场合发生淫邪,猥琐行为有罪"的条款。[6]公共场所发生性行为、自慰、露阴仍遭禁止,但几乎所有州都许可未婚同居。

即使在仍将同居入罪的佛罗里达州和密歇根州,该法也很少被执行。[7]1978年对威斯康星州同居指控的一项实证研究表明,许多县压根就未对同居起诉,原因是检察官将不起诉作为明确的处理方针。[8]其他一些县的检察官仅在涉及诸如涉嫌福利欺诈的情况下,才会援引该法。不执行悄然成为了各地的统一做法。1981年马萨诸塞州一上诉法院发出司法公告,认为未婚男女私通、通奸和同居"不再是,或实质上不再是起诉事项……尽管此类情况层出不穷,但基本不存在执法机关对其起诉的情况……此类法律完全被束之高阁"。[9]

今天的有情男女再也不会面对警长半夜敲门,要求他们出示结婚证明了。但曾几何时,禁止同居的法律规定给人们带来了巨大灾难。非法同居的"事实"曾被用于针对处于监护权纠纷的人们。杰奎琳·加拉特(Jacqueline Jarrett)在1977年因遭受残酷虐待而获准离婚,并获得3个子女的监护权。但7个月后,前夫沃尔特(Walter)请求法院将他作为主要监护人,因为杰奎琳开始与一个男人"鬼混"。[10]沃尔特虽然承认杰奎琳对孩子照料有加,但声称她的行为会危及孩子的道德养成。伊利诺伊州最高法院支持了他的请求,毕竟"公开、恶劣"的同居当时仍属该州禁止的行为。杰奎琳为其生活方式进行了辩护。她认为,孩子们理解她为何选择不与其新男友结婚,而且孩子们也未因其行为受到任何伤害。她还反驳道,这部法律禁止的是人们的日常之举,而且该法从未实际执行。但法院并未接受她的辩解。法院认为,该州刑事法典反映了该州推崇的"道德标准",可以执行。由于她仍会继续违反法律的行为,而且该行为为其子女树立了不检点的道德标准,因此初审法院将孩子交给"一个同样关心爱护子女,且行为并未违反州议会确立的标准的父亲",是正确的决定。[11]如果杰奎琳对其离婚后的个人生活谨慎有加,她可能就够不上该州"公开、恶劣"同居的法律规定。但她选择"与其子女、前夫和邻居讨论其离婚后个人生活及其合理性",使其成为监护权诉讼中应公平考虑的因素。

苏珊·伯恩斯(Susan Burns)与达利安(Darian)离婚后,订立了一份协议,规定苏珊作为无监护权一方,在行使探视权与其3个子女在一起时,不得"未婚留宿任何异性或非直系血亲"。当苏珊与另一个女性朋友发展为同居关系时,其前夫要求剥夺她的探视权。她虽然与同性性伴发生关系,但二人的协议规定,即便与异性交往,也不得同居。类似此类的限制,不管出于同意还是令状,在监护权裁决中都极为普遍,即使同居关系完全合法。[12](法院通常不愿对有监护权一方的生活方式施加限制,但通常无监护权一方在探视期间遭受了更大的干涉。)

同样,扶养费协议或令状可能也会规定,前妻再婚或与人同居后,可停止对其支付扶养费。传统上,未婚同居不会影响扶养义务,因为法律并未认可同居双方的关系。但今天,至少在有限的程度上,法院在修订扶养费支付条件时,极有可能将其纳入考量。离婚双方当然可以就后续与他人的同居对扶养费义务的影响达成协议,法院也会考虑此点。最近的趋势是,只有在前配偶从其未婚伴侣处获取经济资助时,才可限制支付扶养费。[13]该伴侣越把自己当成她的新丈夫,前夫的"影子"就愈发会渐行渐远。

对同居的刑事禁令(与其他规定非婚性行为法律一样)也会对求职就业产生影响。比如,北卡罗来纳州1805年的同居法在2004年被援引,用于针对警署调度员德博拉·霍布斯(Debora Hobbs)。与当时该州的14.4万对夫妻一样,霍布斯与其男友同居3年。她上司坚持认为,要么结婚,要么辞职,不能白天当执法者,晚上违法。早先的一起轰动案例,1997年的沙哈尔诉鲍尔斯案(*Shahar v. Bowers*)也涉及同样的问题。佐治亚州总检察长在得知沙哈尔与其同性女伴举行"婚礼"后,撤销了对她的雇用决定。虽然二人的同性婚礼在法律上无效,当时没有哪个州许可同性婚姻,但政府认为将她雇用为执法人员似乎不妥,因为她公然违反了该州禁止同性性行为的刑事禁令。联邦上诉法院维持了佐治亚州撤销雇用的决定。法院在审理该案时认为,州政府避免造成公众认识混乱和执行其同性性行为禁令的利益诉求超过沙哈尔与另一同性人士类似婚姻生活的结合诉求。[14]她"与同性伴侣'举行婚礼''结婚'的行为削弱了公众对总检察长执行该州同性性行为禁令法律(或执行将婚姻仅限于传统婚姻法律)的信心"。[15]

然而,当霍布斯案出现时,情况已大不同。鲍尔斯诉哈德威克案已被劳伦斯案推翻。[16]美国公民自由联盟已成功地在霍布斯案中用劳伦斯案向北卡罗来纳州同居法提出了挑战。高等法院法官站在了霍布斯一边,作出裁决,宣布同居法违宪并永久禁止执行。[17]州政府压根儿就没上诉,对同居的刑事禁令自此寿终正寝。

未婚同居的大量出现

同居的普遍化始自二十世纪七十年代。[18]1970年,同居伴侣为52.3万对,到2000年,已上升10倍,达到550万对[19],占9%的家庭数量,其中九分之一为同性伴侣。[20]同居俨然"已从罕见的怪异行为摇身一变为婚龄大军的主要选择"。[21]同居人士在全国分布并不均衡,主要集中在大都市地区,乡村及笃信宗教地区仍属罕见。[22]其中八分之一生活在加利福尼亚州。社会经济地位较低的人士更易选择同居,而且他们似乎都有这样的共性——"更开放,没什么宗教信仰,支持男女平等和非传统婚姻"。[23]

对大多数同居者而言,同居都是婚姻的前奏。然而,1965年至1974年间结婚的人士中,先同居的仅占10%,到二十世纪九十年代,这一比例升至50%。[24]如今,再婚前同居比例更高。75%的同居者认为最终会计划结婚,60%真正步入了婚姻殿堂。但此种"试婚"弊大于利。与人们直觉相反的是,研究表明,婚前同居的夫妻婚姻质量不高,离婚率却很高。[25]以同居开始的婚姻在前10年离婚的可能性是其他初婚者的两倍。[26]这一结果可以由二人的选择而非因果关系解释,同居者的性格、较低的社会经济地位都和婚姻失败有关联。[27]

本书第二章讨论的结婚率下降被同居率的上升抵消,导致共同生活的家庭数量变化不大。这一数据及同居者的平均年龄——较结婚夫妻小12岁——表明,同居已愈来愈成为生活必经的阶段。1995年30岁左右的女性中,半数都曾在某个时期有过同居经历。[28]尽管同居成为家常便饭,但这一经历都不会持续过长。几乎所有的同居伴侣5年内要么结婚,要么分手。[29]平均维持的时间仅为一年出头。[30]未婚同居家庭中四成有孩子,几乎与结婚家庭持平。[31]"单身"母亲生育的子女很多都生活在未婚同居家庭中。

人们为何同居？显然，婚外性行为的禁忌早已不在，同样消失的还有同居带来的羞耻感。[32]到二十世纪七十年代，年轻人已表现出对同居的接受——一项研究发现，半数以上的高中高年级学生认为未婚男女同居"是他们自己的事情，与他人无关"。[33]接下来的10年出现的接受度越来越大就毫不稀奇了。对同居持否定态度的比例稳步下降，而认为同居不仅可取，还是"好主意"的比例在1976年至1997年间翻番。[34]2010年，皮尤调查中心的一项调查发现，四成美国人认同"婚姻已过时"的观念，只有不到半数的人认为未婚同居"不是好事"。[35]

对生育后代的掌控力提升也是此种关系普遍化的助力因素。同居也与长期以来反对固守传统宗教教条、信奉个人主义的大势一致。[36]女性经济地位的提升和僵化性别角色的消减也起了不小的作用。[37]然而，对许多人而言，同居只是使他们推迟承担婚姻义务而已，他们只是觉得经济上或其他方面还没准备好。

同居权？是耶？非耶？

在美国，同居无处不在，以至于似乎人们拥有了某种称为"同居权"的东西。许多州现在都禁止"基于婚姻身份"的歧视，此举被一些人解读为对同居者的保护。[38]另一些州的同居者战胜了针对他们的歧视。但1978年霍伦波夫诉卡内基自由图书馆案（*Hollenbaugh v. Carnegie Free Library*）中，一家联邦上诉法院却支持了被告解雇其两名同居雇员的决定，理由是二人的关系冒犯了图书馆的读者。[39]当然，该案发生在三十多年前，放在今天，可能会有不一样的判决。

同居者在处理左邻右舍关系时，时常需要证明二人实际上是"一家子"。密苏里州一家法院支持了一个单亲家庭申请未婚同居的二人

(女方有两个子女,男方有一个孩子)搬离的请求。法律对单亲家庭的定义为"由血亲,婚姻或收养关系联结在一起的多人以单个家庭组织生活在一起的家庭"。琼·霍恩(Joan Horn)和特伦斯·琼斯(Terrence Jones)明显符合法律规定的"单个家庭"组织,但二人尚无法律关系。[40] 法庭认为二人生活与常规家庭类似,但也提到"男女共同生活、共享幸福、共担责任并不构成理念意义上的家庭"。

霍恩和琼斯对该法令的合宪性提出质疑,但未获支持。最高法院先前的裁定对生活安排的选择划出了保护范围,但仅限于常规家庭。1977年摩尔诉东克利夫兰市案(*Moore v. City of East Cleveland*)中,法庭认为,宪法规定的隐私权范围足以涵盖与任何亲属共同生活的权利,不管是否是传统核心家庭成员。[41]该案中,祖母与两个互为表亲的孙辈生活在一起。东克利夫兰市政府依据其单亲家庭规定禁止此种亲属共同生活。然而,法庭认为,市政府无权过问居民与哪种亲属共同生活。此种规定由于"撕裂家庭"而无效。但3年前的1974年,在贝尔特尔村诉博拉斯案(*Village of Belle Terre v. Boraas*)[42]中,法庭支持了政府阻止6名大学生在长岛一处住所共同生活的决定。法庭认为,在选择与非亲属共同生活方面,不存在宪法权利。博拉斯案作为先例给霍恩和琼斯的主张造成致命一击,由于二人与博拉斯案中6位毫无相干的大学生一样,在法律上无任何亲属关系。尽管他们像传统家庭一样共同生活,但他们之间缺乏法律认可的纽带,因此他们的家乡可将他们排除在常规家庭聚居区之外。

同居的民事规范:一言不合法庭见

一些同居者同样诉诸法律解决他们之间的纠纷。未婚同居者越像已婚夫妻一样生活——有钱共用,一人主外,一人主内,共同养育子女——当劳燕分飞时,他们越需要或寻求类似婚姻伴侣的权利。

两人结为夫妻后,通常一方都会在经济上对另一方形成依赖。正如本书第九章和第十一章所述,家事法(也包括继承法)在离婚或一方过世导致婚姻关系终结时,给予无经济能力一方配偶以资产或夫妻共同财产,防止其陷入贫困。此种做法至少部分补偿了多数婚姻中存在的一方对另一方的经济依靠。但这些权利仅限于婚姻双方享有。

那未婚伴侣享有什么权利呢?如果两人共同生活时,恩爱有加,与合法夫妻并无二致,这对他们享有权利有用吗?他们能在同居前或同居期间就同居关系终结时的二人关系订立协议吗?过去的美国对此类问题的回答很简单,即未婚同居者不享有任何合法地位。如果二人关系与婚姻关系完全一样,州法可能适用普通法婚姻或假定婚姻原则赋予其效力,本书第三章已述及该生效程序。多数同居者都不够资格获得此种保护,因为他们没有结婚意图,甚至他们之所以同居就是为了逃避婚姻,而不是为了主张婚姻给予他们的权利。如果同居女友全心全意料理家务,而她的同居男友外出工作挣钱,二人分手时,她可能会一无所获。如果男友过世,她也没有继承权或获得扶养费的权利。这一原则完全依据二人的法律身份,而不顾个人需要或两人关系的性质。而且如果二人在其中一方去世前分开,也就是常见的恋人分手,法律只会将他们视为曾经的室友。两人当然会对所拥有的财物进行分割,但任何一方都无权要求分享对方的财产。

但假设两人从一开始就互许诺言,分手时共享财产,或女方承诺为男方洗衣做饭,男方承诺将收入的部分交与女方或反过来,会如何呢?过去,没有哪个法院执行过此类协议。不管双方如何描述,此类协议有违公共政策——由于其基于"非法性关系"的约因,即性。一个主动扮演传统妻子的女人无法通过协议保护自己。

新时代:可执行的同居协议

同居的大量出现促使法院和立法机关重新审视现有法律对同居者的传统敌意或无恶意的忽视。今天,未婚伴侣的权利仍在变化中。但近几十年来,发展不小。身份和契约是他们权利义务的两个可能来源。对已婚夫妻而言,两者都起了作用。一方面,各州都对婚姻的基本权利义务进行了规定。比如,双方在婚姻关系存续期间都应相互扶持。离婚时,多数州的法院都有权判令一方将部分财产转至另一方名下或支付扶养费。但契约也可以起作用。结婚前,双方可订立婚前协议,规定离婚时或一方过世时的财产处理方式。离婚前,夫妻还可订立别居协议以解决二人的经济纠纷或其他问题。此类协议都可执行。

然而,在一些地方,未婚男女不能依据各自身份或协议获得类似权利。维多利亚(Victoria)和罗伯特(Robert Hewitt)在一起生活了15年。她将两人关系描述为"未婚,与寻常家庭没有两样的关系,还生育了3个子女"。[43]罗伯特靠维多利亚的支持成为一名成功的牙科医生,为支持罗伯特,维多利亚还向其父母借钱供他完成学业、独立行医。她还作为"妻子"和孩子的母亲料理家务,为他的成功和幸福付出不少。维多利亚的要求很传统,她在二人长期共同生活期间"由双方积累的财富中"应占有一定份额。如果二人正式结婚,维多利亚理所当然地有权获得部分财产,可能还不止一半。起初,她到法院要求离婚,但当她承认二人并未举行任何婚礼时,她的要求被驳回。随后,她修正了诉求,援引契约和衡平的理论,即罗伯特同意与她分享他的收入,以此换取她的付出。即使没有此类协议,让他独占所有收入也不公平。维多利亚诉求的核心就是她为"罗伯特奉献了全部",没有她,罗伯特不可能有今天。

伊利诺伊州最高法院于 1979 年作出裁决,完全驳回了她的主张。法院并不将此案看作简单的合同法问题或公平问题。相反,核心问题是,是否给予维多利亚所主张的针对罗伯特的权利涉及是否鼓励同居,进而"削弱婚姻作为家庭根基之社会基础"。[44]尽管法庭并未认为维多利亚的主张"全无依据",只是认为有违公共政策,因此应宣布无效。[45]

维多利亚案发生 3 年前,加利福尼亚州最高法院通过首次承认"分手费"主张,在一个引起人们广泛关注的案件判决中,撼动了这一领域。该案当事一方为好莱坞影星李·马文(Lee Marvin)。该案也极具法律价值。歌星米歇尔·特里奥拉(Michelle Triola)与马文共同生活了 7 年,并声称,二人达成口头协议,只要在一起生活,"他们就会共同努力,不分你我,平分两人的所有财产"。[46]特里奥拉认为,她为了全身心支持马文,放弃了一份极有"钱途"的歌手职业,甘愿"在家料理家务"。作为回报,马文答应终生照顾她。两人在一起时的所有收入都在马文的名下。法庭上,特里奥拉要求分得全部 360 万美元财产的一半以及扶养费。(因此,大家将该案俗称为"分手费"案。)

类似这样的协议可以执行吗?法院裁决书的前两句反映了其直面新型社会秩序的决心:"过去十五年来,未婚同居的现象大量出现。此种婚外关系在一方去世或两人分手时导致了法律纠纷的产生。"[47]法院为此制定了新的规则。两人当然可以在保持关系期间对所获财产签订协议。"社会准则"已发生"剧变"。"基于所谓道德考量的标准,且显然已遭多数人弃之不用",当然已不合时宜。明示合同当然可以执行,只要不是"明确建立在以提供性服务为对价的基础之上"。[48]事实上,法院认为:"一男一女未婚同居,发生性关系的事实本身并不会使二人就收入、财产或开销所订立的协议无效。"默示合同也应有效,只要双方"清楚地理解"二人的关系构成某种形式的共担风险或合伙。

而且即使缺乏此类协议存在的证据,法庭也可以衡平救济为由,避免一方牺牲另一方利益,而不当得利。

尽管马文案使很多男性不寒而栗,担心对女人任何形式的承诺回过头来都可能使他们付出沉重代价。但对特里奥拉而言,她获得的只是形式上的胜利。重审阶段经过3个月的审判,法庭认为她未提供充分证据证明二人之间存在所谓"分手费"的协议,也无证据证明她因此关系遭受任何伤害。[49]结果,特里奥拉只获赔180万美元的一小部分——10.4万美元作为"恢复"其工作技能的开支,即使这笔钱也遭上诉法院否决。上诉法院认为,考虑到她在二人关系中所获得的经济和社会利益,给予她这笔钱有违"衡平"规则。法院还认为,马文并未因特里奥拉的服务而不当得利。[50]她可能确实为马文的成功有所付出,但她本人也是马文事业成功的受益者,她只不过扮演了一位电影明星妻子的角色而已。[特里奥拉后来又开始了一段未婚恋情,与迪克·冯·戴克(Dick Van Dyke)生活了30年,直至2009年去世。][51]

马文案后的几十年间,多数州的法院都认可同居双方之间就财产所订立的协议。[52]即使在那些仍将同居入罪的州也是如此。比如,威斯康星州最高法院在1980年的一个案件中宣布一份同居协议有效,尽管同居关系在该州仍属违法。[53]玛丽·布鲁克斯(Mary Lou Brooks)搬到维吉尔(Virgil)的农场照顾他,并承担了各种各样的家务劳作,从洗衣做饭到寻找走失的家畜,当然两人也有性生活。两人都属于各自有家室的人。(事实上,维吉尔的妻子也住在农场直至玛丽搬来5年后去世。)当维吉尔去世后,玛丽起诉要求获得维吉尔的遗产,法院支持了她的主张。[54]

一些州只允许就明示协议进行补偿。另一些州立法规定,同居协议可以执行,但要求具有某种程度的形式要件,比如书面协议。[55]还有一些州要求默示协议需提供证据。这些州的法院从财产分享的角度看待同居二人的关系及诉求。谢伦·沃伦德(Sharon Wallender)与其前夫在俄勒冈州同居。当她主张分得同居期间所获财产时,法院对是否有"事实存在"的协议进行了调查,目的是看法院是否能推论"双方默示一致同意均分资产"。[56]最终,法院认定双方确对一处不动产存在默示均分协议,但不包括其他资产。

  基于一方料理家务而另一方坦然接受的事实推断均分财产的意图事实上并不靠谱。[57]理论上,只要一方料理家务时比有偿劳动还卖力,即可认为双方对均分资产心照不宣。但可以说,每一对这样的男女都明白,当他们分手时,法院会迫使他们均分资产吗?他们的意愿如此坚决吗?另一个做法是回避对双方"真实"意愿的探究,仅直接关注发生的事实:一方是否为另一方提供了有价值的服务,因而应该得到补偿?法律上说,此种做法认可"法定默示"合同或"按劳计酬"赔偿,这一法律术语的意思是,本不存在任何协议,但一方应对获得的服务支付报酬,或一方在两人关系中所获利益大于另一方。

  1998 年发生的马格利卡案(*Maglica v. Maglica*)[58]中,被告——安东尼·马格利卡(Anthony Maglica)可被视为美国梦或美国神话的具体体现,取决于你怎么看。他出生在纽约,却在克罗地亚长大成人。第二次世界大战时,家境贫穷,据说他母亲为了换取食物,拔下了一颗金牙。马格利卡在 1950 年回到美国,在洛杉矶开始制造机器配件,后来开发了一款名为"Maglite"的强光手电筒。该产品极为成功,成为警察的标配。此时,马格利卡已相当富有。婚姻破裂后,他与一位名为克莱尔(Claire)的女人同居过一段时间。两人分手后,克莱尔向法庭起诉,索要 2 亿美元"分手费"。陪审团最终裁定金额为 8400 万美元。不出所料,安东尼提出了上诉。

  上诉法院推翻了初审裁决,认为陪审团获得了错误的指示。与米歇尔·特里奥拉不同,克莱尔并未将其主张建立在某种合同或协议上。法庭因而决定采用"按劳计酬"的方式确定赔偿,即根据一方实际提供的服务确定赔偿,不管另一方是否事先同意付出酬劳。在上诉法院看来,克莱尔所提供的服务完全不值8400万美元。"如果有人为他人的商业事业工作一段时间,离职时获得8400万美元,那一定是因为此人拥有该商业事业的'股权',即使是工作狂的职业经理人,其离职费也不可能有8400万美元之巨。"初审法院实际上允许陪审团"将原告的服务当成某种可人的股权激励计划"衡量其价值。根据上诉法院的意见,由于初审法院错误地领会了法律,此案应发回重审。最终,两人以2900万美元庭外和解,这仍是一大笔钱。

为数不多的州仍拒绝承认同居者间存在任何形式的契约权利。[59]即使那些承认此种权利的州通常都将补偿限定在"解决共享财产纠纷和补偿一方对另一方事业或财产权益作出的巨大贡献"的范围内。安·艾斯汀(Ann Estin)认为,马文案最终"更多只是文化符号,而非法律分水岭"。[60]根据此案确立的规则,"多数同居者的共同生活都不可能在彼此之间形成权利义务"。法院仍未彻底抛弃这一观念,即公共政策对婚姻的强大支持。多数法院对此仅表示口头支持。认可同居协议可能仅仅意味着,支持法定婚姻的政策"由于允许非法性关系的一方卷走两人的财产,而显得执行不力"。[61]

一些法院仍对所谓"非法性关系"表示怀疑。"非法性关系"一词的含义本身就是"与娼妓类似或有关"或"艳俗的吸引力"。法院力图在"分手费"协议和"嫖娼合同"之间作出区分。当然,马文绝不可能同意将其一半的收入付给一个厨师、女佣或管家,也不会让一个佣人像米歇尔那样常常自称"马文夫人"。如果马文和米歇尔之间真的存在均分财产的协议,那一定是因为两人情投意合,而非她很会熨烫衣服。米歇尔与其他为马文服务的女人之间的区别就是她是马文的情人,就这么简单。

135   今天人们的态度变得现实多了。2002年新泽西州最高法院在一起案件中[62]判定执行一位男士对其同居女友作出的终生扶养承诺。该男子去世后,其遗产继承人认为,其与同居女友之间的协议完全基于两人之间的性关系,因为她从未料理过该男子的家务。但法院认为这一理由"误读了分手费诉讼的根本点"。"比起两人同床共枕的关系,类似婚姻的两性关系不再专门取决于一方为另一方提供家务服务。此类关系是两人共同生活、不可分割、各尽所能、相濡以沫的生活方式,不管在经济上、身体上还是社会关系上。"因此,一位拥有此种关系的女性,且"以其特有方式"作出贡献,都可获得其男友的扶养费。

马文案确立的权利可能还会有变。2008年新泽西州的一起案件中,该州最高法院认为同居事实并不一定是"分手费"主张的必要条件,通奸也不是绝对的障碍。[63]海伦(Helen Devaney)是弗朗西斯(Francis L'Esperance)眼科的前台接待人员。尽管弗朗西斯是有妇之夫,而且海伦的年龄只及他的一半,二人维持了长达20年的地下关系。弗朗西斯在海伦身上花了不少钱,而海伦仅偶尔在弗朗西斯的办公室帮忙,即使在离职之后也是如此。弗朗西斯反复承诺会离婚,还试图劝海伦回到新泽西州。二人在关系破裂之前曾尝试生育一个孩子,但当得知海伦不孕,而且弗朗西斯不愿进行人工授精后放弃。法院采用了一种"根据二人关系现实求得实质公平的更具灵活性的方法"。只要两人形成类似婚姻一样的关系,以"分手费"为诉由的主张即使在没有同居的情况下也可能会得到支持,即使一方已有家室也是如此。[64]但审理此案的法院步伐迈得更大。立法机关几乎立即就开始考虑要求"分

136 手费"协议必须以书面形式签署,这一要求几乎从未被满足。2010年该州州长在任期结束的前夜批准了该议案。[65]

同居:从契约到身份

不管作出多么宽泛的解释,马文式权利很难给予多数同居伴侣以保护。该案仅意味着同居关系中的双方不会因为二人的亲密个人关系而失去缔结有约束力契约的权利。拥有权利和行使该权利是两码事,而证明该权利得以行使更是另一回事。同居双方很少会对二人的关系,以及关系终结时的相关安排提出明确的条件,通常很难找到可靠的证据证明二人的真实意图。随着同居愈发成为广为人接受的婚姻替代品,这一情形可能会发生变化,但正式的书面协议仍不常见。[66]然而,即使没有协议,同居双方通常也会像夫妻一样安排他们的生活,一个外出挣钱,一个在家料理家务。没有正式婚姻关系,在家的一方在经济上很容易处于劣势。基于身份的权利可能比契约权利更管用。事实上,审理马文案的法院起初被要求承认二人的关系为夫妻,并适用离婚的财产分割规则。但法院明确表示,此类规则不适用于未婚伴侣。只有契约协议或衡平救济才能用于保护处于米歇尔境地的女性。

与马文案确立的权利不同,基于身份的权利因关系的存在而存在,并非完全不考虑二人关系。身份理论意味着以夫妻关系共同生活的未婚伴侣,不管是否存在协议,都自动获得类似婚姻的保护。未婚伴侣拥有基于身份的权利仍属遥远的目标,但在过去一二十年里有了极大的进步。

比如,华盛顿州最高法院从1984年开始给予同居一定的法律地位。[67]在1995年康奈尔诉弗朗西斯科案(Connell v. Francisco)中,香农·康奈尔(Shannon Connell)对其前任男友——理查德·弗朗西斯科(Richard Francisco)提出要求。[68]香农为了前往拉斯维加斯与理查德生活,辞去了在多伦多的一份舞蹈演员的工作。理查德在拉斯维加斯从事酒店舞台演出制作工作。香农在拉斯维加斯干起了本行,但也时不时充当理查德的帮手。几年后,理查德在华盛顿州购买了一家小旅馆,香农和他一起搬到了华盛顿州。两年来,香农打扫旅馆房间,为客人准备早餐,洗涤床上用品,未得到任何报酬。7年后,二人分手。香农存下了2万美元,获得了一间公寓的收租权益,但理查德的净资产增至了140万美元。香农要求均分两人关系存续期间获得的财产,就像夫妻离婚时法律规定二人应享有的权利一样。

华盛顿州法院给予二人关系以某种法律地位,完全颠覆了此前对此种关系的定位。法庭将此种关系定义为"同居双方明知二人并非法定婚姻关系,但仍保持稳定的类似婚姻的一种关系"。法院还列举了证明或反驳此种关系的要素:同居、关系期限,以及共享资源,互相扶持。如果法院认定此种关系成立,则可以完全按照类推适用离婚时财产分割的法定规则。但审理康奈尔案的法院却止于给予未婚伴侣不一样的权利。离婚一方可以要求对财产进行公平分配,不管是单独财产还是共同财产。[69]而法院认为,此种关系的当事方仅能要求分享关系存续期间所获得的财产。同居者还不得获得配偶扶养的裁决。(华盛顿州最高法院在后来的几起案件中确认了"不雅关系原则",但将其重新命名为"华盛顿州亲密关系法"。)[70]对香农而言,即使准婚姻地位也至关重要,由于理查德财产的大部分都是在两人一起打拼的7年间积攒的,因而当然应算作共同财产。内华达州也以类推方式将共同财产法适用于同居双方。[71]

人们如何判断哪种关系"足够投入"呢?男女之间的关系从"一夜情"到"居家伴侣"无奇不有。一些案件中,双方的权利取决于对各种事实的微妙权衡。法官们的标准都遵循某种类似的套路,他们似乎都愿意倾听普通法婚姻的那些老案例。比如,2006年华盛顿州的一个案件中,双方共同生活了16年[72],二人虽然举行了某种宗教仪式上的婚礼,但明显不是该州法律认可的那种。而且二人的行为举止都与已婚夫妻并无二致。二人"共同打理生意、养育子女,而且还将二人的名字列入汽车保险保单"。依据上述事实,法院得出结论,二人的关系"足够投入",在享有财产权利上产生了重要影响。

2002年,美国法律研究院(American Law Institute)出版了《家庭解体法律原则》(Principles of the Law of Family Dissolution),包括家庭破裂时处理财产权利的全套原则及规则,并力促各州将其纳入法律。[73]涉及未婚伴侣时,不管是同性还是异性,该原则都采纳并扩展了华盛顿州和俄勒冈州的做法,针对关系破裂后的财产权利,对已婚夫妇和未婚双方一视同仁。两个"并未结婚,但长期共同居住、共同生活"的人有权进行财产分割,获得扶养,除非主动放弃该权利。这一原则实质上颠覆了马文案确立的规则,同居双方的关系被视为如已婚夫妻一样,除非他们选择不要此种身份。

很少有研究告诉人们,同居者在关系破裂时对财产分割的所思所想。美国法律研究院可能给予了许多人不会为自己选择的义务,试图公平分配二人关系的经济损失所付出的代价。同居双方似乎至少某种程度上想模仿已婚夫妻那样经济上不分你我,因此,当关系破裂时,女方通常在经济上会遭受更大的影响。[74]无论如何,基于身份的标准给那些也许想不仅通过逃避婚姻,而且通过逃避类似婚姻关系进而逃避经济承诺的人以压力。要么就签订同居协议,明确双方的权利义务。

但即使美国法律研究院确立的原则也没有将已婚夫妇和未婚同居的双方完全等同看待。后者仍缺少诸多婚姻带来的利益,比如起诉过失致死的权利、社会保障福利等。未婚双方面对有意或无意地剥夺继承权,毫无任何防备。如果一方未立遗嘱去世,另一方将一无所获。[75]继承规则极为严格,仅针对婚姻产生的正式血亲或收养子女。[76]未

婚伴侣两手空空,除非像加利福尼亚州那样改变相关法律规定。(见第十一章)

　　令人吃惊的是,很少有成文法规定同居双方的权利义务。法律的发展和点滴进步主要仰赖法官从其他案件中借鉴法律概念及其具体做法。尽管美国同居者的数量飙升,但几乎没有立法机关接受邀请,制定标准的权利义务。这反映了对一个根本问题的共识缺位:法律和社会在多大程度上支持同居作为婚姻的有效替代品？由于这一问题可能仍然争议极大,立法机关乐得将其留给法院裁决。正如史蒂芬·诺克(Steven Nock)所言,"同居是不完整的社会结构。不管多么普遍,未婚结合的双方还不能由强烈共识规范或正式法律管辖"。[77]同居关系在很多方面有别于婚姻关系,对这一事实争议不大。同居关系"持续不长,变化无常,更易出现暴力情况,可能不利于双方精神健康,特别不利于子女成长"。[78]真正的分歧在于是否应该通过给予婚姻待遇支持同居,或是否应在同居与婚姻之间划出明确的法律界限,并以此抑制此种形式的家庭大量出现。唯一的共识是,半数以上的人都做过的事可能不应该被列为非法。

　　　　　　　　新派普通法婚姻？

　　旨在保护未婚关系双方的判例和理论甚至在那些废除了普通法婚姻的州显示了创设某种类似普通法婚姻的趋势,即某种普通法婚姻的替代品。马文案中的替代品是默示协议原则。其他法院适用了基于身份的理论。华盛顿州最高法院在康奈尔案中背书的做法所达到的效果已极为接近一个承认普通法婚姻法院的做法——以夫妻名义行事的人们或多或少应被视为夫妻,虽然普通法婚姻在该州早已寿终正寝。

可以确定的是,"老派"和"新派"之间的差别很大。没有人认为"足够投入的亲密关系"实际上就是婚姻。法院在许多案件中分割财产或判决赔偿的方式都与"真正"婚姻(或离婚)中的财产分割不同。那些严格遵循马文案判决的州会寻找被称为协议的某种东西。可以肯定的是,法院擅长此道。其他一些法院则利用其他手段,或某种模糊不清的公平概念,或"合理服务价值"。

从社会意义上看,普通法婚姻和"投入的亲密关系"也差异极大。前者总体上属于维多利亚时代,反映了那个时代对性、婚姻和行为举止的规范。它的介入是为了保护配偶和子女的经济权利,还为了挽回名誉和防止子女"私生化"而给予"婚姻"效力。后者出现在性革命的时代、婚前普遍同居的时代,或只同居不结婚的时代。只是关注的焦点不是未婚与他人发生性关系的女人的声誉。正如本书第四章所述,同样的转变也出现在"精神安慰"法律中,从保护名誉转变为仅仅保护经济投资。

到二十世纪初,"婚姻"显然已失去了对合法性关系的垄断。五花八门的"关系"都导致了婚姻的后果。事实承诺与礼仪承诺同样具有合法性。当今时代,无论结婚还是离婚都易如反掌。婚姻在许多州只是一个正式程序,形式要件很容易符合,而且规定都极为宽松。无过错离婚意味着走出婚姻更方便快捷。但走出婚姻的后果(最明显的就是财产权)却并非易事。对其他形式的"关系"而言,何尝不是如此。

法律只是在总体上反映家庭发生的种种情形。它并非一成不变,而是不断变化的。离婚率居高不下。当然,情人分手的比例更高。纵观整个二十世纪,人们对成就和个人幸福的追求愈发强烈,而且对许多人而言,不顾一切,甚至迷失自我。虽然感情关系对多数人而言仍是生活的中心,但又是那么不堪一击。可以肯定的是,许多人不为潮流所动,也有许多人悔恨不已。然而,潮流似乎势不可挡,催生更大的文化力量,而更大的文化力量本身在一定时间内相当顽固,不可逆转。

第七章
同性关系

二十世纪的婚姻发展有两大特点:反对跨种族婚姻法律的没落和同性婚姻的出现。但后者并未完全形成。在此,本书试图探讨同性婚姻从闻所未闻到各州要么明确许可,要么明确禁止的社会和法律变迁。这一领域可能就是"传统"婚姻最后的堡垒,堡垒攻破后的结果没人明了。

第一波:试水

1970 年 5 月 18 日,理查德·贝克尔(Richard Baker)和詹姆斯·麦康奈尔(James McConnell)在明尼苏达州亨内平县申请结婚证书。看到两人都是男性,工作人员表示需要请示该县政府律师,拿到意见后,工作人员拒绝给二人颁发结婚证。随后,二人向法院起诉,要求法院判令政府给二人颁发结婚证,因为明尼苏达州婚姻法并未明确禁止同性结合。与当时的其他州一样,明尼苏达州法律并未将婚姻限定于异性之间,尽管法律在描述婚礼仪式的技术性要求时使用了"丈夫和妻子"以及"新娘和新郎"等用语。[1]

多数州的婚姻法可追溯到美国建国初期,甚至建国前。随着时间的推移,这些规定也经历了诸多变化。各州都先后废除了跨种族婚姻的禁令,对"智障人士"婚姻的限制也随着优生运动的式微逐渐取消,普通法婚姻也经历了起起伏伏。同性婚姻可能最终也会归顺惯常模式,但对其产生的激烈争议可能仍会不断上演。

1970年前,同性结婚的消息乏善可陈。各州的婚姻法根本就未提到同性婚姻或要求结婚的双方必须是一男一女。婚姻的对象尽人皆知,无人不晓。二十世纪五六十年代兴起的同性恋权利运动主要针对的是警察的野蛮行径或人们对同性恋的仇恨,或阻止安妮塔·布莱恩特(Anita Bryant)——橙汁和道德代言人——推翻或抵制地方禁止基于性取向实施歧视行为的法令得以通过的努力。"工作歧视和警方骚扰"就是那些"参加该运动的同性恋人士生活中"的主要问题。[2]同性关系以及同性婚姻的合法化在当时看来并不合情合理。1969年发生的"石墙暴乱"由警方关闭一家同性恋酒吧引发,"激励了成千上万的同性恋、双性恋人士出柜,公开宣示同性人士间的畸恋"。[3]争取公众认可同性恋权利的第一波努力在二十世纪七十年代得以延续。

　　婚姻之门对同性伴侣紧闭的状况持续到二十世纪七十年代,经过一系列像贝克和麦康奈尔一样的同性恋人士在各地申请结婚证书的案件后才稍有松动。他们指出,现行法律并未明确禁止他们结婚。但政府官员步调一致地拒绝向他们颁发结婚证书。一些人为此闹上了法庭。此类案件辩词的前几句都大同小异:根据法律解释原则,法律的默示即意味着,只要他们满足了婚姻的其他要求,工作人员即不得拒绝颁发结婚证书。这样的观点再也不会胜出了,即使近期一些最终支持了同性婚姻的案件也不会用这样的辩护策略。早期的案件中,这样的观点会遭当场驳回,通常都会引用韦伯斯特字典对"婚姻"的定义。[4]1973年,两位女士在肯塔基州提出了相同的主张,法院驳回了她们的上诉,认为"上诉人结不成婚并非由于肯塔基州法律规定或该州杰斐逊县法院拒绝为其发放结婚证书,而是自身不具备按婚姻的定义缔结婚姻的能力"。[5]

　　早期案件辩护词中的第二招就是援引宪法规定的隐私权。二十世纪七十年代初,隐私权概念仍模糊不清,但原告会援引格里斯沃尔德案、斯金纳案以及洛文案,这些案件都是本书第一章和第五章提到过的宪法保护婚姻及亲密关系的案例。尽管存在这些先例,但是明尼苏达州最高法院仍未经多少分析就驳回了贝克尔和麦康奈尔的主张。法院通过指出,"不管出于常识,还是从宪法上看,仅基于种族的婚姻限制和基于两性根本区别的婚姻限制之间泾渭分明",因此洛文案判例不予适用。[6] 该案上诉到了美国最高法院,但并未引起更多考量。在最高法院同意审查该案后,县政府提出动议,要求驳回上诉,理由是婚姻规范应属州法专属管辖。[7] 最高法院以"不够实质性联邦问题"为由驳回了贝克尔的上诉。[8]

像贝克尔和麦康奈尔这样的诉讼当事人提起诉讼就像一脚踏进了不知深浅的河中。同性婚姻在当时还不算一个紧要问题。事实上,他们自己也承认"他们的问题和期待获得的婚姻地位可能极为怪异,特别是对异性恋者而言"。[9] 他们的诉状要求对"既不怪异,也不异常"的同性恋人士给予法律和社会认可。只有"法律的完全保护和认可,才能使公众不将同性恋者看作怪胎或不幸的精神异常者,进而避而远之或对其身份或生养子女的能力胡思乱想"。[10] 但正如威廉·艾斯克里奇(William Eskridge)所言,"他们的想法'生不逢时'"。[11]

同性恋并不是什么新事物。1948年和1953年发布的金赛报告指出了它的普遍存在。但认为同性伴侣可以寻求或获得与异性伴侣同样的正式认可却远非主流观点。争取同性关系获得法律认可、同性伴侣及同性父母获得社会接受的抗争持续了几十年,成为"家庭"的法律和社会定义,以及隐私权范畴这一更大争论的一个重要部分。

早期案件中的同性恋者都未赢得诉讼,事实上,他们甚至都未引起法院的关注,但他们仍造成了一些影响。至少一些州醒悟过来,发现其婚姻法也未提及婚姻双方的性别,遂通过修正案明确规定未提及意味着排除同性结婚,而非包括。1977年,加利福尼亚州立法机关在其婚姻定义中加上了"男女之间"的字样,而先前仅将婚姻规定为"因民事契约而形成的个人关系"。[12]

到二十世纪八十年代,一些地方通过法令,准许登记结合在一起的同性伴侣享有一些有限,但有时重要的权利。随着时间的推移,这些法令传到了同性恋人群更多的大城市,并最终也传到了许多小地方。现在看来,这些法令就是家事法新变化的起源,法律天平出现了倾斜,基于身份、性别和当事人的意愿可以有不同的权利。当旧金山在1982年致力于为该市雇员通过伴侣福利时,起草该提议的市政官预言"这将是不以结婚证书,而以伴侣相互扶持的事实重新定义婚姻的重要一步"。[13]此举对完全基于血脉、婚姻或收养的法律联系定义"家庭"的传统观念形成了冲击。寻求全面婚姻权利的抗争退居其次,争取切实的同性恋权利走上前台。但越来越多公开生活在一起的同性恋人士对传统婚姻形式造成了持续的压力。

第二波:动员起来,争取法律承认

始自二十世纪九十年代初,同性恋团体再次鼓吹同性伴侣应获得与异性伴侣同样的正式认可。《今日美国报》(*USA Today*) 1987年对成年人进行了问卷调查,以确定他们对"真正的家庭"的定义能有多大的弹性。91%的受访者认为单亲与孩子共同生活就是"真正的家庭",33%的人认为养育子女的同性伴侣也算,只有20%的人认为无子女的同性同居者也可称为"家庭"。[14]调查所问问题本身就表明时代变了。调查后的几十年里,上述几个数字都出现大幅度上升。2010年皮尤调查中心的一项问卷发现,63%的受访者将有子女的同性伴侣定义为"家庭",认为没有子女的同性伴侣也是的人占45%。[15]

146　　愈来愈多的同性恋者公开他们的性取向,对他们的文化包容度也得到了极大的提升。同时,法院也针对性歧视发展了一套活跃的理论,可以更容易地通过类比得出禁止同性婚姻不可取的结论。与这些法律、社会变化以及"石墙暴乱"如影随形的是,同性婚姻倡导者开始了一场正式的运动争取婚姻权利(不是所有同性权利运动人士都支持的议题)。诉讼策略居于该运动的核心,质疑传统婚姻法合宪性的诉讼在全美各地此起彼伏。

宪法与结婚权

早期受理此类诉讼的法院并未将上升到宪法层面的这一问题当回事。但洛文案终结了禁止跨种族法律,其重要意义超越了对跨种族婚姻的影响。该案代表了家事法总体上向更高程度的宪法化的变化趋势,特别是婚姻法。结婚的宪法权利能否扩展至同性伴侣是第二波同性恋婚姻案件的核心问题。

此波诉讼潮中首个引起全国关注的案件来自夏威夷州。该州最高法院在1993年贝尔诉卢因案(*Baehr v. Lewin*)中的判决似乎暗示法律可能允许同性结婚。[16]第二波的诉讼主要针对各州宪法,以防止最高法院作出对其不利的判决,并在全国具有约束力。

但联邦先例仍息息相关,因为许多州的宪法用语都脱胎于联邦宪法。夏威夷州最高法院援引了洛文案,暗示结婚是一项基本权利,驳斥了州法可以"神认为此种结合从头到脚都极不自然"为由禁止同性婚姻的观点。[17]弗吉尼亚州初审法院则基于"全能上帝"对人种的划分支持对跨种族婚姻的禁令。[18]在夏威夷州的法院看来,此种推理显然会遭最高法院否定。[19]

147　　贝尔案原告同样也利用了洛文案的逻辑,认为禁止同性结婚就是基于性别的歧视,与禁止跨种族结婚就是基于种族的歧视并无二致。男人与男人结婚的权利仅仅因为性别而遭剥夺。[20]贝尔案中占多数意见的法官拒绝接受一位异议法官的观点,即禁止同性结婚之所以有效是因为该禁令"一视同仁,平等适用于男女"。[21]法院得出结论,同性婚姻禁令构成基于性别的分类。[22]该州宪法要求对此种分类进行"严格审查",几乎当然注定禁令无效。[23]贝尔案在夏威夷州各级法院诉讼的过程受到人们的"密切关注"。

然而,夏威夷州从未真正承认同性婚姻。尽管该州从未认为禁止同性婚姻具有合理依据,[24]但贝尔案判决被作为州宪法修正案提出,赋予该州立法机关禁止同性婚姻的权力,而且立法机关也确实禁止了同性婚姻。[25]1997年立法机关的妥协导致了"相互有利"地位的产生,同意给予同性伴侣获得已婚伴侣享有的某些权利和利益。2011年,该州立法机关通过一项法律允许"公民结合"——等同于婚姻的地位。[26]

反同性婚姻运动

夏威夷州同性结婚的几近成功改变了全国的状况。人们普遍认为(担心)其他州会依据充分诚信原则给予夏威夷州的同性婚姻法律效力。[27]兰姆达法律辩护与教育基金(Lambda Legal Defense and Education Fund)的婚姻项目部主任埃文·沃尔夫森(Evan Wolfson)在一份备忘录中写道:

> 夏威夷州内外的许多同性伴侣们极有可能会利用这一标志性胜利。绝大多数跑到夏威夷州结婚的同性恋回到全国各地后,都希望其婚姻在全国范围内获得充分的法律认可。[28]

这一"计划"常常在国会辩论中援引,激起对夏威夷州同性婚姻将会立即引发其他州效法,而宪法的充分诚信条款却让各州对此毫无抵抗能力的担忧。[29]同样的言论也出现在对联邦法的影响上,只有在这点上才体现了真正的意义,因为许多联邦法规在分配联邦责任和利益时都沿用各州对"婚姻"和"配偶"的定义。按理说,联邦法应承认夏威夷州的同性婚姻。对同性婚姻"四处开花"的恐慌导致全国各地立法机关纷纷出现激辩。同性婚姻成为法律和文化的前沿核心战场。这一问题占据了各州及联邦政治的显要地位,甚至包括总统候选人之间的辩论。当时的小布什总统在一次广播讲话中发出警示,同性婚姻威胁了"文明制度的根基"。[30]社会保守人士和宗教道德家作出了强烈反对。"关切的美国女性"组织(Concerned Women of America)领导人也警告道,"现在就该行动",一旦"美国公众四分五裂,我们的敌人因为我们毫无道德意愿而超越我们",那就为时已晚。[31]另外,一些城市的市长向同性伴侣颁发了结婚证书,以示不从。[32]

1996年的《联邦婚姻捍卫法》(Federal Defense of Marriage Act)作为对夏威夷州做法的直接回应,旨在"保护"各州不会被迫承认他州有效缔结的同性婚姻。[33]参议员特伦特·洛特(Trent Lott)指出,如果"这样的决定仅对夏威夷造成影响,我们应让夏威夷居民决定承受该决定的后果或行使他们的政治权利加以改变。但法院判决则会对其他州造成威胁"。[34]

《联邦婚姻捍卫法》出于联邦目的将婚姻界定为男人和女人之间的结合。[35]该法同时对宪法充分诚信条款进行了修订,给予各州明确权力拒绝承认同性婚姻。[36]该法在众议院以342票支持、67票反对,参议院以85票支持、14票反对通过。联邦法律对婚姻的定义有实际意义,依照该定义,同性婚姻即使获得某州或外国承认,也与移民、税收或其他重要联邦事务无关。[37]基于宪法充分诚信条款对婚姻意义的误读,该法第二条完全没有必要存在。宪法充分诚信条款从未强迫一州承认另一州的婚姻,本书第一章已有述及。最高法院保有对充分诚信条款在司法程序中的涵义作出最终裁判的"确切"义务。[38]诚然,1942年,最高法院在威廉斯诉北卡罗来纳州案(Williams v. North Carolina)[39]中确实说过,只要符合程序标准,各州应承认他州颁发的离婚令状。[40]但结婚和离婚不一样,既不是判决,也不是司法程序的产物。对没有体现在判决中的州法,各州仅需符合充分诚信条款的"某些最低要求"。[41]一州可以选择不遵从另一州法律而适用自己的法律,只要该选择"并非专横独断和实质不公"。[42]换句话说,如果一州对案件争议存在充分利益,可以无视与其规定不一致的他州法律。如果不能符合充分诚信条款意义上的"行为"的话,婚姻可能甚至不会成为这些最低保护的对象。[43]正是这一考量导致了本书第一章讨论的婚姻承认规则的出现。

尽管《联邦婚姻捍卫法》植根于对充分诚信条款的误解,但不到10年,五分之四的州接受了国会的"请求",拒绝承认他州的同性婚姻。各州立即先后通过了所谓"微型联邦婚姻捍卫法",禁止缔结同性婚姻,而且在多数情况下,系统地拒绝承认此种结合,尽管该结合在缔结地有效。多数州都将不承认同性恋的内容写进了各自的宪法。只有纽约州和马里兰州的传统承认原则似乎适用于同性婚姻。[44]

同性婚姻获胜的第一个征兆:公民结合

一方面,许多州急于采取措施阻止同性婚姻;另一方面,同性婚姻在一些州获得突破。1999年,佛蒙特州最高法院在贝克尔诉佛蒙特州案(Baker v. State)中的所作所为匪夷所思。法院认为,剥夺同性伴侣结婚或缔结实质上的类比婚姻并受法律认可的关系的权利,违反该州宪法。[45]该州宪法的共同利益条款旨在确保"任何将普遍福利和法律保护排除在外的情形"必须"与立法目的保有正当合理的关系"。未获认可的权利相当重要,而且没有正式合理理由不给予该权利。因此,法院认定,"根据佛蒙特州法律的规定,继续将同性伴侣排除在民事婚姻证书所附带的福利之外"没有依据。法院给予立法机关"合理"的时间"制定恰当措施实施这一宪法指令"。[46] 立法机关创设了一个全新的法律身份——公民结合(civil union)——给予同性伴侣正式认可,并以此身份享有数量达上千项之多的所有福利和权利,承担婚姻责任。该州只是未使用"婚姻"的名义。

公民结合在同性伴侣中被证明极受欢迎(成百上千的同性恋们为此蜂拥而至佛蒙特州),令人吃惊的是,这一"独创"也获得了同性婚姻反对者的接受。公民结合的"遍地开花"和公众的愈发支持成为同性婚姻发展过程中的重要内容。2006 年皮尤宗教及公众生活论坛进行的一项调查发现,54%的美国人将公民结合认可为同性伴侣的法律替代。公民结合渐次在康涅狄格州、新泽西州(该州法院作出了与佛蒙特州法院类似的判决)、新罕布什尔州、伊利诺伊州和夏威夷州获准。加利福尼亚州设置了一种与公民结合几乎一样(因而与婚姻一样)的家庭伙伴地位,内华达州、俄勒冈州和华盛顿州也是如此。

公民结合也许是平息支持和反对同性婚姻双方的妙招,但仍属新生事物,未受时间检验。公民结合虽然提供了一些实实在在的权利,但缺乏婚姻所享有的实质性和象征性优势。未使用"婚姻"之名强化了其二等公民的地位,而这正是同性恋权利运动极力反对的。实质上,当同性伴侣们想要在其所在州或其他地方享有某种福利时,他们发现公民结合恰恰是困惑所在。佛蒙特州和新泽西州都专门成立机构研究公民结合,而且都得出结论:该身份给同性伴侣带来了实际问题,引发了象征性伤害。[47]

解除关系给公民结合的伴侣们带来了不小的问题。由于各州仅批准各自居民离婚,对未生活在佛蒙特州或其他几个实行公民结合州的同性伴侣而言,解除关系几乎不可能。康涅狄格州一对试图在该州解除关系的同性伴侣遇到了切实的法律困境。2002年该州上诉法院在罗森加藤诉唐斯案(*Rosengarten v. Downes*)中认为,公民结合的关系不能在该州解除,因为该州离婚法仅给予法院解除"婚姻关系"的管辖权。[48]虽然一些同性伴侣能够依据衡平原则说服法官解除其关系,但司法现状仍处于混乱之中。本书第六章提到的苏珊案中,当苏珊公民结合的同性伴侣搬来与她同居时,她意外地发现这一行为违反了监护令。根据佐治亚州法院判决,由于公民结合并非"婚姻",在苏珊家过夜的访客即属"非婚",因而应予以禁止。尽管佛蒙特州已正式批准了该关系,但这对佐治亚州而言毫无效力。[49]在佛蒙特州举行公民结合的约翰·兰根(John Langan)和尼尔·斯派思韩德尔(Neal Spicehandler)与纽约州也毫无关系。二人结合后,尼尔遭遇一场车祸,并在纽约一家医院去世,医院被诉操作不当。上诉法院裁定,兰根并不具备向医院提起过失致人死亡之诉的身份,根据纽约州法律的规定,该权利由"配偶"或其他亲属所有。[50]

第三波:同性婚姻开始在美国出现

夏威夷"事件"发生10年后,一个州最终正式宣布同性婚姻合法。2003年,马萨诸塞州最高司法法院在古德里奇诉公共卫生部案(*Goodridge v. Department of Public Health*)中裁决,禁止同性结婚违反该州宪法。该州宪法规定有正当程序和平等保护条款。[51]法院解释道,否定结婚权"毫无合理理由地在一个真实存在的社会人群中造成了深刻且难以弥合的困难"。而且,对同性恋人群造成的伤害不仅限于剥夺其享有婚姻带来的诸多福利,并且还因在这一过程中将其认定为"二等公民"而使他们受到伤害。

审理该案的法院给予立法机关180天"依照其判决采取适当措施"。尽管法院所期待的唯一措施显然就是为同性伴侣缔结婚姻打开法律的"方便之门",州立法机关迅速通过一项提案,允许同性伴侣缔结公民结合,享有等同于婚姻的所有利益及权利,但不是"婚姻"。但在随后发出的咨询意见中,法院驳斥了立法机关规避古德里奇案判决的意图。[52]180天期满后,马萨诸塞州的同性伴侣们,在最高法院历史性的布朗诉教育委员会案(Brown v. Board of Education)判决50周年纪念日那天,可以正式合法结婚。起初,根据州长罗姆尼(Mitt Romney)宣布实施的1913婚姻规避法的规定,只有居住在马萨诸塞州的同性伴侣可以在该州结婚。[53]该法通过的时候各州婚姻法千差万别,因此该法禁止他州居民在马萨诸塞州结婚,除非满足其所在州的结婚条件。由于当时没有其他州准许同性婚姻,而且几乎其他州都明确禁止同性结婚,因此有效地限制了同性婚姻普及化。然而,通过诉讼,罗得岛州和新墨西哥州的同性伴侣赢得了在马萨诸塞州结婚的权利,因为这些州没有明确表示同性结合无效。[54]

现　状

古德里奇案发生的那段时间,一些国家纷纷宣布同性婚姻合法,包括加拿大、西班牙、挪威、荷兰、比利时和南非。2010年,阿根廷成为南美第一个宣布同性婚姻合法的国家。尽管马萨诸塞州根据其婚姻规避法,起初将同性婚姻限定于该州居民,但2008年也向非本州居民的外州同性伴侣敞开了大门。[55]同年,加利福尼亚州和康涅狄格州终审法院宣布同性婚姻禁令无效。[56]加利福尼亚州的同性婚姻仅持续了很短时间,不到6个月后,2008年11月该州全民公决否定了同性婚姻。

禁止同性婚姻的第八提议通过前的短时间内,加利福尼亚州就有14000多对同性伴侣结婚。加利福尼亚州最高法院在针对随后对该提议提起的质疑中支持了该提议,但宣布之前生效的同性婚姻不受该提议约束。[57](2010年,一家联邦地区法院裁定第八提议违反联邦宪法,但对该裁定的上诉仍在审理中。)[58] 艾奥瓦州在2009年通过法院裁决加入康涅狄格州和马萨诸塞州的行列,宣布禁止同性结婚违反宪法。[59](该州3位投票赞成这一裁决的法官在2010年11月的选举中落选。)最终,佛蒙特州、新罕布什尔州和缅因州立法机关接二连三地通过了允许同性婚姻的法律,同时明确允许宗教机构拒绝见证同性婚姻或组织同性婚礼。[60](缅因州的同性婚姻法律好景不长,选民在2009年11月的选举中通过全民公投修订了该州宪法,禁止同性婚姻。)[61] 最近,哥伦比亚特区通过法律允许同性婚姻。[62] 同性伴侣现在可在美国5个州加上哥伦比亚特区结婚。正如我们所见,其他几个州规定一些诸如公民结合或家庭伙伴关系等代替婚姻,根据各地不同的规定,向同性伴侣提供许多或完全等同于婚姻的福利。[63] 2010年,伊利诺伊州颁布法令,允许同性恋和非同性恋伴侣缔结公民结合。[64]

对同性婚姻的社会支持明显提升。2008年皮尤民众和新闻调查中心进行的一项调查显示,2004年以来,反对同性婚姻的民众比例从54%降至49%。[65] 甚至连词典都作出了相应改变,几本主流词典在过去5年增加了婚姻的二级定义,将同性结合包含其中。[66] 仍有40多个州通过了反对同性婚姻的法律或宪法修正案,其中一些规定极为宽泛,禁止旨在模仿婚姻地位的任何协议或其他做法。在29个将禁止同性婚姻写进宪法的州,这一问题毫无商量余地,至少现在如此。当前和未来一段时间主要会针对少量没有明确禁止同性婚姻的州,或仅有法律禁令而无宪法禁令的州,提出质疑。目前的结果好坏参半——马里兰州、纽约州和华盛顿州高等法院都认定其宪法并不要求承认同性婚姻,而且新泽西州高等法院也认为替代性的同等地位在宪法上已足够。[67]但犹他州或密西西比州发生变化的机会接近为零。

尽管针对同性婚姻的争议极为激烈,但同性恋权利运动并非针对结婚权是否应成为其主要议题,或他们是否应该极力争取同性结婚的权利。1989年,兰姆达法律辩护与教育基金的两位资深律师——葆拉·埃托布里克(Paula Ettelbrick)和托马斯·斯托达德(Thomas Stoddard)——之间的交锋成为该运动分化的例证,这场交锋一直持续到今天。[68]一些人力促超越这一过时的家长制体系。(甚至在同性恋权利群体之外,有人呼吁完全废除婚姻。)[69]但多数谋求婚姻平等的人并不仅仅因为其带来的有形利益,更准确的是出于婚姻所代表的传统。而且,不管同性恋权利群体中存在何种分歧,在公众看来,是否可以结婚成为"LGBT(男女同性恋、双性恋及变性人)是否享有平等权的真正考验"。[70]

一些案件提到了变性人的婚姻权利,这虽属小众但呼声却日渐高涨,遭受性别认知错乱且开始要求法律认可和公民权利的群体。杰诺艾尔·波尔(J'Noel Ball)通过外科手术从男性变为了女性。随后,她嫁给了一位富有但年龄偏大的男人——马歇尔·贾迪纳(Marshall Gardiner)。马歇尔去世后,其子提起诉讼质疑杰诺艾尔作为遗孀的遗产继承权。根据堪萨斯州法律的规定,杰诺艾尔作为遗孀有权继承150万美元的一半。堪萨斯州最高法院裁定,人出生时的性别不得更改,生为男性,就一直是男性。[71]堪萨斯州于1975年修订了其婚姻法,明确禁止同性婚姻[72],这意味着在该州,一位从男性变为女性的变性人只能与另一位女性结婚,因为法律上,"她"仍为男性。但讽刺的是,该裁定暗指同性婚姻合法,因为杰诺艾尔现在作为一位解剖学意义上的女性,可以与另一位女性结婚。当然,堪萨斯州的法院不可能如此认定。逻辑永远都要让位于情绪。

结　论

　　同性婚姻已对婚姻和家庭的传统含义提出了挑战,而且还会持续下去。但更重要的是,这一问题暗含了家事法的广泛变化——宪法分析愈发频繁地起作用;政府规范家庭权利的限制;以及传统家庭形式和新近多样化的亲密家庭模式之间的冲突,这一切都出于个人主义强势飙升的背景。

　　同性婚姻仍会继续在风云变幻的政坛成为主要议题。一股强势的暗流正朝向同性婚姻合法化的方向涌动。但反对的力量也不可小视,而且这股力量意志坚定。预言同性恋权利运动长远来看必胜是不明智的,同样,预言反对同性恋一方在除了几个自由主义盛行的州和法院外,将获得全胜也是愚蠢的。只有时间的流逝才能告诉我们答案。

第三部分

琴瑟不合:解除婚姻及其后果

第八章
各奔东西：离婚和婚姻无效

人们在二十世纪常常听到这样一种说法：婚姻和核心家庭危机四伏。离婚，特别是无过错离婚的大量出现，促成了这一现象的形成。本章将从传统制度中的过错离婚到新兴制度中的随意离婚，追溯离婚发展的历史脉络，同时关注无效婚姻以及近期出现的利用法律遏制家庭分裂的无效尝试。

基本上，有两种法定方式终结一段婚姻：离婚和宣告婚姻无效。当然，也存在一些了结婚姻的非正式做法。男人（女人较少见）只要走出家门，消失在黑夜中，永不回头就行了。此种方式倒是常见，并对家庭带来了深远的冲击。夫妻如果不想继续共同生活下去，不管出于何种原因，也可申请法院作出法定别居裁定。古老的法律中将别居称为"不共寝食"，而离婚被称为"婚姻纽带断裂"。"别居"概念更好而且更不易产生误解。法定别居的夫妻，虽然婚姻关系仍成立，但像离婚夫妻一样各自单独生活，承担监护义务，分割财产，扶养无法独立生活的配偶。

不是每个州都有法定别居的规定。1931年，27个州有此规定。佛罗里达州明确表示禁止别居，其他州法对别居避而不谈，也就意味着不允许法定别居。[1]切斯特·维尼尔（Chester Vernier）将所有与家庭有关的法律规定汇编成册，形成5卷专著。他对"有限离婚"（他对别居的称呼）表达了不满。别居双方不得结婚。因此，别居剥夺了双方获得"同居带来的愉悦"。换句话说，别居要求双方坚守"普通人都很少能做到的保持贞操"。[2]"普通人"是否能真正保持贞操是另一个问题。现在的社会与维尼尔的时代已相去甚远,没人在乎别居夫妻或其他任何人是否保守贞操。

一些夫妻选择别居是为离婚做铺垫。他们会订立别居协议,之后会并入离婚诉讼之中。究竟有多少夫妻会在毫无离婚阴影下订立此种协议,不得而知,可能不会有很多。过去,法定别居可能也不会很普遍。1929 年马里兰州进行的一项婚姻诉讼调查显示,当年有 120 起法定别居诉讼,而离婚诉讼高达 1973 起。[3] 夫妻双方为何会选择别居,而不是离婚? 他们可能是天主教徒,认为离婚有违天主教义。也可能是出于经济原因——纳税或养老金问题。纽约州在二十世纪很长一段时间内,仅将通奸定为离婚的唯一法定理由。但别居的理由可以是非人的虐待。正如离婚案一样,别居诉讼中,一方当事人也可以抵制。1924 年,玛格丽特·斯特劳布(Margaret Straub)要求判定与其丈夫——沃尔特(Walter)——法定别居,并要求获得儿子的监护权和抚养费。[4] 沃尔特抵制该申请并提出上诉。二人的婚姻生活显然不幸福,法庭上,双方竟互掷泥块。玛格丽特称其丈夫是一个"酒鬼",每周都要喝醉(沃尔特否认)。他的所作所为让她"深受精神折磨",他还以"恶毒、邪恶的语言咒骂"她,一次还把她锁在家门外。法庭认为,两人都有过错,"二人为小事发生的吵闹和相互抱怨已使双方恼怒不已"。法庭驳回了别居申请,认为两人应该结伴共度余生。

法定别居和无效婚姻是离婚的替代品,一个较弱,一个较强。法定别居让婚姻关系还维系着一丝联系。无效婚姻理论上很难得到认定。但一旦婚姻无效,双方可以再婚,这也是宣示婚姻无效的意义所在。无效婚姻和法定别居多数都只适用于反对离婚的宗教信徒——主要是虔诚的天主教徒。我们将在本章的后续部分详细讲述无效婚姻。

离 婚

二十世纪初,除南卡罗来纳州外的所有州都颁布了离婚的规定。[5] 南卡罗来纳州在十九世纪没有离婚法,而且,1895年该州宪法规定"本州不得允许婚姻关系破裂的离婚"(第三部分,第十七条)。直到1948年,该州才开始有法定离婚。[6]

各州的离婚法规定在二十世纪差别很大。有些州离婚"很容易",而有些州却"很难"。离婚法的大致框架,至少从官方角度看,大同小异。某人要离婚的话,需要到法院提起诉讼。通常都是没问题的配偶告(据称)有问题的配偶。原告会声称被告(有问题的一方)有过错——以此作为没问题一方申请离婚的有效"依据"。在离婚"很难"的州,可诉离婚的"依据"不多。而离婚"容易"的州,可以找到很多理由。被告应提交对其指控的答辩状。庭审时,双方都可举证。最后,法官裁定是否支持原告的诉求。事实上,多数离婚诉讼的原告都是女方。

二十世纪三十年代,每个承认离婚的州都将通奸列为可诉离婚的依据。[7] 这些州几乎都将遗弃和虐待也列入其中,超过40个州还列入了醉酒。法庭可判定入监或定罪。15个州列入了拒绝抚养,6个州将吸毒列入。佛罗里达州有一些独特的依据。"被告习惯性家暴和拥有不受控制的脾气"也是依据之一。[8] 新罕布什尔州将3年拒绝同居列为离婚依据之一。阿拉巴马州的一项离婚依据是"无论婚前或婚后,无论与人或动物,实施违背天理的犯罪行为"。[9] 二十世纪三十年代的田纳西州规定,如果"夫妻任何一方怀有恶意地试图以下毒或其他方式谋害另一方性命",可以作为离婚依据。这一规定很有道理。[10] 新罕布什尔州规定,夫妻任何一方"加入的某一宗教团体或社团认定夫妻关系非法,且双方未共同生活时间连续达到半年",可以申请离婚。[11]上述这些规定,可以追溯到十九世纪早期,主要针对的是震颤教派(一个小众的基督教教派),该教派规定教徒不得性交。

传统性别角色当然会在离婚法和离婚的实践中留下深刻印记。妻子们就应该忠贞不贰,打理家务,男人们就该养家糊口,比妻子的性要求更强烈。1935年,堪萨斯州和其他几个州规定,"当妻子在婚姻关系存续期间因其他男人怀孕",丈夫可以要求离婚。[12]但法律未规定丈夫如果使其他女人怀孕,妻子可以离婚的权利。马里兰州法律规定,如果妻子婚前在丈夫不知晓的情况下,"与他人发生非法肉体关系",丈夫可以要求离婚。但对男性没有这样的严格要求。[13]另外,很多州法都规定,妻子在丈夫无特定原因的情况下拒绝扶养,有权离婚。比如,新墨西哥州规定,"丈夫在有能力的情况下拒绝扶养妻子"可以作为离婚依据。[14]女性并不被要求扶养其丈夫。

各州的成文法都显现出了传统道德观念的影子。得克萨斯州规定,如果一个男性引诱一位女子,随后为逃避引诱或通奸指控而与其结婚,该男性只有在与该女子结婚3年后,方可起诉离婚。[15]宾夕法尼亚州一项存续到二十世纪的法律规定,通奸者(不管男女)不得"在其前妻或前夫有生之年,与其通奸对象结婚"。[16]不管在哪里,离婚诉讼的原告必须清白纯洁,毫无过错。这一原则被称为"反控",意思是,如果女方与他人通奸,则不得与也与他人通奸的男方离婚,反之亦然。根据"宽恕"原则,如果原告原谅其夫,并在他表示忏悔后仍与其共同生活,原告即表示放弃离婚权利。而且,如果丈夫与妻子共谋,同意离婚,并不提出异议,也就是以虚假依据离婚,妻子也无离婚权利。我们会看到,这些都没有反映真实的、日常生活中施行的离婚法。

许多州都将虐待作为离婚依据。1930年7月1日至12月30日,俄亥俄州处理的6500起离婚请求都涉及不承担责任或虐待,或两者兼有。二十世纪五十年代,加利福尼亚州圣马特奥县,高达95.1%的离婚请求者声称遭受"严重虐待"。[17]法律对虐待的定义不一。比如,俄勒冈州1930年的法律规定"残酷、非人待遇,或造成生活艰难的个人羞辱"。[18]加利福尼亚州将虐待定义为"造成严重身体伤害或严重精神痛苦的过错行为"。[19]随着时间的推移,不管立法语言做何变化,法庭均将虐待的定义扩大至精神或情绪虐待。通奸在许多州已愈发成为不常见的离婚依据。当然,这一变化并不反映真实生活中通奸的发生情况。

上述内容就是官方离婚法方面的书面理论。那实际做法如何呢?离婚诉讼中的绝大多数——高达90%——都是基于某种形式的半合法伪证,即夫妻共谋的欺诈离婚。常见的情况是,妻子起诉离婚,丈夫不应诉,或不进行任何辩解。正式的官方法律规定、教科书中的法条和高等法官口中引述的法律都与现实生活中发生的情节毫无关系。在初审法院层级,离婚是一项常规诉讼——法院其实就是"橡皮图章"。成千上万的夫妻以谎言和共谋从法院获得离婚,而法官多数情况下对此都视而不见。在真正发生抗辩的情况下,法律也会给予痛击。报道出来的案例几乎都是清一色的上诉案件。没有人会对协议离婚、共谋离婚、双方都你情我愿或至少希望如此的离婚提出上诉。

共谋时代

观念、文化和性别角色的变化导致离婚的大量出现。离婚率在美国一直攀升,事实上,上升速度超过了人口增长速度。1929年,全国共有201468人离婚,或如当时一位作家所说,每两分钟有一人离婚。[20] 1867年至1929年,美国人口增加了3倍,但离婚率增加了20倍。[21]进入二十世纪后,离婚率持续上升,当然也有起伏,主要趋势是上升。第二次世界大战后,离婚权诉求大量出现,到二十世纪六十年代至八十年代,又出现急速上升。在那几十年间,全美每 1000 人中有 5 人离婚。[22]结婚率也有下降的时候,当然此种下降对离婚率也产生了影响。同居的双方只需打包走人,就可以终止两人的关系,无需前往法院。

从历史上看,许多人,特别是政府官员,对离婚持惋惜态度,特别是随意离婚。但到了二十世纪,人们的观念发生了转变,出现了反对离婚制度的声音。威廉·N. 格米尔(William N. Gemmill),芝加哥市政法庭法官,在 1914 年将"对离婚的反复攻击"比作堂吉诃德对风车的冲锋。[23]他的观点得到了一些女权主义者、社会学家和自由思想家的首肯。任何阻止离婚诉讼的努力都是螳臂挡车。法律无可撼动。天主教义拒绝支持离婚,天主教徒虽属少数,但影响力大,在某些州,接近多数。新教徒接受离婚,但仅将其作为不得已而为之的手段和必须存在的罪恶。对离婚的需求就像一股不可抗拒的力量一样直指貌似不可动摇的传统势力。

然而,实践中的法律更糟。实践中的离婚法充斥着欺诈、猜疑和谎言。官方规则对实践中的法律毫无影响(或影响甚微)。比如,我们前面提到过的"反控"就是一项荒唐的规则——与他人通奸的妻子不得与也有通奸行为的丈夫离婚。[24]但威斯康星州戴恩县 1927 年至 1931 年的一项针对"反控"的研究显示,这一规则并无实际作用。该州法院专门聘有一位被称为"离婚顾问"的官员,"婚姻中公共利益的守护神",负责调查离婚官司的事实,并向法庭汇报双方是否存在"任何有关的婚姻不轨行为"。[25]法庭应考虑该官员的调查结果——包括有关"反控"的情况。但该离婚顾问告诉调查人员,他在 100 多起案件中都汇报了"双方的不轨行为并建议否决离婚",而法庭对其汇报不闻不问,只有一个案件除外。而且,该县接受调查的 567 起离婚官司中,只有 44 起案件中的被告提出了"原告婚姻不轨行为"

的问题。其中的35件诉讼,法院判决离婚。极少的案件以和解结案,或缺少完整记录。没有一起案件以"反控、默许或挑拨"为依据被法院驳回。但这些规则"如果严格适用的话",可能"会在几乎所有案件中阻止提供救济"。[26]

威斯康星州"离婚顾问"的模式可能有点类似英国的"国王代诉官"一职,其主要职责就是调查(并防止)夫妻共谋及离婚诉讼中的其他漏洞。1915年,田纳西州也设置了"离婚代诉官"办公室,负责"调查离婚官司中的指控事项",每件诉讼收费5美元。[27]俄勒冈州的检察官有权查清离婚案件中是否存在欺诈或共谋,不管被告是否提出抗辩。[28]西弗吉尼亚州"离婚专员"的职责是调查离婚案件,采取必要措施防止出现"欺诈及共谋"。该专员由职业素养高并且具有"良好道德品行"的人出任。[29]堪萨斯城的一位代诉官——赖特(W. W. Wright)——据说使该市离婚率下降40%。[30]如果真实的话,这也是极为罕见的例外情况。大多数时候,这类官员什么也干不了。夫妻共谋的协议离婚仍占主流。[31]法庭不断强调共谋离婚的邪恶属性,并坚持只要有一丝共谋的迹象,法院即不得判令二人离婚。基本上,这也只是停留在口头上。二十世纪五十年代,伊利诺伊州公布的一项由玛克辛·弗丘(Maxine Virtue)主持的调查显示,几乎所有的离婚诉讼都涉嫌共谋。比较普遍的做法是,作为原告的女方以虐待为由控告其夫,声称他打她,扇她耳光并虐待她。弗丘提到一个"显著"事实——芝加哥的"残忍配偶"经常要"给他妻子两耳光"。妻子的母亲,姐妹兄弟都出面证实这一说法。[32]直到二十世纪五十年代,印第安纳州的法官都将被告不出庭或不提交任何辩护意见的案件移交给检察官调查核实。检察官的职责是介入并调查是否存在共谋嫌疑。但这一切都是空谈。实践中,该州与其他州并无二致。几乎所有的离婚案件都是无抗辩,无辩护,检察官也从不出庭。只要"提出",就可离婚。[33]

简单说，多数离婚实际上都是经夫妻双方一致同意的，或至少某种意义上如此。双方都想离婚，或至少都期望离婚。但这并非意味着背后没有任何疑问——一个极端厌恶丈夫醉酒、虐待或出轨的妻子会觉得婚姻生活极不顺利，必须离婚。二十世纪五十年代，研究底特律离婚女性的威廉·古德（William Goode）得出结论，丈夫通常是"首先想要离婚"的人，但古德同时指出，"不管是否有意"，"一系列的行为"最终会迫使另一方想要终止婚姻关系。[34]完全没有抗辩的案件只不过意味着双方一致同意"省去法庭庭审的额外花费，避免二人当众难堪"而已。所有问题都是"在各自律师的办公室里简单商量后，就敲定了"。

很难确切知道究竟有多少离婚案件存在双方抗辩。[35]显然不多。比如，1929 年马里兰州提起的 3306 起诉讼中，只有 44.1% 提交了答辩状，其中真正发生当庭对质的只有 5% 至 6%。而且，双方争议的主要是扶养费或监护权，而非离婚本身。研究人员指出，对离婚本身进行抗辩的案件不会超过"四十或五十分之一"。[36]原告无一例外地会胜诉。1948 年至 1950 年，全美 14.8% 的离婚案件进行了抗辩，但很多是技术性抗辩，事实上，原告多数时候胜诉，"只有为数不多的败诉情况"。[37]同时代的加利福尼亚州圣马特奥县的情况也大抵相同。作为原告的女方赢得了 96% 的离婚诉讼。男方作为原告的诉讼只占 78.2%。[38]

二十世纪的大多数时候都是共谋盛行的时代。离婚成为一个双面事物。书面上的离婚法戴着虔诚（或虚伪）的面具，而多数州实践中的离婚法却开明自由得多。道德力量极力打压此种实践做法。立法机构不敢冒犯卫道士。因此，正式法律表面上一成不变——僵化刻板，一幅怪异古董的形象。离婚成为某种仪式——千人一面，老套僵化，各种荒谬奇葩的舞台。

可以想见,男人和女人对婚姻的态度不可能对等。或者说,更多的男人会倾向于离婚,而女人,受子女拖累,不好再嫁,挣钱机会也不多,可能会更倾向于忍受破裂的婚姻。古德的调查表明,真实情况确实如此。但表面上却恰恰相反。数字统计会因时而异,因地而异,但每个地方女方作为原告的数量远超男方。[39] 1930 年,女方提起的离婚诉讼中,72% 获准。[40] 1950 年至 1957 年,圣马特奥县 84.1% 的离婚诉讼原告是女方。[41] 1950 年,全美 72.5% 的女方在离婚诉讼中胜诉。[42]

毕竟,如果夫妻共谋离婚的话,女方提起诉讼对二人更有利。她一定会声称男方出轨,虐待或对家庭不管不顾。人们总认为女性是受害者,在两性关系中处于弱势。丈夫如果声称妻子给他"戴绿帽",或用平底锅殴打他,或离家出走,那就是奇耻大辱。而且,由于子女通常都会在离婚后跟随女方,或女方想要获得扶养费,她必须扮演受害者的角色。[43] 多萝西·汤普森(Dorothy Thompson)认为,"骑士精神"也是一个主要因素。男人通常不愿其妻的名声"受损",特别是如果二人有孩子的话。因此,他对一切指责都照单全收。[44] 曾几何时,可能这也是真实情况。

共谋也需要紧跟正式法律规定。如果法律规定"通奸"是离婚的必要条件,比如纽约州,那么夫妻为了离婚,一定会编出"通奸"的故事。纽约州创造了"软通奸"的概念。通常,丈夫会在酒店开一间房,一位女士(不知为何,通常都是金发女郎)会去那个房间。二人会脱几件衣服(通常不会全脱)。二十世纪三十年代公布的对 500 起离婚案件的调查显示,23 起案件中,男性全裸;2 起围着浴巾;119 起穿着"内裤";101 起穿着浴袍;227 起穿着睡衣。女性全裸的情况是男性的两倍;67 起"衣衫不整";126 起穿着睡袍;73 起穿着睡衣;32 起穿着浴袍;68 起穿着"男士的衬衣"。每一起案件都有敲门的情节——服务员拿着毛巾或侍者拿着电报站在门口。然后会冲进一位摄影师拍照[45],拍照后,女士拿着酬劳(通常是50美元)消失得无影无踪。照片会在法庭作为"通奸"的证据出示。1934年报纸的一篇文章起了这样一个有趣的标题——"我是纽约100起离婚诉讼中的那个无名金发女郎"。[46]

其他州的做法与纽约州不一样。二十世纪三十年代的俄亥俄州比较"青睐"的离婚依据是"严重不负责任"。几乎无人以通奸提起离婚。[47]如果你相信法庭记录,俄亥俄州的丈夫们都忠心不二,但都不顾家。费城的丈夫们要么虐待妻子,要么成群结伴地抛家弃子,但绝不出轨。一项针对1937年至1950年宾夕法尼亚州费城的调查显示,46.9%的离婚依据是遗弃,29.7%是"侮辱",16.8%则是二者兼有。[48] 1928年至1944年艾奥瓦州林恩县的离婚请求中,85%的依据是"虐待"。上述两个州的法庭记录也鲜见通奸的影子。[49]那些离婚依据比纽约州多样的州里,原告通常会选择不那么"丢脸"的依据。有些州会将通奸列为犯罪,但出轨的丈夫没有一个入监。如果马萨诸塞州的原告声称被告"通奸",法官会将此情况及"证明材料"一并移交给地区检察官。但显然,检察官不会在意这些"材料"。于1947年,马萨诸塞州遗嘱法官建议废除这一条款,认为该条款"造成不必要的开支且毫无效果"。该州立法机关于1948年将其废除。[50]

到外州离婚

还有其他方法规避正式法律规定。正如前述,纽约州仅允许以通奸为由起诉离婚。纽约州的居民只要有闲有钱,可以到离婚规定较宽松的州离婚,当然,首先必须在该州有居所。但有些州早已迫不及待地向这些人示好。今天,人们可以进行生态旅游,和"买春"旅游。过去,为离婚而进行的旅游是一桩好生意。那些希望从离婚旅游者身上大赚一笔的州纷纷降低其居所的要求,进而扩大离婚的依据。

一些州曾进行过此类尝试。但长远看,最成功的是内华达州。曾几何时,"到雷诺去"已成为离婚的代名词。和博彩业一样,离婚也成为这个没有什么经济基础的荒凉沙漠州的生财之道。但即使在内华达州——温和点说,一个道德考量几乎不会干扰金钱追求的州——离婚问题也引发了人们的广泛争议。妇女团体、牧师和其他一些人极力反对"过于简单的离婚"。1913 年,他们要求执行严格的一年居住法律规定。胜利持续很短。居住要求很快就降低为半年、3 个月,到 1931 年,降至六周。[51] 1929、1930 和 1931 年的人口调查数据清楚地显示了这一变化。内华达州每 1000 个居民中有 38 人离婚,这一数据是离婚率居第二位的俄克拉何马州的十多倍。[52] 1946 年,随着战后离婚率的陡增,该州达到每 1000 个居民有 143.9 人离婚的高值。1950 年,这一数据降至每 1000 人中有 55 人离婚,即使这样,这也是加利福尼亚州的 15 倍,是离婚率最低的纽约州的 50 多倍,纽约州恰好也是离婚法律规定最严格的州。[53] 到二十世纪四十年代晚期,据说内华达州立法机关已开始考虑一项允许通过"老虎机"决定离婚的提案。[54]

1959 年,歌星艾迪·费舍尔(Eddie Fisher)想要与其妻——黛比·雷诺斯(Debbie Reynolds)离婚,再与伊丽莎白·泰勒(Elizabeth Taylor)结婚。[55] 费舍尔和妻子居住在加利福尼亚州,该州法律要求再婚前需有一年的等待期。而内华达州仅规定 6 周的居住期。艾迪·费舍尔通过在拉斯维加斯 Tropicana 酒店夜总会驻场演出的 44 天,满足了该州规定。[二十世纪六十年代的热播电视剧《广告狂人》(*Mad Men*)第三季结尾,贝蒂·德雷珀(Betty Draper)登上了一架飞往雷诺的飞机,开始在那儿待上 6 周以满足该州规定,进而与其花心丈夫离婚,与亨利·弗朗西斯(Henry Francis)闪电结婚。]

在联邦体系内,离婚旅游会存在一些风险。内华达州居住满 6 周的规定真的有效吗？内华达州想通过离婚发财，而离婚规定严格的州想要保护他们的居民以及法律免受针对离婚的宽松道德观念的影响。根据"充分善意和信任"条款，各州之间都应相互承认对方的裁决。它们需要承认内华达州或其他什么地方的"闪婚""闪离"吗？

二十世纪四十年代发生在北卡罗来纳州两对争吵不休的夫妇间的两个案例，事实极为复杂。该州与纽约州一样，对离婚持严格的态度。在该州离婚的唯一理由也是通奸。生活在北卡罗来纳州的威廉斯（Williams）先生已婚，有4个孩子。他前往内华达州，入住一家汽车旅馆。亨德里克斯（Hendrix）夫人也来自北卡罗来纳州，也入住了同一家旅馆。两人在该旅馆停留了6周，然后各自起诉离婚。拉斯维加斯的报纸刊登了通告，法院的传票和起诉状副本也邮寄给了北卡罗来纳州的两个暴怒的配偶。二人顺利离婚，并在内华达州立即结婚。但当二人回到北卡罗来纳州后，被立即以重婚罪逮捕，并被定罪。

联邦最高法院推翻了二人的有罪裁定。[56]内华达州的离婚裁定符合该州法律，根据"充分善意和信任"条款，北卡罗来纳州即使在相同情况下不同意二人各自离婚，也应承认内华达州离婚裁定的效力。但威廉斯和他的"新"妻子并不能高枕无忧，该案被发回重审后，二人再次被定罪。但这次定罪基于了些许不同的理论，因二人从无将内华达州作为家庭所在地的意图，二人在该州的离婚无效。他们在内华达州的"住所"不真实，因而内华达州从一开始就没有该案的管辖权。这次，最高法院认可了这一裁定。[57]两次审判的区别何在？根据最高法院的说法，仅在于1942年的第一次判决中，北卡罗来纳州假定其拥有无视内华达州裁定的权利，未质疑该州法院的裁定效力。而1945年的重审做到了这点——即质疑依据内华达州法律作出的离婚裁定是否有效，并最终获胜。当然，威廉斯和他的"新"妻子双双被判入监。

其他一些离婚地比起内华达州而言，更具"异国情调"。墨西哥就是其一。据统计,第一次世界大战至1929年间,约有2000对美国夫妻在墨西哥离婚。[58]据报道,1929年,墨西哥的坎佩切州成为了"离婚工厂",只要支付600至1500美元不等的金额,就可立即离婚。[59]二十世纪六十年代,又出现了一波前往墨西哥离婚的高潮。1963年,赛比尔·伯顿(Sybil Burton)与其丈夫——演员理查德·伯顿(Richard Burton)通过墨西哥的代理人离婚。当地的一位律师代表其出庭,离婚理由是"虐待"。伯顿得以与伊丽莎白·泰勒结婚。这是泰勒第二次通过异地离婚"再结新欢"。伯顿夫妇因此成为"一万多对在墨西哥离婚的非墨西哥夫妻之一"。在墨西哥离婚速度快,花费少,不麻烦。该国可以随时批准居住,并可在几分钟内批准离婚。[60]虽然多数律师(和法院)都认为墨西哥的离婚在美国无效,但这完全无法阻止人们跨越边境,前往墨西哥离婚。乡村歌手莱·库德(Ry Cooder)在一首歌中这样唱道:

> 过了 El Paso 就是 Juarez
> 一幢老房子里
> 你挥别过去
> 今天结婚,明天离婚
> 留下伤心的你我
> 去墨西哥离婚
> 简直就是罪过[61]

其他一些地方也想从"离婚生意"中分一杯羹。1944年,维京群岛立法会将其居住要求降为6周。很快,"生意"火爆起来,但到1955年就没落了。[62]联邦最高法院在格兰威尔-史密斯诉格兰威尔-史密斯案(*Granville-Smith v. Granville-Smith*)中认为,维京群岛立法机关仅能就其内部事务通过法律,而吸引离婚游客前往离婚并非内部事务。"[63]克拉克大法官提出了不同意见,该裁决的"唯一的实际效果就是使纽约人飞 2400 英里去雷诺,而不是乘船航行 1450 英里去维京群岛"。[64]海地和多米尼加共和国也开始"抢生意"。1986 年《纽约时报》的一篇文章说:"去海地过个周末还可以顺带离个婚。"[65] 1979 年,一位律师在《华盛顿邮报》打广告,声称他可以给那些想要在多米尼加共和国"协议离婚"的夫妇提供"法律咨询"。广告称:"抵达多米尼加共和国 24 小时内,办妥离婚!"[66] 2008 年关岛的一位律师在其个人网站上宣称,可以给出"在关岛离婚比在加勒比地区离婚便利的六个理由"。在美国关岛离婚首先是快(只需两周),同时,你还可以在干净、现代的美国"地盘"——"美国度假天堂"享受一次"豪华酒店、丰富夜生活、潜水、打高尔夫的海滨度假","廉洁高效的美国法律制度",以及用英文拟就的有效离婚证书;而加勒比地区却"肮脏,贫穷,危险,卫生设施糟糕,疾病肆虐"。[67]

上述这些域外获得的离婚在法律上都站不住脚。但只要没人提出异议,事实上,此类离婚就是有效的。偶尔也会有几个不满的前夫(妻)提出质疑。最高法院在 1948 年的埃斯廷诉埃斯廷案(*Estin v. Estin*)中对夫妻关系给予了保护。该案判决在事关离婚后财产分割和抚养问题上拒绝适用"充分善意和信任"条款。[68]威廉斯案的裁决仅限于离婚,并对异地离婚发出了警告。但多数时候,没人会质疑那些跑到雷诺或拉斯维加斯离婚的夫妻,就像没人理会数十万在法庭上信誓旦旦地作伪证的夫妻一样。

缓慢的衰落

此种草率构建的体系在二十世纪多数时候得以维持。法律似乎停滞不前。但只要仔细观察，到二十世纪中期，旧有的体系开始表露出衰败的迹象。比如，1966 年，纽约州终于修订了离婚法，将"残忍和非人待遇"增补进离婚依据。[69]一种基于无过错的制度开始缓慢出现。到 1950 年，20 个州允许夫妻在别居数年后，可无需提供理由离婚。亚利桑那州、爱达荷州、肯塔基州和威斯康星州的别居年限为 5 年，罗得岛州的年限为 10 年，阿肯色州和内华达州的年限为 3 年，路易斯安那州和北卡罗来纳州的年限为 2 年。[70]

这一规定在多数州都很少使用。如果通过几个善意的谎言就可更快离婚的话，为什么还要再拖几年呢？[71]但无过错离婚具有极为重要的象征意义。这些法规事实上承认，有些婚姻已名存实亡，不管有无"依据"，都应体面地终结。1933 年，新墨西哥州迈出了更大的一步。该州修订了离婚法，将"夫妻不和"作为了离婚依据。[72]简单说，"夫妻不和"就是两人没法一起过日子。1953 年的修订案进一步作了说明——"由于双方不和谐或性格冲突，婚姻的合法目的无法实现，也没有任何和好的合理预期"，即可认为"夫妻不和"。[73]合情合理的规则，使得传统离婚理论不再铁板一块。

然而，共谋离婚的做法在 1970 年仍很普遍，而且，尽管漏洞百出，却以简单易用的方式运转正常。1972 年，马克斯·莱恩斯坦因（Max Rheinstein）写道，"协议离婚""唾手可得"，完全不管正式法律如何规定，只要人们愿意来一趟"价格不菲的旅游"，或讲一两个谎话，达成一致意见的成年人们就可以办妥离婚。[74]尽管现有制度也能够应付极少数对离婚提出的质疑，但效果让人不满且混乱不堪。

这一制度愈发让人们不满。首先，花费高昂，而且虚伪。许多家事法律师都对当事人撒谎和见不得人的秘密嗤之以鼻。纽约州一位律师认为离婚法律"散发着腐臭"。其他人将其称为"不人道"或"愚蠢"。[75]1948 年，纽约州一个大陪审团对离婚案中出现的"欺诈、伪证、共谋和纵容"进行了谴责。地区检察官弗兰克·霍根（Frank Hogan）打击了虚假通奸的现象。他下令逮捕了马克斯·祖克曼（Max Zuckerman），"一个提供离婚服务的私家侦探"，和萨拉·埃利斯（Sarah Ellis），一位在35个案例中扮演那个"不知名女郎"的年轻母亲。[76]这些行动上了报纸的头条，也给检察官带来了"恶名"。但对离婚的肮脏勾当影响不大。人们仍然不断质疑双面制度的存在。维多利亚时代早已过去，1970年是同居的时期，所谓性革命的时期，自我表现个人主义甚嚣尘上的时期。

同时，也是自我表现型婚姻大行其道的时代，将伴侣型婚姻的时代甩在身后。人们不再将婚姻视为双方责任的枷锁，或神圣的关系，而将其当作个人实现的一个手段。在这样一个"追求""个人幸福"主导一切的时代，婚姻"被认为完全是个人事务"[77]，简单说，就是实现个人目标的途径。虽然保守人士从未停止对随意离婚的抵制，但他们的影响力日渐式微。1949年多萝西·汤普森在《女士居家期刊》（*Ladies' Home Journal*）撰文认为，离婚法简直就是粗鲁野蛮。如果一起生活已是"不可忍受"之事，为什么不能允许二人"一致同意"后离婚？不是每个婚姻都美满幸福。一个母亲是"出色家庭主妇"的"男孩"娶了一位"长腿""职业女郎"，而她却从不做家务。或者一个从小就成长在一个"温暖、有趣、活力充沛"家庭的"男孩"与一位"沉默寡言、淡然无趣"的女孩成家，还让他每天自己擦鞋。为什么要强行让这样的夫妻长相厮守？[78]

很多专家都想彻底消灭共谋离婚的现象，并代之以更"有效"，更能体现个人和家庭价值的制度。[79]洛杉矶县成立了和解法庭，二十世纪五十年代由路易斯·伯克（Louis Burke）法官领导。该法庭"对与家庭争端有关的所有人拥有管辖权"，这意味着该法庭甚至可以传召作为"第三方的'情人'"，并让他们停止"插足"。目的当然是为了挽救婚姻,并希望当事各方签署一份"和解协议"。理论上,这一协议可执行。如果一方对协议置之不理,可能会被判入监,确实也有此种情况发生。[80]在一份"典型的"协议中,丈夫会承诺扶养妻子,负责处理"家庭以外"的事;妻子则"主内",负责家务(如果妻子有工作的话,丈夫也应承担部分家务)。妻子在婚姻关系中"付出"更多,但根据伯克法官的观点,妻子都"乐于为丈夫和家庭""作出牺牲"。夫妻二人都要防止与对方"打冷战"。丈夫不应"下班太晚",还要"经常带妻子外出晚餐""至少每周一次"。当然,丈夫也应享有合理的"零花钱"应付社交场合。妻子也应有"零花钱"用于美容院和化妆品。吃饭时间应"和谐安宁"。双方都需控制自己的脾气。我们知道,性生活"为激情提供了一个健康、安全的出口",但应"适度"。一周两次比较合适,"也不会被认为过度"。"前戏"阶段,丈夫必须温柔,因为女性不像男性一样能很快"性唤起"。妻子也有责任,应"响应丈夫的努力"并不要"像接受体检的病人一样"。双方都要避免"不卫生,体重过胖,粗俗或随意穿着"。随着时间的推移,双方都应耐心接受对方身心的正常变化,比如"秃顶、皱纹、义齿、关节炎等"。[81]

和解法庭的组建基于一些我们熟知的假定。离婚对孩子,对夫妻双方,对全社会都不好,虽然有时不可避免。主要的目的是减缓离婚的速度。芝加哥的朱利叶斯·迈纳(Julius Miner)法官建议实行 60 天的冷静期。1955 年,法律有了这一规定。但律师们很快就找到了规避这一规定的方法。"他们会向法庭申请因情况紧急,免除 60 天冷静期"——可能妻子需要立即获得经济赔偿以抚养孩子。法官们"几乎在所有案件"中都批准了免除申请。迈纳法官还建议由"婚姻诊所、社会工作人员、心理咨询师和牧师"协同工作,在冷静期挽救婚姻。但并没有这样的诊所出现。[82]

官方的政策是为了阻止"闪离",鼓励和解。毫无疑问,政策背后的观念是临时裁决(或附条件的裁决)。在实行临时裁决的州,离婚分为两个阶段。第一阶段的裁定是临时的,必须过一段时间才能成为最终裁定,通常是6个月,但加利福尼亚州和其他几个州的规定是1年。通常到期后自动进入第二阶段。有几个州要求当事双方向法院请求才作出终裁。[83]喜欢老电影的人能发现,临时裁决是1937年加里·格兰特和艾琳·邓恩主演的电影——《丑陋的真相》——里的桥段。电影一开始,二人离婚,但两人在裁决到期之前和解(大家都知道会这样结局)。但现实生活中,很少有此情况。1933年立法机关拒绝终止这一做法,尽管一位议员提出,他作为律师"处理了近两百起离婚案,其中只有五六起以和解结案"。[84]也有一些做法起到了良好的效果,比如二十世纪五十年代亚历山大法官在托雷多组建的家事法庭。[85]但多数尝试都以失败而告终。和解法庭须经双方自愿,可能也确实能挽救部分婚姻,如果两人确实选择前往该法庭进行咨询的话。

但到了两人真的在法庭上相对时,都不再愿意接受任何劝告或和解,只想离婚。所有的调解方案,挽救婚姻的做法最终都会面对冷冰冰的现实——夫妻都想"各自单飞",或者一方想离,另一方不想或无法阻止。不管通过威逼还是利诱,协议离婚就是事实。在一个强调个人成长和满足的时代,旧有做法失去了存在的必要。[86]

无过错

旧有的做法确实也走到了末路。二十世纪离婚法律的发展史基本上就是这一双重制度走向衰败的历史。起初,变化缓慢发生。然后,特别是1970年后,以加速度走向崩溃。[87]变化始自加利福尼亚州1970年颁布的第一部无过错离婚法律。该法甚至直接弃用"离婚"一词,代之以"婚姻关系的解除"。该法规定如果法庭认为夫妻"不可调和的差异"造成了"婚姻不可弥补的破裂","即可宣布"婚姻关系解除。[88] 该法起草者和为该法鼓与呼的人们明显意图使法院不再仅仅成为一个"橡皮图章"。该法将"不可调和的差异"定义为"法庭认定的婚姻关系无法延续的实质性原因的依据"。[89] 根据该定义,法庭应举行某种形式的听证会,并认定某些事实。该法还认为,"法庭如根据听证会所呈现的证据认定存在不可调和的差异",可下令解除婚姻;如果存在"调解的合理可能性",法庭将在30天后作出裁决。[90]

上述规定肯定与随意离婚相悖,或至少从字面上看确实如此。正如我们常常见到的,文本无法反映实际情况。几乎一瞬间,听证会和30天的裁决期消失得无影无踪。与其一起消失的还有对证据的强调和调解。该法起初的意图仅仅是:如果双方真正无法继续过下去,不管出于何种原因,婚姻关系都应终结。法官又做回了原来的"橡皮图章"。双方可能(也的确)会在财产、支付扶养费和子女监护权方面产生冲突,但这些都与离婚本身无关。无过错离婚还不能简单地等同于协议离婚,它是单方面提起的离婚,与另一方是否同意无关,而且也不存在对无过错离婚请求的抗辩。只要提出,就可离婚。

加利福尼亚州的做法就像大坝上出现的管涌。1971年,艾奥瓦州和明尼苏达州紧跟加利福尼亚州也颁布了类似法律。[91] 接着,越来越多的州"爬上"了无过错离婚"这辆马车"。许多州都和明尼苏达州一样,直接废除了原来的离婚依据。其他州在其离婚依据上增加了"不可挽回的关系破裂"。[92] 有几个州,内华达州是其中之一,使用了"夫妻不和"的概念来达到同样的效果。[93] 宾夕法尼亚州规定,如果夫妻双方一致认为其婚姻"已不可挽回地破裂",可以立即离婚。即使双方无法就离婚达成一致,只要别居两年,也可裁定无过错离婚。[94] 多数州不仅颁布了加利福尼亚州式的法律,而且所获结果也与加利福尼亚州一样:无需双方一致同意的单方面离婚。[95] 二十世纪七十年代,内布拉斯加州针对近一万起离婚的调查没有发现一起一方提起离婚,结果因另一方反对而遭拒绝的案例。[96]艾奥瓦州的结果也一模一样。[97]在美国离婚(或"解除婚姻关系")比很多其他国家都更容易,更便宜。但许多欧洲国家也开始效法美国。比如,德国夫妇只要认为两人关系破裂,就可离婚。一年的别居足以证明。如果双方一致同意,他们甚至可以更早离婚。斯堪的纳维亚国家的离婚法也大同小异。只要别居一定时间(通常一年),就可无过错离婚。

为何会发生这些变化?究竟是什么对社会、家庭和社会结构造成了如此大的改变?性革命带来的冲击是什么?一些社会风潮的影响极为明显,另一些则影响不大。比如,美国是一个异常笃信宗教的国家。到二十世纪末,整个国家对宗教信仰更狂热、更虔诚。数百万人仍坚守他们称作的传统家庭价值观念,并视同性婚姻为"洪水猛兽"。天主教徒禁止离婚。对很多人而言,离婚也不是什么好事。统计数据表明,不管在天主教徒较多的州、保守的浸礼会教徒较多的州,还是在不乏奇奇怪怪信仰的加利福尼亚州和内华达州,人们都热衷离婚。(今天,恰恰是处在圣经带的州离婚率居高不下。)难道美国人都是伪君子吗?

离婚法一直都比结婚法更复杂。大量律师从离婚案件和离婚和解中赚得盆满钵满。没人从结婚中赚到钱。但没有结婚,哪来离婚。离婚时婚姻关系的破裂,与结婚有关的社会风气一定会影响到离婚。要理解离婚,我们必须对本书第二章讨论的婚姻社会意义的变化了如指掌。二十世纪初,多数人至少在口头上对婚姻的传统价值和传统观念表示尊重。一对夫妻对婚姻的期望也切合实际。而且,离婚总让人有点"抬不起头"的感觉,在过去是"最后选择"。"未婚同居"不仅是丑事,还是罪恶。非婚生子女一出生就带着耻辱。当然,很多人都违背规则,并没几个人以遵守规则为荣。

然而,传统婚姻已开始以微妙的方式发生着转变,走向所谓的伴侣型婚姻。传统性别角色正土崩瓦解。夫妻应像好友和恋人一样亲密无间。男人还是一家之主。但理想的婚姻应像合伙一样——两个(大致)平等的主体结合在一起。当然,家庭中真正的合伙关系仍然少见。但离婚本身给传统婚姻带来了压力。双方都对对方期望更多。一旦无法达到预期,亲密关系就可能"变味",对对方的要求就可能"难以忍受"。离婚成为某种形式的"安全阀",使整个体制运转正常。[98]而且离婚也为再婚敞开了"方便之门"。如果再婚是希望战胜过去,那么离婚就是希望之船的"桅杆"。后来,又出现了安德鲁·谢林称作的自我表达型婚姻,以及呼吁随意离婚所带来的更大压力。事实上,无过错离婚代表了表达型婚姻的绝对胜利,或者也可以说,让人们看到了表达型婚姻是多么不堪一击。

纽约州孤独地抵制着真正的无过错离婚,并坚持到了二十一世纪。2010 年,该州最终加入了其他州的行列。在此之前,州立法机关驳回了无数次针对无过错离婚的提议,坚守着旧的做法,不管有多少错误和怨言。像许多州曾经的做法一样,该州不仅坚持基于过错的离婚,而且该州唯一一个基于无过错的离婚条件为一年别居,且夫妻双方还需签订正式书面协议,解决与财产和子女抚养有关的所有问题。更有甚者,基于过错的离婚依据需严格解释,意味着想要离婚的夫妻有时需将他们的离婚问题提交至该州最高法院,且还很有可能被驳回。[99]2009 年,诺威尔·戴维斯(Novel Davis)申请与结婚 41 年的丈夫离婚,依据是丈夫对她不管不顾。尽管二人仍生活在一幢房子里,但她声称丈夫对她"不理不睬"。他拒绝与妻子共度节假日或生日,也不一起吃饭,像其他夫妻一样参加社交活动或去看电影,外出就餐,或前往教堂。他还把自己的所有物品搬出了二人的"婚房"(主卧室)。但此种"不理不睬"并非离婚法规定的"遗弃"。为了离婚,她必须证明丈夫搬出另住,不与她来往,或无理拒绝与她过性生活(尽管她反复提出要求)。[100]法庭拒绝接受"不理不睬"的说法,以防为无过错离婚"打开后门"。这一做法让诺威尔离不成婚,她的命运与"摩登"的纽约州那些败诉的离婚案件原告的一模一样。[101]

新法将终结此种终生忍受"寡然无味"婚姻的做法。虽然新法仍沿用离婚法的传统结构,但将增补新的离婚依据,即"夫妻任一方宣誓证明,两人的夫妻关系已不可挽回地破裂,且已持续至少6个月"。[102]新法确立了单方面离婚,以及双方一致同意终止婚姻关系的无过错离婚,尽管财产和子女监护的问题并未涉及。

无过错离婚究竟有什么好处呢?有一个效果很明显:消除了谎言和伪证以及为离婚"依据"而进行的争吵,并一劳永逸地消除了共谋。所有的抗辩——反控、宽恕及其他都消失无踪。许多改革者都想要针对协议离婚立法。但单方面离婚是更加极端的变化。夫妻任何一方都可以在任何时候,不管有无理由,结束二人的婚姻。

离婚——或婚姻关系解除——从此更快、更便捷,而且便宜,有时甚至非常便宜,特别是当你买本自助离婚手册后。你也可以光顾一家专门从事此类服务的公司,其中一家的广告承诺提供"超值在线离婚"(一种"简单、高效、全新"的服务,为"无争议离婚"夫妇度身订制),办完全部手续"仅需1小时"。2010年,此项服务的价格仅为299美元,或者分两期付款,每期157美元。[103]

便宜、便捷的离婚手续导致了实际离婚率的上升吗?证据并不明显,而且自相矛盾。[104]但这重要吗?离婚是合法解除夫妻关系的一种方式。很多人,不管现在还是过去,都指出便捷的离婚手续是家庭解体的原因之一。这样说有因果不分的嫌疑。一段幸福的婚姻不会因为离婚便宜、便捷而终止。婚姻失败和家庭破裂导致了离婚,而不是离婚导致了婚姻失败和家庭破裂。另一个更具争议、更难回答的问题是,无过错离婚是否使女人们的境况变得更糟了。对此问题的证据也是相互冲突。我们会在第九章关注离婚的经济后果。

无效婚姻

无效婚姻是另一个结束婚姻的方式。被判无效婚姻意味着从婚姻登记册中删除记录,就像这段婚姻从未存在过一样。此种做法很受天主教徒的欢迎。天主教禁止教徒离婚和再婚,但如果婚姻被宣告无效,那么双方就可以再婚,因为在教会眼里,他们从未结过婚。

天主教式的无效婚姻与法定无效婚姻还不一样。前者要求在教会裁判所履行程序,每年有近四万起婚姻由该裁判所宣布无效,而1968年只有368起。[105]夫妻只要获得教会判定的无效婚姻即可,无需额外判定,反之亦然。

美国法院处理的无效婚姻数量比离婚少得多。正式规则至少表面上相当严格。只有当婚姻从一开始就存在极端严重错误的情况下,才可判定婚姻无效。无效婚姻裁定将婚姻"连根拔起"。[106]各州法律都规定了各种各样婚姻无效的"依据":典型的是重婚、性功能障碍、不到婚龄、智障、乱伦、欺诈和胁迫。这些都是我们第一章提到的合法婚姻"障碍"。

基于婚姻瑕疵的严重程度,无效婚姻的法律规定可简单分为"无效"和"可撤销"婚姻。比如,1930年俄勒冈州的法律规定,乱伦婚姻绝对无效。如果某人与拥有"四分之一或更多黑人血统"的人结婚,也属无效婚姻。[107]重婚也属无效。上述婚姻即便法院没有正式宣布无效也不具备婚姻效力。同样,尽管重婚本属"无效",但可能为了更正式,重婚的受害人通常也会要求宣示重婚无效。约瑟芬·门德斯(Josephine Mendes)——一位有着"电影圈最小脚"的"不入流的女演员"在蒂华纳与约瑟夫·Y. 佛南德兹（Joseph Y. Fernandez）结婚。后来她发现男方已有妻子，还有孩子。随后，她于 1935 年 9 月离开男方，并获得了婚姻无效裁决。[108] 1943 年，拥有一家私人侦探事务所的约翰·A. 布拉凯德（John A. Blackadder）与妻子伊德里亚（Idelia）的婚姻被宣告无效，尽管两人已在一起生活 19 年。伊德里亚告诉他，她原来的丈夫在第一次世界大战中阵亡，但后来发现此人"活得很好"。[109]

然而，另一些婚姻则只能属于"可撤销"的婚姻。此类婚姻也可被宣布无效，但除非由法院作出无效裁定，否则该婚姻即被视为具有效力。在俄勒冈州，如果夫妻一方"没有能力""或因不够婚龄或不具备足够理解力"而缔结婚姻，或在"暴力或欺诈"下同意结婚，则该婚姻"可撤销"。[110]

草率决定的结婚、醉酒后的结婚、被认为是玩笑的结婚都是可被宣布无效的婚姻。1924 年，亚特兰大一位 18 岁的女孩声称，她的婚礼是在"乘车途中被人下药后处于半清醒状态下"进行的。[111] 1952 年，加利福尼亚州圣马特奥县，琳达·莫耶斯（Linda Moyers）在雷诺市与丈夫成婚次日离开了他，声称二人举行婚礼时，她"烂醉如泥"。[112] 1908 年，哥伦比亚大学的希腊学生亚历山大·瓦萨科斯（Alexander Vazakos）想要法院宣示其与年近六十的露易丝·谢妮亚（Luise Xenia）的婚姻无效。露易丝是亚历山大在希腊时的德语老师，她对亚历山大实施了催眠术，使其"感觉失灵"，因此他"不得不服从她的意愿"。事后，亚历山大从雅典逃到美国，但露易丝也随之而来。[113] 这些无效婚姻都获得了法院支持。

一直以来，年轻人之间的草率结婚都会面临被宣示无效的危险。近些年来，草率举行的名人婚礼，后又反悔并被宣告无效的事例似乎越来越多。歌星布兰妮（Britney Spears）在 2004 年与一位儿时玩伴结婚，婚礼第二天就提出宣示无效婚姻申请。她的理由是，"缺乏对自己行为的深刻认识",以及"没有能力同意结婚",而且两人"对各自喜好都一无所知"或者对养育子女基本上完全"不和"。[114]布兰妮最终如愿以偿。达尔娃·康格(Darva Conger)在参加一档名为《谁想嫁给百万富翁》(*Who Wants to Marry a Millionaire*)节目后,在飞机上与里克·罗克韦尔(Rick Rockwell)成婚。里克确实曾经是百万富翁,同时他还是一个因家庭暴力被前女友禁制的人。法院宣告二人婚姻无效。女演员卡门·伊莱克特拉(Carmen Electra)与篮球明星丹尼斯·罗德曼(Dennis Rodman)也以醉酒为由申请两人婚姻无效。蕾妮·齐薇格(Renée Zellweger)与乡村歌手肯尼·切斯尼(Kenny Chesney)的短命婚姻也以宣告无效告终,理由是不明确的"欺诈"。

无效婚姻通常都极为短暂。[115]也有一些例外情况,比如前面提到的布拉凯德的婚姻就是一例。最长纪录由赫尔曼·罗森布拉特(Herman Rosenblat)保持。1931年,他在洛杉矶讲述了他的悲伤故事,与一位"精神不正常"的妻子保持了长达37年的婚姻关系。一直以来,出于"深沉持久的爱情",他一直苦苦坚持,期望妻子会好起来,最终他放弃了。妻子被送进医院,法院宣示二人婚姻无效。[116]

根据某些州的法律规定,未达到婚龄结婚的双方在双方父母提出反对的情况下,也可以申请宣示婚姻无效。[117]1900年,加利福尼亚州的一位父亲试图请求法院宣示其未达婚龄女儿的婚姻无效。但未获批准,因为这位父亲坦言,他的"孩子太多",他根本搞不清女儿的真实年龄。[118]有时,法官会宣告"未入洞房"的婚姻无效,特别是当二人年龄极小时。[119]大多数州都将性功能障碍列为无效婚姻的依据。佛罗伦斯·沃尔特(Florence Walter)抱怨,她与其丈夫进行了多次尝试,都无法发生性关系,尽管她已"尽到一个女人可以做到的一切帮助他"。她还说,丈夫的私处形状正常,"就是有点小"。[120]埃塞尔·利普斯科姆(Ethel Lipscomb)要求宣告婚姻无效的原因是,她丈夫常年沉溺于手淫,最终使她与丈夫无法进行正常性生活。法庭均宣告两起婚姻无效。

欺诈——涉及某些关键事实的谎言——同样也是宣示无效婚姻的依据。洛杉矶的多拉·蒙特(Dora Monte)于1918年10月与斯坦利·卡尔(Stanley Carr)成婚。事后发现卡尔未成年,而且是个"懒汉""谎言高手",隐瞒他从其父亲处继承的大笔遗产。当多拉得知这一切后,"立即"离他而去,并宣示二人婚姻无效。[121]智障也是无效婚姻的依据。二十世纪早期,各州都试图阻止精神不正常的人结婚。即使今天,各州对婚姻双方也有最低限度的智力水平要求。但法律标准极低——低于几乎所有其他法律行为的要求。即使一个在精神病院的人,或一个财产受监管的人,或法律上无行为能力立遗嘱的人,都可以结婚。[122]只要双方明白"结婚"是怎样一回事,就可以成婚。[123]

与离婚相比,很多州的无效婚姻都不多见。二十世纪初,加利福尼亚州的阿拉梅达县只有1%~2%的当事人请求以无效婚姻而不是离婚终结婚姻关系。[124]1929年的马里兰州,在1973起离婚申请中,只有30起被判无效婚姻;1930年的俄亥俄州,在6500起离婚请求中,只有38起要求宣告无效婚姻;[125]1967年的艾奥瓦州,在6018起离婚中,有46起是无效婚姻。[126]但在加利福尼亚州的圣马特奥县,1950年至1957年间提起的解除婚姻关系请求中,12.3%要求宣告婚姻无效。[127]这些案件中36%的原告为男方,而离婚诉讼中的这一比例为15.9%。[128]不清楚为何该县如此多的男性申请无效婚姻。

与离婚案件一样,如果另一方无异议,婚姻无效更易获批。在有异议的案件中,法庭会极为严格。1934年马萨诸塞州的一个案件中,鲍林·麦尔·汉森(Pauline Maier Hanson)讲述了一个悲伤的故事:当时她还未成年,被诱骗与汉森结婚。汉森告诉她,如果她不嫁给他,他就会失业;如果他结婚的话,工资还会涨。而且如果她同意办理结婚手续,二人第二天就可以申请婚姻无效。然后,二人结婚,她回到自己家,她的家人大怒。更糟糕的是,汉森还有性病。鲍林声称受到胁迫和欺诈,而且两人并未"发生性关系"。法庭批准二人婚姻无效,但上诉法院驳回了该判决,声称该案事实并不存在胁迫,而且所谓的欺诈"并未影响契约的实质"。法庭认为,"婚姻关系不是随意就可以解除的"。[129]

然而,在纽约州,婚姻关系显然曾经可以随意解除。该州是无效婚姻严格、少见这一普遍规则的例外。二十世纪六十年代之前,通奸是纽约州离婚的唯一依据,这导致大量"软通奸"和"异地离婚"的出现,而且也导致对婚姻无效的大量需求。无效婚姻之于纽约州就像石油之于沙特阿拉伯。显然,纽约州的无效婚姻数量与离婚一样多。1946年,纽约市11802起申请"解除婚姻关系"的案件中,有4169起被宣告无效婚姻,占35%。[130]法庭似乎非常愿意对法律作宽泛解释(或更准确地说,对无效婚姻的一般规则作宽泛解释)。比如,纽约州的法院对"欺诈"的解释比其他州更具弹性。1919年,布朗克斯区的芭芭拉·格鲁伯(Barbara Grube)夫人希望宣告其与爱德华(Edward)的婚姻无效。他告诉芭芭拉,他是一个"地道"的美国人。但后来她发现丈夫是"外国敌人"。他的"欺诈"行为使芭芭拉也成为"法律上的外国敌人"。法官批准二人婚姻无效。[131]女方如果发现她们的丈夫是无政府主义者、布尔什维克、共产主义者,或者丈夫对其健康、"纯洁、职业和经济状况"说谎,或隐瞒其"精神疾病、阳痿、犯罪记录、非法入境",或作出有关"成家""生孩子",或跟随妻子信教等的虚假承诺,都可申请宣告婚姻无效。[132]上诉法院有时不愿意批准这些无效婚姻的请求,但很多案件都到不了上诉阶段。总而言之,纽约州的法院在这一问题上极易通融。

其他州不是那么愿意扩大"欺诈"的涵义。一位作家写道,婚姻契约"比起普通契约来说,更加不易因欺诈而撤销"。[133]法庭总的来说采取了一种针对欺诈的"买方注意"的策略,他们不愿意因"盲目轻信"恋爱时期的表白而宣布婚姻无效。[134]1931年加利福尼亚州的马歇尔诉马歇尔案(*Marshall v. Marshall*)中,丈夫隐瞒其财产和扶养妻子的能力。但该州最高法院认为,这不构成可以批准妻子宣布婚姻无效的"欺诈"。婚姻无效是针对直指婚姻关系核心的"极端"情况。[135]

欺诈的官方涵义仅指对"婚姻基本条件"作出虚假陈述——诸如涉及性和生殖方面的问题。马萨诸塞州的迈克尔·雷诺兹(Michael Reynolds)要求宣告与其妻——布丽奇特(Bridget)的婚姻无效。在两人婚前相识的6周里,布丽奇特将自己描述为"纯洁高尚"的女人。但事实上,结婚时,她已怀上了别人的孩子。妻子有孕在身侵犯了丈夫"要求其妻不得与他人同床共枕,并怀有他人骨血"的权利。而且,因为有孕在身,她也"无法在婚后与其夫生育孩子",因而"不能履行婚姻契约的重要义务"。[136]

法庭似乎也很愿意在无法生育和未披露性病的情况下批准婚姻无效,这两种情况都与"婚姻核心的性关系"问题息息相关。[137]但法庭不愿意再更进一步。一些新近的案例对欺诈提出了更主观的检测——虚假陈述是否触及该婚姻根基。配偶谎言背后的真相真的足以使二人婚姻破裂吗?如果真是如此,以欺诈为依据的无效婚姻即为合理,即使同样的情况下,其他夫妇的婚姻仍可幸福地持续下去。

1979年伊利诺伊州沃尔夫诉沃尔夫案(*Wolfe v. Wolfe*)中,妻子声称自己是寡妇,并出示了一张伪造的死亡证明。事实上,妻子离过婚。[138]而丈夫是一个虔诚的天主教徒,声称如果知道真相,绝不会与其结婚。法院认为,"对一个婚姻极为重要的事实,对另一个婚姻可能并非如此"。欺诈必须具体情况具体分析。尽管双方以夫妻名义已共同生活多年,且有子女,但法庭仍会宣告婚姻无效,因为二人的婚姻"如果没有欺诈的话,不会缔结"。法庭在科罗拉多州最近的一个案子中向前迈进了一步——批准了一位妇女的无效婚姻请求,该妇女声称如果不是她前夫告诉她已患不治之症的话,她不会与前夫复婚。她不想让他独自面对死亡,因此同意复婚,但前夫并未患病,活得很好。妻子因前夫即将去世的虚假陈述而同意复婚,这一事实触及了"婚姻的核心问题"。[139]

一些法院仍坚持传统[140],但明显转向了对欺诈更主观的理解。前面提到的两个案例就是明证,而且此种转向与个性化婚姻或自我表现型婚姻的日渐普遍一致。如无过错离婚一样,现代无效婚姻法也开始反映婚姻作为个人幸福手段的理念。一个因他人虚假借口缔结婚姻的人,即使这些借口仅与个人对幸福的期望有关,也不应该享有此种幸福。

无效婚姻的案例除了纽约州以外,并不常见。[141]无过错离婚出现后,无效婚姻更不普遍。即使在直到2010年才出现单方面无过错离婚的纽约州,限制性不强的离婚法也大大减少了人们对扩张无效婚姻概念的需求。总的来说,在无过错离婚时代,可以很迅捷、方便、便宜地离婚(一位艾奥瓦州律师说"就像买包口香糖一样方便")[142],许多夫妻觉得没必要申请无效婚姻。各州或多或少地减少了离婚与无效婚姻之间的差别。无效婚姻的子女仍属合法,许多州都授权法院以与离婚案件同样的条件处理无效婚姻的财产分割和抚养费问题。只有为数不多的几个州,夫妻在婚姻被宣告无效之后,拥有较少的经济权利。而且如果婚姻被宣告无效,婚前协议不起任何作用。

可以确定的是,无效婚姻对那些对离婚存在宗教忌讳的夫妇极有吸引力。内华达州专门有一类公司,根据公司广告,可以为当事人迅速办理无效婚姻手续。其中一家承诺提供"人性化快捷法律解决方案"的公司对普通无效婚姻仅收费767美元,"如有孩子,每个加收25美元;如有财产纠纷,加收25美元"。如果"一方配偶失踪",加收250

美元。公司宣称"成功率"99.9%。[143]

协议婚姻

婚姻法和离婚法都是家事法的一体两面。没有婚姻的社会构成就没有离婚;因此,离婚与婚姻法关系紧密。我们生活在一个离婚便捷的时代,结婚、离婚都很便捷。

这一情形招致许多人,特别是坚守"传统"价值的虔诚宗教人士的厌恶。便捷离婚似乎破坏了婚姻的神圣基础。他们认为,这会腐化家庭生活,腐蚀社会赖以存在的支柱。离婚率居高不下,病态家庭的比例也不断攀升。便捷离婚很容易被当作替罪羊。严格离婚法律规定似乎看起来是解决方法之一。但令人吃惊的是,这样做对正常结婚方式造成了剧烈冲击。

1997年,路易斯安那州创设了一种新的婚姻形式——协议婚姻。结婚双方可在普通婚姻和新型的协议婚姻之间进行选择。[144]一旦选择协议婚姻,则放弃无过错离婚的权利,协议婚姻将会是"终身安排"。

事实上,协议婚姻的夫妻双方也不会真正结婚一辈子。他们可以离婚,但不是那么容易。他们必须有足够的依据,就像无过错离婚出现之前那样。依据可以是通奸、遗弃、身体或性虐待,或被定为重罪,或长期别居。协议婚姻夫妻还需同意在决定去离婚法院前,接受婚姻咨询。协议婚姻虽然对某些夫妻具有吸引力,但并不被广泛接受,不管是在路易斯安那州还是其他地方。另外几个州,亚利桑那州和阿肯色州也通过了他们各自的协议婚姻规定。[145]其他地方都没有执行。[146]即使在路易斯安那州,根据2001年的一项调查,不到一半的该州居民连存在这种婚姻形式都不知道,也不知道他们认识的人中有人选择了协议婚姻。法庭工作人员更是对此只字不提,三分之二的工作人员甚至从未向申请结婚证的人们告知存在这一选择。很少夫妻对此种新型婚姻表示兴趣[147],他们都低估了未来离婚的风险,尽管他们对高达近50%的离婚率心知肚明。[148]

阿肯色州的情况也差不多。到2000年5月20日为止发放的11037份结婚证中,只有4份是协议婚姻,后来又有5对夫妇将其婚姻形式更改为协议婚姻。2002年至2004年,该州共有111736起传统婚姻,其中只有562起协议婚姻,有206起更改为协议婚姻。[149]2004年11月,该州州长——迈克·赫克比(Mike Huckabee)在一次情人节大型集会后,宣布将其婚姻转为协议婚姻[150],期望更多的夫妻会加入他们的行列,但并未出现此种情况。

"协议婚姻运动"并未将矛头指向法律,而是希望通过劝说已婚夫妇,大范围推广协议婚姻。菲尔(Phil)和辛迪(Cindy)是该运动的执行者。根据二人的网站,2001年,"上帝对菲尔说了话,号召两人为此项运动效力",上帝还让他们"心手相连,改变当前的离婚状况"。[151]在一些城市,一些神职人员自愿同意为人们提供婚前咨询,目的是为了让人们未来能维持成功的婚姻关系。对参与的很多神职人员来说,另一个目的是降低离婚率,提倡婚内忠诚,婚外"洁身自好"。许多社区都制订了"社区婚姻政策",一些声称成功地降低了离婚率。[152]人们知道,没有人会反对进行婚前咨询,尽管多数人不愿意被强制接受咨询。南卡罗来纳州使用了"胡萝卜"策略而非"大棒"策略。"成功完成婚前预备课程"的夫妻可获50美元的"不可退还的州所得税减免"。[153]

协议婚姻本可以大受欢迎。但毕竟这是一个相对较新的理念,而且知道的人不多。如果大范围推广,离婚率会应声回落吗?可能不会。协议婚姻只是将离婚法带回到了无过错离婚出现前的时代。协议婚姻的夫妻双方真的认为二人即使不再相爱,或婚姻已变得味同嚼蜡,还是会不离不弃吗?在二十一世纪的今天看来,这完全不可能。

选择协议婚姻的夫妻可能都是那些不管贫富,不管是否有无过错都不离不弃的夫妻。路易斯安那州1999年至2000年的一项研究发现,选择协议婚姻的夫妇(毫不意外)都比其他夫妇"具有更虔诚的宗教信仰和更坚定的传统价值观"。他们反对未婚同居,笃信传统、老派的性别角色。目前生活在田纳西州的詹妮弗(Jennifer)和杰森·巴顿(Jason Barton)在路易斯安那州以协议婚姻方式成婚。詹妮弗——一位"居家母亲"——认为婚姻不是"一样打碎了可以去沃尔玛要求退货"的东西,"上帝将婚姻设计为一项协议"。[154]协议婚姻"只对一些小众的特别人群"具有吸引力,这些人在"很多关键方面"与其他夫妇不同。该调查的结论是,协议婚姻受到"价值观多样化的大众"接受的机会不大。[155]

婚姻质量提升运动

婚姻质量提升运动出自人们对现代离婚文化日渐不满的情绪。该运动来自民众,旨在强化婚姻质量。美国价值研究院(Institute for American Values)联合一些保守的家庭政策团体结成联盟,主导了该运动。该运动发布的报告《婚姻运动:原则宣言》(The Marriage Movement: A Statement of Principle)指出,"离婚革命"和"非婚生子运动"以失败而告终。该运动的目标是"掀起婚姻的大潮,减少离婚和非婚生子",使"更多的孩子在幸福美满的父母组建的家庭中健康成长",以及让更多成年人"实现其婚姻梦想"。[156]

政府也参与了提升"健康婚姻"的行动。长岛铁路和首都地铁车厢的一张公益海报内容是一对年轻非洲裔夫妻躺在床上。男人睡着了,紧抱着他的妻子,好像还发出了鼾声。女人醒着,怒目圆睁。海报下写着这样一行字:"他可能不会总是风度翩翩,但他永远都是你的王子。"还有一行小字:"订婚戒,结婚戒,鼾声?美满婚姻仅有爱是不够的。但无论怎样,他都会伴你左右。"小字下方表明了该公益广告的来源:联邦卫生署(Federal Department of Health and Human Services)及其官方网站。[157]

这些活动旨在提振婚姻质量。乔治·W. 布什(George W. Bush)总统将提振婚姻质量作为他任期内的一项重点工作。2001年11月的一周被定为"全国家庭周"。"健康家庭行动"是一项旨在"强化婚姻结构,并帮助父母在积极健康的环境下养育子女的政策"。[158]总统将主导权交由韦德·霍恩(Wade Horn),一位保守的家庭政策支持者和"负责任的父亲"运动发言人。霍恩曾任儿童和家庭管理署助理署长,坚信政府应采取"支持婚姻"的立场。"我不想扮演丘比特,我也不想告诉人们该嫁谁,该娶谁。但如果有一对男女对步入婚姻殿堂很感兴趣,或已结连理,那么我们就帮助他们获得必要的组建和维持健康婚姻的技巧和知识。"[159]该运动的积极参与者认为,健康的婚姻能治愈美国家庭出现的"疾病",解决"美国最紧要的问题——已婚家庭的衰败"。[160]

提振婚姻质量已成为联邦预算关注的事项。1996年,克林顿(Clinton)任总统期间,该问题在整个福利制度的全面检视中占据了一席之地。国会宣布,"婚姻是良性社会的基础",还是提升孩子兴趣的"关键机构"。[161]自此以后的每项联邦预算都将强化婚姻纳入其中,而且每个州都采取了各自"旨在提振婚姻,强化家庭或减少离婚"的政策行动。[162]2005年的《个人责任和发展法案》(Individual Development for Everyone Act of 2005)再次强调了联邦对提振婚姻质量应负的责任,同时包括了关注家庭暴力的条款,反映了女性不应被胁迫或诱骗,容忍不幸福婚姻的观念。[163]同年的《降低赤字法案》(Deficit Reduction Act)拨款1.5亿美元专门用于提振婚姻质量。[164]该笔款项专用于婚姻教育、公益广告、"负责任的父亲"项目、婚姻指导计划等与婚姻和家庭幸福有关的研究。考虑到可能招致的反对意见,政府提振婚姻质量的网站明确说明,健康婚姻计划不是要"强迫每人都结婚或对不幸福的婚姻关系逆来顺受",也不是"限制离婚",而且该计划也不是要成为"孩子家庭幸福的万能药方",更不是"联邦婚介机构"。[165]

  提振婚姻质量似乎看起来像是深层次社会问题的解决之道,就像贫困儿童问题。但是这样吗?家庭出现问题,婚龄男女拒绝结婚的真正原因有很深的社会基础。原因之一一定与人们的婚姻观有关,给予婚姻极大压力,会使其相当脆弱,极易劳燕分飞。当然,无过错离婚不是解决问题家庭的手段。但它反映了问题家庭存在的问题,表现了社会对人们在当今时代对不幸福婚姻不用"逆来顺受"的认可。协议婚姻和提振婚姻质量运动就是对当前便捷离婚已成为普遍现象的明确认可。任何旨在强化夫妻关系纽带的离婚法变革在政治上似乎都全无可能。

第九章
金钱与感情：离婚的经济后果

离婚虽可以快速终结婚姻关系,但其经济影响可能持续终身。就像家事法的很多其他方面,涉及离婚后经济影响的法律在二十世纪也经受了剧烈变化。总的来说,男方会在结婚后失去对财产的专有和控制。越来越多的已婚男人不得不与妻子共享财产,而妻子在婚姻关系解除时往往对财产的诉求更多。基于严格(不平等)性别角色的普通法传统已转变为更平等的做法。即使在现代规则之下,离婚后,女方经济上的损失也比男方更大。

这些变化尽管意义重大,但发生的过程却不动声色。现代法律的形成不仅与性别角色的变化息息相关,还与许多夫妻间性别角色的固定息息相关。普通法认为,女性婚后就应该是家庭主妇,事实也是如此。现代法必须考虑传统,不工作、婚后辞去工作或减少工作照料孩子和家庭的女性比男性多,因此比她们的丈夫拥有的财产少,赚钱能力小。

本章将探讨财产分割和配偶扶养方面的法律发展,同时也会关注诸如婚前协议之类的个人安排。故事的主角通常都是有钱夫妻,尽管通常夫妻一方或双方离婚后,其财产都会变少。如果双方一贫如洗,那就不存在任何财产分割和财产争执的问题了。

根本的问题就是两个:财产归谁(财产分割)？一方是否应该享有另一方的未来所得(配偶扶养)？答案远非简单。这些问题都是"律师办公室和法庭诉讼中离婚双方争执的主要问题"。特别在无过错离婚使婚姻可否解除不再存在任何争执之后。[1]

夫妻财产权的普通法规定

普通法对婚姻财产有两个明显的特征:婚姻期间女方无民事能力,以及基于身份的离婚财产分割制度。我们在本书第二章提到,婚姻期间女方无民事能力使妻子在婚姻关系存续期间丧失法律身份。[2] 丈夫掌控家里的一切财产。丈夫应扶养妻子,但婚姻隐私规则使该责任无法履行。[3] 然而,当婚姻期间女方无民事能力的制度被已婚妇女财产法取消后,已婚女性已可以拥有财产并独自挣钱。

但离婚后呢?普通法围绕一个基本但粗糙的原则:自作自受。在实行所谓财产分离制的州,夫妻双方各自享有自己名下的财产。换句话说,夫妻双方并不因结婚而获得另一方财产的所有权。

基于身份的制度与已婚妇女无民事能力的结合,使女方处于极端劣势。尽管该制度口口声声是"财产分离制",但已婚妇女无民事能力的制度阻碍妻子婚后持有或获得单独财产。她们通常都将婚前属于自己的财产交由丈夫保管,并且婚后获得的财产也都在丈夫名下。因此,当夫妻反目、分割财产时,法庭会将绝大多数财产判给丈夫。也有一些法院会在夫妻间分割财产,但都是以"扶养费"的名义或无视现行法律的方式进行。但如果没有明确规定的财产再分配制度,妻子最终都会一无所获。[4]

已婚妇女无民事能力的做法虽已不复存在,但基于身份的分配制度却保留了下来。农业经济向薪酬经济的转变进一步分化了性别角色。工业社会时期,无论如何都是男人养家糊口,女人操持家务。尽管女方从娘家带来的财产仍由女方所有,但多数女性并没有陪嫁。南卡罗来纳州(在允许离婚后)因适用一种"特别衡平"原则而显得独一无二,该原则允许法院在夫妻离婚时将丈夫的部分财产分配给女方,只要女方证明她作出了经济或其他贡献以帮助丈夫获得财产。[5]这一做法有别于财产所有权来自身份的规则,但在改变基本问题方面意义不大。妻子拥有或获得财产权的机会相当有限。

夫妻共同财产:一项变通制度

散布于美国南部和西部的8个州拒绝使用严格区分夫妻财产的做法。[6]它们采用了一种被称为"夫妻共同财产"的制度。该制度的基本原则来自西班牙或墨西哥法律,改变了婚姻关系存续期间夫妻财产的持有方式以及离婚或夫妻一方去世后的财产分割制度。[7]已婚夫妇的财产在书面上可分为三类:男方财产、女方财产和夫妻共同财产。单独财产包括婚前财产以及婚姻期间通过赠与、继承、彩票、个人伤害赔偿或其他"非劳动所得"的财产。夫妻共同财产指婚姻期间双方劳动所得以及使用该劳动所得获取的财产。婚姻期间,单独所有的财产归其所有人单独支配,除非该单独所有财产"已转变"为夫妻共同财产或赠与给配偶。夫妻共同财产则从获取时起即各占一半。理论上,丈夫收入的每一块钱都应与妻子均分,不管妻子是否工作或以任何可见的方式帮助丈夫挣钱。

离婚时夫妻共同财产规则来自于婚姻期间的规则。如果两人分道扬镳,根据传统做法,每人各自享有其单独财产,并均分夫妻共同财产。仍有3个州坚守此严格原则[8],5个州基于衡平因素允许有所调整。[9]夫妻共同财产制将夫妻视为一个整体,由于该制度并不关注哪一方挣得该财产,因而更契合男方比女方挣钱更多的"传统"婚姻。

普通法制度下的扶养费

各州法院历来都在离婚或法定别居的情况下,将扶养费判给女方。1931年,除4个州外的其他所有各州都有立法,明确在离婚案件中将扶养费判给女方。[10]4个例外的州中,有3个州有其他处理女方经济需求的机制(另一个州,南卡罗来纳州,由于没有离婚规定,因而不存在扶养费问题)。[11]男方即使在婚姻关系终止后,仍有责任扶养女方。[12]丈夫传统上就是"养老金或社会保障的代名词",他的经济所得可使从不工作的妻子不成为"社会负担"。[13]扶养费应"在被扶养配偶需求与扶养配偶支付能力间形成平衡"。[14]但直到二十世纪七十年代,这一制度都有明确的限制。[15]一些州将男方的过错作为判决扶养费的前提条件。比如,俄克拉何马州仅在因"男方攻击"情况下离婚才能批准扶养费。[16]多数州都直接将扶养费判给所有"原告"。但除7个州外的所有其他州都规定,"有错"的女方,特别是通奸,将不会获得任何扶养费。[17]二十世纪三十年代一项针对100起扶养费裁决上诉案的研究表明,"有错"的女方几乎都不会获得扶养费,如果她是"因虐待、通奸或遗弃而遭离婚"的话,更是如此。[18]此种过失主导的做法直到二十世纪末才有所减少,但从未消失。在加利福尼亚州,如果女方拥有足够的"单独财产",或者夫妻共同财产足以维持其生活,法庭也不会判给她任何扶养费。[19]多数地区都规定,女方如过世或再嫁,男方可以停止支付扶养费。[20]过世的人不需要扶养,再婚的丈夫可以接替前夫照顾她的生活。

不管在何种情况下,扶养费都非自动获取。不管法律作何规定,扶养费数额和支付期限均完全归法庭裁量。一些州将扶养费限定在男方收入的一定比例内。多数州都只会裁定"合理的",或"公正的",或"衡平的",或"恰当的"数额。[21]实践中,获判扶养费的女方并不多,而且多数前夫都未能如期支付,前妻也很少再到法院要求从前夫处获得扶养费。[22]联邦政府自十九世纪晚期的统计数据显示,只有9%的离婚案件判赔了扶养费。[23]后来的研究和调查也显示了扶养费判决不多的情况,占总离婚案件的15%以下。[24]二十世纪三十年代,俄亥俄州只有10.5%的离婚案判决了扶养费,但74.5%的离婚案中,女方获得了未成年子女的监护权。[25]二十世纪早期的加利福尼亚州阿拉梅达县,只有7.6%的无子女离婚案件有扶养费判决。[26]总而言之,扶养费从来就不是女方离婚时"大赚一笔"的手段。

公平分配:当代解决之道?

公平分配是传统离婚方式不公正的"当代"解决之道。法官基本上可以不顾及任何当事人的法律身份,以公平的名义对离婚夫妻的财产进行再分配。[27]许多州"从二十世纪三十年代开始都建立了某种形式的公平分配制度"。[28]但这些制度含混不清,主要取决于司法裁量。过错是财产分配,也是扶养费裁定的主导原则。

随着二十世纪七十年代无过错离婚的普及,一项更广泛的公平分配做法在所有实行夫妻财产分立的州得以实行。公平分配法律经受了许多法律上的质疑,法院几乎一致地裁定各州有权在夫妻关系解除后重新分割财产。[29]到二十世纪八十年代中期,普通法完全基于身份的离婚财产分割制度彻底终结。

密西西比州仍孤独地坚守着,该州从未通过法律批准过任何公平分配制度。但法院私下对婚姻财产进行分割的做法已持续多年,该州最高法院最终在1994年的弗格森诉弗格森案(*Ferguson v. Ferguson*)中采用了一套公平分配的操作指南。[30]琳达(Linda)和比利·弗格森(Billy Ferguson)结婚时,一个17岁,一个21岁。二人婚后在密西西比州生活了24年,有两个孩子:塔马萨(Tamatha)和布巴(Bubba)。琳达在家操持家务,兼作美容师。比利是电缆维修工。琳达以通奸为由起诉与比利离婚。比利的情人承认了二人的婚外情关系,并提供了二人谈话的录音带。[31] 琳达与比利手头并不宽裕,没有什么积累。琳达要求对比利的资产进行公平分配,即比利从贝尔南方公司获取的养老金。比利认为,琳达"无权获得他的养老金",而且"养老金也不是发给她的"。离婚法院和该州最高法院认为,琳达有权获得"夫妻双方共同努力积累"资产的平等份额,"家务劳动"也应算在内。"传统家庭主妇""无报酬的付出"应该纳入考量。[32]

总而言之,考虑婚姻中无经济回报的付出是公平分配法律发展的主要驱动力。1979 年一项针对各州离婚法的调查发现,有 22 个州在离婚分割财产时,都正式认可照顾子女、操持家务等付出;其他州也列举了囊括上述付出的要素。[33] 正如一个法院所言,财产分割增加了"本身不稳定"的扶养费给女方离婚后生活的支持,且弥补了无视妻子在家庭中"重要作用"的"严重错误",这一作用也对婚姻财产的积累贡献不小。[34]

女性与挣钱养家

今天的已婚女性有权获得薪酬和财产。因此,如果男女从事大致相同的有酬工作,且获得同等的报酬,那么离婚时就不得因身份遭受不平等对待。但社会现实是另一种情况。越来越多的女性进入职场,特别是二十世纪五十年代之后,但女性因家务和照料孩子而放弃高等教育、职业培训或短暂或长期离职的概率远高于男性。根据 2008 年的统计数据,60% 多的已婚女性从事有偿工作。[35] 几十年前的情况与此正好相反。但仍有大量已婚女性没有任何工作收入。今天的已婚女性贡献了家庭收入的 35%。[36]

基于性别的工作模式转变并非仅朝向一个方向发展。一方面,劳动力的构成在向着对女性有利的方向转变,大量新增劳动力都是女性,男性在始自 2008 年的金融危机期间被不成比例地裁员。[37]到 2009 年,女性"在美国历史上首次超越男性,成为劳动力的主流"。[38]另一方面,一项皮尤问卷调查显示,1997 年至 2007 年,有未成年子女的职业女性认为"全职工作是理想状态"的比例有所下降,从 32% 跌至 21%。[39]相对于"全职工作",许多职场中的母亲都倾向于"不工作"。最近,居家父亲的数量也有所上升,但总数仍不大。2007 年,全国 2300 万子女年龄在 15 岁以下的已婚家庭中,560 万个家庭的母亲居家,而居家父亲的家庭只有 16.5 万个。[40]

即使职场中的女性也不得不面对难以破除的收入性别差距。平均看,女性的收入只占男性收入的 70%~80%。[41]男女收入差距更明显的情况发生在非洲裔和西班牙裔女性身上。[42]虽然这一差距在各个收入层次都存在,但在高收入阶层的差距最大。[43]尽管男女收入差距比起二十世纪七十年代来说有所收窄,当时的比率是 59%,大范围的变化发生在二十世纪八十年代,但研究表明,自 1990 年后,没有更大的进步。[44]而且,男女收入差距随年龄增长而增长。初入职场的女性收入比男性低,到她们四五十岁时,差距扩大。[45]即便在她们黄金时期的 15 年里,女性收入也只及男性的 38%。[46]

男女之间的收入差距至少可以部分归咎于性别歧视和成见。[47]可笑的是,即便女性不因照顾家庭而耽误工作,雇主们仍会在付酬时区别对待。雇主还会处罚那些超假的女员工。[48]已婚男员工会享受"加薪",而已婚女员工则没有这一待遇,有了孩子后,薪水反而会降 10%~15%。[49]

当女性离婚时,她们发现真正在其名下的财产不多,而且其挣钱能力还会遭受不可弥补的损害。因此,畅销书都鼓励女性"出去工作"。[50]莱斯利·本内特(Leslie Bennetts)认为,"选择经济上依靠丈夫是典型的女性失误"。[51]但问题仍未解决。认可夫妻双方对家庭经济和非经济贡献以及家庭财富积累的公平分配制度只能部分解决问题。因此,可以说,这项制度也契合传统性别角色的持续和下降。

何为"公平"

居于现代公平分配法律制度核心的是承认"伙伴原则",即夫妻双方应像伙伴一样共享收益,当伙伴关系终止时,也应共担损失。两人的付出,不管何种形式,都应获得回报。经济学家试图对从事家务工作进行定价。法官们依据各州法律对这些家务工作价值多少,与其他因素相比,重要程度为何,拥有广泛的裁量权。法官们还尝试测算未来经济需求——维持现有地位和生活标准需要多少钱,以及那些离开职场的女性进行职业培训的花费。虽然现代法律会列举法官需考量的因素,但法官仍拥有极大的自由裁量权。[52]过错在作出上述裁量时,也起着不小的作用,我们会在后面的章节详述。

在离婚诉讼中,夫妻财产会依何时获取、以何种方式获取分为"单独财产"或"婚姻财产"。后者的定义与"共同财产"类似,即夫妻任何一方在婚姻关系存续期间获得的财产。前者大致就是除去后者的其他部分。一旦夫妻财产被登记入册,每一件都会依据法律指南进行价值评估并分配。一些州允许单独财产和婚姻财产一并均分;另一些州规定,单独财产各归其主。1970年的《统一结婚离婚法》(Uniform Marriage and Divorce Act,UMDA)采用的是前面那个做法。[53]虽然只有6个州通过了该法,但该法还是反映并强化了离婚时更平等分配财产的现代趋势。[54]随着时间的推移,公平分配规则和夫妻共同财产规则开始融合。不管适用何种制度,多数州法官都认为婚姻财产应大致公平地分割,但法官也有权基于平衡因素作出调整。尽管出现融合的趋势,但只有在采纳夫妻共同财产的州,两人才能在夫妻关系存续期间获得财产所有权,而不是在离婚时,或一方去世时。在采纳夫妻单独财产制的州,共同"所有"充其量算作延迟的共同财产制,即只有在婚姻关系终止时,才涉及权利的归属。

很难准确得知现代法律的效应。法庭倾向于"等分长期婚姻(15年及以上)的财产",而对于仅持续数年的婚姻,"极有可能不会均分财产"。[55]夫妻居住的房子通常会归获得子女监护权的一方,但这也不确定。[56]毫无疑问的是,现在的财产分割制度比过去公平得多。但此种公平来之不易。现代的做法使离婚诉讼的成本和复杂程度陡增,并从根本上改变了离婚律师业务的性质。[57]现在的离婚诉讼往往是"持续数日的全面庭审,充斥着专家证人,经济、金融分析和各类税务问题"。[58]时间和金钱都花在了资产的"躲猫猫"游戏中。前面提到的比利·弗格森(Billy Ferguson)在妻子提出离婚后,试图证明其将账户上的33000美元花的只剩600美元。他承认取了现金,并声称花的精光。但他的情人作证证明,比利告诉她,他将钱藏了起来。[59]

共享原则的局限:高收入家庭的问题

洛娜(Lorna)和加里·温德特(Gary Wendt)在威斯康星州读高中时是青梅竹马。两人结婚31年后,加里已是身价高达1亿美元的公司高管。加里离开了她(可笑的是,找了一个年龄更大的女人)。洛娜堪称完美妻子——居家操持家务,养育子女,组织慈善活动,举办家庭餐会,随叫随到,与丈夫出双入对。她的事业包括协助丈夫的事业。[60]加里向她开价1000万美元,她拒绝了这个条件。洛娜的理由大致是"婚姻是一种合作关系,我应拥有一半的财产。我付出了我生命中的31年,我爱被告。我相夫教子,忠于家庭"。[61]令一些评论人士不解的是,一个子女已各自离家且年过五旬的女人为何需要如此多的财产。

她承认1000万美元足够她的花销,但她问道:"为什么他得到9000万美元?我是以一个合作伙伴的身份与他结婚,我不知道从何时起,这个合作关系已荡然无存了?"[62]她说,加里"想用这笔钱收买两人的合作关系,而我并不想出售。就像敌意收购——他给我开了一个很少的价码,而我认为这远远不足以控股"。[63]

此案是伙伴原则界线的试金石。夫妻一方在能足以维持其生活方式的情况下,还应要求一半财产吗?事实上,法庭从未在夫妻拥有大量财产的情况下,对该财产平均分割。他们并不听信合作伙伴的说辞,极力促成双方以妻子能保有结婚期间生活水准的金额和解。审判受到媒体广泛报道,持续了18天,最终形成了一份长达500多页的判决书。[64]最终,洛娜获得2000万美元。这肯定算不上平等伙伴关系,但已大大超出加里起初提出的条件。洛娜借此成为一位小有名气的人,为那些出乎意料被公司高管抛弃的妻子们代言。[65]

当前时代下的扶养费:没有理论支撑的救济

两个方面的进步改变了扶养费的法律处理手段:新形式的两性平等和无过错离婚。最高法院在1979年奥尔案(*Orr v. Orr*)中否决了阿拉巴马州一项法律规定,即丈夫而非妻子应支付扶养费。[66]该州的依据是,扶养费应给予有需求的配偶,而女性就是此种需求的代名词。该州的规则还弥补了过去婚姻中的歧视行为,即让女性毫无准备地进入职场。事实上,在1979年,女性在经济上对丈夫的依赖程度比起丈夫对妻子的经济依赖程度要高得多。而且离婚女性因婚姻关系破裂导致挣钱能力下降(今天仍是如此)。但针对双方单独的听审可以看出双方究竟是谁更需要扶养,而且最高法院拒绝将女性定位为负担,尽管某种程度上看她们确实如此。此案裁决成为清理基于夫妻性别角色执行或假定的家事法规则的重要步骤。

奥尔案标志着基于性别的扶养费法律规定和判决的终结,此案同样意味着扶养费不再理所当然地被认为是丈夫扶养义务的延续。同一时期,无过错离婚已成普遍规范,为婚姻,以及再婚带来了新观念。个人主义以及宁愿牺牲家庭追求个人幸福,占了上风。更便捷、花费更少且麻烦更少的无过错离婚可减少离婚带来的痛苦,而且还催生了一个"明白分手"理论——夫妻双方应能够结束失败的婚姻,分道扬镳,重组家庭,追求幸福。终身支付扶养费显然与这一理念不符。

形式上的性别中立和无过错使法院能更方便地限制或大幅度减少扶养费判决。此类判决已不多见。法院对扶养费这一概念愈发表现出不满,即配偶,特别是男方,"离婚后对女方一直承担经济责任"。[67]一些法院认为,这一概念来自过时的婚姻理念。一家法院认为,此举阻碍了男人未来的自由,对女方来说,助长其"不求上进,懒惰生活"。[68]该法院认为,离婚判决不仅应依据"遭抛弃妻子的实际需求",还应依据"男方的实际支付能力",让双方"都有机会开始新的生活"。该法院还提到"妇女解放运动"带来的"深远社会变革",以及因此导致的女性工作机会的增长。简单说,离婚女性应该找份工作。一些女权主义者表示赞同,离婚女性应自立自强。财产分割比扶养费好。婚姻关系存续期间获得的财产是夫妻双方努力的结果,应对其分割,然后各自开始新生活。

因此,扶养费从终身制变为短期制,"恢复型"的裁决。[69]一些州甚至直接禁止判定终身支付扶养费。多数州技术上仍能判定终身支付扶养费,但实践中仅针对已婚多年,且"身无长物""体弱多病"的"老年"女性。[70]其他可获判扶养费的配偶也加上了时间限制,通常仅限于完成特定教育或找到正式工作所需时间。[71]此种狭义型的扶养费试图在女性从依赖丈夫"恢复"到自立自强的真实需求和双方放下包袱、重新开始之间寻求平衡。

二十世纪七十年代对扶养费的批判和抛弃似乎操之过急。新的研究表明,离婚给女性造成的负面影响比男性要大得多。莉诺·韦茨曼(Lenore Weitzman)指出,离婚一年后,42%的男方平均生活水平上升,而73%的女方平均生活水平下降。[72]她的研究方法和数据分析,以及她将这一结果归咎于无过错离婚的结论,招致激烈批评。但女性主家的贫困家庭确实不少。[73]多数研究和调查的结论都是离婚给女方和孩子带来的后果比男方严重得多。[74]事实上,女性和子女的经济状况似乎"在无过错离婚出现前就不佳,而且现在仍然没有任何改观"。[75]

财产的重新分割本意是使夫妻离婚后能在平等的经济起跑线上。但多数离婚都发生在婚后不久的时期,双方的家庭财产相对不多。不动产、汽车或家具都是最常见的可供分割的财产,[76]而非股票、债券或成堆的现金。根据1990年人口普查数据,仅有32.3%的离婚女性获得某种形式的财产,1979年的这一数据为44.5%。[77]根据1994年的一篇文章,多数已婚家庭的净资产在25000美元以下。[78]也就是说,一些案例中配偶在离婚后仍急需扶养。

法院开始承认这一冷酷的事实:多数离婚夫妇没有足够资产维持两个家庭,而且离婚前的家庭经济支柱遭受的影响更大。在一起案例中,罗萨琳·拉洛克(Rosalie LaRoque)在婚后25年养育了5个子女,且仅有5600美元积蓄。初审法院仅判决她获得18个月的扶养费。威斯康星州最高法院认为这一判决不可取。"作为职业家庭主妇,其对家庭和社会的经济价值一直以来都无法转变为在市场上获得财富的能力。"[79]该法院最终作出其终身获赔扶养费的裁决。

今天的扶养费法律类似公平分配法律。总的来说,此类法律都授权法官在考量一系列相关因素的情况下,作出"公正"或"公平"裁决。[80]一些州的法官为作出扶养费裁决,首先必须认定哪一方配偶为

"经济支柱",另一方则为"依靠者"。美国法律研究院的家庭解体法律原则将关注点从需求上转移,建议裁决应对婚姻中产生的具体损失进行补偿,比如长期婚姻中的一方积蓄不多,无劳动技能导致的生活水平下降,或因养育子女造成挣钱能力降低。[81]总而言之,除了一些涉及极长时间婚龄的案件,终身扶养费在当前仍极少见。法官们不愿意作出扶养费裁决,特别在财产分割能平衡双方经济状况的情形下。

支付扶养费的减少主要发生在无过错离婚出现之后。佐治亚州在实行无过错离婚之前,15.4%的女方获得平均每月150美元的扶养费。实行无过错离婚后,这一比例降至10.9%,金额降至每月94美元。同样的情况也出现在华盛顿州和康涅狄格州的纽黑文县。[82]然而,正如我们所见,配偶扶养判决一直以来就是例外情况,而非必须遵循的规则。1982年至1983年,佛蒙特州只有7%的配偶获判扶养费,获"终身"扶养费的比例不到2%。[83]同一时期的全国统计数据表明,12%~16%的案件获判扶养费,而且金额因婚龄长短差距很大。[84](近期的数据较为分散。联邦政府在收集一个多世纪的各州离婚数据后,于1995年突然宣布停止。)婚龄达到15年的女方就可能获判扶养费。[85]根据人口统计数据,1990年的离婚或别居女性中,15.5%的人获得了扶养费。[86]40岁以上女性较40岁以下女性获得扶养费的可能性高两倍,这一结论符合扶养费应给予无法轻易"恢复"生活的年长女性。[87]冷峻的事实仍存在:尽管不缺有关扶养费的理论,但其重要性极为有限,获得的女性很少,即便获得,金额也不多。

新财产问题

我们提到的无过错离婚依赖于一项被称为"明白分手"的原则,该原则也对扶养费和财产分割造成了影响。离婚夫妻应该尽其所能地适应各自面对的新生活。然而，短暂婚姻中的一方可能会极大地增强其经济能力，而另一方可能会由于居家照料子女导致经济能力大幅度降低。挣钱能力通常也是婚姻中最有价值的资产，那么财产分割仅限于现有财产，而不考虑未来挣钱能力，显然不公。因此，现代离婚法开始关注一项"新财产"，无影无形，但又具有极高经济价值，即退休金、商誉、职业资格及专业学位。

直到二十世纪七十年代末，法院一概认为退休金不可分割。但养老金就像薪酬一样，只要工作就会不断累积。从逻辑上看，根据夫妻共同财产制，养老金应属夫妻双方所有。到1979年，一项针对各州法律的调查发现，认可"离婚时配偶有权主张退休金，养老金的权益"已成趋势。[88]许多州还未考虑这一问题，但随着时间的推移，各州都在离婚时将养老金纳入财产分割范畴。养老金的估值可能会带来问题，离婚时养老金可能还未支取，未来的价值也不确定。对大多数联邦法——《雇员退休及收入保障法》（Employee Retirement and Income Security Act, ERISA）——规定的养老金而言，法庭可对养老金管理机构直接发出"合格家庭关系令状"，在养老金可以领取时，准许直接支付给前配偶。[89]这一举措使多数养老金产生的问题得以解决。

如果一方配偶资助另一方完成法学院或医学院学业，获得学位，那么该学位可否被视为婚姻财产？只有纽约州对此问题作出了肯定的规定。迈克尔（Michael）和洛丽塔（Loretta）结婚时都是教师。迈克尔后来完成了大学和医学院学业，洛丽塔一直工作并资助迈克尔。当二人离婚时，迈克尔的医学院学位成为二人唯一的资产。1985年纽约州终审法院裁定，如果夫妻双方都对一方获得学位作出贡献，则该学位的价值可以在离婚时进行分割。[90]当然，一个专业学位事实上无法分割，洛丽塔也不可能开设一家医院担任医生。但法官可以命令当医生的前夫向洛丽塔进行支付。洛丽塔就像某种"股权投资人"投资了迈克尔的医学教育,她当然应该享有收益,也就是迈克尔作为学校教师和当医生之间的收入差。许多州拒绝采用这一做法。但也有一些州在计算配偶扶养费支付数额时,将其考虑在内。还有一些州准许某种形式的"补偿性扶养费",即支付像洛丽塔一样的对前夫所受教育进行实际投入,或因此丧失自身发展机会的人。当然,此种做法比起洛丽塔实际获得的数额要少得多。[91]

婚姻过错与金钱

"过错"在无过错离婚的时代从离婚中消失殆尽。但过错应不应该在离婚裁决的财产分割和配偶扶养上起作用呢?特蕾莎·哈弗尔(Theresa Havell)与其脾气暴烈并长期虐待她的丈夫——阿夫塔布(Aftab Islam)结婚21年后离婚。一天早上,他用杠铃击打特蕾莎,虽然孩子和一位清洁工试图阻止他,但等警察到来时,特蕾莎的牙齿和下巴已被打烂,造成永久性创伤。[92]二人经济条件极好,金融危机前都是成功的投资银行家,特蕾莎更成功,两人的家庭净资产接近1300万美元。

当时,纽约州还没有无过错离婚。特蕾莎以残酷和非人虐待为由提出离婚。阿夫塔布的残忍行径是否造成经济后果?多数州都将过错视为因素之一,如果该行为造成某种经济影响的话。比如,如果男方在拉斯维加斯将家庭财产输掉大半,那他只能获得剩余部分的一小半。[93]对一个已有离婚打算还大肆挥霍家庭财产的女方也是同样道理。但各州在其他婚内不当行为是否应与财产分割挂钩方面分歧较大。近半数州认为,至少在某些案件中,"过错"应起作用,即使该过错没有任何经济影响。[94]将婚姻视为某种商业合作的州认为,财产分割的目标是在二人间均分,是否有过错无关紧要。1970年的《统一结婚离婚法》提倡财产分割"不考虑婚内不当行为",就像合伙关系散伙一样。[95]然而,其他州仍将过错纳入考量范围之内。它们认为,将婚姻比作商业伙伴太过了,夫妻之间还存在个人关系,无视过错有时会导致极为不公的结果。

纽约州离婚法指示法院在裁决婚姻财产分割时应考虑 13 个因素:收入与财产、配偶年龄和健康状况等。[96]但法院也获准考虑"明确认定为公正和恰当的其他因素"。审理特蕾莎案的法院承认,"其他因素"不包括婚内过错,除非该不当行为"撼动良知"。之前发生的另一起案例中,丈夫试图谋杀妻子;还有一起案例中,男方强奸其继女。[97]法院最终判定特蕾莎获得 95.5% 的家庭财产,阿夫塔布几乎一无所获。后来发生在纽约州的案件都将过错纳入考量,即使是那些不那么严重的家庭暴力案件。[98]

普通过错和严重过错之间的界线很难划定。霍华德(Howard)和莉莉安(Lillian)于 1997 年结婚。女方在世贸中心前台工作,男方是世贸中心一家律师事务所的律师。二人有两个孩子,莉莉安之前还有一个女儿。2004 年,莉莉安生了第四个孩子,取名查尔斯。在家人和朋友们调侃查尔斯与霍华德一点儿也不像后,霍华德起了疑心,二人开始离婚诉讼。霍华德私下和查尔斯做了亲子鉴定,查尔斯果然非他亲生。霍华德随后以女方"过错"为由要求获得大部分家庭财产。但霍华德最终败诉,莉莉安的行为不足以使法庭震惊。[99]通奸、酗酒、遗弃和言语伤害都不构成"严重过错"。毕竟,很难说通奸"撼动良知",特别是考虑到调查数据显示,25% 的已婚人士至少曾有一次通奸行为;5%的婚生子女的父亲并非母亲的丈夫。[100]

奇怪的是,过错在扶养费法律的作用和财产分割时起的作用不总是一样。20 个州采纳美国法律研究院的建议,拒绝在扶养费问题上将婚内不当行为考虑在内,只有 8 个州在极少数案件中考虑。[101]布伦达

(Brenda)和詹姆斯(James)1970年在工作交往中相识。1973年结婚后,两人经常在一起打理詹姆斯的生意,但赚得的利润无法支撑两人"奢靡"的生活方式。布伦达父亲赠与的股票和债券也被二人挥霍一空。由于布伦达父亲的赠与行为仅针对女儿,詹姆斯不得不签署一份放弃所有财产所有权的声明。二人四十多岁时退休。7年后,布伦达得知丈夫与二人一个共同朋友有染,遂以通奸为由提出离婚。当时,布伦达的资产净值为240万美元;而詹姆斯的资产就是把婚姻资产中属于他的部分算上,最多也就几十万美元。初审法院裁定詹姆斯获赔扶养费,每月610美元。詹姆斯随后提出上诉,要求更多。而布伦达认为詹姆斯应"净身出户"。他懒惰,而且根本不配获得扶养费。上诉法院拒绝提高扶养费标准,理由是詹姆斯的"婚内草率行为"。新泽西州最高法院认为,过错与扶养费无关,除非直接对经济状况造成影响,或者"引起众怒",使"社会"无法容忍"两人继续保有任何形式的经济联系"。比如夫妻一方试图谋杀另一方,或故意传染配偶性病。詹姆斯的所作所为远未达到这一程度。[102]

尽管新泽西州及其他一些州拒绝在裁定扶养费时将婚内过错考虑在内,仍有22个州准许对过错进行全面考量。北卡罗来纳州更进一步,禁止将扶养费判给有通奸行为或其他"非法性行为"的一方,并要求一方如有"出轨行为",必须向另一方支付扶养费。[103](如果双方都有"出轨行为",法庭通常拥有扶养费裁量权。)此种绝对规则在今天相当少见。[104]然而,婚内不当行为在许多州会直接影响扶养费数额。[105]

婚前协议、婚后协议及别居协议

越来越多的夫妻让中立的事实认定者无从下手。他们早已将离婚时的情形以合同的形式固定了下来。多数合同为婚前订立,即婚前协议；也有在婚姻关系存续期间订立的，即婚后协议；或离婚"前夜"订立，即别居协议或婚姻关系解除协议。上述三种协议的效力日增，反映了向个性化婚姻，以及"订制型"离婚的转变趋势。

婚前协议的目的通常是在婚姻关系因离婚、无效婚姻或一方去世解除时，处理资产。夫妻之间订立婚前协议的传统已有几个世纪。但历史上，法院对此持敌意态度。婚姻是一种法律"身份"，国家才能对其条件进行规定并管制，适用于所有夫妻。今天的法院对此类协议采取了极为宽容的态度。这一转变与我们提到的大趋势有关：个人和夫妻拥有了更大的权力订立二人关系的条款，对婚姻也拥有了更大的左右权力，不管结婚前、婚姻中还是离婚后。[106] 此种长久以来的转变，从身份到契约，见于家事法的方方面面。比如，无过错离婚就是这一理念的具体表现，也可以说是"量身定制"的离婚。

过去，富有的人们在开始第二段婚姻时，都会履行其婚前协议，通常是为了保护其第一段婚姻所生子女的继承权。然而，从二十世纪六七十年代开始，更多的夫妻开始利用这一理由掌控离婚带来的经济后果以及离婚后的生活。富有的配偶如果订立此类协议，离婚时损失不大。但那些将扶养费及财产分割事先约定的协议直接挑战了政府在法律上规范婚姻的权威。法院对履行那些离婚后可以给人带来巨大经济利益的合同也极为不满。

对婚前协议的传统敌意从二十世纪七十年代开始松动，那是一个无过错离婚、男女平等、离婚率和再婚率攀升的时代。今天，所有州都同意夫妻双方可就离婚的经济后果订立婚前协议。但此类协议应与其他类型的协议等同视之吗？需要特别规则管辖此类协议吗？合同通常都是可执行的，反映了合同双方的真实意思表示，双方互利共赢，且受此合同条款的约束。人们担心的是，有关合同的惯常规则如果用于婚前协议的话，可能会带来不公后果。比如，1990 年宾夕法尼亚州西蒙尼案(Simeone v. Simeone)中,一位神经外科医生与一位护士结婚。[107]男方的律师起草了一份协议,未向女方解释其法律权利,要求女方签署。协议将扶养费限定为总额 2.5 万美元,仅为男方高收入的"九牛一毛"。法庭认为,不管女方是否理解协议条款,也不管协议是否公平,协议都具有约束力。契约自由是一项重要价值,契约双方都应遵守契约内容。[108]

1983 年颁行的《统一婚前协议法》(Uniform Premarital Agreement Act, UPAA)[109]试图鼓励各州采取较一致的做法执行婚前协议。过半数的州都通过了这一法律。该法鼓励婚前协议的执行,但并不主张将婚前协议当作普通合同对待。该法规定,配偶如能证明:(1)协议非自愿订立;或(2)协议显失公平,且未公正合理地披露富有一方的真实经济状况,可以拒绝执行婚前协议。尽管这样对婚前协议的审查提出了比普通合同更严格的要求,这些标准使宣布婚前协议无效变得相对困难[110],进而使一方更易受到不公正或偏袒式离婚的伤害。

艾奥瓦州的一个案例中,人身伤害律师兰德尔·尚克斯(Randall Shanks)在婚礼前 10 天要求为他工作的未婚妻特蕾莎(Teresa)签署一份协议。协议要求特蕾莎放弃分享兰德尔的财产和获得扶养费的权利。他只承诺购买一份受益人为特蕾莎的保险。特蕾莎认为结婚并非看中兰德尔的钱,她简单问了几个问题,两人即飞往牙买加举行婚礼。离婚时,特蕾莎对该协议提出质疑。法庭驳回了她的意见。没人强迫她签署那份协议,而且她当时也有"合理的其他选择",即不与兰德尔结婚。因此,特蕾莎认为协议不公的主张无人理会。由于特蕾莎从协议中也获取了些许利益,而兰德尔也放弃了获得婚姻财产和扶养的权利,因此协议并非"显失公平"。最终,尽管法庭承认特蕾莎对兰德尔的财产和养老金缺乏全面了解,但法庭认为她有充分的"一般常识"决定是否签署该协议。[111]

此类案件代表了现代趋势。尽管法院不会严格审查婚前协议,但协议双方应对协议可能执行拥有充分的准备。但我们希望看到即将步入婚姻殿堂的男女就像市场中的买卖双方一样吗?当事双方可能感情脆弱。多数人们无法在结婚前对离婚的可能性作出理性的判断。考虑到这些情况,一些州将婚前协议当作某种形式的特殊协议,将公正作为可执行性的条件。还需要做到程序公正——双方都应对各自的财产全面公正地披露,各自都应有独立的律师。[112]当然还有实体公正:法庭应评估协议的公正性,不仅仅是签署时是否公正,还有离婚时是否公正。

本书第六章提到的美国法律研究院的原则在此问题上极为有用。[113]执行协议取决于满足某些条件。协议必须至少在结婚前30天签署。双方应有合理的机会获得独立法律建议。如果一方没有律师,协议应以日常语言写就。即使上述条件都具备,协议也可能因"实质"正义的利益而得不到执行。这一做法在合理金融规划和利用弱势一方之间划出了一条极其模糊的界线。

婚后协议,通常是在婚姻期间出现矛盾一段时间之后签署的,也进入了可执行的领域。比起婚前协议,婚后协议并不常见,但当考虑了保护弱势一方的程序保障后,协议很有可能得以执行。2010年,马萨诸塞州终审法院首次在安新诉科瑞沃-安新案(*Ansin v. Craver-Ansin*)中支持了一份婚后协议。[114]尽管法院担心可能出现"挟持"的情形——一方威胁离婚,除非另一方同意离婚时减少财产主张或扶养费金额——法院仍认为协议只要在没有欺诈或胁迫的情形下签署,且双方都有机会获得法律建议,协议本身也属"公正合理",协议即可执行。其他州近期的案例和法律规定也允许执行婚后协议。[115]但此类协议通常仅限于离婚的后果。2009年艾奥瓦州最高法院拒绝执行一份"和解协议"。女方发现男方"出轨"后,双方签署了该协议。[116]男方承诺不会再"出轨",并承诺如再次"出轨",离婚时甘愿接受经济惩罚。法院认为,协议事项太过宽泛,两人不能通过一项协议规范婚姻,并"像谈到及时交付一筐橙子一样向法院证明"。[117]

离婚"前夜"订立的别居协议也愈发常见。曾几何时,法院以政策理由拒绝承认此类协议。[118]但此类协议存在显而易见的好处。双方可以便捷地、便宜地且弹性地安排他们的离婚事项。研究表明,与诉讼后的安排相比,夫妻双方更愿意遵守此类协议。二十世纪五六十年代出现过支持执行此类协议的变化,但仅限于实质公正的协议。夫妻双方并非"全副武装"的谈判者;他们是拥有亲密关系的伴侣,一方有可能利用另一方。细致的司法审查是恰当的。今天,别居协议都被认为可以执行。法院认为应该提倡"友好解决争议",应将"显失公平"的协议放在一边。[119]涉及子女监护的条款会受到严格审查,确保"有利于孩子成长",而且子女抚养费的条款必须与州法规定一致。但多数情况下,涉及子女的协议也会获批。[120]一项著名研究发现,法官们从不审查别居协议,即使协议涉及子女,除非有人提出异议。[121]

当前,别居协议已成普遍规则而非例外情况。近半数的离婚案件以双方订立的书面协议解决。不到10%的夫妇会诉诸法院。[122]多数情况下,离婚夫妇都能从容开始新的生活。

结　论

今天的各州通过对其公平分配法律进行修订,纷纷朝向真正的共同财产制迈进。扶养费渐渐淡出。不管法律作何规定,双方必须面对这样的事实,即离婚可能降低一方或双方的生活水准。针对财产和扶养费的争斗可能会很激烈,情绪化,持续很久,难以自拔,结果可能两败俱伤。H. 贝蒂·查得威克(H. Beatty Chadwick)拒绝执行离婚法官作出的向其前妻支付 250 万美元的裁决,最终在宾夕法尼亚州的一个监狱服刑 14 年。2009 年出狱时,他已 73 岁,身患癌症。他仍拒绝透露藏钱之处。法律许可对一个不服从民事判决的人判处如此长的刑期,可能是为了获得所期望的结果。14 年后,法官(可能正确地)认为,"希望渺茫"。[123]

查得威克案是极端的例子。但离婚是一个痛苦的过程,而且家事法对缓解痛苦或贫穷无能为力。一人一个家肯定花费更大,而且离婚后完整家庭已成奢望。曾居家照料孩子的女性不得不出门工作。1980 年,离婚女性占据了四成的贫困家庭。[124] 1997 年人口普查报告发现,45% 与离婚母亲生活的孩子生活在贫困线以下或接近贫困。如果将与未婚母亲共同生活的孩子包括在内的话,贫困儿童的数量会更多。[125] 生活在贫困线以下的夫妻和贫困线以上的夫妻相比,更易离婚,而且他们的资产也更少,离婚后更无法体面生活。对多数家庭而言,公平分配和扶养费法律只是为了"公平分配此种逆境"而已。[126]

性别差异带来的效应仍无大的变化。令人吃惊的是,男女双方婚姻期间仍固守传统的劳动分工。男人婚后专注事业,获利颇丰。女人负责料理家务,照料孩子,经济收益相当有限。尽管法律试图在此寻求平衡,但女性永远不可能在一段失败的婚姻后,与其丈夫享有同样的经济地位,除非婚姻期间两人收入相当。而且,多数男性离婚后也不会像他们的前妻一样与子女保持同样的关系,我们会在下一章详述这一问题。

第十章
连带伤害:离婚家庭中的孩子

近半数的离婚家庭子女还未成年。谁获得了监护权?一般而言,夫妻双方都适合做监护人,都有宪法保护的养育子女的权益,但都选择分开生活。任何一方都没有凌驾于另一方的宪法主张,法院在处理监护权纠纷时,主要适用各州自己的标准。[1]除对财产进行争执外,监护权也是离婚中争议极大的主题。[2]本章将探讨法院应该适用的规则和标准,以及其发展变化的轨迹。还会涉及子女抚养费的棘手问题。谁应在离婚后支付子女的抚养费?子女抚养费判决如何执行?

子女监护权

从殖民时期直至十九世纪中叶,父亲拥有"未成年婚生子女的不受任何限制的监护权"。[3]这反映了以家长制为核心的家事法的主要特点。在少见的离婚案中,父亲理所当然地拥有子女的监护权,而且理论上,他还可以在去世前指定一个除孩子母亲外的监护人。[4]十九世纪中叶的第一次妇女运动要求享有平等的子女监护权。[5]社会思潮和两性关系在十九世纪发生了巨变,父母权利方面的法律也开始顺应此种变化。法官开始接受并适用"年龄"准则处理监护权纠纷,即7岁以下的子女由母亲监护,7岁以上的子女一般由与其同性别的父母监护。此种理念的基础是对男女各自不同社会角色的认可:女性通常居家,照料家人;男性外出挣钱,养家糊口。因此父母的不同角色一定会成为孩子未来模仿的对象。

转向"孩子利益最大化"的标准赋予了法官极大的权力在裁量时不受任何限制。[6]到二十世纪初,各州都遵循此标准,但对于年幼子女,仍倾向于母亲获得监护权。整个二十世纪,特别是下半叶,监护权法律和实践经受了一些变化。法官的裁量权有所削减,正式标准对夫妻双方一视同仁,离婚后共同养育成为主流。

"孩子利益最大化"标准常常因其含义模糊带来反面效应。1966年发生在艾奥瓦州的佩因特诉班尼斯特案(*Painter v. Bannister*)常常提醒人们,这一标准也可能产生事与愿违的效果。佩因特的妻子和女儿死于一场车祸,他将儿子马克(Mark)暂时托付给妻子的父母——班尼斯特夫妇——照顾,直到他从悲伤中缓和过来。后来,佩因特再婚,想把马克接回来,但遭到班尼斯特夫妇的拒绝。一场争夺监护权的全面战争就此拉开了帷幕。双方都极力证明可以使马克的利益最大化。在法院看来,班尼斯特夫妇是典型的艾奥瓦好人,有能力给马克一个"稳定、可依靠、常规的中西部中产阶层"生活。[7]佩因特思想自由,可以给孩子"更有趣的家",而且还可以"让孩子有发展个性特长的机会"。但他的家"浪漫、不切实际、不稳定",住在一栋没刷油漆的房子(有意为之),院子里"杂草丛生",过着一种"波西米亚"式生活。法庭还特别提到,佩因特"阅读了大量佛教禅宗书籍"。

一位儿童心理学家花了25个小时"收集此案信息",认为班尼斯特先生对马克来说,已拥有"父亲形象",而且马克在他家过得很开心。[8]法庭小心地说明,双方都"适合"养育马克。但法庭最终将监护权判给了班尼斯特,尽管通常一位适合的父亲对自己的孩子拥有绝对的权利。佩因特后来写了一本书给马克,书名为《马克,我爱你》(*Mark, I Love You*),马克最终选择回到父亲身边。[9]

佩因特案在今天会有不同的结果。我们会在本书第十二章讨论,最高法院强化了父母的宪法权利,特别是在合适父母与非父母之间发生监护权争执时。但该案也反映了无休止的监护权裁决过程中令人头疼的一些特点:过于依赖心理专家,对孩子最有利的宽泛解释,以及法官过大的自由裁量权。艾奥瓦州法院法官的价值取向显然对如何定义"利益最大化"产生了影响。佩因特及其他类似案件让立法者和政策制定者恐慌不已,通过采用固定规则而非更简单实用的、能持续在类似案件中适用的手段对"利益最大化"标准予以控制,结果导致"利益最大化"原则空洞化。

　　自二十世纪七十年代开始,有关监护权的法律开始列举一系列因素引导"最大利益"的认定,或采用一些直接决定案件结果的推定。典型的因素包括父母年龄、健康状况、经济能力、养育能力及生活能力等。达到一定年龄的子女也可以发表自己的观点。[10]这些做法不会让法官无所事事,但却至少在某种程度上缩小了质询的范围。同时,一些州正式认可,而几乎各地都暗地进行的监护权偏向女方的做法也被性别中立标准所取代。七十年代对性歧视的禁止也使各州很难对其基于性别所做的分类进行辩护。偏向女方的做法——对女方有利,却惩罚同样是好父母的男方——被认为违宪。[11]1986年犹他州最高法院的一份判决书写道,"年幼子女归女方的原则在父亲传统上需要外出工作,而母亲多居家的社会,还是有其价值的",但现在"这已成为没有必要且属于过时的成见"。[12]纽约州的一家法院也认为,不是所有传统上由"母亲"做的事只能由母亲胜任。[13]

　　一些法院用"主要照料人"原则取代了监护权偏向母亲的原则,该原则强调养育孩子的职责分工。[14]谁给孩子做饭?谁买衣服?谁换尿布?谁筹划生日聚会和外出玩耍?谁带他们去看医生,并在夜间陪着他们?谁会记得即使感染好了后,还需要给孩子讲讲抗生素是怎么回事?这个人——主要照料人——就是离婚后最适合获得监护权的人。或者说,这些因素在决定主要照料人时起重要作用。这一标准来自能力概念,即认定那个不厌其烦为孩子重复做这些事的人,以后也会做得很好,并且强调关怀的持续性。这些都是现代监护权法律的指导原则。[15]该原则还运用于监护权的更改:多数法院在决定监护权后都不能重新审视孩子的"最大利益",除非出现实质性变化,以及经过特定的一段时间之后。[16]

针对性别和养育子女的成见也许"过时",但真实情况是,主要照顾孩子的人仍是母亲。而且即使母亲外出工作,也是如此。2000年的一项调查表明,80%的职场母亲都认为比她们的丈夫或伴侣"承担了更多的家务事",而且接受调查的男士也表示认可。[17]女性花在家务和照料子女的时间比男性多近两倍,即使夫妻同时工作也是如此。[18]因此,尽管男方极力争取,但女方获得监护权仍占多数,特别是5岁以下孩子的家庭。[19]正如凯伦·捷潘斯基(Karen Czapanskiy)所言,尽管表面上采取性别中立的态度,但可以说法院通过多项政策和多种做法积极提倡"按性别分配家务劳动"。[20]

二十世纪九十年代的一些案件中,男方认为,全日工作且将孩子送到托儿所或托付给保姆的女方不应获得监护权。密歇根州的一位母亲由于旁听大学课程而将孩子送进托儿所,失去了监护权,尽管男方主要依靠其父母照料孩子,而非本人亲自照料。[21]但多数案件,特别是近期的案件中都拒绝将有工作的母亲视为无资格享有监护权,同样也不再将所有男方视为不适合养育子女。[22]引起媒体风暴的辛普森(Simpson)审判也出现了涉及主控官——玛莎·克拉克(Marcia Clark)——子女监护权的问题。[23]玛莎的前夫要求变更两个儿子的监护权,认为玛莎的"繁重工作"使两个年幼孩子"得不到任何关爱"。[24]最终,玛莎前夫撤回了请求,但其他拥有职业抱负的女性就没这么幸运了。如果法院认为变更监护权后孩子能得到更好的照顾,工作时间过长的女性就有可能失去子女监护权。[25]参议员奥林·哈奇(Orrin

Hatch)的律师——莎侬·普罗斯特(Sharon Prost)——就因其繁重工作和职业使命失去了孩子的监护权。[26]

争夺监护权会异常激烈,双方都会不遗余力。[27][1979年奥斯卡获奖影片《克莱默夫妇》(Kramer vs. Kramer)将其搬上大银幕。]尽管存在许多规则和标准,法官的自由裁量仍很关键。可以肯定的是,法官会认真听取心理分析师、心理学家和社会工作者的意见。有时,这类案件中过于看重"科学因素",往往徒劳地期望得到一个超越科学力量问题的明确答案,即父母中究竟谁更适合带孩子?我们都听说过用于揭秘"性格错乱"的米农临床多轴鉴定法(Millon Clinical MultiAxial Inventory);包括对子女提问,"绘图",并询问子女"父母如何解决家庭纠纷",为"监护权评估量身定制"的布雷克林认知量表(Bricklin Perceptual Scales);以及艾克曼-苏恩多夫父母监护评估量表(Ackerman-Schoendorf Scales for Parent Evaluation of Custody)。[28]上述"科学"方法都遭到了广泛批评,都对这个无解之题束手无策。一些法院更进一步,认可"父母精神错乱综合征"——一个广受争议和怀疑的科学标签,用于一个普遍存在的现象:离婚一方向孩子灌输对另一方的负面评价。[29]

父母行为和监护权纠纷

在评估父母获得监护权的适合程度时,一个显眼的问题浮出水面:父母的生活方式和个人行为应否纳入考量。父母的性行为、性取向,以及小众宗教信仰在监护权纠纷中都可能成为敏感问题,但法律的发展方向是,除非证明对子女造成影响,上述因素都不会左右结果。[30]回到本书第六章提到的杰奎琳案:杰奎琳因离婚后与一位男子未婚同居而失去了对孩子的监护权。[31]当时同居在伊利诺伊州仍属犯罪,该州终审法院认为,将孩子监护权判给一个并未表现出道德水平低下,且并未公然违反该州法律的人,没什么不对。然而,法院从未在整个过程中了解孩子是否因其母亲的行为受到伤害,或可能受到伤害。

杰奎琳不是唯一一个因性行为失去监护权的人。尽管性革命在二十世纪七十年代如火如荼,但监护权法律仍相对保守,固守着某些父母的行为本身可使其失去监护权的观点。但历史的潮流已渐渐转向现代"关联"标准。父母的任何行为只有在被证明与孩子健康成长有"关联",才能在判定监护权时被认为相关。杰奎琳案的一位异议法官认可这一标准,力促法院"将父母个人生活道德问题交由神学家裁定",应重点关注表明孩子"健康成长、心态正常和受到关爱"的那些记录。[32]

同样的问题在配偶一方离婚后与一同性伴侣生活的案例中也提了出来。(本书第十四章将讨论同性恋收养问题。)夫妻一方的同性恋行为是否可以构成剥夺其监护权或探视权的依据?起初,法院将此类性行为视为剥夺监护资格的当然依据。2003年,最高法院就劳伦斯案(*Lawrence v. Texas*)作出裁决前,一些州仍将同性行为视为非法。对同性恋的广泛社会否认显然在监护权案件中起了重要作用。1985年弗吉尼亚州的一起案件中,该州最高法院认为:"孩子父亲对其与(另一男子)的不道德非法行为毫不避讳,法律上导致其极不适合作为监护人。"[33]但后来的案例表明,法院对同性恋养育子女的态度有了很大的宽容。[34]父母的性取向不再自然构成剥夺其监护权的依据;相反,重要的是对孩子的健康成长是否构成潜在的负面影响。因此,法庭主要在父母的行为或生活方式与子女的感情、心理和身体健康之间寻找关联。离婚法新的发展趋势极为重视离婚男女的自由——即开始新生活的自由,包括另寻住处、追求新的经济机会及重新坠入爱河。一些州的法院仍在"拖后腿",对同性恋父母作为监护人或探视孩子是否对孩子有利仍怀有一丝疑虑。1988年,北卡罗来纳州最高法院维持了一项初审法院作出的将孩子搬离其监护人父亲家的裁决,因为孩子父亲的同性恋关系"极有可能对两个未成年子女造成情感障碍"。[35]但背离这一思路的趋势强劲。

共同监护

传统的监护权裁决只有一种类型:父母一方获得唯一监护权,另一方可能获得"探视权"。这意味着获得监护权的一方拥有孩子生活方方面面的全部决策权,以及照料养育孩子的全部责任。但这样的安排通常也意味着与另一方关系的逐渐淡漠,直至形同路人。针对全国统计数据的一项研究发现,离婚后,"接近半数的孩子在过去的一年没有见过他们的父亲",许多孩子"从未去过父亲的住处"。[36]孩子们也很不满意,"一半以上的孩子认为,他们没有得到需要的关爱,许多都承认与他们的父亲关系冷淡"。许多未与子女一起生活的父亲"更像一个朋友"。研究得出结论,多数家庭"破裂的婚姻破坏了子女与非监护人父母的关系"。

共同监护就是为了针对单一监护带来的上述负面影响。加利福尼亚州于二十世纪七十年代末走在了这方面的前列。共同监护制下,父母可以共享"生活"或"居所"监护,以使孩子可以在两个家换着生活(或在某些情况下,父母一方在监护居所及其另外住处之间交替居住)。也有共享"法律"监护的倾向,即父母都对诸如子女的教育、宗教信仰和医疗等重大问题共同决策。

早期的一些案例中,法院曾怀疑是否有权作出此种非传统的监护权判决,最终他们都认为可行。[37]1978年,只有3个州的监护权法律明确将共同监护规定为一个选项,到1989年,34个州加入这一行列。共同监护在二十世纪八十年代极为普遍,一些州甚至将其列为推荐选项。换句话说,如果父母不想共同监护,则必须证明共同监护不是对子女成长最有利的监护模式。但很快,各州就摆脱了对共同监护的青睐,最后纷纷裁定,没有哪一种模式在所有情况中都是最佳选择。[38]

与传统监护模式相比,共同监护在很多方面都更难建立和维系。父母双方必须具备共同作出决定的能力,尽管二人已离婚。他们还要能够提供两套用品——床、衣服、玩具、乐器、自行车等——让孩子不感到生活在行李箱里。他们还要住得尽可能近,这样才能在两人的住处来回交替居住。而且孩子自己还要在这种不断变换的生活环境中感到安全和稳定。另外,共同监护模式下,父亲支付子女抚养费的可能性更大。[39]孩子们显然在多数情况下都能和父母都保持紧密的联系。但离婚家庭不全都一样,立法机关最终还是将决定是否符合孩子最大利益的裁量权归还给法官。法院会考虑父母的诉求、他们的能力、孩子的诉求(如果成年的话)、经济状况、家庭位置等问题,以及是否会影响孩子教育和社交生活等。

虽然"法律上"共同监护没这么复杂,但仍有可能带来许多麻烦。如果父母一方认为孩子应上私立学校,而另一方认为公立学校更好,听谁的?类似这样的分歧就是离婚的始作俑者,因此这样的分歧在离婚后仍会出现就不足为奇了。一些法院将最终决定权交予与孩子生活的一方,但密歇根州法院在1993年的伦巴多案(*Lombardo v. Lombardo*)中,将权力交给了法官。[40]两种做法都不尽如人意,都可能导致诉讼,都会削弱两人共享的决策权。

今天,共同监护作为首次裁决仍很普遍,尽管研究发现,通常都会出现"回到更传统安排的情形"。罗伯特·鲁金(Robert Mnookin)和埃莉诺·麦考比(Eleanor Maccoby)在研究1984年和1985年的案例后发现,接近半数在3年内将监护权变更为单独监护。[41]一些女权主义者将共同监护攻击为"仅对不照顾孩子的父亲有利"。[42]美国法律研究院建议了一种单独监护和共同监护之间的折中方案。目标是以监护权诉讼提起前双方实际的监护时间分配监护责任。[43]这样的话,多数只在周末陪孩子的父亲当然只应该在周末才能和孩子在一起,而一个花了更多时间在孩子身上的父亲当然应该每天都和孩子在一起。

父母义务:抚养责任

本书第十二章将专门讨论父母权利。但父母双方当然应该对孩子承担更多义务。这些义务中不断增强的正式性质就是现代家事法的重要进步。越来越多的孩子在父母离婚后都不和他们生活——1960年只有8%,到2006年达到30%,这一情形使抚养子女的法律规定显得极为重要。[44]当代的法律将抚养孩子的义务主要予以男方(不管孩子是否婚生)。同样,联邦政府的影响也越来越大,而且立法机关比以前更积极地在这方面立法。[45]

现代法律规定的抚养子女义务是对普通法传统的颠覆。根据普通法的规定,"父母只在道义上拥有抚养子女的责任,无民事责任"。[46]但离婚法明确给予法官判定离婚后谁抚养子女的权利。[47]到1931年,每个州都有要求抚养子女的民事法律规定,以及惩罚不抚养孩子的刑事法律规定。[48]刑事法方面,"遗弃家庭"法要求男方不仅要抚养子女,还要扶养配偶,而且有18个州的规定包括抚养非婚生子女。在加利福尼亚州,如果男方"无合法理由"不给孩子(不管是否婚生子女)提供食物、衣服、住所、医疗条件,可定轻罪。[49]一些州规定,女方也有同样的抚养义务;还有一些州对此没有作任何规定,或规定为次于男方的义务。加利福尼亚州规定,女方只有在男方去世或无能力时才承担义务。艾奥瓦州法律规定,拒绝抚养"婚生或合法收养子女"的父母应承担刑事责任,此规定对"非婚生子女"同样适用,但针对无监护权的未婚父亲作出了特别规定。[50]

今天,父母抚养子女的普遍义务由于虐待和不作为而执行不力。从民事角度看,父母必须抚养子女,只是在双方是否责任相等,以及非婚生子女是否享有同等待遇上有所变化。[51]子女由已婚父母双方共同养育的完整家庭完全不受政府干预。这些父母也需承担与未婚生育或离婚父母一样的抚养义务,但政府对他们给孩子提供的抚养水平并未细查,除非父母的不尽责程度到了需要将孩子带离家庭时,政府才会介入。

子女抚养也可以在确认生父之诉和虐待与不作为之诉中进行裁定,我们将在后续章节介绍,但该领域的法律主要还是来自离婚之诉。对已离婚的夫妻而言,抚养责任也有所变化。有监护权的一方应为子女提供每天的必需品,并由虐待和不作为法律规定确保执行。对无监护权父母,其责任通过正式子女抚养令执行。

虽然正式子女抚养裁定并非新生事物,但直到二十世纪七十年代才普遍实施。[52]即使在当时,此类裁定也不常作出,且数量极少,难以达到保护孩子的真正效果。基于当前指导意见的一项估计,1983年,男方"应该支付250亿至320亿美元子女抚养费,实际上,他们仅需支付100亿美元,但真正到位的抚养费只有区区70亿美元"。[53]而且裁决之间也存在"巨大不公"现象,同一法院、同一法官往往作出天壤之别的裁决。[54]这是一个司法裁量权毫无约束的领域。根据法律规定,各州都授权法院规定无监护权一方的子女抚养义务,但对具体数额却仅作出了模糊的宽泛规定(如"正当合理数额"),而且并未强制执行裁决。[55]法官总体上同情无监护权一方,他们通常在离婚后养育子女方面没有实际作用,也未尽到对子女的抚养义务。另一个重要的问题是,缺乏切实有效的执行机制。许多父亲直接无视法院的支付抚养费裁决,导致离婚家庭的许多孩子陷入贫困。[56]

正如许多家事法问题一样,子女抚养传统上也由各州自行规定,但由于该问题与获取联邦补贴的福利项目紧密联系,国会也对此进行了关注。许多离婚母亲和子女由于男方拒绝支付抚养费,只能依靠救济生活。1935 年的"未成年子女家庭资助计划"(Aid to Families with Dependent Children Program)在 1996 年被"困难家庭临时资助计划"(Temporary Assistance to Needy Families)所取代,就是为了向有未成年子女的单亲家庭提供资助而设立的。家庭格局的剧变——离婚家庭和未婚生子家庭的猛增——使此类资助项目所需资金的数量急剧膨胀。[57]此类开支,而不是"那些在没有充足抚养费的情况下艰难养育子女的母亲们发出的社会警示",使子女抚养费执行问题成为焦点。[58]

1975 年,国会依照《社会保障法》(Social Security Act)第四部分成立子女抚养执行办公室,这是联邦政府和联邦资金首次介入子女抚养费问题。1984 年,国会更进一步,以子女抚养费执行方案的通过情况决定拨款。[59]1988 年,国会依法将支付抚养费定为强制执行范畴,仅在少数情况下允许例外。[60]联邦法并未强制规定适用哪种特定方式强制执行或规定统一指南,但各州为保住其福利补贴,纷纷要求确保抚养费足额按时持续支付。法官的裁量权受到限制。越来越多的抚养费最终到了有监护权的一方手里。持续支付问题得以解决。1996 年一项针对 11 个州子女抚养费裁决执行情况的调查显示,83% 的裁决得以执行。[61]

上述措施的目的是为了让孩子也应该和其父母一样生活。财产分割和配偶扶养费(见第九章)主要是针对离婚双方,而不是孩子。法官应严格执行此类措施,即使离婚双方对具体数额有不同意见。最近发生在纽约州的一个案件中,双方的别居协议规定如果成年子女全职工作,父亲可以停止支付抚养费。法庭拒绝认可该协议。离婚双方

"不得订立协议规避子女抚养责任",协议必须让位于"子女福利"。[62]一个孩子只有在真正经济独立时,才不再需要抚养费。

根据更加严格的新规定,"规避抚养义务"的问题也被提出——承担抚养责任的离婚双方需要最大限度地挣钱,并最大限度地用于支付子女抚养费吗?珍妮·陈(Jane Chen)是一位年收入40多万美元的麻醉师,43岁时,她决定"退休",与3个学龄子女待在家里。其与前夫——约翰·沃纳(John Warner),一位收入颇丰的医生,共同享有监护权,每周轮换。法庭裁决沃纳每月支付4000美元子女抚养费,弥补其前妻收入的减少。沃纳提出反对意见,认为珍妮在"规避"抚养子女的责任。威斯康星州最高法院提出异议,认为珍妮的决定合情合理,并未违反她应承担的子女抚养义务。[63]

然而,多数州确实准许法官依照"挣钱能力"而非"实际收入"计算子女抚养费。比如,一个刚参加了子女抚养费庭审的父亲,即使为逃避支付立即辞职,也可能被法庭根据其能够获得的收入判其支付抚养费。2005年,纽约州一家法院判处一位未支付子女抚养费的父亲藐视法庭。这位父亲完成了法学院学业,通过了律师资格考试,但从未向律师协会申请执业。相反,他决定申请进入神学院学习。[64]他"不想当律师"的辩护无法免除其支付子女抚养费的义务。他应支付的抚养费数额是基于他的"潜力",而非"他自愿选择获得另一学位"算出。但此案与珍妮决定放弃高薪与子女相处是否一样呢?

许多家庭仍决定父母双方应有一方在家照顾年幼子女。通常都是母亲,尽管女性今天也有很多工作机会。[65]之所以作此决定是因为她信任丈夫会挣钱养家。但离婚后缺少的恰恰就是双方的信任,而且当一方的工作或无工作影响到另一方支付孩子抚养费时,冲突往往不可避免。由于父母双方都有法定义务养育子女,因此法院往往对很多父母认为属于私人范畴的决定进行审查,甚至推翻。对子女抚养和监护的管辖权将一直持续到子女年满18岁。父母在此之前作出的很多生活决定都可能被法院推翻,比如是否工作,在哪儿工作,工作多少,是否搬家,甚至是否与他人开始另一段感情等。[66]

不管法律还是法官对一个选择待在家里照料子女的已婚女性都无法干预,甚至对一个让自己孩子过贫民生活的富豪丈夫也无济于事,对一个不给孩子支付大学学费的中产阶级家庭也是如此。一个完整家庭有幸可以对事关工作、收入和花销的问题作出他们认为合适的任何决定,只要该决定不构成"不作为"。但离婚家庭没有这样的自主权。一些州的法院拥有强迫无监护权一方支付子女大学学费的裁量权,但对未离婚父母无法发出此类令状。艾奥瓦州最高法院在一个案件中裁定,立法机关可授权法官发出学费支付令。虽然多数父母都会支持孩子完成大学学业,但即使是"拥有良好初衷的父母",在失去监护权后,"有时也会作出拒绝支持的决定,就像家庭未破裂时一样"。[67]

最终,法庭支持了珍妮待在家里的决定。即使在严格的子女抚养法律领域,对居家母亲仍表现了同情。一些州的子女抚养法律明确免除"抚育"幼儿一方的支付抚养费义务。比如,在路易斯安那州,5岁以下子女的主要照料人有权不用挣钱。[68]

高收入家庭对子女抚养方面的规定提出了挑战。职业篮球运动员的孩子真的需要其25%的收入吗?各州都会依据其规则规定抚养费与收入的占比,但如果对孩子有利,则给予法官作出更高比例裁决的权力。高收入者的收入通常在其职业生涯中变化也大,比如职业运动员,通常法院会裁定他们建立信托基金保障未来对孩子抚养费的支付。各州对高收入家庭支付子女抚养费的规定千差万别。[69]

再婚家庭和重组家庭也带来了一些问题。究竟一个人收入的25%划给抚养费后,还能否让他(也许和他的新妻子)继续生活。前橄榄球明星特拉维斯·亨利(Travis Henry)与9个不同女性生育了9个孩子(他声称一些孩子的出生是由于对方假称采用避孕措施,而使其"上当")。法庭向他发出了向每个孩子支付抚养费的令状,一年需支付17万美元。而他已不上场打球,也无法大把挣钱,他已无法履行他的义务,而且至少因为未按时支付进过一次监狱。[70]上诉法院要求他设立一份25万美元的信托基金以确保将来支付抚养费。[71]各州通常都会给予初婚子女优先权,而且不会减少初婚子女抚养费来给予后来的子女。[72]此种做法的目的是在无法抚养初婚子女时,阻止他们生育更多子女。

子女抚养费的执行

国会不仅对子女抚养作出强制规定,对子女抚养费裁决的执行也是如此。因此,该领域成为联邦和州都拥有管辖权的法律领域,这也是家事法所具有的独特性质。国会使用了"胡萝卜加大棒"的策略。各州如提高抚养费执行比例,可得到奖励。女方如能完成子女抚养费裁决的第一步——确立亲子关系,也可获奖励。[73]各州纷纷通过对父母严格要求的法律。现代技术手段和各种登记制度帮助法院、福利机构和有监护权的一方找到那些离婚后搬家或变换工作的"赖账"父亲。政府部门在寻人、确定亲子关系、执行子女抚养费裁决和收缴抚养费方面提供了大量协助。"赖账"者可能被吊销驾照,抚养费可能会从他们的薪酬中直接扣除,性质严重的话,他们可能因拒付抚养费而入狱。个别州规定,拖欠子女抚养费至1万美元可被判重罪。

立法者和各类候选人都积极呼吁对"赖账"父亲采取强硬措施。定位"不辞而别的父亲"并从其手中获取子女抚养费成为"近年来最成功的两党一致认可的社会政策运动"之一。[74]新泽西州一警署在1998年母亲节后执行了一项专项行动,逮捕629名"赖账"者(41位是女性),并追缴8.8万拖欠的子女抚养费。那些无法支付的人"被送进监狱,直至其缴清欠款或同意支付方案"。[75]2002年,联邦探员发动了针对"赖账"父亲的"全国清剿"行动,布什政府决心,针对"长期无视各州法院裁决"的人,适用联邦刑法顶格处理。[76]"赖账"者们并非"破产一族",其中有职业橄榄球运动员、精神分析师和餐馆老板。作为一个群体,他们拖欠的子女抚养费高达500多万美元,一些人的拖欠金额高达29.7万美元。

富爸爸和穷爸爸又有天壤之别。联邦政府致力于削减福利开支。多数从贫穷父亲处收缴的抚养费都花在了对孩子们的公共资助上。[77]家庭所得甚少,甚至一无所获。近年来的一些努力试图以增强父亲与其子女纽带的方式重构法律,而不是简单对其惩罚。[78]

尽管联邦力量强势介入,但仍有许多合格父母未获子女抚养费裁决,或未从另一方得到一分一厘。美国人口调查局(U. S. Census Bureau)收集了自1978年以来的子女抚养费数据。1981年的数据显示,840万女性独自养育子女,获得抚养费的仅占59%。应获抚养费支付的人中,有28%在那一年分文未获。[79]贫穷女性的情况更糟,处于贫困线以下的女性中只有39.7%获判抚养费,而其中有40%该年什么也没得到。

到1989年,近一千万女性独自养育子女。获得抚养费的数字有所上升。有58%获判支付子女抚养费(较1981年小幅下降),但只有24%分文未获。贫穷女性获判抚养费的比例上升至43.3%,未获支付的比例降至31.7%。[80]2001年,全国有1150万单亲母亲,63%有子女抚养费,有25%未获支付。[81]人口调查局还有单亲父亲的数据,有38.6%获判支付子女抚养费,有34%未获支付。[82]

法律上看,探视权和子女抚养费之间没有关联。[83]但获得正式监护权或探视权的男方更可能尽到其经济责任。[84]尽管种族和社会经济地位对获得子女抚养费的可能性会造成影响,但影响到支付比例的程序不高。根据最新数据,获监护权的白人母亲获得子女抚养费的可能性较非洲裔或拉丁裔高两倍。[85]拥有全职工作的获监护权父母比例在2001年稳步上升至55%,另有28%有非全职工作,或一年中只工作几个月。同时,依靠福利救助的人数在稳步下降,自1993年至2001年,从41%降至28%。比起男方,女方更需要福利救助。[86]生活在贫困线以下的单亲数量也有所下降。但陷入贫困的单亲家庭比例仍是完整家庭的4倍。[87]

子女抚养费制度的效力(无效)同样影响着离婚后女性与其子女的发展(另章讲述)。[88]现行政策下的数额太低,而养育子女花费不菲。[89]虽然这一制度对减少贫困比例、帮助离婚女性及其子女不无贡献[90],但对"如何从无监护权一方获得抚养费仍感力不从心"。[91]生活在未婚或单亲家庭的孩子不断增多,因此,与子女抚养费有关的法律制度和实践做法的重要意义,以及执行此类判决的重要意义也在不断提升。

任何社会潮流的出现都会带来受益者和受损者。本书探讨的主要社会潮流——传统关系的淡漠、女权的上升、自我表达型个人主义的突起——自然也孕育了不少受益者和受损者。本章关注的是一群受损者:离婚家庭的孩子。他们面对如何适应现实,与父母一方生活的挑战。他们当然也不得不面对"衣食无忧"生活的失去。可能对此问题没有完美的解决方案,正如本章所述,甚至可能也没有一个不完美的解决方案。

第四部分

老一代与新一代

第十一章
多代同堂：老年法和继承法

尽管整个二十世纪风起云涌，社会变迁，家庭仍稳居社会基石的地位。家庭是养儿育女、夫妻共同建设的家园。家庭生活包括养育子女、互相关爱和健康的两性之爱，有时和风细雨，有时狂风暴雨。但我们都知道，金钱也是家庭生活的重要部分。家庭既是社会单位、夫妻亲密之所，还是经济单位。典型的家庭里，一个或数个家庭成员外出工作，挣钱养家，收入共享，尽管共享和不共享的方式极其复杂。

家庭成员的收入不仅来自工作，也可能是从过世的亲戚处继承或获得在世亲戚的赠与。还有一些家庭成员在世时，或过世后将财产捐赠给他人。父母显然应该满足年幼子女的日常生活需要，当孩子长大成人，经济能力好的父母会支付子女的大学教育费用，也可能在子女工作后还给予支持，为子女支付房屋按揭贷款。成年子女也会照顾年老多病和贫困的父母。家庭成员过世后，通常都会把其所有财产留给其他家庭成员。对继承模式的研究对此有清楚的反映。谈到继承，血浓于水，多数情况下，财产都给予了在世的配偶和子女。

家事法和继承法（有关遗嘱、信托及其他将过世者或仍在世，但预期过世者的财产给予在世者的法律）在书本上和法学院的课程里都属于完全不同的主题。实践中两者也各不相同。处理某女士离婚的律师通常后来也会处理她的遗产。但也有专注"家事法"，而从不介入遗产官司的律师事务所，以及专注"遗产计划"而从不染指离婚官司的律师事务所。实践中将两者区分，分别处理很有道理，但却忽视了家庭所扮演的重要社会角色。因此，从这部分开始，本书将跨越这些人为边界,主要讨论继承法律问题,因为该问题对家庭生活及家事法都影响深远。[1]

法定继承

只要在限制范围之内,美国法允许个人以任何他愿意的方式将财产留给任何人。(通常的例外情况恰恰来自丈夫或妻子一方的主张;几乎所有州都无法完全将配偶排除在财产继承之外。)但总的来说,需经正式方式处置逝者财产。众所周知,主要的方式就是通过遗嘱。

但如果逝者没来得及立遗嘱呢?很多情况下都是如此。1900 年,多数逝者去世前都未立遗嘱。1964 年,加利福尼亚州圣贝纳迪诺县有三分之二的遗产继承依照遗嘱。[2]但即使今天,尽管订立遗嘱已相当普遍,仍有相当部分逝者完全无遗嘱或属于部分"未立遗嘱"。在此种情况下,法律就会介入并进行合理安排,这被称为法定继承。各州的法定继承规则千差万别,但总的原则大同小异,而且变化不大:即关系最紧密亲属继承。没有哪个地方将叔伯排在女儿之前,或将表亲排在兄弟之前。也没有哪个地方的法律会将逝者最好的朋友或隔壁邻居排在生活在澳大利亚的表亲之前。如果遗产有限,而且逝者既有遗孀,又有子女,那么他们将会全部继承。通过遗嘱处分财产的自由与现代社会其他的自由一样,多数情况下仅为有钱人的自由。

法定继承的规则一直相当稳定,但二十世纪出现的两个变化值得注意。第一,法律越来越重视配偶权利。如果在过去,遗孀的继承权相当有限。她不是"继承人",因而无权享有亡夫的遗产。在古英格兰,遗孀权利被称为"寡妇地产",包括享有亡夫三分之一地产直至去世的权利。(男方也有与此对应的权利,尽管并非完全一样,被称为鳏夫产。)尽管寡妇地产不受债权人控制,但寡妇无权在去世后处置该地产。继承规则非常偏重血统。财产应留在家族内。而寡妇被认为不属于家族成员。一个女人结婚后,她就失去了对其所拥有财产的控制权。她的丈夫将接管她的财产,而且她的权利并不比一个无行为能力的成年人或一个小孩子更多。她不能出售财产,也不能通过遗嘱将财产留给他人。

寡妇地产制在十九世纪遭到废除。针对无遗嘱财产,代之以直接规定固定份额的动产和不动产比例。当然,这意味着她可以通过遗嘱对其进行处置。到十九世纪末,已婚女性在财产方面无法律能力的规定基本上都销声匿迹。二十世纪继续赋予寡妇(鳏夫)权利。今天,在一些州如果某人去世,无子女,无遗嘱,他的遗孀将获得他的所有财产。比如,佛罗里达州就是如此。[3]另一些州规定,如果死者有子女,只要遗孀或鳏夫仍为这些子女的父母,另一方可以获得全部财产。[4]几乎所有州都规定,在世一方可以主张占有一定份额的死者留下的所有财产。

第二个变化对远亲不利。老办法将遗产给予最亲近的在世亲属——尽管他们可能与死者并不那么亲近。如果死者没有直系家人,只有一两个远房表亲,那么遗产就归他们所有。这就是所谓的"幸运继承人"——与死者没有感情纽带,不会因其离世而感到悲伤,却幸运继承大笔遗产的人。虽然每个人都有或多或少的亲戚,但找到这些亲戚并非易事。当超级富豪霍华德·休斯(Howard Hughes)去世时,没有遗嘱,也没有近亲。总共有500个各色人等冒出来声称有权继承他的遗产。[5]但今天,在许多州,"幸运继承人"可没那么"幸运"了。死者的孙辈就是遗产继承最远的亲属。这一做法由《统一遗嘱法》(Uniform Probate Code)建议,并被多数州采纳。[6]如果找不到继承人,政府就将继承遗产,如法律术语所言,财产"归还"给政府。

法律的变化通常都与社会变化如影随形。两者的变化都将重心从血统转移至美国家事法的准则,即核心家庭,或人们所称的相互关爱、相互依靠的家庭。对大多数人而言,家庭中没有谁能在感情上比丈夫或妻子更亲近。子女在幼年时期完全依赖父母,因此排在夫妻之后。然后是双方父母和兄弟姐妹。在美国,与远亲保持紧密联系并不普遍。随处可见的是小家庭和居无定所的人们。

当然,血亲仍然很重要,但某种程度上没有过去那么重要。比如,普通法并不承认收养子女。要么亲生,要么什么也不是。即使某人父母双亡,与其他亲戚共同生活,他们将此人视为己出,但如果此人的新"父母"过世,且未立遗嘱,此人也无继承权。正式的收养在十九世纪中叶入法(英国直到 1926 年才对此立法)。[7] 到二十世纪,收养子女的继承权愈发引起人们的重视,他们也获得了多少与"亲生"子女同样的权利。另一面就是正式收养也切断了收养子女与亲生父母之间的继承关系,仅有少数例外情况(本书第十四章将专门讨论收养的法律后果)。

法律对非婚生子女作出了相反的规定。血缘较过去更加重要。起初,非婚生子女什么都继承不了,他们被称为"私生子女"。到十九世纪末,他们可以与婚生子女一样继承母亲的遗产。[8]

非婚生子女不仅可以继承母亲的遗产,通常也可以继承父亲的遗产。整个二十世纪,非婚生子女继承父亲财产的权利日渐强化,但也因州因时而异。比如,1953 年伊利诺伊州规定,非婚生子女可以是"母亲的继承人",但只有当父亲与母亲结婚并"承认"该子女时,才能继承父亲的财产。[9] 各州现在都批准非婚生子女可享受更广泛的继承权,主要是由于最高法院依据宪法否决了以是否婚生为基础,或以父母婚姻状况为基础对子女画线的法律。1968 年在利维诉路易斯安那州案(*Levy v. Louisiana*)[10] 中,最高法院否决了该州一项禁止非婚生子女在其母亲遇害后申请侵权损害赔偿的法律规定。最高法院在后续涉及非婚生子女是否应享有继承权的案件中含糊其辞,摇摆不定。但利维案清楚地表明,各州不得歧视非婚生子女。[11]

今天,许多州都规定,只要父亲承认其为非婚生子女之父,或法院认定其为父亲并令其支付抚养费,非婚生子女就可以法定继承父亲的遗产。阿拉巴马州规定,如果"父亲去世前通过裁定,或去世后通过清楚且具说服力的证据确定父子(女)关系",非婚生子女即可继承其父的遗产。[12]华盛顿州更规定"为继承之目的,父母与子女关系与父母是否结婚无关"[13]。

法定继承在一个根本方面极为严格,不容变通。如果一位女士去世,留下4个子女(没有丈夫),那么子女将会均分她的遗产。留在身边的儿子与远走香港的女儿获得同样份额的遗产。富有的女儿与贫病交加的儿子所获遗产份额也一模一样。其他普通法传统的国家修订了它们的规则使法官拥有部分裁量权。尽管存在无遗嘱继承法律,而且即使有遗嘱规定,英格兰法院也可基于不同标准判令直系家庭成员获得部分遗产。[14]此种灵活性还未在美国出现。然而,伊利诺伊州规定,家庭紧密成员可以对遗产提出有限数额的主张,但申请人需"一心一意地"照顾身患残疾的死者,且与死者共同生活并照顾满3年。[15]到目前为止,这还远未成为分割遗产的实质性标准。虽然现行的规则可能过于严格且无法变通,但执行起来有效,且法官认为如果改变的话,将会带来不可预料的后果。

现代继承法也开始承认新形式的家庭生活,至少在一些重要的州情况如此。承认同性恋婚姻或等同婚姻地位的州,在世同性配偶当然拥有继承权。其他州虽然并不认可其婚姻地位,但仍认可其拥有继承权。加利福尼亚州的《家庭伙伴关系法》起初并不包括继承权。空乘人员杰夫(Jeff Collman)与其登记伴侣凯斯(Keith Bradkowski)住在一起。杰夫死于2001年9月11日撞向世贸中心的一架飞机上。凯斯对杰夫的遗产没有继承权。[16]不久后,加利福尼亚州就修订了法律,强化伴侣权利,并规定其可享有包括继承权在内的全部婚姻权利。[17]

如果没有类似法律,在世的伴侣可能会两手空空,一无所获。1993年纽约的一个案件中,死者——威廉(William Cooper)是一个同性恋。他将大部分遗产留给了他的前任伴侣,而他的现任伴侣欧内斯特(Ernest Chin)不满于依据威廉遗嘱获得的财产。随后,欧内斯特试图依据其"在世伴侣"身份,申请废除遗嘱,重新分配遗产。他声称:"除了两人同性这一事实,与威廉就是配偶关系,和正式夫妻并无二致。两人共同生活,出双入对,朋友们都将我们视为一对。"法庭驳回了他的申请。[18]纽约州法院最近才开始承认同性伴侣之间的继承权,但二人需在其他地方正式结婚。[19]然而,总的来说,继承权仍需严格遵循婚姻身份。未婚伴侣,不管是异性还是同性,几乎都无法获得法定继承地位。

遗　嘱

遗嘱的存在可追溯到古老的时代,而且众人皆知。许多有一定积蓄的人,特别是老年人都知道生前订立一份遗嘱的必要,财富越多的人,越可能订立遗嘱。法律给予人们极大的自由度按意愿处分自己的财产。[20]子女也可能被剥夺继承权。通过遗嘱处分财产唯一的例外情况就是在世配偶可以享有何种权利。(女性通常比男性长寿,比配偶岁数小,没配偶有钱,因此寡妇的主要问题就是被剥夺继承权。)

男方能够将妻子排除在遗嘱之外吗?在佐治亚州,答案明显是肯定的。在该州,寡妇无权主张遗产。法律规定,个人有权通过遗嘱"对财产进行任何形式的处置","可将立遗嘱人配偶及后代排除在外"。[21]典型的南方风格,然而,没有哪个州会作出类似规定。其他地方都规定在世配偶可以获得某种形式的保护,免遭完全被剥夺继承权。在实行共同财产制的州,在世配偶自动获得所有"共同"财产的一半。[22]夫妻"共同拥有的财产"就是婚姻期间两人各自为家庭所挣得财产的总和。显然,结婚时间越长,财产成为"共同财产",而非各自财产的可能性越大。不管夫妻共同财产数量的多寡,任何一方都无权通过剥夺继承权让另一方一无所获。

在实行"单独财产"制的州,在世配偶可以以不同的形式保护自己免遭剥夺继承权。寡妇地产制就是一项古老的保护制度。对立有遗嘱的财产,以选择性遗产份额制取而代之。寡妇虽然失去相对债权人的保护,但获得了直接占有遗产的权益。如果男方想要通过遗嘱剥夺女方的继承权,让她一无所获,或使她获得的份额小于法定比例,女方可以申请"撤销"该遗嘱,"选择"她的法定份额,获得属其所有的那部分遗产,反之亦然。换句话说,不管是否存在遗嘱,她都有权分得遗产。多数州都规定"选择性遗产份额"大致占去世配偶遗嘱遗产的三分之一。(而且,根据法定继承法律规定的配偶份额,选择性遗产份额在每个州都仅限于法定配偶。)

二十世纪出现了许多试图通过某种方式剥夺女方继承权的例子。惯常的做法是设立一份信托,将所有财产放入信托,然后规定女方无权使用该信托资金。然后,订立一份遗嘱处置莫须有的遗产(所有财产都归入了信托),使女方所得的半数或三分之一财产成为"空头支票"。这样做可行吗?1930年,纽约州废除了寡妇地产制,给予寡妇获得亡夫遗产的可观比例。此举并不会让费迪南德·斯特劳斯(Ferdinand Straus)开心。费迪南德是一位富有的保险经纪人,他与克莱拉(Clara)的婚姻并不幸福。克莱拉起诉离婚,而他却反诉婚姻无效。当1934年费迪南德离世时,二人仍为合法夫妻。

一位精明的律师给费迪南德出了个主意,在去世前3天,将所有财产转入一份信托基金。在世期间,他有权撤销该信托并从中获得收入。他通过遗嘱留给克莱拉足够的"遗产"份额以符合(他认为的)法律规定。但他的"遗产"空空如也,所有财产都已属于信托基金,并且不在遗嘱规定的范围内。当费迪南德奄奄一息时,两人已分居,克莱拉独自住在一家酒店,而且已付不起酒店费用,但她仍自认是有钱人的遗孀。[23]1937年,克莱拉提起诉讼,案件名为纽曼诉多尔(*Newman v. Dore*),纽约州上诉法院作出对其有利的判决。费迪南德将资产转入信托的行为"不切实际",纯属"财产信托创立人掩盖财产占有的转移财产行为"。[24]该信托对克莱拉不起任何作用,她仍有权获得信托资产的份额,就如同财产仍属于遗嘱遗产一样。

许多州的类似诉讼都暴露出了相似的问题。愤怒且不怀好意的丈夫"各显神通",通过各类信托、联名银行账户、保险计划及其他手段试图达到费迪南德未遂的目的。总的来说,法院不为所动,使用各种准则阻碍此类做法。尽管许多法院都不愿意将此种财产转移贴上"不切实际"的标签,但都能找到其他方式断掉死者的"念想",给予寡妇应得的遗产份额。

基本问题在于遗嘱财产,即通过订立遗嘱赠与财产或法定继承财产,和其他形式财产,诸如在世者信托、联名账户和人寿保险之间的区别。一些现代立法创设了一种新观念——"增大型"财产——并给予女方应有的份额。[25]本质上是为了赋予名义上的遗产以转移出的遗嘱财产之实,只要仍存在如费迪南德这样仍对财产牢牢把控,或去世前将权益转给他人的男方。将财产转为在世者信托,开立联名账户,或去世前一年作为礼物赠与他人都被视为"增大型"财产的部分。尽管居心叵测的丈夫可能还是可以实现他的"计划",但相比以前难度更大。最后的办法也最极端:在世时把所有财产捐赠出去。

无论如何,这些伎俩都只是富人的把戏。如果遗产寥寥无几,剥夺配偶继承权毫无意义。遗孀(及未成年子女)将自动获得继承权。成文法也给予在世配偶某些绝对权力,不管是否存在遗嘱,也不管遗产是否可清偿。继承程序中的抚养就是此类权力。宅地保护和个人财产除外是另两项此类权力。比如,1915年威斯康星州法律规定,寡妇(立法特别指明"寡妇")有权获得"她全部的衣物、饰品、家庭照片、家具",以及"家用必需品和燃料",共值200美元。她及其未成年子女在继承程序期间还有权获得"合理补助"(如果遗产无法清偿,补助时间不得超过一年)。如果遗产价值不到1000美元,可以全部归寡妇所有。[26]多数州对小额遗产都有大致类似的规定,尽管其定义会随货币价值的变化而进行调整。加利福尼亚州二十世纪三十年代规定的起点金额为2500美元,1959年涨为3500美元,1961年为5000美元,现在则为2万美元。[27]康涅狄格州规定,在世配偶"或家庭成员"有权使用"死者在世期间保有的机动车"。[28]俄克拉何马州的免税财产包括教堂座位、墓地和家族圣经。[29]纽约州规定,在世配偶的免税财产额可达92500美元,如果死者在每一类别都有足够资产的话。[30]当地的在世配偶有权拥有死者的拖拉机和割草机,只要价值不超过2万美元。

"宅地"权随时间推移逐渐萎缩。一些州直接将该权利排除在家庭财产之外。怀俄明州规定,遗孀及子女享有的宅地免税财产不得超过3万美元。[31]这一限额比曼哈顿还高,但即便如此,该州最普通的房子价值也超过这一限额。另一极端例证是佛罗里达州,到2010年,该州仍规定,只要配偶仍在世,其所居住的房子及其土地不得偿债,而且对房子价值没有限制。[32]加利福尼亚州规定,宅地权仅限于"一定时期",不得超过"在世配偶在世期间,或子女未成年期间"。[33]

剥夺配偶继承权可能很难,但荒谬的是,剥夺子女继承权却相对容易。1900年及其后的整个二十世纪,只要在遗嘱中写明,就可以剥夺子女继承权。如果遗嘱没有提及子女,子女只能获得法定遗产份额。比如，加利福尼亚州规定，如果立遗嘱人"忽略"子女，"只要不是有意忽略"，子女可获遗产份额。[34]但如果遗嘱明确不给子女留下任何东西，显然此为立遗嘱人的意思表示，那么子女将一无所获。到2000年，许多州都规定，立遗嘱人甚至都没必要在遗嘱中一定要提及子女。如果你只字不提，子女就什么都继承不了。只有父母立遗嘱之前出生或收养的子女才可能获得某种形式的保护。[35]遵循大陆法的欧洲国家不管父母作何表示，都会给予子女部分遗产份额。美国唯一施行大陆法的州——路易斯安那州也有类似规定。只有父母有充分理由，才能剥夺子女继承权。但该州在二十世纪末也废除了这一规定，只有未年满23岁或有残疾的子女才能提出诉求。[36]其他州规定，未成年子女有权获得遗产抚养，或通过前面提到的"除外"情况获得少部分现金或财产。然而，如果没有在世配偶，成年子女无权主张遗产。

乍一看，好像有点反常。法律对核心家庭越来越重视。子女抚养方面的法律愈发得到强调且有力的执行，非婚生子女和领养子女的继承权也愈发得到法律保障，但剥夺子女继承权却并未出现减少的迹象。父母可以剥夺其在世时必须抚养的孩子所拥有的继承权。只有为数不多的州准许作出判令执行去世父母的遗产以抚养子女。[37]为何剥夺子女继承权如此容易呢？事实上，这一规则甚合许多家庭之意。如果丈夫去世，留下妻子和孩子，他通常都会把所有财产给予其妻子。妻子需要这些财产养育子女。将财产留给未成年子女不是个好主意，必须指定财产监护人，这一过程花费不少且惹人烦恼。而且多数情况下遗产都不多，给孩子分配的越多，在世配偶赖以生活的就越少。在世配偶再婚还会带来更麻烦的问题，特别是再婚双方都有孩子的话。但法律坚持认为，需要一个单一的、固定的规则。这样的话，普通法选择的就会是这样一个固定的规则。[38]剥夺子女继承权的能力与美国看重"以遗嘱处分遗产"的制度一致。此外，与在世配偶不一样，未成年子女对家庭财富毫无贡献,这使得无视死者意愿强行规定一定份额显得不够合理。

父母们可以轻松地剥夺子女的继承权,但他们真会这么做吗?对遗嘱的研究表明,多数父母不会这么做,除非存在在世配偶。比如,加利福尼亚州圣贝纳迪诺的麦克·席若(Mike Schiro)在1964年去世前将所有财产给予其妻詹妮(Jennie),且"什么都不给4个孩子留下,因为我知道他们的母亲会照顾他们"。[39] 通常,财产会留给直系亲属,如果有子女,子女会得到均等的份额,要么去世后立即执行,要么在世配偶去世后执行。1979年对宾夕法尼亚州巴克斯县的遗嘱调查发现,63%遗产在12万美元以下的立遗嘱人都将遗产全部留给了在世配偶。遗产越多,越有可能被分为多份。[40] 当然,也有一些人将遗产留给家族以外的人,比如朋友、员工或捐给慈善机构。但捐给慈善机构的遗嘱相对较少。所有的研究都表明了这一点,而且随时间推移的变化不大。对1900年新泽西州埃塞克斯县150份遗嘱的调查发现,只有两份包括慈善捐赠。1975年华盛顿州国王县只有6.8%的遗嘱作出了慈善捐赠。在二十世纪六十年代的加利福尼亚州圣贝纳迪诺县,这一比例为7.9%。[41] 而且这一数字也夸大了实际作出的慈善捐赠。一些捐赠行为附有条件(如只有在亲属无子女去世时,才可生效)。其他的捐赠是由于死者没有亲属。可以肯定的是,极为富有的人通常都设立了名目繁多的基金,但多数普通人显然都将财产留在家庭成员之间。

遗嘱当然会带来争议。每个时期都会有一些遗嘱争议引人注意,甚至引起轩然大波。但对遗嘱继承程序的研究证实,遗嘱争议实际上并不普遍。对遗嘱提出争议在多数州毫无意义。母亲去世后,留下3个孩子,将遗产均分,没有人会提出任何争议。但即便是那些"不同寻常"的遗嘱(那些无视"理所当然应得"的遗嘱),争议也不多,部分原因是存在法律障碍。如果遗嘱厚此薄彼,则必然引起家庭矛盾。立遗嘱人当然不会有任何麻烦，但子女之间可能就会从此"老死不相往来"。父母一方过世或双亡通常意味着紧密联系家庭的解体，如果再有一个愚蠢的或不怀好意的遗嘱，或貌似公平实则刻毒的遗嘱，家庭纷争就会不可避免地发生。

遗嘱争议通常都反映了现代家庭的复杂性：离婚，再婚妻子，混合家庭。西瓦尔德·约翰逊（Seward Johnson）继承了大笔遗产，与前妻有好几个子女。他迷上了他的厨师和女仆，来自波兰的年轻女子巴西亚（Basia）。二人于1971年结婚，1983年西瓦尔德去世时立遗嘱将他巨额财产的大部分留给了巴西亚。而他的子女高呼"不当影响"，开始了一场漫长、复杂且引起轰动的诉讼。但他们的理由站不住脚，最终以和解结案。尽管子女们每人获得300万美元，但巴西亚保留了大部分遗产。[42]她显然很会理财，到2009年，她被福布斯杂志列为排名全球第113位最富有人士，总资产估计为28亿美元。[43]

每一个遗嘱争议的背后都有家庭矛盾。[44]被剔出遗嘱，或觉得没有拿到应得遗产的子女可能会向西瓦尔德的子女一样抱怨"不当影响"。比如，1903年，约瑟夫·奥尔科特（Joseph Olcott）的两个儿子抱怨其父受到了他们一个姐姐的"不当影响"。二人认为，她利用巫术并充当灵媒，收到其过世母亲的讯息，告诉约瑟夫将财产留给她，"因为儿子们的生意将会很成功，足以过上富足生活"。尽管二人提出了主张，但约瑟夫的遗嘱仍被执行。[45]

对一项遗嘱提出异议需要依据，"不当影响"算一个，或者可以声称立遗嘱人年事已高，失去理性，因而所立遗嘱无效。许多异议都基于"缺乏能力"——对"老糊涂"的礼貌说法。老年人失去理性判断很正常，这种情况为照顾老年人的身边人或其他人上下其手提供了方便。看到遗嘱后大失所望的继承人以立遗嘱人缺乏能力为由对遗嘱提出质疑的案例举不胜举。1906年，纽约州的一起案件中，查尔斯·

H. 黑泽(Charles H. Heyzer)于 1904 年过世,将遗产全部留给一个和他生活了多年的女子。而他的"实际妻子"和子女们(都已成年)就"住在几个街区之外"。毫无疑问,陪审团否决了他对身后事的安排,认为"去世前不久立遗嘱时,他已神志不清"。但这一裁决遭上诉法院推翻。根本没有证据表明查尔斯"神志不清",而且他与妻子分居多年,与子女少有来往,而与他生活在一起的伴侣对他"情真意切,毫无二心"。[46]

多数遗嘱异议都以失败而告终。但这些异议确实为具有同情心的陪审团提了个醒,就像查尔斯案一样。陪审团有时会否决那些有悖常理的遗嘱。路易莎·斯特里特马特(Louisa Strittmater)是二十世纪四十年代末的一位激进女权主义者,将她的钱财全部留给了全美女性党(National Women's Party)。她虽未结婚,而且确实行为有点怪异,但似乎还是比较善于理财。而且,她将她父亲描述为一个"腐朽、邪恶的野蛮人",将其母亲描述为一个"愚蠢不堪的女魔头",加上她本人"近乎病态地厌恶男性",足以解释她对身后事的安排。[47] 1964 年的一个案件中,罗伯特·D. 考夫曼(Robert D. kaufmann)绕过其兄弟和其他亲属,将财产留给了沃尔特·维茨(Walter Weiss)——他的同居男友。但该遗嘱因不当影响——"居心叵测,煞费心机"而未生效。[48] 这些案例在今天可能会有不同结果。随着公众观点的变迁,家庭以及"非自然情形"的定义也发生了改变。法律也随之作出了相应变化,有时迅速,有时迟缓。今天对未婚伴侣的宽容度明显大有提升。人们很难相信,2005 年在最保守的州之一的印第安纳州所做的一项调查显示,该州多数居民(53%)支持"立法给予同性伴侣继承权"。[49]

"不当影响"或一份"非自然遗嘱"的涵义至少含糊不清,可左可右。一些州法对某些遗嘱的态度更是直言不讳地反对。比如,在南卡罗来纳州,任何有家有室还"生育""野孩子"的人,或"与女性保持不正当同居关系"的人,留给该女人及其子女的遗产不得超过总遗产的四分之一。[50]虽然该法律已湮灭在历史的尘埃中,但即使今天,根据印第安纳州法律的规定,如果某人抛家弃子,与其他女人生活,都会失去对其配偶遗产的继承权。[51]遗弃或通奸在北卡罗来纳州会导致丧失所有继承权。[52]纽约州规定,任何一方"遗弃"死者,或"明明有条件,有能力扶养配偶,却未能或拒绝承担扶养责任",都会被剥夺继承权。[53]各州都有法律规定,一方不能继承其谋杀的家庭成员的任何财产。

曾几何时,许多州都有所谓永久管业法律。此类法律旨在保护家庭成员免受垂死之人对死亡恐惧的影响。如果遗嘱立于去世前不久或将遗产的绝大部分进行慈善捐赠,则该遗嘱无效。当然,只有家庭直系成员有权提出异议。这些法律规定可能基于一些教士或牧师的奇思怪想。显然,这些奇思怪想早已销声匿迹。这些法律在二十世纪被先后废除或宣布无效,到2000年,一个不剩。[54]

信 托

信托古已有之,可追溯到中世纪。但直到近代才因其实用和广泛的适用性兴盛起来。本质上看,信托就是将资产的所有权分为两个单独部分或功能的手段。虽然受托人持有并管理资产(并正式"拥有"该资产),但受托人的每一项决定应以一个或多个受益人名义作出。

任何人都可以为其他人设立信托——朋友、邻居、员工、名字里有字母"Z"的人等。但实际上,信托都是家族财产安排。信托还是极为灵活的手段。信托设立人可以完全按其意愿行事。富人通常都会将他们的资产放入信托。他们可以在遗嘱里对其具体规定,也可设立生前就可生效的信托。此类信托主要分两类:一类就是将财产给予他人的一种更复杂的方式;而另一类是一旦设立信托,资产即不再属于设立人,而属于受托人及其受益人。

为何要以此种方式散尽钱财呢？原因很多。如果你想为孩子着想,将财产转到其名下,信托应为首选。同样,信托也是向无法正常管理财产的亲属进行赠与的方式,这些亲属可能患有残疾。信托设立人也可能担心亲属会挥霍财产或对财产管理不善而设立信托。受托人可以是朋友、有能力的亲属或职业经理人（通常是银行或信托公司）,或上述的结合。一旦信托设定,设立人大可放心,财产会（相对）安全,不会受损或遭受益人挥霍。

但许多"生前信托"的目的不止于此。约翰和玛丽,结婚多年的夫妻,可能会设立一份信托将二人的部分或全部财产转入该信托。他们可以将自己定为受托人,也可以要求一家银行,或一位律师,或一位朋友管理该信托资产。在这份"生前信托"中,他们保有改变主意、以任何意愿修订该信托的权利,或者,如果愿意,取消该信托的权利。信托收入在二人去世前都归二人所有。当二人去世后,信托财产将归家庭其他成员及二人在信托中确定为享有"剩余"权益的人所有。

从功能上看,信托与遗嘱类似。但信托在很多方面优于遗嘱。资产在信托设立人去世后无需经过遗产继承程序。如果信托管理得当,设立人无需费心处理资产,作出投资决策。此类"生前信托"在二十世纪下半叶极受欢迎。部分原因是激进的营销手段,部分原因是那些将遗产继承程序描述为无底洞,且会无端耗尽遗产的大量文章。[55]这当然纯属言过其实。这些信托的客户坦率说对他们购买的产品,或为何购买一无所知。因此,对多数家庭而言,"生前信托"只是一种方便实用的遗产分配手段而已。

生前信托只是代替遗嘱的诸多方式之一。另一方式是所谓的暂时信托,兴起于二十世纪初。[56]此类信托实际上并非传统意义上的"信托",而是一种银行账户的安排。"信托人"在一个银行账户存款,对该账户保有完全控制权,同时规定,如果存款人去世,账户上的财产归一个或多个"受益人"所有。这也被称为穷人的遗嘱。几乎所有州在二十世纪都先后承认暂时信托。可以肯定的是,对此种手段存在一些技术上的争议。毕竟,此种方式(与生前信托一样)与遗嘱极为相似,但无需有效遗嘱要求的形式性规定(如见证人)。但法院无视此种争议。

总而言之,二十世纪越来越多的人使用遗嘱替代。遗嘱的社会功能以及继承也发生了重要的变化。人们的寿命越来越长,身体越来越健康。如果男人活到80岁,女人活到90岁,他们的继承人——通常是子女——也已人到中年或更老。正如前文所言,父母在有能力的情况下,会帮助子女完成大学学业。当前,这项花费不菲。他们还可能会帮助子女支付房子的首付。因此,约翰·朗贝恩(John Langbein)指出,对许多中产家庭而言,在有生之年转移财产比实际继承更重要。[57]

逝者之手

遗嘱或遗嘱替代品对某人去世后的财产处置作出了安排(生前信托则是在去世前进行安排)。在此意义上,死者对生者的财富实施了控制。死者可以对其财产受益人提出严苛的条件。一个名为戴维·夏皮拉(David Shapira)的人将财产留给了他的儿子们,但条件是儿子们必须在他去世后7年内结婚,而且必须娶犹太女孩。其中一个儿子认为该条件限制了他的结婚权利,而且有违公共政策。但俄亥俄州的一家法院于1974年作出判决支持了此份遗嘱。[58]死者愿意的话,还可将财产冻结一段时间。人们还可以将财产交给受托人,在子女有生之年向其进行支付,然后再向孙子女支付,但子女在世期间不得染指本金。

财产以此种方式可以冻结多长时间呢?法院发明的一个技术性很强的规则——禁止永久权规则——可以回答这一问题。该规则的细节异常复杂,令人抓狂。然而,该规则的结果就是最长的期限为80年左右。此后,死者必须"放手"。这一规则大致始自十九世纪早期。到二十世纪,许多州都对该规则进行了改革以使其适用起来更方便。到二十世纪末,一些州甚至完全废除了这一规则。这意味着在这些州(特拉华州是其中之一)可以设立永久信托,永不终止,可以将遗产"冻结"在家族内部数百年,可能直至永远,如果"永远"存在的话。[59]

为何会出现这一情况?起初,一些州想要通过放松规则的适用,将信托资金用于本州。另一些州如法炮制,可能是为了吸引本州资金,也可能是为了防止本州资金外流他州。对永久信托是否会成为像呼啦圈一样在当代流行的某种事物下断言还为时过早。富人们是否首肯自己去世后仍控制家族财产几十年的念头尚不得而知。

老人在家,不在家

二十世纪的家庭,得失参半。某种意义上说,非婚生子、收养子女,以及未婚同居的伴侣赋予传统家庭或经典家庭许多社会意义和法律意义。总的来说,真正失去的是几代同堂的大家庭,兄弟姐妹之间、父母子女之间以及其他亲戚之间亲密无间的关系。一些国家的社会中三代表亲仍有联系,在美国绝对不可能。核心家庭成为主流,血亲家庭次之,几代同堂的家庭已极为罕见。

本书前面谈到过,后面还会谈到子女在法律和社会上的地位。但现在我们需要将目光投到家庭生活中另一些重要成员的法律和社会命运,他们已步入人生的黄金暮年,但许多人的暮年并不像黄金般闪耀。两个问题需要特别关注:第一,对老年亲属,特别是年迈父母的照顾责任已由家庭转移到了政府。第二,飞速发展的技术带来的医疗奇迹大大延长了人们的平均寿命,带来了难以估量的好处,但同时也产生了副作用。其中之一可能就是人们活得太长,进入垂垂暮年,个人生活和财产都难以自理。[60]

相当一些州自二十世纪始纷纷立法规定成年子女有责任照顾其父母。许多类似立法都将照顾老年父母和年幼子女的沉重责任一并压在中年夫妻身上。当然,多数人会认为养老送终是不可推卸的道德义务。但是法律义务吗?在社会保障法出台后的时代,许多州将子女承担养老责任的法律废除——内华达州于1943年废除,华盛顿州于1949年废除(但后来又恢复),阿拉巴马州于1955年废除。但也有一些州通过了强化养老义务的法律。1956年,除10个州外,各州都将子女赡养贫困父母的责任写进法律。这些法律至今有效。比如,北达科他州规定:"父母没有能力照顾自己时,其子女应尽其所能进行赡养。"[61]

然而,后来的趋势是完全废除子女承担赡养父母的经济责任的法律。今天,20多个州没有规定此类责任的正式规则。7个州有刑事法律但无民事规定。那么从理论上说,在这些州,人们可能会因为未赡养老人而被判入监,但不会承担民事责任。过半数的州都有相关民事规定,但一位法律评论作者将赡养父母的责任称为"美国保守最好的秘密。"[62]少有证据表明这些法律得以实际实施,只有零散的案例。因此,唯一剩下的就是道德义务,而且这一义务可能也因几代同堂大家庭的减少而被极大削弱。老年人并不指望他们的子女赡养,他们也不希望暮年与子女们合住,很多人也不愿如此。

家庭纽带变得松散后,政府力量就介入了进来。一些州开始尝试发放老年津贴:亚利桑那州和阿拉斯加州始自1915年,宾夕法尼亚州、蒙大拿州和内华达州自二十世纪二十年代开始发放。然而,宾夕法尼亚州和亚利桑那州的规定被宣布违宪。1929年后,更多州加入进来。总的来说,州法并不成功。但它们对人们真切的需求作出了回应。二十世纪三十年代同样也是"汤森德计划"大行其道的时代。弗朗西斯·E.汤森德(Francis E. Townsend)博士提议给每位年满60岁的老人发放津贴,每月200美元。怎么发呢?汤森德的建议是一项全国销售税。[63] 该计划事实上完全超出了政府的财政手段,不管是州政府还是地方政府。但该计划赢得了人们的广泛支持,数百万的人们加入汤森德俱乐部。国会议员们在1934年和1935年几近"淹没在该俱乐部成员的来信中"。[64]

《社会保障法》就是部分回应"汤森德计划"大受欢迎的结果。无论怎样,该法都算整个罗斯福新政中最大的成果,于1935年正式生效。当时正处于大范围失业时期。该法旨在达到一石二鸟的效果,减少职场中的老年人,为年轻人腾位。该法不仅惠及老年人,还惠及他们的子女,否则的话,他们的子女就将在道义上或法律上承担对他们的赡养责任。

社会保障委员会下设的调查统计局估计,到1936年底,年满65岁的老年人中,40%至50%靠朋友或亲戚赡养。美国已不再是一个"以家庭单位为中心",对老年人充满"包容、尊敬,甚至爱和景仰"的农业社会。工业社会中,老年人比起年轻人来,"手脚不灵便,生产效率不高"。[65] 而且,家庭不再是老年人的依靠。另外,20%左右的人口要么从未结婚,要么已婚却无子女。正如一位作家所言:"当人力资源短缺,子女事业不顺,没有能力或不愿意照顾老人,或根本不在身边时,会是怎样的一幕?"最"令人心寒"的回答就是"老年救济院"。[66] 俄亥俄州的斯蒂芬·杨(Stephen Young)在辩论中也表达了同样的观点,许多老人"穷困潦倒,他们的子女没有工作,根本帮不上手"。[67]

《社会保障法》的根本要素仍在起作用,但也发生了很多重要的变化。1939年,该法进行了修订,为在世配偶及依靠者(主要是未成年子女)提供救济,使该法实际在理论上也具有了家事法的内容。起初,如果某人未退休,则不得享受救济,而且只有在收入极低的情况下才能保有该救济。这就是所谓的"退休收入检测法"。1950年,这部分法律规定不适用于年满75岁的在职人员。1954年,年龄要求降至72岁。1977年和2000年的两次修订彻底取消了该检测法。从1956年开始,《社会保障法》增补了针对年满50岁的残疾在职人员的规定。1960年,该法修订后覆盖所有任何年龄的残疾在职人员。经过这些年的发展,国会极大地增加了此项福利(同时也提高了支付该福利所需的税收)。

1965年,国会通过法律确立医疗保障及医疗救助。医疗保障是一项针对年满65岁居民医疗开支的计划。医疗救助则为无能力支付任何医疗费用的穷人提供公共资助。医疗保障具有与社会保障同样的意义。当然,主要的受益者是年满65岁的居民,但该福利同样可以惠及他们的子女及孙子女。他们再也不用为支付老年家庭成员的医疗费操心了。同样,这也是减轻年轻人负担老年人责任的长期趋势的一部分,即将该责任转嫁给政府。

当然,这也侵蚀了那些支持子女承担赡养责任的法律。相关的项目不仅包括社会保障、医疗保障和医疗救助,还包括1961年的食品券制度,对老年人的住房补贴制度,以及二十世纪七十年代通过的一系列补充福利制度。1991年,联邦政府对老年人福利的开支达到3870亿美元,"极大地减轻了子女的经济负担,且减少了对子女赡养责任法律的需求"。[68]

事实上,医疗保障和医疗救助的实施促使一些州直接废除了要求子女赡养老人的法律。医疗救助规则不准各州将负担转嫁给受救助者家庭。该规则使受救助者家庭完全不用承担任何救助费用。唯一的例外情况是配偶和21岁以下的子女(他们很难提供任何帮助)。只有少数几个州,主要是南达科他州和宾夕法尼亚州,仍保有子女赡养父母责任的法律,但多数都未得以实施。

虐待老人

虐待老人是家庭暴力的一种形式,通常针对的是那些与其他家庭成员共同生活的不幸老人。毫无疑问,虐待老人由来已久,但二十世纪多数时间里,如果这是一个问题,也少有人提及。二十世纪七十年代,一些州通过法律,要求医疗部门、社会工作者等报告虐待老人的情况。《成年人保护服务法》要求设立与保护未成年子女类似的行政机构。

1981年,众议院老年委员会将虐待老人问题公开化。根据该委员会的报告,虐待老人是"一个广泛存在、严重且日渐发展的"问题。[69]但该问题通常隐藏在阴影之下。老年人不愿意报告所遭受的虐待,要么是因为恐惧,要么是不想给家庭带来麻烦。报告援引了一些可怕的事例——老年人遭自己的子女或孙子女殴打,不管死活,甚至劫掠。一年后,芝加哥一家报纸报道了这一"不断发展"但人们"视而不见"的"殴打老人"问题。[70]一位法官认为,"遭虐待老人的数量可能是遭虐待未成年人的4倍"。

反家庭暴力法可能有用,但刑法针对懈怠却无济于事。1989年得克萨斯州刑事上诉法院判决的一起骇人听闻的案件中,雷·埃德温·毕林思利(Ray Edwin Billingslea)被控对其母亲构成刑事懈怠。[71]雷与妻儿和94岁高龄的母亲共同居住在达拉斯的一幢小屋内。他们告诉亲近母亲的孙女别管闲事,并不准她探视祖母。成年人保护服务机构的工作人员到住处看到的状况令人咂舌。整个房间充斥着"强烈难闻的腐肉味道"。可怜的老人躺在床上痛苦地呻吟,腰部以下一丝不挂,整个身体长满褥疮,一些已"烂到骨头",且蛆虫"爬满了褥疮"。工作人员将老人带离了住处,但她很快离世。

得克萨斯州法律规定,任何人"通过作为或不作为、故意、粗心大意或以构成刑事懈怠的方式",造成"年满65岁老人""严重身体伤害"的,构成犯罪。雷被定罪,但定罪判决被一些技术性理由推翻。法庭显然对"不作为"可构成犯罪的概念左右摇摆,除非存在法定责任,而他们认为该案并非如此。

在许多国家的文化中,事实上,可能在美国过去的文化中,照顾年老多病的老人是义不容辞的责任。而且许多文化认为,不这么做简直不可想象。雷的行为看起来"天怒人怨"。尽管有医疗保障,但今天的老年人确实还会给家庭带来困境,年老多病的老人会给已步入中年的子女造成沉重的负担。能花得起钱请全职看护人员的人不多。长寿有时也使人喜忧参半。年逾九十的老人有一半或更多患有老年痴呆。照顾他们绝非易事,因为和老年人相处可能并不愉快且没有回报,对老人虐待的文化障碍也日渐消融。事实上,美国反老年虐待中心(National Center on Elder Abuse)援引了全国调查委员会(National Research Council)的一项研究,发现2005年全国有100万到200万的老年人受到"照顾或保护他们的人"伤害、盘剥或不公对待。而且只有极少比例的虐待引起了有关部门的关注。至于"经济盘剥",报道出来的事例不到二十五分之一。[72]

如果某人谋杀自己的父亲或母亲,或任何其他亲属,根据法律,此人将失去对受害者的继承权。但只有加利福尼亚州更进一步规定,如果虐待老人,子女也会失去继承权。该州法律规定,任何人只要通过"清楚且具说服力的证据证明""对老年人或依靠其的成年人进行身体虐待,懈怠或违背生前信托",可被剥夺继承权。[73]这一法律显然独一无二。伊利诺伊州就没有此类法律。但2002年的一起案件中,该州法院剥夺了一位"故意导致他人死亡"的人的继承权。伊拉·D.马博路(Ira D. Malbrough)是一位有钱人,但年老后,他失明且患有中风,完全依靠妻子格雷西拉。妻子被控对他完全不管不顾。看护人员甚至发现伊拉在家,但"氧气机已关闭,手指上的报警器响个不停,也无人应答"。伊拉的兄弟提起监护人诉讼,将伊拉送进医院,但他很快死于肾衰及充血性心衰。伊拉的兄弟对格雷西拉的继承权提出异议。初审法院驳回了他的请求,但上诉法院推翻了初审判决。如果被控事实属实,则可支持法院作出判决,格雷西拉的行为事实上导致了其丈夫的死亡。[74]

捍卫老年人的权利和财产

保护服务法的目的是处理老年人遭受身体或精神虐待或严重懈怠的问题。总能找到办法剥夺谋杀者和像格雷西拉这样的女性的继承权。刑事法律可以处置直接对老年人的身体虐待。

但上述情况属于极端个案,更大群体的老年人需要生活上的扶助。这些老年人日渐衰老,老眼昏花,行动不便,记忆力衰退,丢三落四。如果他们独居,房间就会杂乱不堪,很难生活自理,甚至吃饭洗澡穿衣都成问题。很明显,这些老年人已不再具有应对生活方方面面的能力。我们能做点什么呢?

随着人口老龄化的加剧,这成为一个日益严重的问题,而且老年人对家庭也成为一个问题。法律可以起到一定作用,尽管显然应该是一个附属作用。需要有人获准以那些法律上失去行为能力的人之名义,作出符合其利益的行为。法律上的问题很难听,即决定一个人从何时开始变得"没有能力"的问题。对许多老年人而言,这是一个渐进的过程。但这一问题可在许多法律情景下出现。琼斯夫人在签署遗嘱时清醒吗?琼斯先生在把所有财产赠与隔壁邻居时理智吗?"民事行为能力"是一个法律概念,对其进行评估,进而形成的决定可能会涉及"许多个人生活的问题:你的身体需要经受何种程序处理?你将在哪里过日子?你和谁比较亲近?你的钱怎么花的?"[75]

缔结合同的行为能力或设立遗嘱的能力极为重要。但同样重要的是更大的一个问题:一个人是否糊涂到需要进行某种专门照料的安排,并处理其经济事务?法律上说,这一问题有多样的解决方式。方式之一要求提前规划,即长期授权书。普通授权在授权人失去行为能力(或死亡)后自行终止。但"长期"授权恰恰在授权人失去行为能力或无法自理时生效。"长期"授权也可专为医疗决定而设立,给予某人权利作出重大医疗决定,甚至是终止治疗的决定。

最过激的方式可能就是将某人置于某种形式的监护之下。该规则因州而异。法律也对实行人身监护的监护人与管理财产的监护人进行区分。("监护人"在一些州被称作"管理人"。)当然,同一个人可以既是人身监护人也是财产监护人。或者由亲属充当人身监护人,而银行或律师或某个朋友充当财产监护人。

此种监护制度由来已久。然而,二十世纪以来该制度发生了很大的变化。总体而言,变化朝着这样一个方向:更多的程序保障,被监护人享有更多的权利。根据过去的法律规定,一旦指定监护人,被监护人基本上就没有什么权利了。当然,监护人应以符合被监护人利益的方式行事,而且该权利理论上可执行。但被监护人在法律上的其他方面无能为力,不能订立遗嘱、缔结合同,或像普通人那样行事。

法律的姿态也逐渐发生了变化。普遍的原则是仅给予监护人绝对必要的那些权力,并让被监护人继续能够根据其能力作出相关决定。1972年纽约州的法律增加了许多新的保障措施。如果有人申请财产监护,提议的被监护人必须在场,除非"因身体原因或其他失去能力的情形"而不能到场。法庭会指定一位诉讼监护人代表被监护人的利益。随后,指定诉讼监护人成为要求之一。1992年,新的法律得以通过,明确表示监护人仅拥有绝对必要的那些权力——"最不受限制的干预形式"。[76]该法还规定"法庭评估员"协助调查设立监护人的必要性。

其他州的法律也经历了类似的发展。有时发展得益于法庭的判决。1995年,艾奥瓦州裁决了一个重要案例——赫丁案(Hedin)[77],宣布该州现行监护法律无效,依据是该法模棱两可,违反宪法。法庭坚称,监护人只能行使绝对必要的权力(最不受限制干预标准)。

从字面上看,法律规定中保障被监护人的条款无处不在。加利福尼亚州从1977年开始[78]专设法庭调查员,在听证开始前访问被监护人,并每两年一次对监护财产进行审查。加利福尼亚州法律与其他州法律一样,一直在朝着越来越宽松、越来越具弹性的方向发展。这一制度仍存在极大的自由空间。虽然有许多手续和程序,但最终,权力在财产监管人以及法官手里。而且,财产监管制度极具本地性,程序也极不透明。[79]一个地方极有可能运转良好,而对另一个地方而言,简直可称为轻率马虎。巨细靡遗的保障措施实际效果如何不得而知,对这一问题也少有调查研究。因此,一些地方存在滥用似乎无可厚非。

背后的问题相当根深蒂固。即使富有的名人也可能面临风险,只要他们年老体弱,不堪一击。格劳乔·马克斯(Groucho Marx)八十多岁时,迷上了一个名为埃琳·弗莱明(Erin Fleming)的年轻女子,完全离不开她。而埃琳盛气凌人,作威作福,经常大发脾气。全家都生活在对她的"恐惧"之中。她还试图让格劳乔断绝与女儿和孙子女的关系。而且她还可能让格劳乔吸毒。终于,针对谁有权成为格劳乔的人身监护人,以及去世后的财产监护人大战爆发了。[80]

格劳乔并非个案。艺术家乔治娅·奥基夫(Georgia O'Keefe)在80岁时迷上了26岁的年轻陶艺师胡安·汉密尔顿(Juan Hamilton)。胡安有"一双深褐色的大眼,浓密的深色头发扎着马尾"。[81]奥基夫与胡安形影不离,胡安渐渐掌控了她的财产,获得了授权,并成为奥基夫遗嘱及其附录许多条款的受益人。该遗嘱在奥基夫九十多岁,几乎失明时订立。奥基夫去世后,针对遗嘱两项附录是否有效的诉讼提交给了法院,最终庭外和解。[82] 患有老年痴呆症的纽约大都会剧院前总经理鲁道夫(Rudolph)爵士 85 岁时与 47 岁的卡萝·道格拉斯(Carroll Douglass)结婚。卡萝本身就是一个"四处惹麻烦的病态女人",曾经还"疯狂地迷恋"过教皇。鲁道夫的遗产监管人成功地使二人的婚姻无效,而鲁道夫的财富已遭挥霍一空。[83]

上述三个案例极具新闻价值,因为受害者都是名人。还有多少老年人遭到迫害或懈怠,不得而知。老年痴呆和年老体衰让老年人的家庭伤透脑筋,痛苦不堪,而且花费不少,难以摆脱。花在老年人身上的钱越多,子女继承的钱就越少。对护理人员、养老院和医院多花费一美元,子女继承的财产就会少一美元。随着人口老龄化的加剧,富有但体弱多病、老年痴呆的老年人问题就会越来越严重。本章中提及的法律在过去的几百年来精心创设出许多老年人去世后(或去世前)处置其财产的方法。最近,出台了一些保障年老体弱的老年人权利和财产的细致法律。当然,老年人最好的保障就是一个充满爱、关怀和无私的家庭,而这恰恰是法律无法轻易做到的。

第十二章
父母和子女：权利和责任

1948年出版的斯金纳(Skinner)的小说《瓦尔登湖第二》(*Walden Two*)描述了一个乌托邦社区,通过将子女交给集体照顾,解决了"家庭问题"。斯金纳认为,"家庭不是养育子女的地方"。[1]柏拉图(Plato)的《理想国》(*Republic*)中,孩子一出生就被带离父母,由国家抚养。妻子和子女都属"公共用品",没有哪个父母"知道自己的孩子是谁,也没有哪个孩子知道父母是谁"。[2]在以色列的合作农场基布兹里,孩子由集体共同抚养,父母有权探视,但孩子与父母分开生活(该做法后来被弃用)。然而,一些古老的文明中,父母的角色走向了另一个极端。根据古罗马和古巴比伦法以及惯例,父亲拥有不同程度随意买卖、交换,甚至杀死自己的子女的权利。

美国法遵循了不同的路径。父母至少与政府分享对子女的控制权,子女也有一点自己做主的权利。根据本书对家事法的探究,法律至少在某种程度上赋予子女一定权利,而且不仅规定他们的权利,还规定社会和他们父母应对他们承担的责任。当然,这是一个诡异的领域,毕竟孩子只是孩子,尚未成年,大多数时间无法自己照顾自己,更别说行使他们可能会有的"权利"。孩子主要还是顺从父母。父母对养育子女拥有关键的决策权,从教育、宗教信仰、医疗到管教,父母控制孩子的一切活动。子女在法庭上挑战父母权威从未胜出,因此才会有政府的介入,至少起到有限的作用。政府拥有"国父"权利,准许其保护并促进孩子的福利。政府会推翻父母的决策,但仅限于父母违反其养育子女的责任,使孩子的健康处于危险境地之时。[3]而且在许多类似案件中,父母的判断往往会胜出。政府只有在掌握有力证据证明孩子受到了伤害或可能受到伤害时,才能将孩子带离家庭。至少,理论上如此。此种做法可能花费不菲,政府通常对处于最低标准之上的家庭支持甚少。[4]

本章中,我们将讨论那些赢得(或被强加)"父母"这一法律地位的人们所拥有的权利和应承担的义务。我们会提到政府对问题家庭的干预,以及第三方(比如祖父母要求获得探视权)对父母权威的挑战。我们还会谈到子女针对政府的程序权和表达权,以及针对父母的涉及经济独立、性问题、婚姻和生养后代的权利。

父母权利的宪法保护

直到二十世纪,最高法院才确立父母权利的宪法保护。1923年在梅耶尔诉内布拉斯加州案(*Meyer v. Nebraska*)中,内布拉斯加州法律禁止九年级之前使用外语教学。[5]一位教师因教学中使用德语而被定罪。法院认为,州政府有权"培养具备美国理念的人民",但这一理由并未有力到否定父母的权利。学习外语无论如何都对孩子没有坏处。[6]宪法第十四修正案提到的"自由"权包括政府无迫切理由不得侵犯个人和家庭生活的内容。两年后,最高法院在1925年的皮尔斯诉姐妹会案(*Pierce v. Society of Sisters*)中更进一步,否决了俄勒冈州一项规定8岁至16岁的孩子必须上公立学校的法律规定。[7]虽然各州都可自由规定其学校和课程,[8]但不得强迫孩子只能在政府设立的公办学校接受教育。孩子不是"政府的所有物",该州的法律侵害了父母为孩子作出教育决定的权利。[9]1944年的普林斯诉马萨诸塞州案(*Prince v. Massachusetts*),一个孩子的监护人(她的小姨)因允许其侄女在街上售卖宗教手册违反州劳工法而被定罪。[10]最高法院维持了定罪裁决,尽管其承认孩子也有权利,但该案中孩子的权利还不足以超越该州规范儿童劳工的利益。

父母与政府:冲突点

虽然上述案例支持父母权利,但该权利并非毫无限制。父母拥有为(未成年)子女作出基本决定的宪法权利。这不仅是法律规则,还有深厚的社会规范基础。父母的决定都会对其子女有益,很多决定也确实如此。但任何权利都应有法律上的和社会上的限制。多数家庭,特别是白人中产家庭"永远都不会体会到来自政府的任何形式的干预"。[11]但父母权利和政府利益之间就孩子的福利也存在引爆冲突的导火索,比如教育、宗教信仰、医疗以及虐待和懈怠的问题等。

教育与宗教信仰

今天的人们不以为然的强制教育法可能构成了政府管控父母最生动的例证。[12]马萨诸塞州于1852年率先规定强制教育,到1918年各州纷纷效法。[13]当然,多数家长都欢迎免费的公共教育,根本不会认为这是政府干预。因而对此类教育法提出质疑的案例极少。1972年发生的标志性案件——威斯康星州诉约德案(*Wisconsin v. Yoder*),最高法院准许阿米什人免除接受八年级以上的强制教育。[14]人们确信,强制接受初中教育可能会威胁阿米什父母为其子女和自己选择的宗教生活方式。阿米什人的宗教信仰权利超越了政府坚持强制教育的利益。该案代表了父母自由的外沿,但其保护的领域仍相当宽广。父母还拥有宪法权利选择私立学校(通常都是宗教学校),只要符合政府规范,达到最低要求即可。[15]居家教育也是另一个获准且愈发受到欢迎的选择。全国有4%的学龄儿童在家接受教育,而且这一数字还在稳步上升。[16]2008年加利福尼亚州的一家上诉法院认为,居家教育只有由具有证书的教师实施,方可有效。这一决定引起轩然大波,后被推翻。[17]

加利福尼亚州父母拥有强有力但并非绝对的居家教育子女的权利。

另一个父母与政府可能发生冲突的领域是医疗。1905年的雅各布森诉马萨诸塞州案(Jacobson v. Massachusetts)中,最高法院认定州政府出于公共卫生和安全的考量,可坚持实施疫苗注射。[18]1922年,最高法院支持得克萨斯州一项根据免疫证明有条件入学的法律。公共卫生的利益超越了孩子(或其父母)的权利。[19]尽管时不时会出现反接种疫苗的声音(最近的一起争议涉及预防性传播疾病的疫苗,该疫苗可能会导致子宫癌)[20],但政府强制接种疫苗的权力普遍高于父母的权利。今天,每个州都规定学龄儿童应强制接受接种疫苗注射。但总有基于宗教依据的反对人士被免除该义务,也有少数基于"哲学"的反对。[21]

父母为子女进行医疗救治是义不容辞的责任,但具体的医疗决定却有极大的差别。除非处于紧急情况,医疗人员不得未经父母明确同意作出医疗决定。通常情况下,未成年人缺乏自行同意的能力。然而,对其他父母权利,州法和联邦法仅要求父母满足某些最低要求。因懈怠而延误救治明显属于虐待子女的一种形式。如果涉嫌或被证明该情形成立,政府可通过无视父母拒绝同意的形式直接介入,保护孩子,或者在造成伤害的情况下,要求父母承担刑事责任。

问题是如何界定"懈怠"。在一起引起广泛关注的案件中,乔伊·霍夫鲍尔(Joey Hofbauer)患有霍奇金病,即淋巴癌,该病无法治愈且属于绝症。乔伊的父母拒绝了放射治疗和化学疗法等常规治疗方法,于1977年选择将乔伊带到牙买加使用当时极为流行的一种自然化合物——维生素B17进行治疗。这个做法构成法律上的懈怠吗?法院的回答是不构成。纽约州终审法院对乔伊父母的选择给予了"很高的尊重",只要父母提供了一种"医生建议的,且并未完全被所有负责任的医疗权威拒绝的"治疗方法即可。[22]最终,该疗法被证明对治疗癌症无效,对癌症患者"没有疗效"。尽管成千上万的患者曾尝试使用维生素 B17 治疗癌症,但多数最终不治而亡。[23]当然,乔伊也不例外,在 10 岁时离世。[24]乔伊去世后,他父亲将他描述为"为父母拥有决定权的先驱者",将州长和"那些无名官僚挡在家门之外"。[25]

这一领域最严重的情况涉及父母因宗教原因拒绝救治子女。[26]联邦规则并未规定在救治措施违背宗教信仰的情况下,父母或监护人必须提供医疗救治。各州自行决定懈怠和宗教教义之间的界线。[27]州法院倾向于给予父母仅在无生命危险或简单治疗的情形下以回旋余地。[28]对孩子造成的后果越严重,政府越有可能挑战父母的权威。最近发生的一起案件中,戴尔(Dale)和莉拉妮(Leilani)的女儿玛德琳(Madeleine)患有糖尿病。他们靠祈祷给孩子治病。玛德琳在 11 岁时死于未及时治疗疾病的并发症。她父母的行为构成二级谋杀罪,被判每年入狱 30 天,持续 6 年。而且作为缓刑条件,二人必须承诺必要时必须将其他子女送至医院救治。据报道,"自 1982 年以来,全美至少有 50 起父母因宗教原因阻止子女获得医疗救治而被定罪的案例"。[29]许多此类案例都与基督教科学派有关,该教派主张抵制现代医学治疗。

虐待儿童

政府干预家庭隐私及父母权力最普遍的理由就是涉及对子女的虐待和懈怠。这一情况并不少见。2008 年,儿童保护机构收到 330 万起通报,涉及 600 万儿童。其中有 200 万起达到调查或评估的程度。经调查后,近 80 万儿童遭受虐待或懈怠的事实成立,其中有 1740 位儿童因此死亡。[30]政府部门可以将遭受虐待或懈怠的儿童从其家中带离。但准确判断何种行为构成虐待和懈怠并非易事。双重标准的存在令人困扰:贫穷儿童比起富裕儿童更易遭受家庭折磨。法官如果认为对孩子好,有权将一个生活在墨西哥移民工人家庭的 11 岁女孩带离,并交给一个拥有花园洋房、游泳池的中产家庭养育吗？田纳西州的一位法官就作出了类似的判决。脱离原有的恶劣生活环境是良好的愿望，但真实情况并不确定。[31] 关于美国原住民儿童的生活记录很差，一些甚至骇人听闻。将孩子交由寄宿学校（或直接由白人家庭领养）是强制同化的手段。无需赘言，今天的情况有了很大的改观。1978 年的《印第安儿童福利法》(Indian Child Welfare Act)[32] 将执行该程序的权力交还孩子所在的部落。最高法院对此类案件的总体要求是执行严格程序标准、有力证据规则并严格依据正当程序。[33] 但这一程序仍不可避免地会掺杂不同的裁量标准，实施的具体效果很难判断。

政府防范或处理儿童虐待及懈怠的作用在二十世纪不断加强。不管是全社会或左邻右舍都不会赞同虐待儿童，但处理该问题的正式法律架构却少之又少。"小玛丽·艾伦"(Mary Ellen)，一个遭受养母严重虐待的孤儿引发了一场反对残酷虐待儿童的全国运动。1874 年，亨利·伯格(Henry Bergh)，美国预防虐待动物协会(American Society for Prevention of Cruelty to Animals)创始人，要求纽约法院将孩子从其寄养家庭带离，尽管纽约州法律当时并未对此有明确规定。（与人们的普遍想法相反，玛丽的案件并未根据虐待动物法提起诉讼，依据是她"不是动物王国的成员"。）[34] 玛丽的证词令人揪心：她头上有"两个妈妈殴打后留下的乌青印记"，她"妈妈"还曾用剪刀刺她的额头。但玛丽"从不敢跟任何人说，因为如果我说了就会挨打"。[35] 法院将玛丽带离"妈妈"的住处，交给州慈善机构。"妈妈"因殴打被提起刑事指控，后被判入狱一年。[36]（玛丽后来的生活很幸福，结婚生子，有两个孩子，还收养了一个孤儿，92 岁离世。）

该案过去后，伯格和埃尔布里奇·格里(Elbridge Gerry)利用媒体对该案的报道创建了纽约预防儿童虐待协会，这是美国第一个此类组织。[37] 该机构的策略"相当成功"，"像野火一样席卷全美"。反儿童虐待运动可能会被批评为对穷人强加基督教中产阶级价值观的工具。但它确实代表了制约父母权利的首次持续努力。到世纪之交,虐待儿童案件中挑战父母权利形成了坚固的基础。经过二十世纪的发展,儿童福利框架愈发标准化和体系化。

联邦政府在二十世纪初也加入了这一行列。白宫儿童大会于1909年召开;1912年设立美国儿童署。[38] 1935年的《社会保障法》(Social Security Act)对设立了儿童福利机构的州给予小额资助。[39]二十世纪六十年代是另一个转折点。虐待儿童以及收养儿童的境况成为引起广泛关注的严重社会问题。1974年,国会通过《虐待儿童预防及对应法》(Child Abuse Prevention and Treatment Act, CAPTA),直接介入这一问题。[40]获得联邦财政支持的州必须设立通报和调查儿童遭虐待情况的程序。今天,各州都有一些群体——医生、教师、警官、托儿所老师等——被指定为"强制报道员"。也就是说,这些人有法定责任对儿童涉嫌遭受虐待或不合理对待采取行动。[41] CAPTA还要求设立全国儿童虐待和懈怠中心(National Center for Child Abuse and Neglect),收集数据,进行研究并支持各州采取措施消除虐待儿童的情况。

处理虐待和懈怠儿童的现代制度有两个分支。民事分支通过暂时或永久带离保护儿童;刑事分支对严重虐待和懈怠儿童的行为进行惩罚。覆盖面更广的联邦法逐渐将儿童福利制度变为某种联邦和州"合二为一"的规定。[42]联邦政府资助了各州设立的各类儿童福利服务机构,同时,对这些机构提供服务的诸多方面以及服务的效果进行监督。

由于存在各类联邦强制规定,各州有关虐待和懈怠儿童的法律都大同小异。[43]全部50个州的法律都将身体虐待和性侵害包括在虐待之中。许多州还明确包括精神虐待,一些还将遗弃或父母滥用药物囊括在内。这些法规明确了何时政府的利益足以构成否定父母权利并进行干预的合理理由。受联邦法的敦促,多数州都规定所谓临时监护人或类似的制度,即在儿童受到虐待和懈怠时临时照顾儿童利益的代表。此类规定是否有效另当别论。实际做法,而非法律,是混乱不堪的,各州之间,甚至各县之间都千差万别。[44]

"懈怠"指父母未能满足孩子的基本需求,包括食物、衣物、住处、教育及医疗,不管父母是否有能力满足这些需求。父母的行为(或不作为)如果造成孩子遭受实际的或即将发生的身体伤害、精神伤害或感情伤害,即构成虐待或懈怠。懈怠因其性质比虐待更难准确判定。如果没有显而易见的身体伤害或性侵害,很难判断父母对子女提供的生活是否低于最低标准。法律上的模糊界定为机构解释留下了充足的空间,而这恰恰令人担忧。直至2004年,纽约市儿童服务管理局(Administration for Children's Service, ACS)都规定,如果夫妻一方成为家庭暴力的受害者,且孩子目睹家暴发生,该局有权利将孩子带离。针对该政策提起的一起诉讼中,一家联邦地区法院将该做法称为"二次虐待"。[45] 2004年,纽约州上诉法院在尼克森诉斯科皮塔案(*Nicholson v. Scoppetta*)中认为,仅仅目睹虐待并不构成带离的合理理由。[46] "懈怠"是一个很复杂的问题,必须具体情况具体分析。

父母在决定如何惩罚孩子上花样繁多。正如老话所言,"黄荆条下出人才"。虽然这一观念早已过时,但家长们仍可合法使用相当多的体罚方式教育子女。通常这并不构成"虐待",只要不造成严重伤害。母亲强迫孩子舔她的脚趾头作为惩罚并不构成虐待[47],但如果父母用火烫孩子,打断孩子骨头,以及造成孩子伤痕累累的话,就可能面对孩子被带离或刑事指控。[48]

虐待儿童并不少见。是不是现在比一个世纪以前更普遍或只是被报道得更多,不得而知。各级政府都设立有某种形式的机构、项目或计划专门应对虐待儿童的问题的事实也使这一问题比过去更显突出(就像家庭暴力和虐待老年人一样)。突出且微妙。将受虐儿童带离其家庭应该是法律上不得已而为之的手段。儿童保护机构实行种族主义、冷漠无情、歧视穷人的情形时有发生。

孩子被带离其家庭后会发生什么？各州情形不一。1980年,国会通过《协助收养及儿童福利法》(Adoption Assistance and Child Welfare Act),应对收养所孩子过多、滞留时间过长的情况。该法赋予联邦政府开辟并监督儿童福利服务机构的职能,目的是"维护家庭及重聚"。但孩子们重新回到生父母身边并非易事,即使回来,情况也不容乐观。后来的法律,比如1997年的《收养及安全家庭法》(Adoption and Safe Families Act, ASFA)鼓励在终止父母权利的问题上采取果断决定,目的是为了让孩子尽快被收养,避免在收养所停留过久。[49]这些举措确实减少了进入收养所的儿童数量,增加了回到生父母身边或被其他家庭收养的儿童数量,但仍有不少儿童生活在收养所里。2008年,这一数字为50万。[50]

政府总是对涉及虐待儿童的指控回应不及时或回应不力。时不时曝出孩子被殴打、火烫,甚至折磨致死的消息,而政府本可以进行干预,但未能做到。1987年,遭继父母折磨致死的小丽萨·斯坦伯格(Lisa Steinberg)事件引起轩然大波,导致公众捶胸顿足,愤怒不已。对小丽萨惨遭虐待一事早有举报和调查,虽然政府不断核实情况,但最后小丽萨还是死了。[51]

乔舒亚·德肖尼(Joshua Deshaney)生于1979年,一年后父母离婚。父亲获得监护权,搬到威斯康星州温尼贝戈县。1982年,其继母举报乔舒亚遭其父亲虐待。政府进行了调查,并对乔舒亚的父亲进行劝告,但孩子仍留在家中。后来,乔舒亚遭父亲毒打至昏迷,虽然保住性命,但大脑遭受永久性创伤。孩子的生母起诉政府"未能进行干预并保护孩子"免受明知的"暴力侵害危险"。她声称政府的不作为侵犯了乔舒亚的宪法权利。最高法院表示了同情,但1989年还是驳回了她的主张。伦奎斯特大法官认为,案件事实确属"悲剧"。但该案基础——正当程序条款——根本上看是"对政府行为权力的制约",并不要求政府保护其公民免受"来自个人行为者的侵犯"。[52]

可以想见,该县政府及其儿童保护机构松了一口气。但不管案件结果如何,问题始终未得到解决。瞻前顾后的官僚程序,加之不想把孩子带离其家庭的真实想法使这一问题至少从现有手段看来极为棘手。悲剧一而再再而三地发生。加利福尼亚州山景城的约翰·哈迪·杰克森(John Hardy Jackson),一个有着长期暴力史和猥亵儿童经历的人居然获准收养遭虐待儿童。当地政府将监督收养机构的工作"外包"给一家私人公司,由政府付款。杰克森长期酗酒、吸毒、虐待儿童,而且他还猥亵安置在其家中的儿童,与其发生性关系,还让他们相互发生性关系。最后,杰克森被捕,定罪,于2010年被判入狱,而且还在民事诉讼中被判支付高额赔偿。但无论如何,孩子已受到不可挽回的伤害[53],悲惨的经历永远不可能从他们心中以及全社会抹去。很难找到万全之策,没有什么可以取代对孩子的关怀之爱。

"小摩西"法

孩子的出生有时并非喜事。众所周知,杀婴古已有之。但二十世纪末发生的一系列案件使这一"流行"话题热度重燃,引发全面道德恐慌以及强烈的立法反应。当人们得知梅丽莎·德克斯勒(Melissa Drexler)在其高中舞会上于卫生间生下一个孩子,并将其与一叠血迹斑斑的毛巾一起扔进卫生间垃圾桶时,举世震惊。梅丽莎整理了一下头发,补了下妆,回到舞会现场,请求DJ播放一首重金属乐队的《不可饶恕》,很应景。[54]清洁工发现了孩子。梅丽莎多重谋杀罪成立,被判入狱 15 年。她服刑 3 年后出狱。[55]

梅丽莎并非个案。高中甜心少女艾米·格罗斯伯格(Amy Grossberg)和布莱恩·皮特森(Brian Peterson)在 1996 年将二人所生儿子弃于一幢破旧酒店后面的垃圾桶内,构成谋杀罪。[56]卡莉·迪特拉帕尼(Karlie DiTrapani)在其父母位于布鲁克林家中的卫生间产下一子,事后卡莉将婴儿装进塑料袋,放在她衣橱的抽屉里,导致婴儿窒息。和艾米一样,由于产后大出血,医生到场后才发现她们的秘密。[57]

这些案件的主角都遭到了刑罚惩处,也导致"立法层面作出快速、广泛及有力的回应"。[58]得克萨斯州在一年内发生 13 起公共场所弃婴案,其中 4 起导致婴儿死亡后,于 1999 年通过该州首个婴儿安全庇护法。[59]数年内,各州纷纷效法。[60]这些法律注重给予"危机母亲"们一个选择:将新生儿放到一个安全的地方,得到照料。最终,婴儿将交给收养家庭养育。[61]如果新生婴儿被放置在一个指定的"安全庇护所",比如医院、教堂或警察局,孩子的父母将不受遗弃子女或懈怠的指控。这些法律使人们想到古老的弃婴医院,孩子的母亲可以将不想要的新生儿放在一个旋转窗口,既能确保孩子的安全,有人照料,又能让母亲不为人知。

正如卡罗尔·桑格尔(Carol Sanger)所说,匿名和不受指控的保证"让各方获益"。新泽西州安全庇护所计划的口号是"无指责,无不好意思,无名"。[62]多数安全庇护所之类的法律都只针对新生婴儿。[63]2007 年,内布拉斯加州通过的安全庇护所法起初没有规定年龄限制——一个严重的遗漏。一个妻子刚刚离世的父亲将 9 个孩子留在了医院,年龄从 1 岁到 17 岁不等。[64]立法者很快修订该法,将范围仅限于新生婴儿。[65]

有多少新生婴儿惨遭杀害或遗弃?各州政府和联邦政府都没有正式的统计数据。1998 年美国卫生部对主流报纸进行的一项非正式统计显示,有105起将婴儿遗弃在公共场所的报道,其中33起导致婴儿死亡。不管数据多少,与四百多万新生儿相比,"不值一提"。[66]

安全庇护所法律有悖于家事法的其他发展趋势。比如,此类法律并不要求母亲提供婴儿或其家庭成员的任何医学信息,而且由于母亲和婴儿都有权完全匿名,还剥夺了婴儿生父保护其权利的机会。尽管他人收养是最终目的,但法律通常并未对收养弃婴的程序进行详细规定,通常必要的同意、告知和撤销要求都无法达到。[67]此类法律还允许父母通过匿名放弃的方式避免履行经济义务,违背法律上此类义务不得免除的做法。[68]

这些法律出自某种道德恐慌[69],然而,效果却并非尽如人意。[70]相对而言,弃于安全庇护所的婴儿较少。比如,休斯敦市的安全庇护所法生效后的头4个月内,只有9个婴儿被弃于公共场所。[71]没有一个是由于该法生效而遭弃。许多州都声称从未有过"安全庇护所"。2006年纽约市发现6名死亡的弃婴,尽管该市已于2000年通过安全庇护所法。[72]该法通过的8年内,整个纽约州有118名婴儿被弃于安全庇护所。[73]一些批评人士认为,该法纵容了不负责任的行为,效果"不尽如人意",充斥着"难以预估的后果"。[74]此类法律再一次成为以法律手段应对家庭事务不利的例证。真的需要这些法律吗?美国是一个富有的国度,避孕药具随处可见,堕胎也合法。而且,单亲母亲也不像以前"见不得人","领养机构和收养所也日臻完善"。[75]此类法律就是媒体宣传对立法影响的又一例证。美国可能一直都会有少数未婚母亲弄死自己的新生儿,扔进河里、小溪和垃圾桶的事例。出于前面提到的理由,这愈发不成为一个问题。

母贫子穷

美国福利体系庞杂、不透明,涵盖各类法规、规定、规则和具体做法,让人剪不断理还乱。在此,本书仅涉及此项体系的一两个方面。对该体系进行过细致研究的吉尔·哈斯代(Jill Hasday)将其称为"分门别类的父母关系法律":即富人和中产阶层适用一个法律,穷人适用另一个法律。[76]

二十世纪早期,穷人家的孩子只能在工厂和商店打工谋生。北方各州在劳工联盟的强力支持下,通过了一些禁止童工(以及让孩子上学)的法律。但许多工厂迁至缺乏禁止童工法律的南方各州,导致迫切需要出台相关联邦法律。国会强行通过一部禁止童工生产的产品进入跨州商业活动的法律。但1918年,最高法院在哈默诉达根金哈特案(Hammer v. Dagenhart)中将其否决。[77]人们开始试图修订宪法以使禁止童工法律得以通过。雇主团体进行了反击,他们认为修正案会剥夺父母权利,使"未成年人贫穷",最终"毁了这个国家的少年男女"。[78]他们还给这一想法贴上"社会主义、共产主义和布尔什维克"的标签。反对使用童工的斗争等到二十世纪三十年代罗斯福新政时期才获得最终胜利。

大约从1911年开始,一些州开始通过母亲津贴法以帮助有孩子的穷苦母亲。国会于1921年制定《谢泼德-托勒法》(Sheppard-Towner Act),"提高孕产妇和婴幼儿的福利及卫生保健水平",但在1929年"胎死腹中"。罗斯福新政是一个分水岭,产生了"被抚养儿童扶助"计划,后来更名为"被抚养儿童家庭扶助"计划,并于二十世纪九十年代被《贫穷家庭短期救助法》(Temporary Assistance for Needy Families, TANF)取代。政策忽左忽右,游移不定。起初的想法是,这些妇女需要经济资助,可以待在家里养育子女。根据TANF的规定,后来的政策恰恰相反:她们应该自食其力。

此类联邦计划都将权力交由各州,而且也毫不避讳地介入贫穷家庭的生活。男人本应养家糊口。没有丈夫的女性,除非是寡妇,都不得享受资助。一些州的法律对此还有具体规定：只有丈夫过世或遭抛家弃子的女性才能享受政策资助。离婚女性和非婚生子的母亲被完全排除在外。虽然法律没有对种族作出明确规定，但南方各州多数都不会或仅给予黑人家庭极少的资助。

许多州只要得知家中有男人，不管是不是孩子的父亲，都会立即中止资助。接受联邦资助的女性应恪守道德规范，过清白的生活，否则就会丧失权利。1959年，佛罗里达州的法律明确要求给予子女一个"稳定的道德环境"，一个"不管在家里还是家外作风混乱"的女性都无权获得资助。[79]工作人员常常突然造访受助女性，如果发现些微男性的蛛丝马迹（或像某一个案例中，亲眼看到一个男人光脚从后门溜走），这个女性就遭殃了。这些情形从未出现在为中产阶层而制定的《社会保障法》发放救助金之时。二十世纪七十年代，一些州开始有所收敛，而且性革命时代对高标准的道德要求也有所降低。但总体而言，"分门别类"的情形从未完全消除。

父母与第三方：祖父母探视权

父母对孩子拥有一些权利，政府居于其次的地位。还有其他人有所主张吗？有时，祖父母感到与其孙子女的联系被切断，特别是夫妻离婚或一方去世之后。虽然几世同堂的大家庭可能不再多见，但祖父母仍对数百万儿童的生活产生重要影响。

所有州的法律都规定祖父母，有时包括其他第三方，有要求探视孩子的权利，即使父母反对也是如此。这些规定在父母权利和失去孙子女联系的忧伤祖父母之间产生了冲突。虽然各州对此规定不一，但都给予法院权力，否决父母作出中断孩子与亲戚联系的决定。许多法律要求，只有离婚或父母一方去世才能给予第三方探视权。人们担心,破裂家庭的孩子与大家庭失去联系,特别是无监护权一方的父母。[80]

汤米(Tommie)和布拉德·特罗克赛尔(Brad Troxel)从未结婚,但两人共同生活,有两个女儿。(汤米总共有 8 个子女。)[81]二人在 1991 年分开后,布拉德与其父母共住,轮到他探视时,还会把女儿们带到父母家中。1993 年,布拉德自杀身亡,他父母想要继续如此,但孩子母亲只同意每月一次探视。华盛顿州法律允许"任何人"都可申请探视权,并授权法院批准,只要该探视"对孩子有利"。[82]法院最终批准了孩子祖父母的探视权,大致等同于离婚父亲可以获得的探视权。

汤米提出上诉;在特罗克赛尔诉格兰维尔案(*Troxel v. Granville*)中[83],最高法院出其不意地作出裁定,认为华盛顿州的探视法规定违宪,至少在汤米案上违宪。根据宪法第十四修正案规定的正当程序,父母获得"自由"的权利包括照顾、控制和教育子女的权利。布拉德扩大了这一权利。根据最高法院多数意见,华盛顿州的法律规定"过于宽泛"。第三方探视的法律规定必须给予父母"一定分量"的决策权以拒绝他人探视孩子。华盛顿州的法律源于"最有利于孩子"的古老标准,似乎父母和第三方都获得了同等的权利。但任何一个合格的父母都会以最有利于孩子的方式行事,包括作出不让祖父母探视的决定。在法庭裁决探视权之前,需要有证据破除这一推断。

布拉德案发生后,许多州的法院都面对了针对此类规定提出的质疑——是否给予父母权利足够的尊重? 加利福尼亚州和明尼苏达州的法律明确倾向于父母的决定权。纽约州的探视权法律允许祖父母请求探视,但前提是父母一方去世或祖父母的"介入符合公平"。[84]下级法院将此要求解读为充分保护了父母拒绝他人探视的权利。[85]

小布里塔尼·科利尔(Brittany Collier)从出生到两岁都与其母亲和外祖父母生活在一起。他父亲(从未与其母亲结婚)获准每周探视两次。后来,孩子母亲死于癌症。父亲提出请求,赢得了孩子的监护权,并将孩子从外祖父母家中接走,拒绝来往。外祖父母提出探视权请求诉讼。俄亥俄州法律规定,申请一方负有举证责任,并列举了需要考量的一些因素,包括孩子父母的意愿。[86]强调父母权利足以使法院避免作出类似布拉德案的判决。与孩子长期生活并有深厚感情的外祖父母获得了探视权。[87]

此类案件不断在各州法院出现,结果不一。法律规定和布拉德案判决本身当然都是时代的标志。尽管没有出现"祖父母们"组织起来进行游说的情形,但要在拥有共同利益或需要解决同样问题的个体之间形成利益群体显然不难。从非洲裔美国人开始、然后扩展到女性,美国原住民、老年人、残疾人、服刑人员及所有其他可以想见群体的民权运动使捍卫祖父母权利的想法合情合理。法院、宪法和司法审查持续介入权利与冲突利益,法律的发展趋势愈发将个人视作权利人,而非家庭成员,以及曾被称为"破碎家庭"的大量出现也起到了相同的作用。所有这一切都为斗争做好了铺垫,布拉德案成为高潮,但绝非决定性的最终裁决。

事实上的父母身份:一个全新领域

胸怀不满的祖父母们不是唯一想挑战父母权利的人。前继父母,以及越来越多的同性恋父母们也提出了他们的质疑,坚持要求有权探视曾经养育过的孩子,尽管与孩子没有法律上的关系。过去40年来,越来越多的孩子与他们法定父母以外的成年人建立了关系。[88]法律是否能为这些成年人留出类似家庭的空间,仍是一个待解的难题。

"事实"父母身份承认非法定父母的成年人履行父母职能的情形。有几个州允许法院在典型的有限情形下承认"事实"父母拥有父母权利。2005 年在华盛顿州的一个案例中,苏·埃伦·卡文(Sue Ellen Carvin)及其同性伴侣同意共同抚养孩子。苏既非孩子的生母,也不是养母。但当二人分手后,华盛顿州最高法院承认苏为事实母亲。[89]一些州的终审法院在类似案件中也作出了相同判决。[90]还有一些法院拒绝接受这一理论。[91]2010 年发生在纽约州的德布拉诉贾尼丝案(Debra H. v. Janice R.)[92]的主审法院就是此类法院之一。之前,法院裁定只有亲生父母或养父母可拥有探视权(相对有监护权的一方而言)。[93]法院被要求重新审视这一问题。此案中,两个女人自孩子出生起就一起养育。二人分开后,孩子的生母切断了孩子与其前伴侣——德布拉的所有联系。但法院拒绝接受事实父母的理论,目的是为了提升"家庭破裂后的确定性"以及避免"爆发涉及父母关系"、监护权和探视权的争议。[94]因此,似乎确实有这样一个趋势,原则上承认非父母成年人可以与孩子保持某种联系,而且不应随便解除。

前继父母也试图利用这一理论。通常说,由婚姻创设的关系,在婚姻关系终止后自行终止。因此,如无特别保护,继父母一方在与孩子法定父母一方离婚后,与继子女即不存在任何法律关系。一些州法规定前继父母也有探视权。比如,加利福尼亚州法院可能会在判决离婚,进而终止继父母与继子女关系的程序中批准继父母也有"合理探视"权。[95]但探视如会"导致与非离婚程序一方的孩子生父母的监护权或探视权发生冲突"时,不得批准。这一规定还需与布拉德案判决一致,该案为父母针对非父母设定了一个保护范围。但在那些规定继父母只有有限探视权或无探视权的州,前继父母只有主张事实父母身份作为保有与继子女法定联系的方式。此类主张与那些同性恋父母提出的主张一样,结果不一。2010 年科尔宾诉瑞曼案(Corbin v. Reimen)中,华盛顿州最高法院作出对前继父——约翰·科尔宾(John Corbin)不利的裁决,他试图与前继女保持紧密联系。[96]尽管他全程参与对继女的养育,即使在与孩子母亲离婚后,但法院认为,前继父母绝不能成为事实父母。[97]

事实父母的案例充分说明现代家庭以及现代家事法的复杂程度。法院和立法机关常常对"父母"的法律定义,以及是否可以允许孩子的父母不止两位的问题纠缠不止。现实生活中,确实不止孩子的父母在孩子孕育、出生和养育中付出辛劳和倾注感情。孩子面对这些纠缠不清的关系时所应享有的权利和义务对法院而言,确实复杂且极具挑战。本书第十三章将探究新的家庭类型和新技术给父母带来的恼人问题。

孩子的权利

曾几何时,有关家事法的论著极少提到或只字不提"孩子的权利"。从某种意义上说,孩子没有权利。认为孩子是父母的财产也不妥当,但总体上说,未成年人不得缔结合同、设立遗嘱或未经父母同意结婚(今天亦是如此)。父母对孩子的衣食住行、游戏、宗教信仰等问题拥有绝对的决定权。某种程度上看,仍是如此。

简单说,父母权利居于主导地位。不管在社会上还是法律上都是如此,甚至还扩展到了成年子女。许多维多利亚时代的小说都以成年子女违背父母意愿结婚作为主题。多数情况下,不管多么痛苦挣扎,子女不得不屈从于父母。唯有的选择要么就是说服父母同意孩子自己主张的婚事,要么冒着与家族决裂,丧失继承权的风险抗争到底。

上述情形看起来如此久远。当然,虽然父母的意见仍很重要,但已不再是"金玉良言"。"孩子的权利"属于家事法的一个支脉。根据《联合国儿童权利公约》(United Nations Convention on the Rights of the Child)的规定,各国都应"确保儿童有权形成自己的观点,以及对涉及儿童诸事务自由表达其观点的权利"(第12条)。孩子的观点应"按照其年龄和成熟程度给予充分重视"。孩子还应有权"在任何涉及其的程序中发表自己的看法",既可以亲自表态,也可以通过代表表态。[98]

美国和索马里在一件事情上一致:都未批准该公约。尽管美国儿童肯定比许多急于签署该公约的(虚伪)国家享有更多权利。为什么会这样呢?玛莎·法恩曼(Martha Fineman)认为,保守人士(通常有点排外)将公约视为对父母权利的威胁。如果孩子拥有"与其年龄适合且不断增长的自我决定权",而且"还有能力实质性参与影响自身的决定",可能会危及"传统家庭的存在"。[99]当然,"传统家庭的存在"本身就存在远超联合国公约文本所及的问题。

即使没有公约,也出现了许多切实的行动,有些还是司法行为,使"儿童权利"在美国成为一个法律现实问题。[100]毕竟,对少数族裔和整个弱势群体而言,"赋权"一词本身就是二十世纪末的标志性口号。而且家庭被解体为个体的集合这一大趋势给孩子和成年人都造成了影响。儿童社会化的本质也发生了变化。比如,学校的影响。孩子在学校学习读写和加减法、手指画和唱歌。学校同时也潜移默化地影响着孩子的思想。因此,学校和校园以某种方式成为家庭塑造和影响孩子的强劲对手:行为举止、所思所感。学校和家庭之间时不时就一些问题出现严重分歧,是否教授宗教、纪律问题、进步与否、所谓的不良书籍等,不一而足。但总体上,家长们还是认可学校的做法。学校在将孩子引入知识海洋的同时,也将他们带进同龄人的世界。二十世纪出现的广播和电视也"入侵"了家庭,带来海量信息、观点、画面和外界影响,孩子们就像初生婴儿一样面对这一切。还有互联网、Facebook、Twitter等社交工具和网络媒体。到二十世纪末,父母已失去垄断家庭生活的大部分权力,传统家庭的样态、权力和影响力遭受重创。

然而,如果孩子们拥有"权利",那是些什么权利呢?比如,当然不会是投票权,也不会是和成年人一样的缔约权和工作权,甚至订立遗嘱的权利。未成年人有权无需经父母同意堕胎吗？孩子们何时、以何种方式获得"解放"？孩子们犯下的何种罪行可以像成年人一样接受审判？孩子权利逻辑上应指未成年人的权利，就是未满 18 岁的少男少女。当然，一个 17 岁的男孩或女孩能够以新生儿不能的方式提出问题、需求，享有并行使权利。如果婴儿有"权利"，那么应该由其他人代其行使。通常代其行使权利的就是政府。

未成年人间的亲密关系

本书第一章提到，未成年人未经父母同意不得结婚（通常未满 16 岁也不能结婚）。这类法律规定得到法院的支持。[101]一些州还增加了诸如婚前商议的特别要求。[102]而且只有一个州——伊利诺伊州——明确规定未成年人只要获得司法批准，无需父母同意也可结婚。[103]但许多州都规定，未成年人，特别是年龄 15 岁或以下的未成年人结婚，必须征得父母和法官同意。1953 年宾夕法尼亚州的一个案件中，14 岁的芭芭拉·黑文（Barbara Haven）的父亲同意其嫁给 22 岁的继兄，但她还需要获得法院批准。法院认为，这位"发育良好的迷人女孩""生理上已适合结婚"，而且男孩也是一位"典型的优秀美国青年"，"胸怀大志，勤劳肯干"。[104]但法院仍不同意二人结婚。立法机关已规定有结婚的年龄限制，因此"正值青春大好时光的年轻人不应急于步入婚姻的殿堂"。"这位少女对爱情的渴求"还不足以迫切到使立法机关违背其判断，即婚姻远非一位 14 岁女孩所想的那么简单。

在性问题和生育后代上，未成年人获得了前所未有的胜利。1976 年在计划生育组织诉丹福思案（*Planned Parenthood v. Danforth*）中，最高法院否定了一项法律，即父母有权否决未成年人堕胎的决定，如果该未成年女孩已足够成熟，明知利害。[105]但最高法院 3 年后在贝洛蒂诉贝尔德案（*Bellotti v. Baird*）中对未成年人的堕胎权有了不同的看法。该案中,最高法院支持了一项要求父母同意的法律,但规定了一条"司法捷径",即未成年人可直接前往法院,"无需事先咨询或告知其父母",证明其已足够成熟,能够作出决定,或无论怎样决定都"符合其最佳利益"。[106]事实上,多数(但非全部)请求都会获批。[107]目前,34个州要求未成年人堕胎前需获父母同意或告知父母,但每个州都提供有"司法捷径"。[108]最高法院同样认为,未成年人有权获得并使用避孕药具。[109]更宽泛的是,多数州允许未成年人获得滥用药物或性传播疾病的治疗方式,使他们获得医疗救助超越了父母的权利。[110]

解 放

有办法让一个未成年人不受父母管束吗?普通法对此予以准许。独立生活,无需他人抚养的未成年人可经法庭程序宣示"解放"。该程序使未成年人从父母管束中释放出来,同时也使父母免除抚养义务。孩子实际的解放状态可以成为子女抚养诉讼中的辩护理由。已婚或服兵役的未成年人也被视为解放。除此之外,过半数的州都规定,接近成年的孩子可请求获得"解放"的身份,如获批准,不仅可以解除父母的抚养义务,还给予未成年人类似成年人的权利,诸如买卖财产或提起诉讼。[111]由于已获解放的未成年人对收入拥有完全所有权,并管理自己的财产,一些童星和运动员都属获解放的未成年人。[112]

1992年,一位12岁的男孩——格雷戈里·金斯利(Gregory Kingsley)使解放的概念更进一步,他请求与父母"解除关系"。他这么做不是为了钱,只是希望法官终止其"生母"对其拥有的父母权,并准许其养父收养他。孩子的生母是一位失业的女服务员,由于贫穷,无力抚养,已三次将他交由收养所。每次都本应该在收养所短期生活,但案件开始前的8年里,格雷戈里只和母亲生活了7个月。针对母亲的证词前后不一,饱含泪水和未经修饰的情感。最终,法官批准了格雷戈里的请求,终止了母亲的权利,同意其养父母家庭有权收养他(作为第九个孩子)。格雷戈里的养父是一位律师,在该案中既代表孩子也代表自己。[113]

这一离奇诉讼完全有可能最初就是格雷戈里的律师的主意。该案引起广泛关注,法庭电视频道对此进行了专门报道,还催生了一部电影。[114]诚然,该案属于少数孤立的案例,但在当时确实匪夷所思,反映了越来越多的人认可孩子拥有甚至反对父母的权利,即使在父母反对的情况下,即使其尚且年幼,也可以合法作出选择。别忘了,格雷戈里当时不是17岁,而是12岁。

孩子与政府

年幼儿童不得因所犯罪行遭到审判。自二十世纪初始,犯下罪行的儿童由一个特别机构处理,即未成年人法庭。[115]1989年,首家此类法院在伊利诺伊州库克县成立,随后全国各地纷纷效法。理论上,此类法院并非刑事法院,而是非常不一样的一类法院。事实上,未成年人法院对遭受懈怠和遗弃的儿童,以及犯下罪行的儿童都有管辖权。简言之,儿童属于特殊人群,当然需要特殊处理。

理论上,未成年人法院充满仁慈和人性的光辉,但也确实代表了政府的强势。而且未成年人法院进行的诉讼形式上也非正式,因为这些机构设置的目的是为了给孩子们提供帮助,孩子们不需要律师或正当程序的复杂情形。但这一切变得愈发不现实。1964年,亚利桑那州吉拉县当局对杰拉尔德·高尔特(Gerald Gault)采取了强制措施,邻居指控他拨打色情电话。在证据牵强的情况下,15岁的杰拉尔德被定为少年犯,面临在少年管教所接受6年管教的处罚。高尔特家强烈反对,将官司一直打到最高法院。1967年,最高法院支持了高尔特家,认为未经程序保障、律师辩护、合理审判就将杰拉尔德送入管教机构违反其宪法权利。[116]

两年后的1969年,在廷克诉得梅因独立社区学区案(*Tinker v. Des Moines Independent Community School District*)[117]中,最高法院又向前走了一步。廷克是一位高中生,上学时佩戴了一个黑色袖套以反对越战。学校有规则禁止此类行为,对其处以留校察看。最高法院认为学生也拥有言论自由权,学校应保障学生的此项权利,只要该生并未因此造成任何干扰性影响,而廷克的行为并非干扰。此案后的数年里,出现了大量针对学校管束学生发型和着装的案件。学校有权禁止男生留胡子、蓄须或留长发吗?1969年至1978年间诉至联邦法院的118起此类案件结果不一。一些法官直接对此类诉讼不予受理,认为纯属浪费司法资源;另一些法官从中看到一项重要原则正遭践踏,支持学生们的权利。(最高法院从未解决此类冲突。)一些法院还否定了一些歧视已婚学生的学校规则。俄亥俄州的一所学校禁止已婚学生参加任何体育活动、学生舞会及任何课外活动(任何"使女生怀孕"的男生也被排除在上述活动之外)。法院否定了学校的这一规定。[118]

针对"儿童权利"的法律斗争极为复杂,结果五味杂陈。但总体上看,反映了本书描述的大趋势,即家庭愈发被分解为独立个体的集合,而非完整的社会单元。对成年人——夫妻和成年子女——而言,何尝不是如此。同一逻辑当然也适用于年幼的孩子。教育政策对此也有所反映。曾几何时,教育的原动力就是向年轻人灌输成年人的价值观。孩子被视为年幼无知的"小大人"。学校的任务就是以恰当的方式让他们适应社会。当然,这仍是教育的主要任务。但学校愈发强调开发孩子的独有天赋和潜能、关注每一个孩子所思所想的责任。老派且严格管制的学校已不复存在。教室里的固定桌椅早成历史。孩子们被鼓励"展示自我,表达自我",为自我全面发展努力。尽管家庭仍会对孩子产生重要影响,但不得不与媒体、同龄人和强势大众文化竞争。正是在这样的背景下发展出了"儿童权利"这一概念。

第十三章
我们属于父母还是法律？

父母是谁？孩子又是谁？对多数人而言，答案不言而喻。但是，看看我们这个社会新近出现的一些新鲜事，答案似乎又不那么确定了。斯特拉·比布里斯（Stella Biblis）通过人工授精，使用22年前其父亲捐献的精子受孕，当时她患有威胁生命的白血病。[1] 一位66岁的女性通过捐献的精子和卵子受孕，在生下一对双胞胎两年后去世。[2] 2009年联邦政府针对未婚生育进行的一项调查发现，近四成的新生儿为未婚生育，比1940年高出近二十倍，比5年前也高出了26%。[3] 已婚男性向女同性恋朋友捐献精子，使其能与其伴侣有孩子，该捐精男子被令18年后承担孩子的大学教育费用。[4]

全球首例"试管"婴儿——"受孕于实验室玻璃管"——是1978年诞生于英国的露易丝·布朗（Louise Brown）。[5] 现在已为人母的露易丝（一位不得不忍受各种"关于'生孩子'玩笑"的邮政工人）与普通人并无二致。自那时以后，使用人工授精方式生育的孩子已达百万。[6] 人工受孕由来已久，自二十世纪五十年代成功用于人类开始，近几十年愈发常见。当然，生殖技术使捐精、捐卵和代孕成为可能，不孕不育夫妻、单身女性、同性伴侣现在也可以生育子女。[7] 但这些变化对传统父母规则形成了挑战。家事法被迫适应这样一个现实：孩子可以无性生育，而且与多位成年人形成联系，不管他是否已婚。[8]

正如本书前面的章节所述，"法定父母"既有权利，也有义务。法定父母必须抚养子女，同时也有权决定子女的衣食住行、宗教信仰，以及是否允许他人收养。无法定父母资格的成年人完全被排除在该权利义务之外。法定父母身份还能决定经济权利——社会保障、遗产继承、过失致人死亡诉讼中的身份等。涉及父母的法律既可以创设一个家庭,也可以使家庭破裂,两者都对孩子的生活产生深远影响。

"非婚生子"的困境

历史上看,父母身份法律的一个核心分界线就是是否合法。根据英国法的规定,未婚所生子女被称为"私生子女"。[9]法律上,私生子女无家庭纽带,无继承权。美国法没英国法那么严厉,如果非婚生子的父母后来结婚,则孩子可以获得合法身份。非婚生子女也可拥有对其母亲的继承权。但直到二十世纪七十年代,他们都处于某种"低人一等"的地位。

然而,父亲承担经济责任有长久的历史传统。十七世纪的"私生子女"法律就对父母规定了抚养责任。此类法律到1900年成为各州民事和刑事法典的重要部分,目的是确立子女与父亲的关系及强制抚养责任,以防止这些孩子成为社会的负担。[10]孩子的母亲、第三方或地区检察官可提起私生子诉讼。比如,二十世纪二十年代的阿肯色州,如果"私生子"的母亲一口咬定某人是孩子的父亲,法官可以对其发出拘捕令。法官还可单独召见孩子的母亲,并要求她立誓讲出孩子父亲的名字,"或作出保证补偿政府,如果她对此拒绝,可判其入监"。[11]根据该法的规定,父亲可被判支付孩子的出生费用,最高达15美元,以及每月1美元到3美元不等的抚养费。[12]二十世纪早期的这些法律形式"仅给予父亲责任,而无权利"。[13]

当时的非婚生子女仅占少数。1915年的一项调查显示,只有1.8%的孩子属于非婚生子女。[14]即使到了1940年,这一数字仍较低,只有3%。[15]非婚生子女必须承受社会歧视,其他孩子及其母亲能享受的社会服务与他们无缘。对他们而言,生活不易。1914年波士顿进行的一项针对非婚生子女的调查发现,"六成多非婚生子女在其人生的第一年会进入福利机构",只有少数"能被确定的父亲受到法院追究"(13%),"其中仅有7%会被判处支付抚养费"。[16]

婚生子女的父母身份

已婚夫妻所生子女回应了有关孩子身份的所有疑问。一位女士的丈夫理所当然是二人婚后所生孩子的父亲,即使孩子的红头发或其他特质使送奶工更像孩子父亲。[17]人类历史的多数时期都没有确定的方法证明父亲与子女的关系。血型法直到二十世纪初才得以运用,即使在当时,也只能证明父亲与子女关系不成立。法庭上的亲子关系争议会使父母和孩子都颜面尽失。法律倾向于假定妻子们都忠贞不贰,进而消除所有进一步的质询。

即使面对科学证据,法院也不愿宣布一位已婚女性生下了私生子。罗伯特(Robert)和乔伊丝·普罗克诺(Joyce Prochnow)1950年结婚,并在3年后开始服兵役。当他休假回家时,"发现他妻子对他的出现表现冷漠"。至少一位目击者证明乔伊丝与安迪(Andy)——一个更"有趣"的男人——关系亲密。1954年3月12日,乔伊丝飞到圣安东尼奥与丈夫会面,两人在宾馆共度一晚,并发生了性关系。次日,她告诉他,准备提起离婚。几周后,她向他出示了相关文书。乔伊丝在与丈夫宾馆幽会8个月后生下一个孩子,将孩子抚养费增补进离婚诉状。罗伯特一方的专家证明,血型检测表明他并非孩子的父亲。然而,乔伊丝作证,她从未与其他男性发生过性关系,罗伯特就是她明显早产孩子的父亲。

根据威斯康星州法律的规定,血型证据可被采纳,但并非绝对。审判法官认定,尽管有该血型证据,罗伯特仍是孩子的父亲。该州最高法院表示怀疑,认为"在此种情形下不愿自认的那些愤世嫉俗之人"可能会想象,乔伊丝发现自己已有孕在身,"遂匆匆与丈夫小聚,目的达到后立即全身而退"。尽管存在此种怀疑,但多数意见仍维持了初审法院的裁决。[18]

这一案件放在今天,结果会大不一样。DNA 检测可以接近 100% 的准确率确定(或排除)亲子关系。而且还能神不知鬼不觉地通过采集父亲和孩子的生物信息并邮寄给实验室。生物科学并不总会大获全胜。1989 年在迈克尔·H. 诉杰拉德·D. 案(*Michael H. v. Gerald D.*)中,最高法院维持了加利福尼亚州的决定性推断:一位女士的丈夫如果既非不育又非阳痿,而且与其同居,就应该是孩子的父亲。[19]卡萝尔(Carole)在与杰拉德结婚后生下一个女儿——维多利亚(Victoria)。而孩子真正的父亲是邻居迈克尔。起初,孩子的出生证明上父亲一栏填写的是杰拉德,而且杰拉德也对此深信不疑。孩子出生后几年内,卡萝尔和这两个男人(以及第三个男人)纠缠不清。卡萝尔和迈克尔共同和孩子做了亲子鉴定,以 98.07% 的准确性证明迈克尔是孩子的父亲。当卡萝尔不让迈克尔见孩子时,他提起确立亲子关系并获得探视权之诉。卡萝尔(和杰拉德)拒绝配合,迈克尔败诉。最高法院选择对正式婚姻家庭予以保护,允许各州依据其古老的婚内亲子关系推定。尽管 DNA 检测技术形成了很大的变革压力,多数州仍以某种形式固守其婚内推定原则。[20]

理查德(Richard)和玛格丽特·帕克(Margaret Parker)于 1996 年结婚,两年后生下一个孩子。二人 2001 年离婚时,女方获得孩子监护权,男方需每月支付 1200 美元抚养费。理查德后来通过 DNA 检测发现他并非孩子的父亲,并指出玛格丽特故意隐瞒了这一信息。他向佛罗里达州法院提出赔偿请求,要求返还过去支付的孩子抚养费,并补偿未来的抚养费。初审法院判其败诉,上诉法院维持了初审判决。理查德不得不继续为别人的孩子支付抚养费。[21]

理查德并不孤单,二十世纪九十年代的一项调查发现,5%的婚生子女并非丈夫亲生。早前的研究表明这一比例可能更高。[22]但法律并不一定会允许否定一位男性与其子女的亲子关系,尽管科学证据对他有利。佛罗里达州的做法比较典型,允许丈夫对亲子关系提出质疑,但仅限于有限的程度。他可以在离婚诉讼中提出质疑,如果成功,可以不用承担未来的抚养义务。但理查德在离婚2年后(孩子出生5年后)才首次提出这一问题,而且玛格丽特在其离婚文书中表明孩子为"婚生",理查德并未提出异议。只要理查德与孩子的亲子关系已获法院支持,几乎不可能被推翻,因为法院已裁定的问题不得进行二次诉讼。基于欺诈形成的裁决是一例外情况,但仅指虚假陈述与程序"本身"无关,而与案件以外的问题有关,或影响一方出庭的能力。而玛格丽特的欺诈属于"实质性"问题,因此只能在一年诉讼时效期限内提出质疑。

佛罗里达州的法律规定看起来极富技术含量,但却表现出对两个目标的折中之举:第一,孩子应与其认为是父亲的人保持感情上和经济上的纽带;第二,一个男人不应对其他男人的子女负责。《统一亲子关系法》(Uniform Parentage Act, 2002)修订版认可了类似的做法,尊重现代科学技术,但仍积极保护孩子的利益。[23]男人甚至可以取消与婚姻关系存续期间所生子女的亲子关系,但必须在一定时间期限内。[24]基因检测是取消亲子关系的唯一证据,检测结果只有在各方同意或法院发出检测指示的情况下方可采纳,不得偷偷摸摸进行检测。这样要求的目的是避免干预婚姻,大扬家丑。[25]一旦超过质疑时限,不管是由于孩子年龄,或超过规定的离婚后时限,或其他有关亲子关系的裁决,各方都应偃旗息鼓。[26]

否定亲子关系在非自愿成为父亲的案件中也不被看好。25岁的程序员马特·杜贝（Matt Dubay）对一项判令其每月支付500美元子女抚养费的法庭裁决提出质疑。他从未想过要成为父亲，而且他女朋友也向他保证使用了避孕措施，不会怀孕。然而，女朋友还是在二人交往不久后怀孕。

法庭上，马特援引了一个非营利性组织——全美男性中心（National Center for Men，NCM）的观点。该组织声称其使命为"教育公众了解男性如何遭受性歧视的伤害"。[27]女性可以通过堕胎放弃不想要的腹中婴儿，因此男性也有权拒绝非自愿地成为父亲。NCM将马特案宣传为"男性的罗伊诉韦德案"。[28]密歇根州联邦法院对此观点表示拒绝。[29]初审法院和上诉法院都驳斥了马特认为该情形违反联邦宪法平等保护条款的观点。[30]宪法仅确保对"处于同等情况"下的人们提供平等保护。男女双方在怀孕之前都有同样的机会避免怀孕发生。一旦怀上孩子，双方的角色和权利即出现差别。法院认为，马特的观点系基于女性堕胎权和父亲（自称的）避免承担抚养责任权利之间的"错误类比"。女性堕胎权源自其身体完整权利及隐私权，与男性权利无类比性。有一个案件认为，男性的隐私权"并不包括有权在怀孕后或孩子出生后决定不担当父亲角色"。[31]宪法并未规定任何规避"各州法律规定的对其亲生子女承担经济责任的权利"。[32]纽约州终审法院在一个类似案件中也同意了这一观点。[33]非自愿成为父亲的男方可以以欺诈起诉女方，如果她对不孕或避孕撒谎的话。[34]在此类案件中获赔并不直接对支付子女抚养费构成影响，而可能会要求女方进行赔偿。[35]

法院本质上并不愿意介入家庭私事、你情我愿的性关系以及生儿育女的个人决定。但法院也不总是对此采取回避态度。比如，长久以来法院都允许性传播疾病或其他危险情形的受害者起诉责任人，如果他故意对其疾病或危险情形知情不报。[36]然而，非自愿成为父亲的主张常常基于非常主观的证据，很难证明谁在说谎，谁可信赖。如果马特知道女友有可能怀孕,他会避免与其发生性关系吗?或者处于马特情况的其他人会在事后说谎以回避承担近二十年的子女抚养费用吗?

法院在此种情况下考虑到对子女的影响,通常不允许当事人提出此类非自愿成为父亲的主张。孩子不应该因父母的轻率行为或谎言,或者因孕育和孩子出生的方式而承担后果。子女抚养费基于父母收入和孩子的需求,父母行为失当与此无关,父母不想要孩子的事实也与此无关。还有一种明显的担忧:父母非自愿生育的孩子可能最终会成为社会的负担。

未婚成父

二十世纪七十年代之前,想要对子女享有权利的未婚父亲们会面对诸多障碍。但快速变迁的家庭人口状况,包括激增的非婚生孩子,对几乎完全不认可未婚父亲权利义务的法律制度形成了极大的压力。[37]从1972年开始,未婚父亲依据宪法第十四修正案获得了对其父母权利的某些保障。同时,非婚生孩子也获得了他们自己的权利。基于合法性的严厉区分遭到瓦解。但非婚父亲仍未获得与非婚母亲平等的权利。

1972年斯坦利诉伊利诺伊州案(*Stanley v. Illinois*)中,乔安(Joan)与皮特·斯坦利(Peter Stanley)断断续续同居了18年,生育了3个孩子,两人从未正式结婚。乔安去世后,3个孩子成为政府救济对象并由法院指定了监护人。[38]根据该州法律的规定,未婚父亲无任何法定权利。皮特对此提出质疑。法院赞同了他的主张。宪法第十四修正案并未准许将他界定为不适合担任监护人,而未婚母亲却被认为适合。"生育子女"的权利为"根本权利",宪法保护"家庭的完整性"。[39]政府认为"多数未婚父亲不称职"。但最高法院认为,皮特的孩子只有在存在父亲不称职或对孩子懈怠的情况下,才能被政府带走。1968年发生的利维诉路易斯安那州案(*Levy v. Louisiana*)对此案影响不小。[40]利维案后,各州不再为阻止婚外性行为而对未婚父母生育的子女处罚。[41]

斯坦利案被人们称为性平等大获全胜的案例[42],但其直接深远的影响在于对未婚父亲法律规定的冲击。各类法律都充斥着出于继承、监护、收养及其他权利考虑而在未婚父亲和未婚母亲之间实行系统性区别待遇。1979年,最高法院宣布纽约家庭关系法的一个条款无效,该条款规定未婚母亲,而非父亲,有权同意(或否决)对其子女的收养。[43]阿布迪尔·卡班(Abdiel Caban)在与女友同居期间有两个孩子。后来,该女友与他人结婚,并希望其丈夫收养这两个孩子。卡班拒绝孩子被他人收养。政府认为,"亲生母亲"通常"与孩子拥有比父亲更紧密的关系"。[44]但法院在卡班诉穆罕默德案(*Caban v. Mohammed*)中驳斥了这一观点,坚持认为未婚母亲与未婚父亲应被平等对待。

该案中的孩子一个8岁,一个10岁。法院并未回答未婚父亲对新生子女是否拥有同样平等的主张。1983年勒尔诉罗伯逊案(*Lehr v. Robertson*)中,法官对此作出了否定回答。[45]未婚父亲(与未婚母亲不一样)并不自动享有充分的父母权利。他们必须尽到父亲责任并与孩子形成紧密联系。该案中的孩子——杰茜卡(Jessica)是洛琳·罗伯逊(Lorraine Robertson)与乔纳森·勒尔(Jonathan Lehr)非婚所生。孩子出生8个月后,洛琳与另一男子结婚。洛琳在孩子两岁时请求其丈夫收养杰茜卡。社会服务机构赞成收养,法院也予以批准。乔纳森诉至法院,认为收养无效,因为他并未事先收到收养的通知。

杰茜卡出生时的纽约州与许多州一样,存在一项"推定父亲登记"制度。该制度允许未婚父亲通过知会政府其对孩子尽父亲责任的方式保有其相应权利,不管在孩子出生前还是出生后。[46]登记在册的推定父亲以及其他人(比如,那些名字出现在孩子出生证明上,并与其母亲和孩子公开共同生活的人)有权获知收养程序。乔纳森知道杰茜卡的出生,也知道她母亲已与他人成婚,但他并未满足任何告知的正式标准。他后来确实提出探视权和尽父亲责任的请求,但却是在收养程序启动之后才提出,可以予以忽略。乔纳森认为,推定父亲与孩子之间"实际存在或潜在的关系"是宪法保护的"权利"。而且,法律规定给予未婚母亲的权利远高于未婚父亲。

最高法院支持了纽约州的法律。法院认为,乔纳森与杰茜卡的血缘联系不足以使其享有父亲权的充分保护。法院还在"已成形的父子(女)关系"和潜在关系之间进行了区分。血缘联系仅为生父提供了与孩子"构建关系"独一无二的机会。如果他能"抓住这一机会",接受"对孩子未来应承担的责任",他可能会"享有这一父子(女)关系"。但如果他没有,宪法不会"自动要求政府接受他关于孩子最佳利益为何的观点"。[47]

未婚父亲主张父母权利仍需面对诸多障碍。大约三十个州有推定父亲登记制度,一些州之所以通过该制度完全就是对最高法院判决的响应,另一些是由于出现未婚父亲被排除在收养程序之外后高调争取的情况才匆匆制定。该制度的使用原则各州不一,多数都要求登记的时限,比如孩子出生后5天或收养程序启动之前。[48]未婚父亲可以依据州法以其他方式保护其权利。然而,法律规定相当严格。

尽管对未婚父亲的保护与日俱增,一些引起广泛关注的案件也涉及未经父亲同意的子女收养。二十世纪九十年代两起受到广泛报道的案件中,孩子最终回到了生父身边。一家法院判令收养父母将一个3岁孩子——理查德归还给其从未谋面的生父。[49]孩子的生母告诉生父孩子已死,以此阻止其要求自己的权利。

小杰茜卡出生在艾奥瓦州,但很快就被她的收养父母带到了密歇根州。生母卡拉(Cara)在其出生证父亲一栏填写了一个"斯科特"

(Scott)的名字。卡拉和斯科特都签署了放弃父母权利的文书。争议从卡拉承认撒谎开始,斯科特并非孩子生父,丹尼尔(Daniel)才是孩子真正的生父。丹尼尔在得知其是孩子生父后干预了收养程序。法庭同意中止收养程序,除非丹尼尔放弃其权利,或通过放弃孩子而丧失其权利。[50]两种情况都未发生。杰茜卡两岁半时被从收养父母处带离,交还给了其生父。电视台拍下了交接场面,整个事情的戏剧性和给各方带来的创伤对各州立法机关和千万普通家庭都带来了极大的震动。电视台播出的专题片片名为《这是谁的孩子?小杰茜卡争夺战》(*Whose Child Is This? The War for Baby Jessica*)。[51]丹尼尔和卡拉最后结婚,杰茜卡的收养父母再也没见过她。

小杰茜卡之争没有赢家。收养父母收养了另一个孩子,但5年后两人离婚,失去杰茜卡"是我们婚姻无法承受之重"。同月,丹尼尔和卡拉宣布离婚。[52]类似小杰茜卡和小理查德的事例促使各州重回政策制定的起点,希望确保孩子不知名的生父不会突然出现,这可能会阻止其他夫妇收养孩子。小杰茜卡所在的艾奥瓦州修改了法律,对生父母反对收养加以时间限制。[53]根据提案,反对收养的未婚父亲必须及时表达反对意见并表现其愿尽父母责任的意愿和潜力。[54]还有些州明显作出了过度反应。2001年,佛罗里达州通过的收养法要求未婚母亲协助找出孩子生父。该法要求女方,包括未成年人,在"任何居住或旅行过的城市,任何可能发生怀孕的地方"登报,通知内容须包括其姓名、年龄、体貌特征、母亲"合理相信"的孩子父亲的体貌特征,以及"可能怀孕"的地点清单。[55]

几位母亲对该法提出诉讼,质疑其违反宪法规定的隐私权。"一个是约会时被下药后强奸的女性",一个是"与许多同学都发生过性关系的十几岁女孩",还有一个"用身体换毒品"的女人。[56]收养支持者警告该法可能使收养行为全面终止,一些母亲显然会选择堕胎或留下孩子,而非将其隐私暴露在大庭广众之下。佛罗里达州的一家上诉法院否决了该法,依据是政府无强制理由要求母亲们承担这一令其蒙羞的法律责任。[57]另一些州通过给予未婚父亲权利,继续探索在收养程序规则和目标之间的平衡。[58]推定父亲登记制度仅停留在字面上。正如一位评论人士所言:"都是纸上谈兵。人们都没听说过登记制度,该制度如何起作用?期望每个男人发生性关系后自行前往登记完全没有合理之处。"[59]同一篇文章报道许多州"每年进行登记的人数不到100"。佛罗里达州2004年全年"只有47人登记,而全年婚外出生人数为89436"。而且,在一州的登记对于另一州的收养未规定任何权利。因此,尽管有宪法保护,但未婚父亲的权利前景仍不明朗。

捐精者的法律待遇

早期现代生殖技术形式之一就是"人工捐精授精"(AID),主要用户是丈夫不育的已婚夫妇。二十世纪五六十年代的匿名捐精者让传统人士大惊失色。一些州通过提案禁止使用捐精者精子人工授精,甚至将其入罪[60],但未获通过。愤怒最终让位给平静的关注和规范。1973年首次提出后被18个州采用的《统一父母关系法》(UPA)[61]在其一关键条款中规定,经由持证医生为已婚女性进行的人工授精,匿名捐精者不是该女性所生孩子的"法定父亲"。[62]该规定鼓励了捐精者,不再担心有人追着他们索要子女抚养费。接受者也不会生活在担心某天突然冒出一个"父亲"要求父母权利的恐惧之中。已婚女性的丈夫就是孩子的法定父亲,只有在例外情况下才能推翻这一推定。[63]

《统一父母关系法》在2002年进行了大规模修订。目前的版本去除了持证医生的要求。不管接受人工授精的女性是否已婚,捐精者都不享有父母权利。丈夫仍被认定为妻子使用捐精所怀孩子的法定父亲。而且,未婚伴侣也可成为捐精受孕孩子的法定父亲。[64]今天,捐精已成为一项"繁荣的生意"。[65]加利福尼亚州精子银行提供名人长相服务项目,客户可以选择长相酷似"演员、运动员、音乐家或任何网络名人"的捐精者。[66]但捐精者的法律待遇也处于变化之中。[67]比如,本书下一章将讨论匿名捐精的传统正面临变化的压力。2002 年《统一父母关系法》将"捐精者"定义为包括捐卵者,适用相同规则,尽管卵子捐献已成为替代生殖技术发展的重要且极具争议的领域。[68]

代　孕

代孕古已有之。《旧约全书》创世纪 16 讲述了亚伯拉罕(Abraham)的故事,其妻萨拉(Sarah)膝下无子。萨拉将其女仆夏甲(Hagar)给予亚伯拉罕,让他能够有个孩子。亚伯拉罕和夏甲有了孩子以实玛利(Ishmael),也因此招致嫉妒和冲突。现代代孕与此不可同日而语,依靠的是生殖技术和一套特殊的父母确认规则。

代孕指一位女性生下一个孩子,通常由他人抚养并因此获得报酬。我们现在所指的"传统代孕"是一位女士使用自己的卵子及另一有不孕妻子的男人的精子怀上孩子。如果该男子不育,则使用捐献精子。代孕过程可由一位医生人工授精或"使用玻璃管授精"。[69]如此安排的意图会在一份书面合同写明,即生下孩子,交由孩子的父亲及其妻子,他们将是孩子的法定父母。

如果代孕者拒绝交出孩子会怎样呢?代孕合同可执行吗?在小 M 案成为全国头条时的 1988 年这还是个问题。玛丽·贝丝·怀特黑德(Mary Beth Whitehead)通过传统代孕法用其自己的卵子和子宫为威廉(William)和伊丽莎白·斯特恩(Elizabeth Stern)怀上了一个孩子。[70]

玛丽·贝丝是一个高中辍学生,斯特恩夫妇是受过良好教育的职业人士。威廉和玛丽签署了一份协议,玛丽放弃孩子及父母权利,为伊丽莎白收养孩子作出铺垫。可能出于某种医学原因,伊丽莎白决定不怀孩子。而威廉在大屠杀期间失去了许多家人,想要"延续血统"。[71]玛丽出于同情表示愿意代孕,她想要"给予另一对夫妇'生命的礼物'"。她还想顺便挣点钱。

斯特恩夫妇答应孩子出生后付给玛丽 1 万美元。他们还付给负责安排的中间人 7500 美元。在几次不成功的尝试后,玛丽于 1986 年怀孕并生下了孩子。但她改变了主意,拒绝将孩子交给斯特恩夫妇。[72]"小 M"出生后前几个月的生活就像过山车。玛丽先是请求斯特恩夫妇给她一周时间和孩子告别。斯特恩夫妇担心玛丽自杀,不情愿地同意了她的请求。玛丽带着孩子和其丈夫逃到了佛罗里达州。3 个月来,三人四处躲藏。其间,玛丽与斯特恩通过几次话,斯特恩进行了录音。两人的谈话涉及"权利、道义和权力",还有"怀特黑德夫人威胁自杀,杀死孩子以及错误地控诉斯特恩先生性骚扰其另一个女儿"等内容。[73]斯特恩夫妇最终找到了怀特黑德家人,通过法院解决了问题。

尽管存在操作上和感情上的复杂情况,代孕的法律问题相对简单,即根据新泽西州的法律规定,代孕合同是否有效?是否可执行?此种形式的代孕属于相对新生事物,没有先例可循,立法机关也从未对此问题立法。小 M 案的审判持续了两个多月。初审阶段,斯特恩夫妇胜诉,合同有效,斯特恩夫妇可以得到孩子,玛丽的父母权予以终止。新泽西州最高法院采用了完全不同的审判方法。代孕就是买卖婴儿。根据该州法律的规定,购买婴儿违法,出生前所签的收养合同不可执行。[74]法院担心"孩子得知有人购买其生命后对其造成的影响",以及对"生母"造成的影响。[75]代孕合同有违法律本意,不可执行。

这一裁定使监护也出现了问题。[76]小 M 生母(玛丽·贝丝)和其生父

(威廉)之间,谁应拥有监护权?玛丽在孩子出生后的所作所为令人担忧。斯特恩的家庭环境似乎会给小 M 一个美好的未来。[77]小 M 看来应交由斯特恩夫妇抚养。但玛丽仍是她的母亲,应给予她永久探视权。伊丽莎白·斯特恩只能是,而且一直只能是一位继母。

斯特恩夫妇虽然在代孕之争中失败,但赢得了小 M 的监护权。该案在全国引起震动,触发了全国的"伦理学家、女权主义者、神学家、立法专家、各色男女对代孕产生的道德、法律和实际问题"的广泛争论。[78]代孕从一出现至今都饱受争议,似乎将"繁衍后代"降格为"由合同法管辖的市场买卖行为"。[79]但一些女权主义者将代孕捍卫为生殖自由的重要内容。[80]公众观点五味杂陈,但小 M 案初审后进行的一项民意调查发现,74%的受访者认为孩子应归其父亲,69%的受访者认为代孕母亲应信守双方签订的协议。[81]然而,也有研究认为代孕是"最不应接受的辅助生殖技术"。[82]

针对各种类型的代孕,法律界很快出现了支持和反对的分化现象。[83]小 M 案一审裁决后的一年间,73 份提案出现在 27 个州,主张允许的有之,主张规范的有之,也有的直接予以禁止。[84]多数提案并未成为法律,但有几个州确实全面禁止了有偿代孕。[85]包括英国在内的许多欧洲国家也禁止代孕。[86]纽约州在 1992 年通过全面禁止代孕的法律,反对者寥寥。[87]但许多州的立法机关对代孕都未表明态度,将该问题交由法院处理。加利福尼亚州最高法院在 1993 年判令一份代孕协议成立,法院认为有意愿的父母就应该是孩子的法定父母。[88]代孕在加利福尼亚州及其他十几个州都广受欢迎,这些地方的代孕似乎合法。

禁止代孕的纽约州法律是反对代孕的"政治急先锋"。[89]目前的趋势是在规范的前提下适度允许。这一转变认可了人们对代孕的需求,代孕至少可以使不育不孕夫妇或同性恋伴侣可以拥有具备一方基因的孩子。某一州禁止代孕的法律规定只会将有此意愿的人们驱赶至另一州。玛丽·贝丝和斯特恩夫妇的中间人——诺埃尔·基恩(Noel Keane)在新泽西州禁止有偿代孕一年后接待的客户数量并没有变化,半数客户来自新泽西州。[90]代孕需求仍然存在,对那些将代孕视为其唯一为人父母机会的人们的同情也与日俱增。

同时,科学技术的发展进步也带来了新型代孕方式。"子宫代孕"方式中的代孕者仅提供自己的子宫,植入人工授精的受精卵。卵子和精子可能来自委托一方或第三方捐赠者。此种形式的代孕当前占比高达95%,"被证明不仅受到各方欢迎,还令立法者和公众满意"。[91]研究表明,代孕者"总体相当满意代孕经历",而且更倾向"与委托夫妇而非孩子"保持联系。[92]

目前,一些州明确准许代孕,但对其进行规范管理。[93]2004年,伊利诺伊州通过《子宫代孕法》(Gestational Surrogacy Act),对涉及的各方都提出了严格要求。[94]代孕者必须至少年满21周岁,且已至少生育过一个孩子,还需接受身体和心理健康评估,以及事关代孕安排及其后果的法律咨询。委托代孕夫妇需出示不孕不育证明,或出于医学原因进行代孕的证明。[95]该法还规定了法定陈述和执行程序。代孕者应被允许选择医生,而委托夫妇可提出权利主张,如要求代孕者戒烟戒酒,对孕期产检的形式和频率及孕期保养提出要求。最后,该法确认,依据双方符合法定要求的协议由代孕者所生育的子女为委托夫妇的法定子女,代孕者及其丈夫对所生孩子都无父母地位。[96]伊利诺伊州的法律是妥协的产物,既回应了反对者的质疑(如剥削女性、买卖婴儿),也避免了双方就监护权和父母地位发生争执。小M案举国皆知,而伊利诺伊州的此项法律却"少有媒体关注,也未引发争议,在该州立法机关两院一致通过"。[97]近些年,其他州也通过了类似法律。[98]

新生殖技术首先引起人们的"反感排斥",然后变为"排斥但不反感,慢慢产生好奇,研究,权衡,到最后缓慢但坚定地接受"。[99]这一系列反应显然也在代孕上出现。尽管准确的数据不易获取[100],但代孕似乎愈发普遍。据统计,1991年至1999年,通过人工授精采用代孕方式诞生了1600个婴儿。[101]美国生殖医学协会估计,2003年至2007年,每年有600个婴儿通过子宫代孕方式诞生。[102]代孕费用在2万美元左右,还需向中间人和医务人员支付额外费用。[103]

代孕合同列明各方期望达到的效果,希望每个人都能得偿所愿。此类协议通常都包括一些在任何地方肯定都无法执行的具体条款,比如具体规定何种情况下代孕者必须堕胎。但不管法律上是否可行,协议仍很重要。绝大多数代孕协议都得到了双方的履行,代孕者反悔的情况不到1%。[104]

现代代孕可能至少需要5个人参与:捐精者、捐卵者、为受精卵提供子宫者,以及委托夫妇。这使代孕极其复杂,究竟谁是父母?[105]现行法律以及实际参与代孕者的想法和行为给出了部分答案,正式法律虽然反应迟缓,但还是肯定地予以采纳。近期的一个案件中,新泽西州的一位法官认为,小M案对"子宫代孕"协议具有同等效力,并拒绝执行两位男同性恋者和其中一人的妹妹之间订立的协议,而她怀有二人的双胞胎。[106]尽管代孕者并非孩子生母——卵子为他人匿名捐献——但法院仍裁定该代孕者及捐精者为代孕所生孩子的法定父母。

死后怀上的子女

年轻的罗伯特·内廷(Robert Netting)和其妻子卢安达(Rhonda)一直想怀一个孩子。但罗伯特被确诊患有癌症,两人知道化疗可能会导致他不育。因此,开始治疗前,罗伯特储存了他的精子用于以后人工授精。罗伯特后来死于癌症。去世前,他明确表态,要求卢安达在他死后启用他先前储存的精子。罗伯特去世10个月后,卢安达怀上了一对双胞胎,提出申请为双胞胎孩子领取社会保障费,该费用通常由过世者的未成年子女领取。但由于他们是父亲去世后才怀上,符合条件吗?

一直以来,家事法都将父亲去世后才出生的孩子考虑在内。在人均寿命较短、无抗生素、战乱频仍的过去,男人较早过世,留下有孕在身的妻子时有发生。如果孩子在父亲去世之前已怀上,后来又顺利出生,法律仅将孩子视为怀孕"成形"而非出生。[107]法院将丈夫去世后280天内出生的孩子推定为此人的孩子,拥有全部继承权。[108]但普通法从未考虑过父亲去世后怀上孩子的情况。

今天,这已成现实。男人可以在有生之年储存精子,以后用于使女人受孕或用于人工授精。(冷冻女性卵子的技术还不成熟,也无女性去世后使用冷冻卵子受孕的报道。)1999年,出现了首例从已死亡男性体内提取的精子受孕的孩子出生的报道。当三十多岁的布鲁斯·佛诺夫(Bruce Vernoff)突然死亡时,他妻子要求医生提取精子。一位泌尿科医生立即前往法医处,使用一根针管完成了精子提取。布鲁斯死亡30小时后,精子提取成功并冷冻储存了15个月,最终使其遗孀怀孕。[109]主持这一手术的是洛杉矶生殖医学中心的卡皮·罗思曼(Cappy Rothman)医生,他从1978年起就开始从死者体内提取精子,但直到1999年,提取死者精子受孕后的孩子才首次顺利出生。[110]

死后怀孕提出了许多医学和生物伦理问题[111],也提出了一个重要的法律问题:已过世的精子来源者是孩子的父亲吗?[112]孩子可以有资格享受社会保障福利吗?可以继承吗?一家联邦法院认为,内廷的双胞胎孩子可以享有其社会保障福利,罗伯特为孩子们的法定父亲。[113]亚利桑那州亲子关系法让法院裁定已婚父母遗传学意义上的子女是其法定"子女",而不管何时怀孕。[114]

内廷案的父母身份问题依照亚利桑那州的法律确定。虽然社会保障是一个联邦管辖的问题,但涉及死者家属利益的法律允许各州自行定义"父母"和"子女"。事实上,同一家联邦法院近期对加利福尼亚州的一起案件形成了相反的结论。法院认为,加利福尼亚州亲子关系法对"子女"的定义不够宽泛,未包括父亲去世后怀上的孩子。[115] 2002年在马萨诸塞州的伍德沃德遗产案件(*Woodward v. Commissioner*)中,法院为此类子女创设了一个特别规则。法院要求出示遗传学证据,以及亡者生前同意死后用其精子怀孕的证据。[116] 法院也保留了规定时间限制的可能性,目的是为了平衡两个政策目标:一个是对孩子继承有利,另一个对可能破坏遗嘱继承程序的规则不利。

有5个州的立法机关通过了法律,允许在父母书面同意的情况下让遗腹子女享有继承权。[117] 另外,有两个州通过法律禁止遗腹子女享有针对去世父母一方的继承权。纽约州近期修订其法律,明确遗腹子女不在父母一方意外剥夺继承权的保护范围之内。[118] 但多数亲子关系法律以及涉及如社会保障和遗产继承利益的法律都未考虑或提到此类子女的权利。

法院依其性质无法回避这一问题,就像无法回避代孕问题或任何由新技术带来的其他问题一样。法院不能说,"我不知道如何处理这一问题"。这样的话愧对纳税人。他们必须作出裁决,处理立法机关未预见到的许多问题,比如"怀上"亡夫孩子的遗孀产生的问题。[119] 这个时代在赋予个人权利的同时,也赋权于法官,将法官们置于争议的中心,驱使他们为社会出现的各种"疑难杂症""对症下药"。

本章开始提出了一个问题:谁是父母?这些年来,问题的答案似乎变得更加"云山雾罩"。科学的进步催生了许多"生儿育女"的新方法。社会也改变了界定父母子女的方式。遗传学意义上的父母和社会学意义上的父母竞相角逐法律上的认可。我们看到的结果纷繁复杂。如果我们再次提出这一问题:谁是父母?答案可能是"说不清,道不明"。

第十四章
选定之人：收养与法律

至今愈发明显的是美国家庭由多种社会方式和法律方式组建而成，其中常见的方式之一就是收养。本章将简要回顾收养法的历史沿革，并重点关注其中的一些复杂问题：如跨种族收养，以及收养在同性恋家庭组建中扮演的角色。

收养的起源

收养是十九世纪中叶的产物。普通法未对收养作任何规定（收养曾出现在罗马法中，并借由大陆法传遍欧洲）。英格兰直到1926年才对收养儿童作出正式规定。[1] 当然，在一个孤儿随处可见的时代，成年人养育他人子女的情况也极为普遍，但一直没有正式的法定收养规定。[2] 1846年，密西西比州成为美国首个通过收养法的州。1851年，马萨诸塞州也有了更全面的收养法。[3] 其他各州纷纷效尤，25年内近半数的州都通过了此法。[4] 收养法规是"影响深远的变革"[5]，使"无法由血缘维系的亲子关系成为可能"[6]。

一些早期收养法规只是"批准并记录个人收养协议"，另一些要求法规介入收养程序。[7] 随着时间的推移，政府干预较少的法规被逐渐废除，由更现代的收养程序规定取而代之。维尼尔（Vernier）在1936年指出，最重要的变化是引入州法条款，对"孩子是否适合收养，收养人是否具备收养能力、养育能力"进行全面调查。[8] 加利福尼亚州的首个收养法当属典型。任何合格成年人都可以收养年龄差距10岁以上的任何未成年人。[9] 收养夫妇双方都需同意收养,也需获得超过12岁的被收养人同意,以及其生父母同意。[10]如涉及非婚生子女,只需孩子母亲同意,无需任何被"剥夺民事权利"父母的同意,或因通奸或虐待或"习惯性酗酒"而离婚或"因虐待或懈怠被法院剥夺孩子监护权"一方的同意。[11]今天,收养否决权是法定亲子关系的附带权利,且如前所述,可能引发除遗传学意义以外的更多问题,且可因未婚父亲未及时主张权利而丧失。

收养"产业"

二十世纪期间,收养的法律和实践愈发专业。早期的法律反映了优生学的传统观念,将确定收养人是否适合收养,孩子是否适合被收养的程序包含在内。1917年,明尼苏达州法律要求州管理委员会审查"被收养儿童的状况及来历"以及收养家庭是否"合适"。法律还通过包含某种形式的"瑕疵条款"保护收养人。收养人如意外发现被收养儿童在"收养前即存在神志不清,患有癫痫、精神失常或感染性病",可申请"收养无效"。[12]如没有类似法律规定,法院认为其没有内在权力宣布收养无效。1958年,一对夫妇试图取消对一位儿童的收养,被收养人出现严重行为问题及精神失常,必须入院治疗。俄勒冈州法院认为,无立法授权,收养行为不得撤销,除非出于保护被收养人最佳利益或福利。[13]尽管收养行为可能会使收养双方都大失所望,但收养一旦成立,即可确立永久性法律关系。虽然一些当代法规允许撤销收养行为,但通常仅在收养机构故意针对被收养人健康或其他重要事项误导收养人的情况下方可作出撤销决定。比如,加利福尼亚州规定,被收养人如出现不可预见的残疾情况导致其"不可收养",收养人可在收养成立后5年内撤销收养行为。[14]

多数情况下,针对收养机构或中间人欺骗行为的现代救济方式是经济赔偿或罚款,而不是取消收养。[15]二十世纪八九十年代出现的一系列案件中,收养人都以"过失收养"或类似理由起诉收养机构。1986年的伯尔案(*Burr v. Burr*)堪称典型。该案中,俄亥俄州的一对夫妇获知可以收养一个"17个月大的漂亮健康男婴",因为其现与父母居住的不满20岁的未婚母亲正准备搬到得克萨斯州居住,而且孩子的"吝啬"外祖父母拒绝照料孩子。事实上,这一切都是谎言。男孩在被收养之前已在两个家庭生活过,而且其父母都是当地医院的精神病人,孩子本身也有严重的身体和精神残疾,被认为"可接受教育,但存在智力障碍",而且孩子19岁时,被确诊患有致命的遗传性亨廷顿病,活不了10年。收养机构被认定应对该"过失收养"负责,并赔偿收养夫妇12.5万美元。[16]总的来说,收养机构并非"收养安排的保证者",只有一个"更高的权威机构"才能决定孩子是否能健康快乐成长。但收养人有权获知他们所选收养儿童的全部信息。此案中的收养机构不仅未提供全部信息,还故意提供虚假信息。

其他法院通过传统欺诈侵权或过失虚假陈述之诉也达到了类似的效果。[17]一些法院仅将赔偿限定于故意虚假陈述,但另一些法院即使在收养机构仅因过失未能披露已知或可知的健康风险时,也允许提出赔偿主张。[18]此类裁决只在收养秘密的观念有所松懈时才出现。收养双方愈发渴望获得全面的医学信息,这使谎言和不作为变得愈发不可宽恕,即使初衷是为了帮助孩子找到归宿。为应对此类规定责任的裁决,以及收养过程中愈发公开透明的趋势,各州现在都有法律具体规定医学信息必须向收养人披露。[19]根据2002年俄亥俄州的一项法律规定,所有收养人都收到了一份标准化信息披露表,包含"被收养儿童的所有背景信息"。[20]

二十世纪下半叶,随着对收养儿童的需求超过可供收养的人数,收养过程变得更昂贵,耗时更长。[21]可供收养儿童数量受到一些因素的影响而有所抑制。性革命是一个主要因素。更多的途径获取更有效的避孕药具使无人认领的婴儿数量大大减少。社会对未婚母亲愈发包容也使更多的孩子留在了母亲身边。2002 年,不到 2% 的未婚母亲放弃自己的孩子,让其接受收养。[22]可供收养孩子的短缺激发了国际收养和跨种族收养的增长(后面会详述),以及收养黑市和"灰市"的出现。

公共机构、私人慈善机构或非营利性机构以及独立律师和中间人把控了可供收养的孩子。许多州都将不通过认证机构进行的收养视为非法,但只有时不时进行的打击,很少长期落实。1949 年,两位律师及一位家庭主妇被控进行"婴儿买卖",他们将佛罗里达州的婴儿带至纽约,以 2000 美元的单价出售。[23]检控官将迈阿密称为未婚母亲的"圣城麦加",该州没有有关"非法收养"的法律,让贩卖婴儿者趋之若鹜。被告之所以受到指控,依据是一部新法,该法将未经正规机构安置婴儿而牟利的行为定为非法,但被告辩称他们只不过是试图帮助"走投无路的未婚母亲和膝下无子女又盼子心切的夫妇"而已。2010 年,一位长岛律师被判 37 项指控成立,并分别被判入狱 10 年至 20 年。此人承诺为许多收养夫妇安排可供收养的孩子,事后证明完全是收养骗局。他使用伪造的超声波图片和无中生有的孩子母亲从迫切想要收养孩子的夫妇们手中骗取了 30 多万美元。[24]然而,总体上看,打击非法收养的法律效果有限。[25]

今天,公共机构处理多数收养请求,但多数州都允许几乎不受任何管控的"独立"收养。[26]2002 年,20% 的收养为私下进行[27],这使一种新型收养成为可能,而且更可能遭到滥用。近半数的州都明确禁止"婴儿买卖",但又允许向孩子母亲支付医疗费用、婴儿早期护理费用以及其他合理的法院及律师费用。[28]收养夫妇一般会花费 1.5 万至 2 万美元,有时高达 10 万美元完成收养。[29]有收养意愿的夫妇会想尽一切办法,使用各种手段找到可供收养的孩子。他们会在当地报纸刊登广告,显摆良好的生活条件。也有许多此类网站,专门在收养双方之间牵线搭桥,收养人的形象通常都是"精神饱满"、面带微笑的专业人士。[30]

收养目的

十九世纪晚期,收养成为有争议的拯救孩子运动的工具。查尔斯·洛琳·布雷斯(Charles Loring Brace)及其"孤儿列车"收留了大量纽约的孤苦儿童,多数都是由未经父母同意的天主教徒所生。他将孩子们送到中西部信奉新教的收养家庭、孩子也会从贫穷家庭、少数族裔家庭或不适合的父母身边带离,交给他人收养。[31]

然而,总的来说,当时的收养就是将无人认领的孩子或孤儿交由接受他们的家庭养育,这些家庭通常都与孩子有一定血缘关系。二十世纪之交在加利福尼亚州奥克兰阿拉梅达县进行的一项长达20年的收养研究显示了三种收养类型:家庭维系收养(父母一方去世或孩子遭遗弃后,由亲戚收养)、家庭创设收养(由无子女夫妇收养)和家庭重组收养(由继父母收养)。[32]三分之二的收养发生在"无血缘关系"的双方之间,即无子女的夫妇收养一个或多个孩子。家庭维系收养和家庭重组收养曾占收养主流,但现在家庭创设收养成为多数。[33]许多被收养儿童都是无合适生父母,由政府或慈善机构养育。其他一些由无法养育的父母遗弃给朋友、亲戚或陌生人。1904年11月9日的《旧金山纪事报》(San Francisco Chronicle)的一则报道写道,"一个襁褓中刚满月的小女婴,不知被谁放在J.里德家门前的台阶上。孩子的衣服上别着一张纸条",孩子的父母实在太穷,无法体面地养育孩子。[34]阿拉梅达县的调查中,继父母收养只占12%,随着二十世纪离婚率和再婚率的上升,此类型的收养愈发普遍。1951年至1981年,有半数的收养为继父母收养,反映了"混合"家庭的增加。[35]2002年,"无血缘关系"收养占全部收养的58%。[36]

种族与宗教

早期收养法中,有4部明确提及种族。[37]得克萨斯州拒绝允许黑人父母收养白人孩子,反之亦然;内华达州完全将"蒙古人"排除在收养之外;路易斯安那州允许单身成年人或已婚夫妇"提出收养与其同一种族孩子的请求";蒙大拿州也有类似要求。[38]今天,此类法律显然无效,这种以种族分类的做法违宪。[39]但种族是否能在收养中起作用却是一个相当复杂的问题。

1984年佛罗里达州帕尔默诉西多提案(*Palmore v. Sidoti*)中,孩子父亲提出变更监护权的主张,理由是其白人前妻先与一位黑人男士同居,后来更是与其结婚。他表面的动机是为了保护女儿免于面对一个跨种族家庭所带来的社交困难。初审法院同意了他的主张,孩子会不可避免地"遭受同伴压力的伤害",并忍受"社会耻辱"。然而,最高法院推翻了这一观点。孩子只有在种族偏见极为明显,且可能对孩子造成"伤害"的情况下,才可能被带离其母亲。"宪法无法管控此类歧视,但也不会坐视不理。"[40]然而,帕尔默案并未就特定监护权或收养案件中的种族角色作出任何裁决。[41]该案仅为法院留下对具体案件的考量空间,如何在明确规定"考虑种族的决策"违法的宪法原则与"有时出现的特定孩子的迫切需求"之间权衡利弊。[42]

二十世纪上半叶,一个种族的父母收养另一个种族的孩子极为少见。跨种族收养始自第二次世界大战后,并在二十世纪六十年代快速增长。[43]种族主义日渐式微起了作用,但驱动这一趋势的最大力量是可供收养的白人孩子越来越少。"短缺"显而易见。据估算,1989年有100万人等着收养孩子,但当年能供收养的白人孩子只有3万个。[44]

朝鲜战争结束后,美国家庭收养了成千上万的战争孤儿或遭遗弃的韩裔孩子。美国跨国收养并生活在美国的最大群体就是韩国孩子。10%的韩裔美国公民通过收养来到美国。1953年至2007年,约有16万韩国孩子被韩国以外的人收养,多数来到美国。美国白人家庭收养韩国孩子从未造成什么争议,尽管许多孩子经历了种族认同的艰难过程。[45]受访者中,78%的人将自己视为白人或希望成为白人孩子;61%的人曾去过韩国学习文化或寻找亲生父母。[46]

与此形成鲜明对比的是,其他多种族间的收养充斥着争议。[47]自二十世纪五六十年代开始,美国白人家庭收养印第安原住民和黑人孩子渐渐普遍。[48]收养美国印第安原住民被谴责为种族灭绝。二十世纪七十年代的调查也确实披露了一些骇人听闻的事例。四分之一的美国印第安原住民儿童曾在收养家庭生活过或曾在印第安事务局开办的寄宿学校生活过。部落代表将此称为偷窃儿童,如此而已。为应对这一情况,国会采取非常举措通过法律专门规范对美国印第安原住民儿童的收养。1978年的《印第安儿童福利法》(Indian Child Welfare Act, ICWA)旨在防止"印第安家庭的解体"。[49]根据该法的规定,部落获得解决部落成员间子女监护权纠纷的管辖权。但可能更重要的是,该法使印第安原住民孩子被非印第安父母收养愈发困难。对孩子的安置形成了优先顺序:首选孩子的大家庭,然后是孩子所在部落的成员,然后是"其他印第安家庭"。对"泛种族"概念作出承诺起了很大作用,即尽管在文化、宗教、语言和生活方式上存在许多差异,原住民拥有某种压倒一切的团结需求。当时,针对"同化"的偏见扩展至整体原住民,以及每一个族裔。平等多样化的呼声日益高涨,暗流涌动,不断强化种族性及"民族之根"的意识。ICWA在关注美国印第安原住民整体而非仅关注孩子的最佳利益上,作用独一无二。自此以后,印第安原住民的孩子不再被大量地带离其出生的家庭。生活在收养家庭的很多孩子最终也回到了其各自部落家庭中。因懈怠而被带离家庭的印第安原住民孩子则更少。到 1986 年,印第安儿童的收养率与非印第安儿童类似。[50]

全美黑人社会工作者协会(National Association of Black Social Workers, NABSW)1972 年的一份立场文件表达了"反对出于任何原因将黑人孩子安置到白人家庭的强烈立场"。该组织认为,跨种族收养构成某种形式的文化灭绝,白人家庭收养的黑人孩子遭受了严重的身体和心理伤害。[51]"在一个种族主义盛行的社会,只有黑人家庭才能对黑人孩子感同身受。"在该组织看来,收养黑人孩子的白人父母学习黑人文化,了解黑人孩子需求的痛苦过程恰恰证明了"跨种族收养违背天理的本来面目"。

NABSW 的反对确实产生了效果。1968 年至 1971 年出现三倍增长后,1975 年白人家庭收养黑人孩子的数量跌至 1968 年的水平(仅占全部收养的 1%)。[52]但按种族搭配也颇具争议。这样做通常会导致孩子被延迟安排,有时虽然可以将黑人孩子安排至黑人家庭,但明显不合适。[53]研究还显示,白人父母收养的黑人孩子总体上适应良好,并能形成健康的种族认同。[54]跨种族的被收养人在"形成自尊和身份认同"上表现不俗。而"延迟安排和最终无法安排对孩子负面影响极大"。[55]用维拉·佩里(Twila Perry)的话说,对这一问题的争论反映了两个截然不同的视角:支持跨种族收养的"不考虑肤色的开明个人主义",以及持反对态度的"强调肤色和社区的意识"。[56]两者反映了对美国种族主义状态的两种不同态度,以及应对歧视和种族隔离的最佳方式。[57]

与应对印第安原住民儿童收养方式截然相反,国会强势干预了种族搭配的做法。根据 1994 年《多种族安置法》(Multiethnic Placement

Act，MEPA）的规定，联邦资助的机构不得因种族问题"延迟或拒绝"进行收养安排，也不得"仅基于种族""直接拒绝"任何成年人成为收养人或收养父母。但该法并未完全禁止种族考量，明确允许收养机构考虑"孩子的文化、族群或种族背景，以及收养人满足孩子需求的能力"。[58]但即使如此温和的种族考量也未持续多久。1996 年，国会通过《族群间安置法》（Interethnic Placement Act），对该法进行修订，禁止对收养双方的种族进行任何考量。[59]（国会明确豁免了印第安原住民儿童适用本条款的义务。）1997 年通过的《收养及安全家庭法》（Adoption and Safe Families Act）鼓励各州加快安置生活在收养所的儿童，要么让他们与其亲生父母团聚，要么为他们找到收养家庭。[60]不知是否有意为之，此举使跨种族收养成为可能，收养机构没有那么多时间为孩子找到同种族的收养家庭。但这些法律均不适用于私人机构或中间人安排的大量收养，他们在满足孩子生母和收养夫妇的种族偏好上总能找到办法。[61]

毫无疑问，多数跨种族收养的障碍得以清除。联邦政府在努力执行种族搭配的禁令。卫生部向两个按照种族安排收养儿童的州立收养机构开出罚单。俄亥俄州的一个县被罚 180 万美元，理由是在一系列收养安排中非法考量种族，包括拒绝阿拉斯加一个白人家庭收养一位有特殊需求的孩子，而将其安排给一个当地黑人女性，而她从未实际收养。南卡罗来纳州的一家机构因对提出收养不同种族孩子的收养人要求接受额外审查，也被罚款。[62]尽管涉及的家庭数量不多，但跨种族收养仍属于一触即发的社会热点。一些州及联邦法院仍将帕尔默案判决解释为在处理监护权纠纷时，可以进行种族考量[63]，一些支持者仍坚持认为收养安排时应优先考虑同一种族家庭。种族仍是一个"敏感且复杂"的问题。[64]

也有人极力按照宗教信仰安排收养双方。尽管宗教信仰很难遗传,但许多法律都坚持认为,如有可能,应将孩子安排到与其生母拥有共同宗教信仰的家庭。信奉天主教的女性所生子女应被安排到一个天主教家庭。现行法律允许法院考量按照宗教信仰安排是否与孩子"最佳利益"有关。纽约州法律明确包括相同宗教安排优先的做法。[65]而且,几乎所有州都允许宗教在收养程序中起一定作用,只要收养双方中一方有此要求的话。许多收养机构也有宗教倾向,并对其优先安排"同一宗教信仰"家庭的做法毫不避讳。[66]

收养法中的搭配原则旨在创设"假定"家庭,即"表面上看孩子就像出生在收养夫妇家庭一样"。[67]收养母亲的年龄限制也是为了这一目的,使被收养人貌似"己出"。[68]但实际的趋势似乎与此原则渐行渐远,比如,对种族搭配的限制。今天的收养更公开,更多样化,而且不是那么容易"伪装成"与收养家庭具有基因联系。

收养关系的性质

收养子女在法律上视同血亲子女吗?正式收养切断了孩子与其亲生父母家庭的联系,代之以收养家庭。比如,1892年加利福尼亚州法律规定,收养父母与子女获得"相互间的父母子女法律关系",及由此关系产生的全部权利义务,同时拥有亲生父母在收养成立之时"解除的所有对收养儿童承担的责任与义务"。[69]

尽管存在上述法律,但二十世纪初收养儿童在法律上并未与其他儿童获得相同待遇。比如,某些地方的收养儿童可以直接继承收养父母的遗产,但并不能通过收养父母继承其大家庭遗产。收养儿童在继承问题上仅是收养父母的子女,仅此而已。[70]还有一些地方允许收养儿童在某些情况下有权继承其亲生父母财产。

然而,二十世纪期间,收养关系确实或多或少地发展为收养儿童

第十四章 选定之人:收养与法律

与其亲生父母关系的完全"替代品"。此种替代意味着收养儿童可以享有针对其收养家庭的完全继承权,而非其亲生父母家庭。[71]遗嘱及信托协议中的"子女"或"问题"条款一律被解释为包括收养儿童。然而,如果继父母收养一个孩子,某些州规定该收养儿童可保有针对其亲生父母亲属的继承权。[72]一些法院采纳了更进一步的观点,即收养行为切断了所有血亲联系。在印第安纳州的一个案例中,罗伯特·费希尔(Robert Fischer)被指控乱伦罪,受害人是他的亲生儿子,其4岁时被另一家庭收养。上诉法院裁定,在有关乱伦的法律涵义中,受害人并非罗伯特的"孩子",由于"不管在法律上还是实践中,对亲生父母而言,已被收养的孩子与亡故的孩子并无二致"。[73]但3年后,这一判例被该州终审法院推翻。[74]

密不透风

尽管根据早期收养法程序公开,但整个二十世纪有关收养的信息却变得"密不透风"。各州都想给予收养双方一个"全新的开始"。[75]它们先是通过严密的保密措施做到这一点,即向第三方封锁收养程序,后来又通过匿名手段达到这一目的。1917年明尼苏达州法律要求收养记录应是一份"清白"的出生证明,将收养夫妇登记为法定父母。该法还禁止在出生证明上登记任何收养或非婚生等信息。[76]其他州在二十世纪五十年代纷纷效仿。因此,二十世纪的收养可被贴上"排他、保密和移花接木"的标签。孩子被"从一个家庭带离,交予另一家庭",所有先前家庭的信息消失得无影无踪,记录被封存,所有参与收养的人都假装"先前家庭完全不存在,而收养家庭完全是天然存在"一样。[77]到二十世纪中叶,几乎所有"非亲属"收养信息不仅属于高度机密,而且全部匿名。[78]将收养儿童安排给收养家庭的整个程序"不得向各方透露或分享有关孩子身份的任何信息"。[79]

但被收养的孩子,有时也包括收养父母开始要求获知这些信息。孩子们想要"寻根",找到他们"真正"的父母和"真实"身份。收养父母们也想了解孩子的基因及其出生家庭的医学信息,他们还想了解他们收养的健康孩子为何在学校出现了许多问题或存在行为障碍。而且,随着非婚生子愈发普遍,社会对其愈发宽容,不顾一切保有孩子出生秘密的需求也渐渐消失。

二十世纪七十年代晚期,收养儿童在几个州发起了一个运动,要求获得其原始出生证明,以及亲生父母的姓名。这一运动在法律上一败涂地。比如,1976年新泽西州一家法院在米尔斯诉大西洋城重要信息统计部案(*Mills v. Atlantic City Dep't of Vital Statistics*)中,支持了一项除因充足理由和法院指令,禁止披露收养孩子出生记录的法律。[80]正如该案一些证人所言:"我们想和其他人一样,我们并非在收养机构出生。我们也是父母所生之人。拥有一个名字对我们而言意义太大。"[81]然而,法院裁决州政府有权实施保护收养各方的规则。在法院看来,封存的记录可以保护孩子"免受因非婚生所带来的耻辱",并可以保护"关爱连续"的家庭关系不受"事后想要横加干涉的亲生父母""侵扰"。同时,孩子的亲生父母也可以"轻松地开始新生活",而收养父母可以"无需担心任何干预"或因孩子非婚生所带来的任何负面影响养育收养子女。判决的语言反映了收养的特定心理状态。但社会规范日渐变化。二十世纪七十年代,加利福尼亚州出现了一股建议允许让成年人获知其原始出生证明的力量。但该州当时的唯一变化就是允许1984年及以后将孩子交由收养的亲生父母同意披露孩子的出生信息,如果被收养儿童年满21岁,且提出请求的话。[82]

这一问题仍争议极大。被收养者自由运动协会(Adoptees' Liberty Movement Association)保有最全面的收养儿童与其亲生父母的登记信息。1996年成立的一个激进组织——私生子之国（Bastard Nation）——将解密收养记录作为其中心使命。1976年，亲生父母们也组建了自己的组织，叫做亲生父母关注联合会（Concerned United Birthparents，CUB）。该组织的标志是一只回头探望小熊仔的母熊。[83]该组织一位在十几岁时将孩子交由收养的女性积极活动，成立基金，致力于帮助收养儿童与其亲生父母团聚。她声称已帮助500位收养儿童找到其亲生父母，但因使用非法手段获取社会保障和医学记录数据而被定欺诈和共谋罪成立。[84]她将自己的所作所为描述为一种"公民反抗"，并自比罗莎·帕克斯（Rosa Parks），直面抗争要求封存收养记录的那些"违背道德，应受谴责的法律"。

法律上的实质性变化出现在二十世纪末。1998年，俄勒冈州选民通过了58号措施（Measure 58），给予"任何年满21岁出生在俄勒冈州的被收养者"获得其原始出生证明副本的权利，该副本应列明其亲生父母的姓名、住址及其他身份证明信息。[85]该全民公决经受了7位亲生母亲提起的诉讼，她们想要对其姓名保密，并认为当初她们将孩子交由收养时，获得了保密承诺。[86]该措施实施后的第一年就有5721位成年被收养者提出信息披露申请。[87]

其他一些州也大致在同时修订了法律，允许被收养人成年后获知收养记录。[88]许多州都可以进行自愿收养登记，如果日后孩子提出请求，亲生父母也表达了"被找到"的意愿，方便孩子获知亲生父母的联系信息。2010年，伊利诺伊州通过一项法律，允许成年被收养者获得其原始出生证明，除非亲生父母反对。该法将在18个月后生效，在此期间州政府将知会已被提出信息披露请求的亲生父母，询问其是否同意披露原始出生证明时将其姓名抹黑。[89]包括英格兰、苏格兰及澳大利亚等国家和地区也允许披露收养信息。

收养权利运动更重要的一个成果可能是"公开收养"的创新。此类收养既有有限分享身份信息,也有允许亲生母亲选择同意让其介入孩子生活的收养父母的安排。尽管无法获知准确数据,但此类收养愈发成为收养主流。[90]

还有一个与之同样的运动——"公开精子捐献"。[91]传统上,精子捐献都是匿名,捐献者在法律上也不被认为是孩子的父亲。[92]选择精子的女性也从未见过捐精者的照片,不知道他姓甚名谁。而是基于一些特点从众多捐精者中选择。但一些因捐精怀孕的孩子对传统做法进行了抗争。一位勤奋的十几岁男孩试图通过比对其 DNA 及网上的基因数据库,找寻其亲生父亲。他使用家谱服务机构的信息进一步缩小范围,根据他出生的日期、地点锁定了与其具有相同 Y 染色体的一位男性。[93]母亲们也利用网络信息找寻其子女同父异母的兄弟姐妹。捐精兄弟姐妹登记系统已促使 7 000 多对同父异母的兄弟姐妹或捐精者及其后代团聚。[94]因此,保密模式不仅受到政策争议的威胁,而且在信息时代也确实很难真正做到。几个欧洲国家已禁止匿名捐精或通过法律允许孩子成年后获知捐精者信息。[95]但这些限制措施也带来了严重后果:英格兰在2005通过匿名捐精禁令后,销毁了所有存储的捐献精子,使待受孕者等候时间长达两年。[96]

尽管每年数以十万计的孩子通过捐献精子、卵子或受精卵出生,但实际操作却完全处于管理真空。类似美国生殖医学协会(American Society for Reproductive Medicine)的组织机构提出了"最佳做法"的建议,但它们对医生无约束力。虽然一些州确实允许法院"以恰当理由"披露有关捐献信息,但信息披露仍不普遍。[97]因此,为应对信息需求的压力,一些主要的精子银行开始为女性用户提供匿名捐精者和非匿名捐精者的选择。[98]后者价格更加昂贵且选择不多。但这样可为通过使用捐献精子出生的孩子在其捐精者年老显现出某些遗传疾病迹象时,获得更新的医疗信息。也可以填补一些以此种方式出生的孩子存在的"感情空缺",就像依据秘密模式被收养的孩子所经历的那样。[99]主张进一步公开的人们建议建立"全国捐献者登记制度",留下捐献者记录,形成防止乱伦、提供最新医学信息的机制,而无需暴露捐献者身份信息。[100]另一些人建议允许通过此种方式出生的孩子成年后可以获知捐献者信息,这也是一些州为收养儿童规定的权利。[101]

许多想要通过此种方式为人父母的人们可能还是比较青睐老办法:秘密收养,但由于可供收养的孩子数量有限,孩子的生母往往占上风。美国广播公司《20/20》节目中的一集显示,一位有孕在身的 16 岁女孩在 5 对收养夫妇中进行选择。[102]该节目的卖点是"做我的宝宝",号称"极限真人秀",引发了包括"私生子之国"在内的强烈不满和公开谴责。该组织声称该节目"利用、诋毁并贬低各种年龄的被收养者,将我们描述为'盼子心切夫妇'的奖品,我们就像一排等待收养的鸭子一样,等着被他们击倒"。[103]

公开收养模式有利有弊。[104]此种做法意味着孩子可与其生母(也可能生父)保持接触,或仅仅是偶尔写写信,交换照片。法律正朝支持此种做法的方向前进,由于许多亲生父母都倾向于此。[105]到 2009 年,24 个州通过了法律,承认亲生父母与收养夫妇之间签订的收养后双方关系协议,至少在某些情况下有效。[106]然而,与其他类型的合同不同,收养后协议必须获得法院批准,且需接受一些限制,诸如适格主体、可接受的条件及可行的救济。比如,北卡罗来纳州规定,尽管双方可达成"收养后接触协议",但同意协议不得成为收养的前提条件,而且在任何情况下都不得执行。[107]

收养趋势一瞥

第二次世界大战后,收养呈快速增长的趋势。1944 年提出的收养请求较 1934 年增长了 3 倍。[108] 1951 年至 1982 年，收养人数翻番。[109] 2001 年的数据显示，全美有 140 万未成年儿童被收养。[110] 1970 年出现年度收养峰值，接近 18 万，然后回落至每年 12.5 万至 15 万之间。

然而，我们应该指出，上述有关收养的数据并不完全准确，原因是这些数据基于调查反馈，而非法律记录或不同来源数据的总和。收养程序仍属机密，因此即使收养的准确数据也很难收集，更不用说批准或否决收养请求的标准。[111] 非正式收养更难统计，但研究显示，黑人和拉丁裔人群之间的非正式收养较白人或亚裔之间更为普遍。[112]

国际收养自二十世纪五十年代开始稳步增长。近几年，多数孩子来自亚洲、南美洲和非洲。[113] 来自中国或韩国的孩子占多数，来自中国的孩子男女比例为 1∶20。[114] 年龄较大的被收养孩子主要来自欧洲。2004 年美国夫妇进行了约 2.2 万起国际收养。像安吉利娜·朱莉（Angelina Jolie）和麦当娜（Madonna）这样的名人都进行了国际收养。

托里·安·汉森（Torry Ann Hansen）是一位来自田纳西州的注册护士，在 2010 年引发了一场国际争议。她将从俄罗斯收养的 7 岁男孩独自送上了回俄罗斯的飞机。她声称，孩子有"暴力倾向和严重心理问题"，而且她还"受到俄罗斯孤儿工作者的蒙骗和误导"。孩子在飞机上带着一个装满了各式记号笔和零食的背包，以及一张汉森写的纸条："在给予这个孩子我所有的美好东西后，我抱歉地承认，为了我的家庭、朋友和我自身的安全，我不再愿意成为这个孩子的母亲。"俄罗斯官员接收了这个男孩，政府随后立即中止美国家庭对俄罗斯孩子的收养，直至"安全措施到位"。[115] 此举可能会切断美国收养家长们的主要孩子来源。2009 年，俄罗斯位居第三，在中国和埃塞俄比亚之后，从 1991 年起，其提供了 5 万名儿童供美国家庭收养。2005 年，罗马尼亚通过一部新的儿童福利法，全面禁止国际收养。局部禁令已于数年前实施，但新法使"许多家庭没有孩子"，以及"成千上万的罗马尼亚弃儿长期滞留于福利机构或收养中心"。[116]2007年,中国实施新的针对外国收养的限制措施,包括禁止单身、肥胖人士或50岁以上的成年人收养中国儿童。[117]

与其他普通孩子相比,收养儿童更有可能生活在父母双全的家庭。某种程度上,这也反映了希望收养孩子的单身人士面临的法律和其他障碍。83%的收养儿童生活在父母双全的家庭,与一位收养父母生活的收养儿童和与一位亲生父母生活的儿童数量大致相当。因此,收养仍是重建家庭的重要方式,也是一种"不生孩子"的现代生活方式,尽管越来越多的人将收养作为应对不孕不育的主要方式。[118]

收养与同性恋家庭的组建

我们已讨论过同性婚姻之争,同性恋伴侣为人父母提出的法律问题却遵循了些许不同的路径。法律或多或少地对同性恋伴侣为人父母采取了一个较宽容的做法,通常认为两人养育孩子总好过一人,不管他们是否符合传统家庭的形象。

越来越多的同性恋伴侣大大方方地养育孩子,不管孩子来自一方之前的异性关系或"计划的男同父亲"或"计划的女同母亲"家庭。[119]对女同性恋伴侣而言,自二十世纪八十年代开始,随着人工授精愈发普及,这样的家庭大量出现。甚至还出现了一场鼓励"自我授精"的运动,女性使用朋友捐献的精子怀孕。结果就是真正出现了"女同性恋所生的婴儿潮"。[120]

今天,人工授精主要由医生操作,使用匿名捐献者的精子,尽管近期的许多案例和研究都表明,比起单身直女或已婚女性,女同性恋获得此类服务的渠道少得多。为数不少的医疗服务人员公然依据婚姻状况或性取向对患者进行歧视,而且在多数州并不违法。多数州的法律都未涉及此种形式的歧视。加利福尼亚州安鲁法（Unruh Act）的范围极不寻常——在加利福尼亚州,洗车店的女士日专属活动违法——且被解读为使生殖医学医生设立的限制无效。[121]

对男同性恋伴侣而言,家庭计划通常更难实现。一些男同性恋与女同性恋共同抚育孩子,一些"已成为小有名气的专为女同性恋捐献精子者;而另一些与其共同抚养的孩子没有任何基因联系"。[122]今天,越来越多的男同性恋通过代孕有了孩子。[123]但我们也看到,代孕协议面临许多法律上的不确定性。因此,男同性恋更倾向于收养陌生孩子。从二十世纪八十年代开始,正如爱普尔·马丁（April Martin）所言,"一个史无前例的全新家庭结构"已经出现。大量男同性恋者正"光明正大地拥有、收养孩子"。[124]

根据2000年的统计数据,美国有近60万个同性伴侣组建的家庭,其中近四分之一养育有孩子。拥有至少一位同性恋父母的美国孩子达900万人。许多孩子都由异性关系或婚姻所生。[125]在被收养的未成年孩子中,有65500人与同性恋者共同生活。[126]在一些州,对单身同性恋者是否能收养孩子,或男同性恋伴侣是否能共同收养孩子,或男同性恋伴侣一方是否能收养另一方的孩子仍存疑问。

佛罗里达州的一项法律禁止所有同性恋者收养孩子。该法于1977年颁布执行,是前美国小姐安妮塔·布赖恩特（Anita Bryant）,反同性恋活动家,发起的一场全国运动的成果。该法直接规定,"依据本法,只要是同性恋,则无资格收养"。[127]而且该法并未单列其他类型的人,甚至重刑犯也可以收养。

当然,该法也受到质疑,部分理由是劳伦斯案判决（见第五章）。2004年,一位名为斯蒂芬·洛夫顿（Steven Lofton）的注册男护士想要收养一位出生即检测出HIV阳性,且一直由其护理的男孩。联邦上诉法院支持了佛罗里达州禁止同性恋者进行收养的法律,拒绝解读劳伦斯案的禁令及同性恋者应有的性权利,拒绝给予男同性恋者收养孩子的权利。[128]美国最高法院也拒绝对此案审查。佛罗里达州一家初审法院后来否定了该法,认为"显而易见,性取向不应是为人父母能力的前提"。[129]2010年,上诉法院维持了这一裁决而且州总检察长也拒绝向州最高法院提起上诉。[130]因此,该法虽然未被废除,但实际上已失去效力。

另一些州也明确表示了对同性恋者收养的反感情绪,或使之极为困难。阿肯色州选民通过全民公决决定阻止同性恋者收养孩子。新的法律间接地达成了这一目标:任何"与婚外性伴侣同居"的人都不得收养或成为收养家庭的父母。[131]由于同性婚姻并未在该州合法,该州同性恋者都无法收养孩子。密西西比州禁止同性恋伴侣收养,而犹他州更是禁止未婚人士收养。[132]

然而,到2010年,这些法律都已出局。半数以上的州悄无声息地给予了同性恋者收养孩子的权利,可单独收养也可共同收养。1993年,佛蒙特州和马萨诸塞州终审法院批准可能导致孩子有两个法律认可母亲的收养。[133]1993年的《收养塔米》(Adoption of Tammy)一书中,两位功成名就的医生,一个是全国知名的乳腺癌专家苏珊(Susan Love),另一位是海伦(Helen Cooksey),决定拥有并抚养一个孩子。海伦曾试图使用苏珊兄弟的捐献精子怀孕。尝试失败后,苏珊通过使用海伦表兄捐献的精子,以人工授精方式怀孕,使她们的女儿——塔米拥有双方的基因。捐精者放弃了父母权利,因此孩子没有法定父亲。马萨诸塞州最高司法法院以4比3的投票结果批准二人共同收养塔米。当地法律也未明确未婚伴侣(任何性别)不能收养孩子。[134]法院之所以同意收养是出于对塔米最佳利益的考量。包括心理学家、教师、牧师和一位修女在内的诸多证人都证实,两人对为人父母极为投入,并组建了一个稳定的家庭。两人都被当作塔米的法定"父母"。[135]

1993年以来,4个州通过立法允许所谓"第二父母"收养(父母之一的同性伴侣进行的收养)[136],而且另外7个州的上诉法院发布裁决允许此类收养。许多其他州的下级法院都允许未婚人士及同性伴侣进行收养。[137]到2003年加利福尼亚州最高法院在夏朗·S.诉高级法院案(*Sharon S. v. Superior Court*)中全面许可"第二父母"收养时,追认了已由下级法院批准的两万多起收养的效力。[138][莱斯利·纽曼(Leslea Newman)的畅销儿童读本《希瑟有两个妈咪》(*Heather Has Two Mommies*)已出版14年了。]许多州还允许同性伴侣共同收养一个孩子,尽管孩子与二人都无任何遗传学意义上的联系。[139]

一些州并不允许"第二父母"收养。除了前面提到的那4个直接或间接依法禁止同性恋伴侣收养的州,另3个州(内布拉斯加州,俄亥俄州和威斯康星州)的上诉法院明确裁定不允许"第二父母"收养,即使收养人非同性也不允许。[140]第二个成年人如要收养孩子,他必须与孩子的亲生父母结婚,而孩子的另一位亲生父母必须与其断绝关系。法律上看,天平确实向有利于同性恋父母一方倾斜。法院和立法机关都认可承担父母职责的共同父母的法律地位。这些男女将与孩子建立责任联系,即使他们最终分手。认可承担父母职责人士的法律地位有利于保护孩子,也可以保护父母。她不用担心成人间关系破裂后,被彻底排除在孩子生活之外的风险。

最新问题:成为父母的意愿

一些法院在没有允许收养的情况下,也承认同性伴侣的父母权利。2005年加利福尼亚州的一系列令人咋舌的判决中,加利福尼亚州最高法院认为,当一位女同性恋与其伴侣一致同意抚养一个孩子,但又不是孩子的生母时,本质上应拥有与其他法定父母同样的权利义务。这些案件强调了建立父母—孩子关系意愿的重要性。

2005年在埃莉莎诉高级法院案（*Elisa B. v. Superior Court*）中，一位名为艾米丽（Emily）的女性使用匿名捐精者的精子经人工授精怀孕，并生下一对双胞胎。[141]（她的伴侣——埃莉莎——数月前也使用同一个捐精者的精子以同样的方式怀孕。）无论怎样，艾米丽和埃莉莎一起有孕在身。二人已交往数年，共同生活，而且一起决定怀孕。两人人工授精时，另一人都在场，而且两人还一起进行产检，一起生孩子。两人各自用母乳喂养三个孩子，并认为两人就是共同父母。艾米丽在一个孩子患上唐氏综合征时，和孩子留在家里，而埃莉莎全力维持五人家庭。两人在孩子还在襁褓中时分手。埃莉莎逐渐中断了对艾米丽和她双胞胎孩子的经济支持，当被诉要求支付孩子抚养费时，她坚称自己只是自己所生孩子的母亲。

加利福尼亚州最高法院驳斥了埃莉莎的观点。一个孩子可以拥有两个法定母亲。埃莉莎公开接一对双胞胎回家，认为两个孩子是自己的"亲生"孩子，这样她就获得了"推定父母"的地位。她"积极同意并参与伴侣的人工授精，深知两人将会共同养育孩子。而且由于两人确实共同养育了一段时间"，她无法反驳这一推定。

另一案件中，K.M.为其登记伴侣E.G.捐献了卵子，用于人工授精。[142]她们两人一个是"卵子母亲"，一个是"子宫母亲"。捐献卵子时，K.M.签署了一份标准表格，放弃对任何可能的后代提出主张。后来，她提出请求成为E.G.所生双胞胎的法定母亲。两人是否具有成为双胞胎法定母亲的意愿没有埃莉莎清楚。K.M.声称两人计划共同抚养所生育的孩子，但E.G.认为她一直都只想当一个伴侣"支持"下的"单身母亲"。事实上，二人共同抚养孩子长达5年，纠缠不清，最终分手。

本案中要求法定母亲地位的女士确实与双胞胎有遗传学意义上的联系：卵子捐献者。一个将精子捐献给其妻子以外女人的男士并非所生育孩子的父亲,这一原则可以适用于K.M.吗?[143]加利福尼亚州最高法院支持了K.M.的权利。由于她"出于生育孩子并在二人共有的家庭养育的目的"向其同性恋伴侣捐献卵子,适用于精子捐献者的规则不得用于阻碍其获得母亲地位。法院认为,将适用于捐精者的规则适用于一位愿意在孩子未来生活中扮演角色的女士不合逻辑。两人最终都获得了母亲地位。

最后,在2005年的克里斯廷·H.诉莉萨·R.(*Kristine H. v. Lisa R.*)案中,两位女士都提出请求,确认其"第二母亲"的权利,而其中只有一人怀孕。[144]这样可以使两人的名字都列入孩子的出生证明。但当两人两年后分手时,孩子生母克里斯廷请求撤销莉萨的母亲地位。然而,加利福尼亚州法院认为她"禁止反言",对莉萨的权利改变了主意。法院通常不会允许个人通过协议取消父母地位,因为这样做会对孩子带来负面影响。法院在此案中认为,克里斯廷不能仅因时间流逝,在法院对同一问题采取前后不一致的立场。

加利福尼亚州在调整传统亲子关系规则使其适应同性伴侣方面一直走在各州前列。本书第十二章提到,尽管纽约州确实也准许同性伴侣进行"第二父母"收养,但由于缺乏正式法律,该州并不承认实际上的亲子关系。因此,收养成为稳固同性伴侣与孩子之间关系的最保险方式。即使那些明确禁止同性伴侣共同收养的州也依据充分信任原则给予在该州以外进行的收养以效力。与同性婚姻不同,收养令是法律判决,因此有权获得他州明确的尊重。

对同性恋为人父母最敌视的佛罗里达州的一家上诉法院近期承认了在华盛顿州进行的一个同性收养。金伯利·瑞安(Kimberly Ryan)生下了一个女儿,她的伴侣莱拉·恩布里(Lara Embry)在孩子出生后即进行了收养。二人后来分手,达成了监护权和探视权协议。但协议未获严格执行。瑞安拒绝莱拉与她们的女儿保持联系。二人分手前搬至佛罗里达州,当莱拉向一家佛罗里达州法院提出父母权请求时,瑞安指向了该州臭名昭著的反同性收养法律。但法院并未采纳她的观点,法院无视该州公共政策,裁决另一州法院签发的收养令在佛罗里达州拥有完全效力。[145]

同性伴侣在争取抚育孩子的法律保障上比争取结婚权利获得了更大的成功。法院和公众总是倾向于让父母与孩子在一起。同性父母权问题只是以案例的形式出现,他们并不要求或诱使立法机关制定法律。禁止同性婚姻的州声称它们只是希望为孩子成长创造"最佳"环境:一个由已婚异性父母组成的家庭。但针对同性恋伴侣养育孩子的调查也未发现同性家庭养育的孩子与异性父母养育的孩子间的区别。[146]2009 年,艾奥瓦州最高法院取消该州同性婚姻禁令时,否定了政府认为"完全未获可信赖的科学研究支持"的观点。相反,主张同性结婚权的原告方"提供了大量证据及研究报告",证明"孩子的利益在同性家庭和异性家庭可获平等的保护"。[147]早至 1976 年,美国心理协会就表明立场,认为性取向不应成为"考虑监护权或孩子安排时的首要因素"。[148]2005 年,该协会得出结论,"有证据表明,女同性恋或男同性恋不适合为人父母"或者同性恋家庭孩子的"社会心理发展""与异性父母养育的后代相比受到损害"。[149]

2002 年,美国儿科学会(American Academy of Pediatrics,AAP)出面力挺同性收养,支持愿意生育或收养孩子,并与其伴侣共同养育孩子的同性恋人士。[150]根据 AAP 的研究表明,孩子"更受家庭内关系和成员间交流的影响,而不是家庭的特定结构形式"。AAP 还认为,给予共同养育的双方法律认可对孩子有利。许多有利方面都与经济有关,如继承权、健康保险、社会保障福利以及双方分手时的孩子抚养权。但可能同样重要的是,此种法律认可也给予双方在关系破裂时,仍保持与孩子关系的权利。美国律师协会也通过决议支持同性收养。[151]

公众对同性养育孩子的反对没有对同性婚姻的反对激烈。但反对之声一直存在。波士顿天主教慈善会（Catholic Charities of Boston）在进行了长达一个多世纪的收养后，于2006年宣布将宁愿终止履行"建会使命"，也不屈从马萨诸塞州禁止歧视同性恋的法律规定，因为该组织认为将孩子安排到同性收养家庭"违反道德"。[152]

收养法无法回避美国最棘手的问题一点都不令人吃惊，比如种族问题，以及对家事法（及家庭生活中）同性恋伴侣角色的争议。收养同样反映了美国生活的主要文化倾向也同样不令人吃惊。总的来说，生活在自我表现型个人主义盛行时代的美国人不顾一切地活出花样，满足自我，某种意义上说，总想搞明白他们究竟是谁。对被收养的孩子而言，这意味着找寻他们"真正"的父母，以及他们真实的遗传基因密码。不管是男人还是女人都能决定是否生养孩子。而被收养的孩子，以某种方式拥有了别人没有的是否拥有父母的权利，或更准确地说，跟哪个父母共同生活的权利。

结　语
步入虚空

本书探究了家事法纷繁复杂、引人入胜的世界,这一世界反映了家庭生活的繁复和迷人之处。家庭和家事法在二十世纪经历了巨变,本书试图为大家描绘这些变化,并尽力做些解释。

这些变化貌似环环相扣,依循某种特定的路径,稳步向同一个方向发展。在此过程中,传统道德观念遭受重创。对芸芸众生而言,生活已无原罪,非婚生子已无需背负羞耻的包袱。同性性行为入罪已成历史。严厉的离婚法律规定让位于无过错离婚。同性婚姻也指日可待。现在看来,所有这一切似乎都散发着宿命的味道,当然,每一个法律上的变化都无不伴随着争议,有时还相当激烈。有赢家,也有输家。极力反对并阻碍激变的输家现在看来似乎食古不化,误判形势,或者更甚,消极厌世,偏执狭隘,纸上谈兵,甚至像克努特国王(King Canute)一样逆潮流而动。诚然,这些"输家"对时局都持极端的异见。

事实上,没有什么变化是必然发生的。没人能绝对准确地断言谁会出局,谁会胜出。设想,在1900年向一位当时的美国智者——白人中产阶级男士——询问美国家事法的未来,恐怕其无法预测到无过错离婚制度的产生或婚姻限制的全面取消,或同性恋权利的崛起。毕竟,当时是优生学居主导和对生育权利持恐慌态度的时代。对婚姻和非法性行为进行严格限制似乎应是正确的渐进发展方向。我们的美国智者也许会作出这样的预测:随着文明的进步,诸如娼妓、反自然性行为等社会污点会逐渐消失。马文案,数百万的同居者,同性婚姻对他而言简直不可理喻。

如果我们的这位美国智者来到今天，他不仅会对电脑和喷气式飞机咂舌不已，更会惊讶于无过错离婚、家庭伙伴关系、代孕母亲及成年人间两厢情愿的任何性关系之有效性。我们有幸能纵观历史，获知各式争议的来龙去脉。与传统价值观的陨落互为因果的性革命以及自我表现型个人主义的大行其道像是对美国家庭和家事法施加了魔咒，结果就是，"家庭"的形式变得复杂多样，"乱花渐欲迷人眼"。再也没有单一形式的合法婚姻，而是"百花齐放"；获得法定为人父母资格的路径更是"五花八门"。社会的变迁和技术的日新月异不仅重塑了家庭，也重塑了"家庭"的定义。

在预测未来方面，我们与1900年那位可怜的美国智者一样无助，如果我们也斗胆一试，可能也会让后人大跌眼镜。事实上，我们能看到的未来只是一个巨大的虚空，如繁星满天的银河系一样神秘未知。技术将把我们引向何方？可能未来的孩子们会克隆他们的父母，也可能不会。今天，我们认为性革命理所应当，但某种意识的剧变，某种新的"伟大觉醒"运动也可能将坚固的家庭关系、严格规范的家庭生活和性关系带回我们的生活。我们"认为"这完全不可能，仅仅是由于我们是所处时代和自身思想的囚徒，而世事却常常以无常示人。

因此，我们抵制步入黑暗未来的诱惑，只是在试图讲清楚我们的来路，以及一路上的"山重水复"。这已意义非凡，引人入胜。本书行将结束，但这条路却没有尽头。生活仍会继续，步入虚空，生活的法律故事又何尝不是如此。

注　释

导　论

1. On the scope of "family law," see Jill Elaine Hasday, "The Canon of Family Law," 57 *Stan. L. Rev.* 825 (2004).
2. For a wonderful explication of this point, see Stephanie Coontz, *The Way We Never Were: American Families and the Nostalgia Trap* (2000).
3. See John H. Langbein, "The Twentieth-Century Revolution in Family Wealth Transmission," 86 *Mich. L. Rev.* 722 (1988).
4. Lawrence Stone, *The Past and Present Revisited* (2d ed. 1988), p. 338.
5. This term is coined in Robert Bellah et al., *Habits of the Heart: Individualism and Commitment in America* (1985); see also Lawrence M. Friedman, *The Horizontal Society* (1999), pp. 70–79.
6. 557 P.2d 106 (Cal. 1976).
7. 539 U.S. 558 (2003).
8. Andrew J. Cherlin, "The Deinstitutionalization of American Marriage," 66 *J. of Marriage & Fam.* 848 (2004), pp. 848–61; Andrew Cherlin, *The Marriage-Go-Round: Marriage and the State of the Family in America Today* (2009), pp. 87–115.
9. Herbert Jacob, *Silent Revolution: The Transformation of Divorce Law in the United States* (1988).
10. James Boswell, *The Life of Samuel Johnson, LL.D, Vol. 1* (1791), p. 295.
11. 391 U.S. 68 (1968).
12. See Brady E. Hamilton et al., "Births: Preliminary Data for 2008," 58 *Nat'l Vital Stats. Rep.* 16 (2010), p. 6, table 1.
13. Cherlin, *The Marriage-Go-Round*, pp. 16–17.
14. Mary Ann Glendon, *Abortion and Divorce in Western Law* (1987), p. 135.

第一章　结婚和州政府

1. Loving v. Virginia, 388 U.S. 1 (1967); *N.Y. Times*, May 5, 2008 (obituary).
2. Scott Anderson, "The Polygamists: An Exclusive Look Inside the FLDS," *National Geographic* (Feb. 2010), p. 45.
3. See Sarah Barringer Gordon, *The Mormon Question: Polygamy and Constitutional Conflict in Nineteenth Century America* (2002).

4. Anti-Polygamy Acts, ch. 126, 12 Stat. 501 (1862), repealed 1910. On the history of polygamy laws, see Martha M. Ertman, "Race Treason: The Untold Story of America's Ban on Polygamy," 19 *Colum. J. Gender & L.* 257 (2010).

5. Reynolds v. United States, 98 U.S. 145 (1878).

6. Utah Enabling Act, ch. 138, 28 Stat. 107 (1894); Utah Const., Art. III, sec. 1. See also Potter v. Murray City, 760 F.2d 1065 (10th Cir. 1985), p. 67; Jill Elaine Hasday, "Federalism and the Family Reconstructed," 45 *UCLA L. Rev.* 1297 (1998), p. 1364.

7. See Martha Sonntag Bradley, *Kidnapped from that Land: The Government Raids on the Short Creek Polygamists* (1993).

8. *Wash. Post*, Sept. 29, 1935, p. B9; Dec. 8, 1935, p. SA5.

9. See Michael Janofsky, "Mormon Leader Is Survived by 33 Sons and a Void," *N.Y. Times*, Sept. 15, 2002.

10. Anderson, "The Polygamists," pp. 34–61.

11. Ibid., pp. 34, 36.

12. See State v. Green, 99 P.3d 820 (Utah 2004), affirming Green's bigamy convictions; see also "A Utah Man with 5 Wives Is Convicted of Bigamy," *N.Y. Times*, May 20, 2001; Michael Janofsky, "Utahan Is Sentenced to 5 Years in Prison in Polygamy Case," *N.Y. Times*, Aug. 25, 2001.

13. See Ryan D. Tenney, "Tom Green, Common-Law Marriage, and the Illegality of Putative Polygamy," 17 *B.Y.U. J. Pub. L.* 141 (2002), pp. 142–44.

14. See Timothy Egan, "The Persistence of Polygamy," *N.Y. Times Mag.*, Feb. 28, 1999, p. 51.

15. Green's child-rape conviction was also affirmed by the Utah Supreme Court. State v. Green, 108 P.3d 710 (Utah 2005).

16. See "Utah: Polygamist Freed after 6 Years," *N.Y. Times*, Aug. 8, 2007.

17. James C. McKinley, Jr., "Difficulties for Prosecutors in Trial of Sect Leader," *N.Y. Times*, Nov. 4, 2009, p. A14; James C. McKinley, Jr., "Polygamist Sect Leader Convicted of Sexual Assault," *N.Y. Times*, Nov. 6, 2009, p. A19.

18. See Utah Code Ann. sec. 76-7-101 (2010); Colo. Rev. Stat. Ann. sec. 18-6-201 (2010). We discuss the validity of this and other sexual regulation laws in the wake of *Lawrence v. Texas*, 539 U.S. 558 (2003), in chapter 5.

19. See Joanna L. Grossman and Lawrence M. Friedman, "'Sister Wives': Will Reality Show Stars Face Prosecution for Polygamy in Utah?" *FindLaw's Writ*, Oct. 4, 2010, available at http://writ.news.findlaw.com/grossman/20101004.html (visited Nov. 1, 2010).

20. On the practice of polygamy in South Africa, see Tracy E. Higgins et al., "Gender Equality and Customary Marriage: Bargaining in

the Shadow of Post-Apartheid Legal Pluralism," 30 *Fordham Int'l L. J.* 1653 (2007).

21. Megan Friedman, "Kenyan Polygamist Dies, Leaving 100 Widows," Oct. 5, 2010, available at http://newsfeed.time.com/2010/10/05/kenyan-polygamist-dies-leaving-100-widows/?hpt=C2 (visited Nov. 1, 2010).

22. Anderson, "The Polygamists," p. 56.

23. McKinley, "Polygamist Sect Leader Convicted."

24. Jeffs' conviction was recently reversed and remanded for a new trial because of an erroneous jury instruction. See State v. Jeffs, 243 P.3d 1250 (Utah 2010).

25. On the much rarer practice of polyandry, see, for example, Lydia Polgreen, "One Bride for 2 Brothers: A Custom Fades in India," *N.Y. Times*, July 16, 2010, p. A4.

26. On miscegenation laws in general, see Peggy Pascoe, *What Comes Naturally: Miscegenation Law and the Making of Race in America* (2009); Randall Kennedy, *Interracial Intimacies: Sex, Marriage, Identity, and Adoption* (2003), pp. 214–80; Rachel F. Moran, *Interracial Intimacy: The Regulation of Race and Romance* (2001).

27. Edward Stein catalogues anti-miscegenation laws in "Past and Present Proposed Amendments to the United States Constitution Regarding Marriage," 82 *Wash. U.L.Q.* 611 (2004). A few states have never had bans on interracial marriage, including Connecticut, Illinois, and Wisconsin.

28. See Va. Code Ann. secs. 20-54, 1-14 (repealed 1968); see also Walter Wadlington, "The *Loving* Case: Virginia's Anti-Miscegenation Statute in Historical Perspective," 52 *Va. L. Rev.* 1189 (1966).

29. Neb. Rev. Stat. sec. 491 (1922).

30. Ore. Rev. Stat. sec. 1999 (1901); see also Dudley O. McGovney, "Naturalization of the Mixed-Blood. A Dictum," 22 *Cal. L. Rev.* 377 (1934), p. 390 n. 49. On the laws against white-Asian marriages in the late nineteenth and early twentieth centuries, see Deenesh Sohoni, "Unsuitable Suitors: Anti-Miscegenation Laws, Naturalization Laws, and the Construction of Asian Identities," 41 *Law & Soc'y Rev.* 587 (2007).

31. See 1933 Cal. Stat. 561, which added this particular ban to the state's marriage code.

32. On the danger of "amalgamation," see Dr. W. A. Plecker, State Registrar of Vital Statistics of Virginia, quoted in "Shall We All be Mulattoes?" *Literary Digest*, March 7, 1925, p. 23. On relations between masters and slaves, see, for example, Annette Gordon-Reed, *The Hemingses of Monticello: An American Family* (2008).

33. *N.Y. Times*, Dec. 12, 1912, p. 24.

34. Cong. Rec. Vol. XLIX, 62nd Cong., 3d Sess., Dec. 11, 1912, pp. 502, 504.

35. Ann Hagedorn, *Savage Peace: Hope and Fear in America, 1919* (2007), pp. 249–61.

36. Ibid., p. 438.

37. The case is discussed in Earl Lewis and Heidi Ardizzone, *Love on Trial: An American Scandal in Black and White* (2001); Angela Onwuachi-Willig, "A Beautiful Lie: Exploring *Rhinelander v. Rhinelander* as a Formative Lesson on Race, Identity, Marriage, and Family," 95 *Cal. L. Rev.* 2393 (2007). See also Bela August Walker, "Fractured Bonds: Policing Whiteness and Womanhood Through Race-Based Marriage Annulments," 58 *DePaul L. Rev.* 1 (2008).

38. 198 P.2d 17 (Cal. 1948).

39. Kennedy, *Interracial Intimacies*, p. 258.

40. See Warren Weaver, Jr., "Air Force Drops Marriage Query," *N.Y. Times*, July 3, 1963, p. 12; "Democrats Asked to Oppose Antimiscegenation Laws," *N.Y. Times*, Oct. 14, 1965, p. 30.

41. "Ban on Interracial Couples Assailed by Catholic Group," *N.Y. Times*, Nov. 24 1963, p. 16.

42. George Dugan, "Presbyterians Urged to Oppose Bans on Interracial Marriages," *N.Y. Times*, May 22, 1965, p. 20.

43. 379 U.S. 184 (1964).

44. *Loving*. See Phyl Newbeck, *Virginia Hasn't Always Been for Lovers: Interracial Marriage Bans and the Case of Richard and Mildred Loving* (2004).

45. David Margolick, "A Mixed Marriage's 25th Anniversary of Legality," *N.Y. Times*, June 12, 1992, p. B20. On the *Loving* case generally, see John DeWitt Gregory and Joanna Grossman, "The Legacy of Loving," 51 *How. L. J.* 15 (2007); see also Loving v. Virginia: *Rethinking Race, Sex and Marriage in a "Post-Racial" World* (Kevin Maillard and Rose Cuison Villazor, eds., forthcoming, 2011).

46. See "Virginia Ban Struck Down, Has an Interracial Wedding," *N.Y. Times*, Aug. 13, 1967, p. 31.

47. See "Negro and White Wed in Nashville," *N.Y. Times*, July 22, 1967, p. 11.

48. See Susie Parker, "Erasing a Remnant of Jim Crow South from Law Books," *Christian Sci. Monitor*, Mar. 23, 1999, p. 2.

49. See Somini Sengupta, "Removing a Relic of the Old South," *N.Y. Times*, Nov. 5, 2000, p. D5.

50. Newbeck, *Virginia Hasn't Always Been for Lovers*, pp. 206–13.

51. "Man's Halt of Interracial Marriage Sparks Outrage," *N.Y Times*, Oct. 16, 2009.

52. "Interracial Couple Denied Marriage License by Louisiana Justice of the Peace," *Huffington Post*, Oct. 15, 2009, http://www.

huffingtonpost.com/2009/10/15/interracial-couple-denied_n_322784.html (visited Aug. 1, 2010).

53. Simeon Booker, "The Couple That Rocked the Courts," *Ebony*, Sept. 1967, p. 78.

54. See, for example, M. Annella, "Interracial Marriages in Washington D.C.," 36 *J. Negro Educ.* 428 (1967); David M. Herr, "Negro-White Marriages in the United States," 28 *J. Marriage & Fam. L.* 262 (1966) p. 273, finding a similar trend.

55. See Zhenchao Qian and Daniel T. Lichter, "Social Boundaries and Marital Assimilation: Interpreting Trends in Racial and Ethnic Intermarriage," 72 *Am. Soc. Rev.* 68 (2007).

56. See ibid., p. 69.

57. See ibid., p. 90.

58. See ibid.; see also Raymond Fisman et al., "Racial Preferences in Dating," 75 *Rev. Econ. Stud.* 117 (2008); Kevin Johnson, "The Legacy of. Jim Crow: The Enduring Taboo of Black-White Romance," 84 *Tex L. Rev.* 739 (2006).

59. Moran, *Interracial Intimacy*, p. 99.

60. See, for example, Williams v. North Carolina, 317 U.S. 287 (1942). Estin v. Estin, 334 U.S. 541 (1948). See Joanna L. Grossman, "Fear and Loathing in Massachusetts: Same-Sex Marriage and Some Lessons from the History of Marriage and Divorce," 14 *B.U. Pub. Int. L.J.* 87 (2004), on the history of interstate conflict over marriage and divorce.

61. See, in general, Joanna L. Grossman, "Resurrecting Comity: Revisiting the Problem of Non-Uniform Marriage Laws," 84 *Or. L. Rev.* 433 (2005).

62. 125 U.S. 190 (1888), p. 205.

63. See Jill Hasday, "The Canon of Family Law," 57 *Stan. L. Rev.* 825 (2004), p. 831.

64. *Loving*, p. 8.

65. Ibid.

66. Ibid., p. 11, citing Korematsu v. United States, 323 U.S. 214 (1944), p. 216.

67. Ibid., pp. 11–12.

68. 316 U.S. 535 (1942). *Skinner* is discussed in greater detail in chapter 5.

69. *Loving*, p. 12.

70. 434 U.S. 374 (1978).

71. See, for example, Roe v. Wade, 410 U.S. 113 (1973), on the right to seek an abortion; Moore v. City of E. Cleveland, 431 U.S. 494 (1977), on the right to live with non-nuclear family members; Eisenstadt v. Baird, 405 U.S. 438 (1972), on the right of single people to obtain contraceptives.

72. *Zablocki*, pp. 383, 386. On the scope of the "right to marry," see Cass R. Sunstein, "The Right to Marry," 26 *Cardozo L. Rev.* 2081 (2005), p. 2087.

73. See also Mark Strasser, "*Loving* in the New Millennium: On Equal Protection and the Right to Marry," 7 *U. Chi. L. Sch. Roundtable* 61 (2000).

74. 482 U.S. 78 (1987).

75. Ibid., p. 82.

76. Ibid., p. 95.

77. See, in general, Michael Grossberg, "Guarding the Altar: Physiological Restrictions and the Rise of State Intervention in Matrimony," 26 *Am. J. Leg. Hist.* 197 (1982), pp. 217–24.

78. Chester G. Vernier, *American Family Laws*, Vol. I (1931), p. 189.

79. Ibid., p. 197. We discuss annulment law in chapter 8.

80. 1909 Wash. Sess. Laws, ch. 174.

81. 61 A. 604 (Conn. 1905).

82. See, for example, Wis. Stat. Ann. sec. 765.035 (2010), validating marriages "to which either party was an epileptic person." See also Frank A. Morland, *Keezer on the Law of Marriage and Divorce* (3d ed. 1946), pp. 200–201.

83. Note, "Pre-Marital Tests for Venereal Disease," 53 *Harv. L. Rev.* 309 (1939).

84. "Bennett's Trials with 'Damaged Goods,'" *Chic. Daily Trib.*, Sep. 28, 1913, p. B4. The English version can be found in *Three Plays by Brieux* (1907), with a preface by George Bernard Shaw.

85. "Syphilis and Marriage," *Chic. Defender*, May 18, 1918, p. 16.

86. 147 N.W. 966 (Wis. 1914).

87. The court had to deal with a number of other issues. The plaintiffs claimed that the statute was totally unreasonable; it allowed a fee of $3 for the clinical tests, and this was grossly inadequate, at least with regard to the Wassermann test for syphilis. The court, however, construed the statute not to require this particular test, but only "tests recognized and used" by ordinary doctors.

88. Ohio Rev. Code sec. 3101.5 (1972).

89. Miss. Code Ann. sec. 93-1-5(e) (2010).

90. Idaho Code Ann. sec. 32-412A (2010); see also Georgia Code Ann. sec. 19-3-35.1 (2010).

91. See Isabel Wilkerson, "Illinoisans Fault Prenuptial AIDS Tests," *N.Y. Times*, Apr. 16, 1988, p. 6.

92. Michael Closen et al., "Mandatory Premarital HIV Testing: Political Exploitation of the AIDS Epidemic," 69 *Tul. L. Rev.* 71 (1994), pp. 98–99.

93. See Margaret Brinig and Steven L. Nock, "Marry Me, Bill: Should Cohabitation be the (Legal) Default Option?" 64 *La. L. Rev.* 403 (2004), p. 442 n. 76.

94. Pa. Cons. Stat. Ann. secs. 23-1304 and 1305 contained the requirement until abolition. See Okla. Laws 2004, c. 333, sec. 3, which repealed 43 Okla. St. sec. 31; D.C. Law 15-154 (2003).
95. Ohio Rev. Code Ann. sec. 3101.08 (2010).
96. N.Y. Dom. Rel. sec. 11 (2010). Information about the Society can be found at http://www.nysec.org (visited Aug. 1, 2010).
97. See, for example, R.I. Gen. Laws sec. 15-3-6 (2010), which recognizes marriages solemnized "among the people called Quakers, or Friends, in the manner and form used or practiced in their societies, or among persons professing the Jewish religion, according to their rites and ceremonies, or by a local spiritual assembly of the Baha'is according to the usage of the religious community."
98. See www.ulc.net (visited Aug. 1, 2010).
99. Miss. Code Ann. sec. 93-1-17 (2010).
100. *In re* Will of Blackwell, 531 So. 2d 1193 (Miss. 1988); see also *In re* O'Neill, 2008 Pa. Dist. & Cty. Dec. LEXIS 135 (2008), validating a ULC marriage under Pennsylvania law.
101. See Rubino v. City of New York, 480 N.Y.S.2d 971 (1984); Ravenal v. Ravenal, 338 N.Y.S.2d 324 (1972); Cramer v. Commonwealth, 202 S.E.2d 911 (Va. 1974). Virginia's marriage law requires a minister to show "proof of ordination and of his being in regular communion with the religious society of which he is a reputed member." Va. Code Ann. secs. 20–23 (2010).
102. State v. Lynch, 272 S.E.2d 349 (N.C. 1980).
103. See N.C. Gen. Stat. sec. 51-1.1 (adopted 1981).
104. ULC v. Utah, 189 F. Supp. 2d 1302 (D. Utah 2002).
105. Wis. Stat. sec. 765.03(2) (2010).
106. Neb. Rev. Stat. secs. 1490, 1493 (1922).
107. N.M. Stat. Ann. sec. 3431 (1915).
108. S.C. Code secs. 20-24 (1962). For a chart of state statutes on marriage rules respecting age, see Morland, *Keezer on the Law of Marriage and Divorce*, pp. 210–11.
109. See, for example, Moe v. Dinkins, 669 F.2d 67 (2d Cir. 1982).
110. Without an applicable statute, courts rely on the common-law age minimums of twelve for girls and fourteen for boys.
111. The marriage law did not specify any minimum age for marriage before 2006, but courts had enforced the common-law ages.
112. Jodi Wilgoren, "Rape Charge Follows Marriage to a 14-year-old," *N.Y. Times*, Aug. 30, 2005.
113. See Colleen Kenney, "Koso Set to Come Home from Prison," *Lincoln Journal Star*, May 5, 2007, p. A1.
114. Kan. Stat. Ann. sec. 23-106 (2010), amended 2006.
115. See, for example, Fla. Stat. sec. 741.0405 (2010), which gives judges the discretion to allow a female of any age to marry if she has

340 a child or is pregnant. For a useful summary, see Legal Information Institute, *Marriage Laws of the Fifty States, District of Columbia and Puerto Rico*, available at http://topics.law.cornell.edu/wex/table_marriage (visited Aug. 1, 2010).

116. See Miss. Code 93-1-5 (2010), which permits boys to marry at seventeen and girls at fifteen without parental consent. For parties under age twenty-one, however, the code requires a three-day delay between application for and issuance of a marriage license, during which time the county clerk must send a copy of the application to the parents.

117. Margaret Mead, *Anomalies in American Post-Divorce Relationships* (1970).

118. Claude Levi-Strauss, *The Elementary Structures of Kinship* (Rodney Needham, ed., 1969), p. 479.

119. Vernier, *American Family Laws*, Vol. 1, pp. 178–82.

120. For a list of state laws regarding first-cousin marriages, see National Conference of State Legislatures, State Laws Regarding Marriage Between First Cousins, http://www.ncsl.org/default.aspx?tabid=4266 (visited Aug. 1, 2010).

121. Utah Code Ann. sec. 30-1-1(2) (2010).

122. On cousin marriage in the Muslim world, see Nikki Keddie and Lois Beck, *Introduction to Women in the Muslim World* (1978), pp. 27–28.

123. See Denise Grady, "Few Risks Seen to the Children of 1st Cousins," *N.Y. Times*, Apr. 4, 2002, p. A1; Robin L. Bennet et al., "Genetic Counseling and Screening of Consanguineous Couples and Their Offspring: Recommendations of the National Society of Genetic Counselors," 11 *J. Genetic Counseling* 97 (2002).

124. Israel v. Allen, 577 P.2d 762 (Colo. 1978).

125. See http://www.weekirk.com/ (visited Aug. 1, 2010).

126. See http://www.shalimarweddingchapel.com/gc.html (visited Aug. 1, 2009).

127. Marnie Hunter, "Hit the Road to Cut Wedding Stress," CNN.com, May 5, 2006, http://www.cnn.com/2006/TRAVEL/ADVISOR/05/05/destination.weddings/index.html (visited Aug. 1, 2010).

128. "Popping the Question has Popped in Price," Brides.com, Feb. 23, 2009, http://press.brides.com/Bridescom/PressReleases/Article2073.htm (visited Aug. 1, 2010).

129. See Mary E. Richmond and Fred S. Hall, *Marriage and the State* (1929), p. 202.

130. See "Report of the Committee on Marriage and Divorce," in *Proceedings of the Seventeenth Annual Conference of Commissioners on Uniform State Laws* (1907), p. 122.

131. The Commissioners' notes to the age provision report that, at the time, thirty states had raised the requisite age above the common-law

minimums. See Unif. Marriage and Marriage License Act sec. 5, 9 341 U.L.A. 257 (1911).

132. See, for example, An Act Providing for Return of Marriage Statistics (1907); Marriage License Application Act (1950); Unif. Marital Property Act (1983); Unif. Premarital Agreement Act (1983).

133. See Stein, "Past and Present Proposed Amendments to the United States Constitution Regarding Marriage," pp. 15–21.

134. See, for example, Estate of May, 114 N.E.2d 4 (N.Y. 1953), discussed below. In *Zwerling v. Zwerling*, 244 S.E.2d 311 (1978), a woman got a Mexican divorce, and then married Zwerling in New York. Later they moved to South Carolina, which would not have recognized the Mexican divorce—and thus not have viewed the woman as eligible to remarry. But because the marriage was valid in New York, it was recognized in South Carolina.

135. Pennegar v. State, 10 S.W.2d 305 (Tenn. 1888); Morland, *Keezer on the Law of Marriage and Divorce*, pp. 20–21.

136. See P. H. Vartanian, "Recognition of Foreign Marriage as Affected by Local Miscegenation Law," 3 A.L.R. 2d 240 (1949), p. 242; see also Andrew Koppelman, "Same-Sex Marriage, Choice of Law, and Public Policy," 76 *Tex. L. Rev.* 921 (1998), 952–54.

137. See Vartanian, "Recognition of Foreign Marriage as Affected by Local Miscegenation Law," p. 240; Koppelman, "Same-Sex Marriage, Choice of Law, and Public Policy," pp. 954–62.

138. Burns Ind. Ann. Stat. sec. 9877 (1926).

139. Unif. Marriage Evasion Act, sec. 1, in *Proceedings of the Twenty-Second Annual Conference of Commissioners on Uniform State Laws* 127 (1912). Other states adopted statutes that dealt in other ways with evasive marriage, too. See, in general, Koppelman, "Same-Sex Marriage, Choice of Law, and Public Policy," p. 923 n.2; see, for example, Morland, *Keezer on the Law of Marriage and Divorce*, pp. 20–21.

140. 114 N.E.2d 4 (N.Y. 1953).

141. R.I. Gen. Laws sec. 36-415-4 (1938). On recognition of incestuous marriages generally, see Deborah M. Henson, "Will Same-Sex Marriages Be Recognized in Sister States?: Full Faith and Credit and Due Process Limitations on States' Choice of Law Regarding the Status and Incidents of Homosexual Marriages Following Hawaii's *Baehr v. Lewin*," 32 *U. Louisville J. Fam. L.* 551 (1994), pp. 567–71.

142. See, for example, Mason v. Mason, 775 N.E.2d 706 (Ct. App. Ind. 2002); *In re* Estate of Loughmiller, 629 P.2d 156 (Kan. 1981). Although the modern trend is towards recognition, some older cases refused recognition to cousin-marriages. See, for example, Arado v. Arado, 117 N.E. 816 (Ill. 1917).

342   143. See Miller v. Lucks, 36 So. 2d 140, 142 (Miss. 1948); see also *In re Lenherr's Estate*, 314 A.2d 255 (Pa. 1974), permitting a wife who married in another state to avoid a law restricting remarriage to claim a marital exemption from an inheritance tax when her husband died. For a discussion of cases recognizing marriages for limited purposes, see Herma Hill Kay, "Same-Sex Divorce in the Conflict of Laws," 15 *King's C. L. J.* 63 (2004).

144. See Legal Information Institute, *Marriage Laws of the Fifty States, District of Columbia and Puerto Rico*, available at http://topics.law.cornell.edu/wex/table_marriage (visited Aug. 1, 2010); Guide to Legal Impediments to Marriage for 57 Registration Jurisdictions (July 30, 2004), http://www.mass.gov/dph/bhsre/rvr/impediments1%20.pdf (visited Aug. 1, 2010).

第二章　婚姻、法律和社会：一张交织的网

1. Jeff Strickler, "To have and to hold ... for 83 years and Counting," *Star Trib.*, Feb. 18, 2008.
2. Mike Celizic, "Couple, Married 83 Years, Share Their Secret," TODAYShow.com, Mar. 17, 2008, http://today.msnbc.msn.com/id/23671580/ (visited Aug. 1, 2010). Once Clarence died later that year, they lost the record for "longest living marriage." The record for the longest marriage *ever* is held by a Taiwanese couple, who were married for eighty-five years.
3. Leslie Bennetts, "It's a Mad, Mad Zsa Zsa World," VanityFair.com, Oct. 2007, http://www.vanityfair.com/fame/features/2007/10/zsazsa200710 (visited Aug. 1, 2010).
4. On divorce rates, see, for example, Matthew D. Bramlett and William D. Mosher, "First Marriage Dissolution, Divorce, and Remarriage: United States," 323 *Advance Data* (May 31, 2001). On ages at first marriage and median length of marriages that end in divorce, see Rose M. Kreider, U.S. Census Bureau, Current Population Reports, *Number, Timing, and Duration of Marriages and Divorces: 2001* (Feb. 2005), http://www.census.gov/prod/2005pubs/p70-97.pdf (visited Aug. 1, 2010); Paula Goodwin et al., "Who Marries and When? Age at First Marriage in the United States: 2002," 19 *NCHS Data Brief* (June 2009), http://www.cdc.gov/nchs/data/databriefs/db19.pdf (visited Aug. 1, 2010). On birth rates, see Brady E. Hamilton et al., "Births: Preliminary Data for 2007," 57 *Nat'l Vital Stats. Rep.* 1 (Mar. 2009), http://www.cdc.gov/nchs/data/nvsr/nvsr57/nvsr57_12.pdf (visited Aug. 1, 2010).

5. On general marriage trends in the twentieth century, see Andrew 343
J. Cherlin, *Marriage, Divorce, Remarriage* (1992); Stephanie Coontz, *The Way We Never Were: American Families and the Nostalgia Trap* (1992); Stephanie Coontz, *Marriage, A History: How Love Conquered Marriage* (2006).

6. See U.S. Census Bureau, Current Population Survey, March and Annual Social and Economic Supplements, Table MS-2: Estimated Median Age at First Marriage, by Sex: 1890 to the Present, available at http://www.census.gov/population/www/socdemo/hh-fam.html#ht (visited Aug. 1, 2010).

7. On the delay in marriage, see, for example, *State of the Union: America in the 1990s*, vol. 2 (Reynolds Farley, ed., 1995), pp. 6–8.

8. Patricia Cohen, "Long Road to Adulthood Is Growing Even Longer," *N.Y. Times*, June 11, 2010, p. A1. A volume released by Princeton University and the Brookings Institution explores the factors contributing to delayed adulthood and the consequences of this demographic change. See "Transition to Adulthood," 20 *The Future of Children* 3 (Spring 2010). Frank Furstenberg examines the effects of this long transition on families in "On a New Schedule: Transitions to Adulthood and Family Change," 20 *The Future of Children* 67 (Spring 2010).

9. See Arthur J. Norton and Louisa F. Miller, U.S. Census Bureau, Current Population Reports, *Marriage, Divorce, and Remarriage in the 1990s*, P23-180, Figs. 1 and 2, p. 2.

10. Daniel T. Lichter and Zhenchao Qian, Census 2000, *Marriage and Family in a Multiracial Society* (2004), p. 5.

11. Norton and Miller, *Marriage, Divorce, and Remarriage in the 1990s*, p. 3, table B.

12. See Lichter and Qian, *Marriage and Family in a Multiracial Society*, p. 5.

13. See, for example, Lawrence M. Friedman, "A Dead Language: Divorce Law and Practice Before No-Fault," 86 *Va. L. Rev.* 1497 (2000), pp. 1502–03.

14. See T. Castro Martin and Larry L. Bumpass, "Recent Trends and Differentials in Marital Disruption," 26 *Demography* 37 (1989).

15. For a description and explication of divorce rates, see Ira Mark Ellman, "The Misguided Movement to Revive Fault Divorce, and Why Reformers Should Look Instead to the American Law Institute," 11 *Int'l J.L. Pol'y & Fam.* 216 (1997).

16. Norton and Miller, *Marriage, Divorce, and Remarriage in the 1990s*, p. 6.

17. See Naomi Cahn and June Carbone, *Red Families v. Blue Families: Legal Polarization and the Creation of Culture* (2010), on regional variations in family structure.

18. This calculator is available at http://www.divorce360.com/content/divorcecalcresults.aspx (visited Aug. 1, 2010).
19. Norton and Miller, *Marriage, Divorce, and Remarriage in the 1990s*, p. 5.
20. These and other data points are compiled in National Healthy Marriage Resource Center, *Remarriage Trends in the United States*, available at www.healthymarriageinfo.org (visited Aug. 1, 2010).
21. Ibid., p. 1.
22. Miller, *Marriage, Divorce, and Remarriage in the 1990s*, p. 6.
23. Andrew Cherlin, *The Marriage-Go-Round: The State of Marriage and the Family in America Today* (2009), p. 15.
24. Pew Research Center, *The Decline of Marriage and the Rise of New Families* (2010), p. 1.
25. Interview with Tera Hunter, Princeton University, Department of History, "Slave Marriages, Families Were Often Shattered by Auction Block," NPR, Feb. 11, 2010; see also *The African American Urban Experience: Perspectives from the Colonial Period to the Present* (Joe W. Trotter et al., eds., 2004).
26. Ibid.
27. *The Decline in Marriage Among African Americans: Causes, Consequences, and Policy Implications* (M. Belinda Tucker and Claudia Mitchell-Kernan, eds., 1995), p. xvii.
28. See, for example, Lichter and Qian, *Marriage and Family in a Multiracial Society*, p. 11 table 1; see also R. S. Oropesa and Nancy S. Landale, "The Future Marriage and Hispanics," 66 *J. Marriage & Fam.* 901 (Nov. 2004).
29. See, for example, U.S. Dept. of Labor, *The Negro Family: The Case for National Action* (1965), a report authored by Daniel Patrick Moynihan; see also William Julius Wilson, *The Truly Disadvantaged* (1987); Charles Murray, *Losing Ground* (1984); see also *The Urban Underclass* (Christopher Jencks and Paul E. Peterson, eds., 1991).
30. Racial variations in marriage and divorce have been reported and analyzed extensively. See, for example, Andrew J. Cherlin, "Marriage and Marital Dissolution Among Black Americans," 29 *J. Comp. Fam. Stud.* 147 (2003); Robert Joseph Taylor et al., "Recent Demographic Trends in African American Family Structure," in *Family Life in Black America* (Robert Joseph Taylor et al., eds., 1997), pp. 14, 47–51; Lichter and Qian, *Marriage and Family in a Multiracial Society*, pp. 8–18; Robert D. Mare and Christopher Winship, "Socioeconomic Change and the Decline of Marriage for Blacks and Whites," in *The Urban Underclass* (Jencks and Peterson, eds.), p. 175; R. S. Oropesa and Bridget K. Gorman, "Ethnicity, Immigration, and Beliefs about Marriage as a 'Tie That Binds'," in *The Ties That Bind: Perspectives on Marriage and Cohabitation*

(Linda J. Waite, ed., 2000), p. 188. See also Ralph Richard Banks, *Is Marriage for White People?: How the African American Marriage Decline Affects Everyone* (2011).

31. See Kristen Harknett and Sara S. McLanahan, "Racial and Ethnic Differences in Marriage After the Birth of a Child," 69 *Am. Soc. Rev.* 790 (Dec. 2004). Other results are available through the study's website at http://www.fragilefamilies.princeton.edu (visited Aug. 1, 2010).

32. James A. Sweet and Larry L. Bumpass, *American Families and Households* (1987), p. 57.

33. Ibid., p. 66 table 3.4 and p. 68 table 3.5.

34. Lichter and Qian, *Marriage and Family in a Multiracial Society*, p. 11 table 1.

35. U.S. Census Bureau, Current Population Survey, *2009 Annual Social and Economic Supplement* (2010), table A1.

36. See, for example, Sharon Sassler and Robert Schoen, "The Effect of Attitudes and Economic Activity on Marriage," 61 *J. Marriage & Fam.* 147 (1999), pp. 152, 157.

37. Robert Schoen, "The Widening Gap Between Black and White Marriages Rates: Context and Implications," in *The Decline in Marriage Among African Americans: Causes, Consequences, and Policy Implications* (Tucker and Mitchell-Kernan, eds.), p. 103; Lichter and Qian, *Marriage and Family in a Multiracial Society*, p. 26, Box 5; Harknett and McLanahan, "Racial and Ethnic Differences in Marriage After the Birth of a Child," discussing marriage markets for African American women.

38. See R. Richard Banks and Su Jin Gatlin, "African American Intimacy: The Racial Gap in Marriage," 11 *Mich. J. Race & L.* 115 (2005), pp. 129–32.

39. Sam Roberts, "Black Women See Fewer Black Men at the Altar," *N.Y. Times*, June 3, 2010, p. A12.

40. See Neil G. Bennett et al., "The Divergence of Black and White Marriage Patterns," 95 *Am. J. Soc.* 692 (1989), pp. 700–701; Cherlin, "Marriage and Marital Dissolution Among Black Americans," p. 150.

41. See, for example, Harknett and McLanahan, "Racial and Ethnic Differences in Marriage After the Birth of a Child"; Wilson, *The Truly Disadvantaged*; Mare and Winship, "Socioeconomic Change and the Decline of Marriage for Blacks and Whites"; Bennett et al., "The Divergence of Black and White Marriage Patterns," pp. 705–8. Richard A. Bulcroft and Kris A. Bulcroft, "Race Differences in Attitudinal and Motivational Factors in the Decision to Marry," 55 *J. Marriage & Fam.* 338 (1993), p. 352, concludes that one reason for the decline in marriage among blacks is "a lack of available black males who can meet black women's high expectations for male family headship (i.e., greater resources)."

42. Cherlin, "Marriage and Marital Dissolution Among Black Americans," p. 150.
43. See Bennett et al., "The Divergence of Black and White Marriage Patterns," pp. 711–14.
44. Pew Research Center, *The Decline of Marriage and the Rise of New Families*, pp. 2–3.
45. See Cherlin, *The Marriage-Go-Round*, pp. 63–86. On the evolution of marriage, see Coontz, *Marriage, A History*.
46. Coontz, *The Way We Never Were*, pp. 11–12.
47. Ibid., p. 68.
48. William L. O'Neill, *Divorce in the Progressive Era* (1967), pp. 17–18.
49. On the pressure of greater marital expectations, see Robert L. Griswold, *Family and Divorce in California, 1850–1890* (1982); Elaine Tyler May, *Great Expectations: Marriage and Divorce in Post-Victorian America* (1980), p. 4.
50. On the impact of this type of individualism on marriage, see Cherlin, *The Marriage-Go-Round*, pp. 29–30, 90–96.
51. Cherlin, *The Marriage-Go-Round*, p. 88. Cherlin calls this new phase "individualized" marriage.
52. Stephanie Coontz, "Too Close for Comfort," *N.Y. Times*, Nov. 7, 2006, p. A21.
53. We are indebted to Andrew Shupanitz for help with some of the research in this section.
54. William Blackstone's *Commentaries on the Law* (1765–1769); see also James Kent, *Commentaries on American Law* (1826); Tapping Reeve, *The Law of Baron and Femme* (1816).
55. Kent, *Commentaries*, Vol. II (2d ed. 1832), p. 106.
56. See, for example, Forbush v. Wallace, 341 F. Supp. 217 (1971), which upheld an unwritten Alabama policy that prohibited married women from obtaining a driver's license under their maiden names. The ruling was affirmed without opinion by the U.S. Supreme Court. 405 U.S. 970 (1972). On the history of marital naming laws and practices, see, in general, Suzanne A. Kim, "Marital Naming/Naming Marriage: Language and Status in Family Law," 85 *Ind. L.J.* 893 (2010); Elizabeth F. Emens, "Changing Name Changing: Framing Rules and the Future of Marital Names," 74 *U. Chi. L. Rev.* 761 (2007).
57. Bradwell v. Illinois, 83 U.S. 130 (1872) (Bradley, J., concurring), p. 139.
58. These devices are discussed in Hendrik Hartog, *Man and Wife in America: A History* (2000); Joanna L. Grossman, "Separated Spouses," 53 *Stan. L. Rev.* 1613 (2001), pp. 1627–29; Norma Basch, "Relief in the Premises: Divorce as a Woman's Remedy in New York and Indiana, 1815–1870," 8 *Law & Hist. Rev.* 1 (1990), p. 9; Marylynn Salmon, *Women and the Law of Property in Early America* (1986), p. 116.
59. On these acts generally, see Richard Chused, "Married Women's Property Law, 1800–1859," 71 *Geo. L. J.* 1359 (1983); Joan Hoff, *Law,*

Gender and Injustice: A Legal History of U.S. Women (1991), pp. 377–82, 347 which lists the date of adoption for each married women's property act and the specific rights it granted.

60. Lawrence M. Friedman, *A History of American Law* (3d ed. 2005), p. 147.
61. Ind. Code Ann. sec. 2866 (1929).
62. Cal. Penal Code sec. 270a (1907).
63. Cal. Penal Code sec. 270a (2010, as amended in 1976).
64. 299 N.W.2d 219 (Wis. 1980).
65. 33 F. Supp. 936 (E.D. Mich. 1940).
66. Ibid., p. 938.
67. Favrot v. Barnes, 332 So. 2d 873 (La. App. 1976).
68. The rule in *Graham* was also followed by the American Law Institute's *First Restatement of Contracts* (1923), which gave the example of a married couple's agreement "to forego sexual intercourse" as an obviously "illegal" bargain.
69. 59 N.W.2d 336 (Neb. 1953).
70. Ibid., p. 342.
71. See, for example, In re Marriage of Mathiasen, 219 Cal. App. 3d 1428 (1990), where the court refused to enforce an agreement regulating financial support during marriage; see also James Herbie DiFonzo, "Customized Marriage," 75 *Ind. L.J.* 875 (2000), p. 935, noting that "[c]ourts have to date only infrequently considered—and generally declined to enforce—prenuptial agreements regulating the parties' behavior during marriage "; Judith T. Younger, "Perspectives on Antenuptial Agreements: An Update," 8 *J. Am. Acad. Matrimonial L.* 1 (1992), p. 8.
72. See Rodney Thrash, "So it Wasn't Love, Actually," *St. Petersburg Times*, Jan. 17, 2006.
73. Lee E. Teitelbaum, "Family History and Family Law," 1985 *Wis. L. Rev.* 1135 (1985), pp. 1144–47. But see Mary Ann Glendon, "Power and Authority in the Family: New Legal Patterns as Reflections of Changing Ideologies," 23 *Am. J. Comp. L.* 1 (1975), p. 9.
74. 9B U.L.A. 373 (1983). The list of states that have adopted or are considering adoption of the UPAA is available at http://nccusl.org (visited Aug. 1, 2010). We discuss the law regarding prenuptial agreements further in chapter 9.
75. Laura P. Graham, "The Uniform Premarital Agreement Act and Modern Social Policy: The Enforceability of Premarital Agreements Regulating the Ongoing Marriage," 28 *Wake Forest L. Rev.* 1037 (1993), p. 1043. See also DiFonzo, "Customized Marriage," p. 935.
76. Martha L. Fineman, "Implementing Equality: Ideology, Contradiction and Social Change. A Study of Rhetoric and Results in the Regulation of the Consequences of Divorce," 1983 *Wis. L. Rev.* 789 (1983), p. 796; see also DiFonzo, "Customized Marriage"; Mary Ann Glendon,

348 *The New Family and the New Property* (1981), p. 107; Michael Grossberg, "Guarding the Altar: Physiological Restrictions and the Rise of State Intervention in Matrimony," 26 *Am. J. Legal Hist.* (1982), p. 197.

77. Hartog, *Man and Wife in America*, pp. 95–96.

78. On this point, see, in general, Naomi Cahn, "Looking at Marriage," 98 *Mich. L. Rev.* 1766 (2000), p. 1770; Jana B. Singer, "The Privatization of Family Law," 1992 *Wis. L. Rev.* 1443 (1992), p. 1444; Teitelbaum, "Family History and Family Law," p. 1137.

79. 218 U.S. 611 (1910); see also Nancy Cott, *Public Vows: A History of Marriage and the Nation* (2000), pp. 161–62.

80. Aldrich v. Tracy, 269 N.W. 30 (Iowa 1936).

81. William L. Prosser, *Handbook of the Law of Torts* (1941), pp. 901–4.

82. 618 So. 2d 1360 (Fla. 1993).

83. Beatie v. Beatie, 630 A.2d 1096 (Del. 1993).

84. See, for example, Hill v. Hill, 415 So. 2d 20 (Fla. 1982), which reaffirmed the traditional doctrine to "protect the family unit" from "any intrusion that adversely affects the family relationship or the family resources." On the interspousal tort immunity then and now, see William E. McCurdy, "Torts Between Persons in Domestic Relation," 43 *Harv. L. Rev.* 1030 (1930); Carl Tobias, "Interspousal Tort Immunity in America," 23 *Ga. L. Rev.* 359 (1989).

85. 34 Stat. 1228 sec. 3 (act of March 2, 1907).

86. Nancy Cott, "Marriage and Women's Citizenship in the United States, 1830–1934," 103 *Am Hist. Rev.* 1440 (1998), pp. 1462–63.

87. Mackenzie v. Hare, 239 U.S. 299 (1915).

88. 42 Stat. 1021 (act of Sept. 22, 1922).

89. See Leti Volpp, "Divesting Citizenship: On Asian American History and the Loss of Citizenship through Marriage," 53 *UCLA L. Rev.* 405 (2005).

90. Arguments and Hearings before Elections Committee No. 1, Contested Election Case of *William C. Lawson v. Ruth Bryan Owen*, H.R., 71st Cong. 2d Sess. (1930), pp. 59, 61.

91. Kirk Semple, "Senate Measure Gives Rights to Widows of Citizens," *N.Y. Times*, Oct. 21, 2009, p. A19. On the gendered effects of a purportedly neutral immigration and naturalization system, see Kerry Abrams, "Becoming a Citizen: Marriage, Immigration, and Assimilation," in *Gender Equality: Dimensions of Women's Equal Citizenship* (Linda C. McClain and Joanna L. Grossman, eds., 2009), p. 39; Kerry Abrams, "Immigration Law and the Regulation of Marriage," 91 *Minn. L. Rev.* 1625 (2007).

92. 344 U.S. 604 (1953).

93. The easy case is when a husband leaves money outright to his wife (or she to him). There are also complex arrangements that allow spouses to tie up money in certain trust arrangements, and still gain the benefit of the marital deduction.

94. 72nd Congress, Sess. I, ch. 314, sec. 213 (act of June 30, 1932).
95. See 42 U.S.C. secs. 402(c),(d) and 416(d) (2010).
96. See 29 U.S.C. secs. 205(c)(2) and 1055(c)(2) (2010). This can, in some cases, be waived.
97. Family and Medical Leave Act of 1993, Pub. L. No. 103-03, 107 Stat. 6 (codified as amended at 29 U.S.C. secs. 2612-2654 (2000)).
98. See, for example, Langan v. St. Vincent's Hosp., 25 A.D.3d 90 (N.Y. App. Div. 2005).
99. See Reed v. Reed, 404 U.S. 71 (1971); Frontiero v. Richardson, 411 U.S. 677 (1973); Craig v. Boren, 429 U.S. 190 (1976).
100. See Title VII of the Civil Rights Act of 1964, 42 U.S. secs. 2000e to 2000e-17; Title IX of the Education Amendments of 1972, 20 U.S.C. sec. 1681 (1972).
101. See, in general, Herma Hill Kay, "From the Second Sex to the Joint Venture: An Overview of Women's Rights and Family Law in the United States During the Twentieth Century," 88 *Cal. L. Rev.* 2017 (2000).
102. 440 U.S. 268 (1979).
103. It is hard to reconcile the ruling in *Sharpe Furniture Co. v. Buckstaff*, discussed above, with the Supreme Court's rulings on sex-based classifications.
104. Dunn v. Palermo, 522 S.W.2d 679 (Tenn. 1975).
105. Ibid., p. 689.
106. See Claudia Goldin and Maria Shim, "Making a Name: Women's Surnames at Marriage and Beyond," 18 *J. Econ. Persp.* 143 (2004); Kif Augustine-Adams, "The Beginning of Wisdom Is to Call Things by Their Right Names," 7 *S. Cal. Rev. L. & Women's Stud.* 1 (1998).
107. 381 U.S. 479 (1965).
108. See Reva B. Siegel, "'The Rule of Love': Wife Beating as Prerogative and Privacy," 105 *Yale L.J.* 1073 (1994), pp. 2154–61; Carolyn B. Ramsey, "Intimate Homicide: Gender and Crime Control, 1880–1920," 77 *U. Colo. L. Rev.* 101 (2006).
109. Elizabeth Pleck, *Domestic Tyranny: The Making of Social Policy against Family Violence from Colonial Times to the Present* (1987), p. 186.
110. Linda Gordon, *Heroes of Their Own Lives: The Politics and History of Family Violence: Boston, 1880–1960* (1988), p. 260.
111. Janet A. Geller and James C. Walsh, "Spouse Abuse: Data from the National Crime Survey," in *Victimology* 2 (1977–78), p. 632.
112. 1976 Pa. Laws ch. 218.
113. See the discussion of fault-based divorce in chapter 8.
114. We discuss the decline of "crimes against morality" in chapter 5.
115. Alfred C. Kinsey et al., *Sexual Behavior in the Human Female* (1953), p. 416.
116. Alfred C. Kinsey et al., *Sexual Behavior in the Human Male* (1948), p. 585.

注　释

117. Lawrence M. Friedman, *Crime and Punishment in American History* (1993), p. 399.

118. Psychologist Lenore Walker coined this term in *The Battered Woman* (1979). For a critique of battered woman syndrome, see Donald Alexander Downs, *More Than Victims: Battered Women, The Syndrome Society, and the Law* (1996).

119. There were other rationales: that vindictive wives would fabricate evidence, and that allowing the action would disrupt marriages.

120. People v. Meli, 193 N.Y.S. 365 (S. Ct., Chautauqua County, 1922).

121. New Jersey v. Smith, 426 A.2d 38 (N.J. 1981). The New Jersey statute on rape did not explicitly contain the marital rape doctrine; and the court decided that the doctrine simply did not exist in the state of New Jersey (and never had).

122. 474 N.E.2d 567 (N.Y. 1984).

123. On the history of marital rape law, see Jill Elaine Hasday, "Contest and Consent: A Legal History of Marital Rape," 88 *Cal. L. Rev.* 1373 (2000).

124. Cal. Penal Code, sec. 261.6 (2010).

125. Cal. Penal Code, sec. 262b (2010). However, this short statute of limitations does not apply "if the victim's allegation of the offense is corroborated by independent evidence that would otherwise be admissible during trial."

126. Diana E. H. Russell, *Rape in Marriage* (1990), pp. 24–25.

127. "Jury Selection Starts in Oregon Trial of Man Accused of Raping Wife," *N.Y. Times*, Dec. 20, 1978, p. A16; "2 Rape Trial Witnesses Declare Accuser Lied," *N.Y. Times*, Dec. 23, 1978, p. 10; Les Ledbetter, "Woman in Oregon Rape Trial Says Husband Beat Her," *N.Y. Times*, Dec. 28, 1978, p. A16; Les Ledbetter, "Oregon Man Found Not Guilty on a Charge of Raping His Wife," *N.Y. Times*, Dec. 28, 1978, p. A1.

128. "Battle of Sexes Joined in Case of a Mutilation," *N.Y. Times*, Nov. 8, 1993, p. A16.

129. "Man Found Guilty in Florida of Raping His Wife," *N.Y. Times*, Sept. 2, 1984, p. 32.

第三章　普通法婚姻

1. On the rise of the common-law marriage, see Michael Grossberg, *Governing the Hearth* (1985), pp. 69–75, 86–102; Lawrence M. Friedman, *Private Lives: Families, Individuals, and the Law* (2004), pp. 17–27.

2. Robert Black, "Common Law Marriage," 2 *U. Cin. L. Rev.* 113 (1928), p. 133.

3. Atypically, the current statute on informal marriage in Texas provides that if a proceeding to prove such a marriage is not instigated

"before the second anniversary of the date on which the parties separated and ceased living together," the court will rebuttably presume no agreement to marry was made. Practically speaking, this may eliminate the need to seek a divorce. See Tex. Fam. Code sec. 2.401 (2009).

4. On this point, see Ariela R. Dubler, "Wifely Behavior: A Legal History of Acting Married," 100 *Colum. L. Rev.* 957 (2000). Separation cases serve a similar function. See Hendrik Hartog, *Man and Wife in America: A History* (2000), pp. 136–66.

5. Askew v. Depree, 30 Ga. 173 (1860).

6. For an overview, see John B. Crawley, "Is the Honeymoon Over for Common-Law Marriage: A Consideration of the Continued Viability of the Common-Law Marriage Doctrine," 29 *Cumb. L. Rev.* 399 (1999).

7. Fla. Stat. Ann. sec. 741.211 (2010); Idaho Code, sec. 32-201, in force Jan. 1, 1996: "Consent alone will not constitute marriage; it must be followed by the issuance of a license and a solemnization as authorized and provided by law."

8. *In re* Estate of Erlanger, 259 N.Y.S. 2d 610 (Surr. Ct. 1932); "Miss Fixel Is Held Widow of Erlanger: Common-Law Marriage Found Proved," *N.Y. Times*, Aug. 2, 1932.

9. The states are: Alabama, Colorado, Iowa, Kansas, Montana, Rhode Island, South Carolina, Texas, Utah, and the District of Columbia.

10. Tex. Fam. Code sec. 2.401 (2010); White v. White, 142 So. 524 (Ala. 1932).

11. Kan. Stat. Ann. sec. 23-101 (2010).

12. See, for example, S.C. Code Ann. sec. 20-1-360 (2010), which provides that the marriage requirements do not "render illegal any marriage contracted without the issuance of a license."

13. New York, for example, abolished common-law marriage by statute in 1933, but continues to recognize common-law marriages validly established in other states. See *In re* Estate of Watts, 31 N.Y.2d 491 (1973).

14. *In re* Estate of Duval, 777 N.W.2d 380 (2010).

15. For media coverage of the case, see, for example, Celestine Bohlen, "Common-Law Marriage Takes Stage," *N.Y. Times*, June 21, 1989, p. B3; Marvine Howe, "Lawyer Opposing Hurt Fighting an 'Uphill Battle,'" *N.Y. Times*, June 26, 1989, p. B4.

16. Jennings v. Hurt, 1989 N.Y. Misc. LEXIS 868.

17. Craig Wolff, "William Hurt and Ex-Dancer Were Never Married, a Judge Rules," *N.Y. Times*, Oct. 4, 1989.

18. See Charlotte K. Goldberg, "The Schemes of Adventuresses: The Abolition and Revival of Common-Law Marriage," 13 *Wm. & Mary J. of Women & L.* 483 (2007).

19. See Cynthia Grant Bowman, "Social Science and Legal Policy: The Case of Heterosexual Cohabitation," 9 *J. L. Fam. Stud.* 1 (2007),

p. 38, citing Anne Barlow and Grace James, "Regulating Marriage and Cohabitation in 21st Century Britain," 67 *Mod. L. Rev.* 143 (2004), pp. 161–63.

20. So, in the 1980s, a lifer in San Quentin, Ray Cummings, tried to get permission for a conjugal visit from his partner, Susan; the Supreme Court of California denied his request. The newspapers referred to Susan as Ray's "common-law wife." *L.A. Times*, Feb. 18, 1982, p. A1. But the Supreme Court never used the phrase, since the justices were well aware that there was no such thing as common-law marriage in California. The petition stated that he had a "family relationship" with Susan, based on a "long-standing and mutual emotional, psychological, and financial commitment." *In re* Cummings, 650 P.2d 1101 (Cal. 1982).

21. Otto E. Koegel, "Common Law Marriage and Its Development in the United States," in *Eugenics in Race and State*, Vol. 2 (1923), pp. 252, 260.

22. Mary E. Richmond and Fred S. Hall, *Marriage and the State* (1929), pp. 293–94.

23. James C. Mohr, *Abortion in America: The Origins and Evolution of National Policy* (1978); Lawrence M. Friedman, *Guarding Life's Dark Secrets: Legal and Social Controls over Reputation, Propriety, and Privacy* (2007), pp. 179–82.

24. See Theodore Roosevelt, "A Letter from President Roosevelt on Race Suicide," 35 *Am. Monthly Rev. Revs.* 550 (1907). On the eugenics movement, see Mark H. Haller, *Eugenics: Hereditarian Attitudes in American Thought* (1963); Christine Rose, *Preaching Eugenics: Religious Leaders and the American Eugenics Movement* (1904).

25. Richard Dugdale, *"The Jukes": A Study in Crime, Pauperism, Disease, and Heredity* (1877).

26. See Henry Herbert Goddard, *The Kallikak Family* (1912); Ysabel Rennie, *The Search for Criminal Man: A Conceptual History of the Dangerous Offender* (1978); Lawrence M. Friedman, *Crime and Punishment in American History* (1993), pp. 335–39.

27. 1907 Ind. Acts ch. 15.

28. 1909 Cal. Stat. ch. 720.

29. See, in general, Philip R. Reilly, *The Surgical Solution: A History of Involuntary Sterilization in the United States* (1991).

30. *L.A. Times*, Jan. 15, 1935, p. 3.

31. *L.A. Times*, Jan. 16, 1935, p. 3.

32. *N.Y. Times*, Jan. 23, 1935, p. 13.

33. *N.Y. Times*, Jan. 24, 1935, p. 20.

34. *L.A. Times*, Apr. 24, 1935, p. 2.

35. In 1914, too, Ellen Golden, of Louisville, Kentucky, claimed to be the common-law wife of Louis P. Ewald, a millionaire ironmaster, who

left a huge estate. Ewald certainly lived at times with Ms. Golden; and he actually adopted her children (and left them, but not her, a fortune in his will). The man had a "mania for secrecy," and seldom left his house except to ride in a cab. He sometimes called himself "John P. Golden." The case was settled out of court, for a sizable amount. *Wash. Post*, Mar. 27, 1914, p. 1; Apr. 4, 1914, p. 2.

36. "Evil in Illinois' Marriage Statute," *Chi. Trib.*, Nov. 6, 1904, p. B8.

37. 1909 Ill. Laws p. 276. The Oklahoma legislature abolished common-law marriage in 1994, see 43 Okla. St. sec. 4 (2010), but courts seem to have missed that news. See Davis v. State, 103 P.3d 70 (2004), in which the court considered whether a criminal defendant could make use of a marital evidentiary privilege based on an alleged common-law marriage.

38. Common-law marriage also may survive in some tribal legal systems; it is, for example, allowed under the Navajo Tribal Code tit. 9, sec. 3E. A common-law marriage requires the parties to intend to be husband and wife, to consent to the status, to live together, and to hold themselves out "within their community," as a married couple. See Antoinette Sedillo Lopez, "Evolving Indigenous Law: Navajo Marriage—Cultural Traditions and Modern Challenges," 17 *Ariz. J. Int'l & Comp. L.* 283 (2000), p. 300.

39. Parkinson v. J & S Tool Co., 313 A.2d 609 (N.J. 1974).

40. N.J.S.A. sec. 37-1-10 (2010).

41. On the ways in which common-law marriage served to protect women who became economically dependent within non-marital relationships, see Cynthia Grant Bowman, "A Feminist Proposal to Bring Back Common Law Marriage," 75 *Or. L. Rev.* 709 (1996).

第四章 "心理安慰"的终结

1. 169 P. 119 (Ore. 1917).

2. So did the male plaintiff in Clark v. Kennedy, 297 P. 1087 (Wash. 1931).

3. We are indebted to Amiram Gill for this information.

4. See Stokes v. Mason, 81 A. 162 (Vt. 1911).

5. Frank H. Keezer, *A Treatise on the Law of Marriage and Divorce* (2d ed. 1923), p. 60.

6. 58 S.W. 126 (Tenn. 1900).

7. On appeal, the state's highest court set aside the verdict and ordered a new trial, at least in part because it suspected the jury had been "influenced by sympathy, passion or prejudice." 95 A. 409 (Me. 1915).

8. Clevenger v. Castle, 237 N.W. 542 (Mich. 1931).

9. "Six Cents Damages for Alienation," *N.Y. Times*, June 12, 1925.
10. In the operetta, the judge saves the day by offering to marry the defendant himself.
11. Robert C. Brown, "Breach of Promise Suits," 77 *U. Pa. L. Rev.* 474 (1929), pp. 492, 494.
12. Carney v. McGilvray, 119 So. 157 (Miss. 1928). The Supreme Court of Mississippi found the instructions to the jury faulty, however, and reversed and remanded.
13. See Susan Staves, "Money for Honor: Damages for Criminal Conversation," in *Studies in Eighteenth-Century Culture*, Vol. 11 (Harry C. Payne, ed., 1982), p. 279; Laura Hanft Korobkin, *Criminal Conversations: Sentimentality and Nineteenth-Century Legal Stories of Adultery* (1998). On criminal conversation in Canada, see Patrick Brode, *Courted and Abandoned* (2002), pp. 121–32.
14. "Jacob Vanderbilt Sued," *N.Y. Times*, Feb. 15, 1890, p. 8.
15. Doe v. Roe, 20 A. 83 (Me. 1890).
16. Sims v. Sims, 76 A. 1063 (N.J. 1910).
17. *N.Y. Times*, Aug. 29, 1930, p. 13. On this affair, see Tonie and Valmai Holt, *In Search of the Better 'Ole: A Biography of Captain Bruce Bairnsfather* (1985), p. 152.
18. We are indebted for this data to Lisa Lawrence, "Marriage and Emotion: Alienation of Affections in New York, 1880–1935," term paper, May 2005, on file with authors.
19. On this affair, see *N.Y. Times*, Nov. 9, 1927, p. 27; May 4, 1928, p. 14; May 5, 1928, p. 27.
20. *Chi. Trib.*, May 23, 1909, p. 3.
21. *N.Y. Times*, Aug. 13, 1922, p. 1.
22. *N.Y. Times*, Oct. 12, 1923; Oct. 4, 1925, p. 3; Jan. 15, 1926; May 30, 1929, p. 24.
23. *N.Y. Times*, Mar. 31, 1931, p. 33.
24. O'Brien v. Manning, 166 N.Y. Supp. 760 (1917).
25. *N.Y. Times*, Feb. 11, 1915, p. 6; on the dismissal of the case, *N.Y. Times*, Apr. 27, 1915, p. 1.
26. *N.Y. Times*, Apr. 12, 1936, p. 26. Frederick had been stupid enough to write love letters to Ms. Mandel. After the verdict, the trial judge threatened to set the verdict aside, unless Ms. Mandel agreed to a reduction of the award to $150,000. *N.Y. Times*, Apr. 16, 1936, p. 5.
27. *Atlanta Const.*, Aug. 9, 1930, p. 6.
28. See Mary Coombs, "Agency and Partnership: A Study of Breach of Promise Plaintiffs," 2 *Yale J. of L. & Fem.* 1 (1989).
29. *N.Y. Times*, Oct. 15, 1911, p. 11.
30. Robert C. Brown, "Breach of Promise Suits," 77 *U. Pa. L. Rev.* 474 (1929), p. 497.

31. Harriet Spiller Daggett, *Legal Essays on Family Law* (1935), pp. 91–92.
32. Kyle Graham, "Why Torts Die," 35 *Fla. St. U. L. Rev* 359 (2008), p. 410.
33. Ibid., p. 413.
34. See, for example, Nathan P. Feinsinger, "Legislative Attack on 'Heart Balm,'" 33 *Mich. L. Rev.* 979 (1935).
35. Laws Pa. 1935, no. 189, abolished both breach of promise and alienation of affections.
36. *Chi. Trib.*, Mar. 22, 1935, p. 18.
37. "Aching Hearts are Itching Palms, Says Woman Legislator as Men Gallantly Pass 'Love Bill,'" *Indianapolis News*, Feb. 1, 1935, p. 1.
38. *Chi. Trib.*, Apr. 3, 1933, p. 14.
39. *Chi. Trib.*, Apr. 18, 1935, p. 1.
40. Orville Dwyer, "Supreme Court Rules Love Can be Worth Money," *Chi. Trib.*, May 22, 1946, p. 3.
41. 740 *Ill. Comp. Stat.* 15/3 (2010).
42. Tenn. Code Ann. secs. 36-3-401-404 (2010).
43. 1935 N.Y. Laws 263, codified as N.Y. Civ. R. sec. 80-a (2010).
44. Fearon v. Treanor, 5 N.E.2d 815 (N.Y. 1936), p. 817.
45. Feinsinger, "Legislative Attack on 'Heart Balm,'" p. 979.
46. "Blackmail, Says Cameron," *L.A. Times*, May 29, 1921, p. 13; Blaine P. Lamb, "'A Many Checkered Toga': Arizona Senator Ralph H. Cameron, 1921–1927," 19 *Ariz. & the West* 47 (1977), p. 53.
47. The campaign against heart balm helped the battle against common-law marriage as well. See discussion in chapter 3.
48. 1935 Ind. Acts ch. 208. Sections 4 and 5 of the act, ibid., made it unlawful, in a divorce or custody action, to file a pleading "naming or describing in such manner as to identify any person as co-respondent or participant in misconduct of the adverse party"; instead, "general language" had to be used. (On petition, a judge had discretion to allow identification.) Nor could one elicit the identification of the co-respondent through testimony or cross-examination.
49. Cal. Civ. Code sec. 43.5 (1939).
50. Naturally, some conservatives disagreed and defended breach of promise, in the 1930s. See Frederick L. Kane, "Heart Balm and Public Policy," 5 *Fordham L. Rev.* 63 (1936). Professor Kane, who taught at Fordham University, thought the evidence of blackmail flimsy; the "agitation" for "heart balm" laws was an "aspect of a movement to destroy the concept and ideal of marriage as an outmoded tradition."
51. David Margolick, "Lawyer, Hereafter Broken Heart, Sues to Mend it," *N.Y. Times*, Sept. 11, 1992, p. B8. The plaintiff, Frank D. Zaffere 3d, a "corporate lawyer" in Chicago, had been engaged to a "hostess in

an Italian restaurant." Zaffere claimed he still loved her and was still willing to marry her, under certain conditions.

52. For example, North Dakota abolished breach of promise, alienation of affections, criminal conversation, and the action for seduction in 1983. N.D. Cent. Code sec. 14.02.06 (2010).

53. See, for example, Irwin v. Coluccio, 648 P.2d 458 (Ct. App. Wash. 1982).

54. That case was Watkins v. Lord, 171 P. 1133 (1918). Lemuel Shaw brought an action against Thomas Lord for "debauching" Shaw's wife. A jury awarded damages of $2,500; and the Idaho Supreme Court affirmed.

55. Neal v. Neal, 871 P.2d. 874 (Idaho 1994). The lower courts had dismissed the case. The Supreme Court of Idaho basically agreed; but oddly enough, it did reverse and send the case back to be tried, on the theory that her consent to sex with her husband was "ineffective" because he had lied and cheated.

56. O'Neil v. Schuckardt, 733 P.2d 693 (Idaho 1986). The action was brought against officials of the wife's church, a fundamentalist group that had split off from the Catholic Church, for destroying the marriage and proselytizing the children.

57. Wyman v. Wallace, 549 P.2d 71 (Wash. 1976). The Supreme Court of Iowa, in 1981, went the same route: "Suits for alienation ... are useless as a means of preserving a family. They demean the parties and the courts. We abolish such a right of recovery." See Fundermann v. Mickelson, 304 N.W.2d 790 (Iowa 1981).

58. There were litigants who tried to find some way to get around the laws which abolished these causes of action—but usually unsuccessfully. See, for example, Cherepski v. Walker, 913 S.W.2d 761 (Ark. 1996). Cherepski accused a Catholic priest of having an affair with his wife, but tried in vain to cast his claim as intentional infliction of emotional distress rather than alienation of affections.

59. In *McCutchen v. McCutchen*, 624 S.E.2d 620 (N.C. 2006), the court allowed Patricia McCutchen to sue, over an affair that had begun years before she brought the lawsuit. The court held that the statute of limitations did not start to run until "after alienation is complete," a question for the jury. See also Sherry H. Everett, "The Law of Alienation of Affections after *McCutchen v. McCutchen*: Breaking up Just Got Harder to Do," 85 *N.C. L. Rev.* 1761 (2007).

60. Cited in Jill Jones, "Fanning an Old Flame: Alienation of Affections and Criminal Conversation Revisited," 26 *Pepp. L. Rev.* 61 (1998–1999).

61. Oddo v. Presser, 581 S.E.2d 123 (N.C. Ct. App. 2003). The appellate court, in its decision, thought there should be a new trial on the

issue of compensatory damages; but on this point the Supreme Court of North Carolina, 592 S.E.2d 195 (N.C. 2004), disagreed.

62. Julie Scelfo, "Heartbreak's Revenge: Some States Allow Suits for 'Alienation of Affection,'" *Newsweek*, Dec. 4, 2006.

63. Rosen Law Firm, http://www.rosen.com/divorce/divorce articles/alienation-of-affection-and-criminal-conversation/ (visited Aug. 1, 2010).

64. Alice Gomstyn and Lee Ferran, "Wife's $9M Message to Mistresses: 'Lay Off'," abcnews.com, Mar. 23, 2010.

65. On this potential lawsuit, see Joanna L. Grossman and Lawrence M. Friedman, "Elizabeth Edwards v. Andrew Young: Can He Be Held Liable for Contributing to the Failure of the Edwardses' Marriage?" *FindLaw's Writ*, Feb. 19, 2010, available at http://writ.news.findlaw.com/grossman/20100219.html (visited Aug. 1, 2010).

66. See Hodges v. Howell, 4 P.3d 803 (Utah App. 2000).

67. A statute in South Dakota, S.D. C.L. sec. 20-9-7 (2010), states that "the rights of personal relation forbid" the "enticement" of a spouse. See Michele Crissman, "Alienation of Affections: An Ancient Tort—But Still Alive in South Dakota," 48 *So. Dak. L. Rev.* 518 (2003).

68. Saunders v. Alford, 607 So. 2d 1214 (Miss. 1992).

69. Fitch v. Valentine, 959 So. 2d 1012 (Miss. 2007).

70. In Canada, by the 1930s, seduction and breach of promise "had all but fallen into disuse"; as Patrick Brode put it, in "true Canadian fashion, seduction seems to have gone away quietly instead of in a blaze of glory." Brode, *Courted and Abandoned*, p. 186. The Family Law Reform Act of 1978 ended all the "heart balm" torts in Ontario. In Manitoba, the Equality of Status Act of 1982 did the same. The last province (Saskatchewan) abolished seduction as a cause of action in 1990. Ibid., pp. 188–89. English developments ran along parallel lines, and had a certain influence in Canada. In England, a statute of 1970 provided that an "agreement between two persons to marry one another shall not ... have effect as a contract giving rise to legal rights"; and "no action shall lie ... for breach of such an agreement." Law Reform (Miscellaneous Provisions) Act, 1970, ch. 33, sec. 1.

71. 555 S.E.2d 22 (Ga. 2001).

72. The source here is a story in the *Gainesville Times*, http://www.gainesvilletimes.com/news/archive/7296 (visited Aug. 1, 2010); see also Verdict, Shell v. Gibbs, 2007CV1638B, Ga. Super. Ct. (July 23, 2008). The verdict was not appealed.

73. See Emily Wagster Pettus, "Wife: Pickering Affair Destroyed Their Marriage," *Mobile Register*, July 17, 2009, p. A4. On modern alienation of affection lawsuits, see Wayne Drash, "Beware Cheaters: Your Lover's Spouse Can Sue You," CNN.com, http://www.cnn.com/2009/

LIVING/12/08/cheating.spouses.lawsuits/index.html (visited Aug. 1, 2010).

74. Quoted in Jones, "Fanning an Old Flame," p. 62. Jones herself was not unsympathetic to the causes of action: "the majority of objections to both alienation of affections and criminal conversation rest upon moral and philosophical viewpoints that are not common to all citizens." Ibid., p. 88. True enough, but they do seem to be common to *most* citizens.

75. N.Y. Civil Rights Law sec. 80-b (2010) (enacted 1965).

76. 272 N.E.2d 471 (N.Y. 1971), p. 476.

77. Lindh v. Surman, 742 A.2d 643 (Pa. 1999); Heiman v. Parrish, 942 P.2d 631 (Kan. 1997); Vigil v. Haber, 888 P.2d 455 (N.M. 1994). Older cases—still good law in many states—take a different approach. In "modified fault" jurisdictions, the ring must be returned if the woman called off the wedding. This would "deter mercenary women." See Rebecca Tushnet, "Rules of Engagement," 107 *Yale L.J.* 2583 (1998), p. 2592. In "strict fault" jurisdictions, the ring must be returned if the woman either called off the wedding *or* behaved in a way that it needed to be called off. This enmeshes a court in the complicated business of pinpointing the cause of a failed relationship.

78. Marcy Blum, "How to Cancel a Wedding," Forbes.com, http://www.forbes.com/2008/06/06/wedding-expense-refund-oped-cx_mb_0606cancel.html (visited Aug. 1, 2010). On the costs and legal remedies for cancelled weddings, see Neil G. Williams, "What to Do When There's No 'I Do': A Model for Awarding Damages Under Promissory Estoppel," 70 *Wash. L. Rev.* 1019 (1995), pp. 1059–60.

79. Ibid.

80. N.Y. Civ. Rights Law sec. 80-b (2010).

81. DeFina v. Scott, 755 N.Y.S.2d 587 (Sup. Ct. 2003), p. 592.

82. *Gaden*, p. 476.

83. Tushnet, "Rules of Engagement," p. 2611.

84. *DeFina*, p. 591. The "mandatory ring-return rules and the denial of women's claims for restitution have combined to make premarital law unfavorable to women." See Tushnet, "Rules of Engagement," p. 2618.

85. Rachel F. Moran, "Law and Emotion, Love and Hate," *J. Contemp. Leg. Issues* 747 (2001), p. 781.

第五章　性自由的崛起

1. See, in general, Lawrence M. Friedman, *Crime and Punishment in American History* (1993), pp. 324–41.

2. 36 Stat. 825 (1910). This statute was codified as amended at 18 U.S.C. secs. 2421–2424 (2010). The Supreme Court upheld the original version of the Mann Act in *Hoke v. United States*, 227 U.S. 308 (1913).

3. On the "war against sex," see, in general, Lawrence M. Friedman, *Guarding Life's Dark Secrets* (2007), pp. 182–91. On criminal regulation of the family, see Melissa Murray, "Strange Bedfellows: Criminal Law, Family Law, and the Legal Construction of Intimate Life," 94 *Iowa L. Rev.* 1253 (2009).

4. We take up the effects of reproductive technology on the law of parentage in chapter 13.

5. Ariela Dubler considers the history of state efforts "to use marriage to locate and police the boundary between the categories of licit and illicit sex," in "Immoral Purposes: Marriage and the Genus of Illicit Sex," 115 *Yale L.J.* 756 (2006), p. 127.

6. Lawrence M. Friedman and Paul Tabor, "A Pacific Rim: Crime and Punishment in Santa Clara County, 1922," 10 *L. & Hist. Rev.* 131 (1992), p. 148. The article describes cases from a criminal docket that involved "crimes against family relations."

7. On these developments, see Lawrence M. Friedman, *American Law in the Twentieth Century* (2001), pp. 231–37.

8. Condom sales nationwide were at $100 million as early as 1950. The Food and Drug Administration approved oral contraception—the pill—for the first time in 1960. See, in general, Andrea Tone, *Devices and Desires: A History of Contraceptives in America* (2001), pp. 200, 203.

9. 316 U.S. 535 (1942). See Victoria F. Nourse, *In Reckless Hands:* Skinner v. Oklahoma *and the Near Triumph of American Eugenics* (2008).

10. 1907 Ind. Acts ch. 215; 1909 Cal. Stat. ch. 720. See, in general, Mark H. Haller, *Eugenics: Hereditarian Attitudes in American Thought* (1963).

11. 274 U.S. 300 (1927).

12. Apparently, the decision was not only callous, but based on wrong facts; none of the women involved were in fact defective. See Paul A. Lombardo, "Three Generations, No Imbeciles: New Light on *Buck v. Bell*," 60 *N.Y.U. L. Rev.* 30 (1985); *N.Y. Times*, Feb. 23, 1980, p. 6; Mar. 7, 1980, p. A16.

13. Today, about a quarter of the states permit involuntary sterilization of the mentally disabled under narrow circumstances; in others, courts will grant petitions for involuntary sterilization if certain criteria are met. Through either mechanism, however, the justification for the procedure is not rooted in the desire to control the state's gene pool. Rather, involuntary sterilization will be ordered under a "substituted judgment" standard (the individual would choose sterilization if capable of giving informed consent); best interests of the individual (the individual would be best served—in terms of habilitation or other needs

by undergoing sterilization—or medical necessity, that is the individual has a therapeutic need for sterilization). For a modern statute regulating involuntary sterilization, see, for example, Cal. Prob. Code sec. 1950 *et seq.* (2010).

14. 381 U.S. 479 (1965). See John W. Johnson, Griswold v. Connecticut: *Birth Control and the Constitutional Right of Privacy* (2005).

15. Ibid., pp. 485–86.

16. 405 U.S. 438 (1972).

17. 410 U.S. 113 (1973). There is, of course, a huge literature on this case. See, for example, David J. Garrow, *Liberty and Sexuality: The Right to Privacy and the Making of* Roe v. Wade (1998).

18. *Planned Parenthood v. Casey*, 505 U.S. 833 (1992), changed the framework to make abortion restrictions invalid only if they posed an "undue burden" on a woman's fundamental right to choose. *Gonzales v. Carhart*, 550 U.S. 124 (2007), upheld a federal law banning a particular method of abortion, deemed "partial-birth abortion" by opponents.

19. See, in general, Thomas C. Grey, "Eros, Civilization, and the Burger Court," 43 *L. & Contemp. Probs.* 83 (1980).

20. 478 U.S. 186 (1986).

21. Ruth Marcus, "Powell Regrets Backing Sodomy Laws," *Wash. Post*, Oct. 26, 1990, p. A3.

22. Powell v. State, 510 S.E.2d 18 (Ga. 1998), pp. 23–25. In *Commonwealth v. Wasson*, 842 S.W.2d 487 (Ky. 1992), pp. 501–2, the Kentucky Supreme Court also found protection for consensual homosexual activity in the state constitution.

23. 539 U.S. 558 (2003).

24. Tex. Penal Code Ann. sec. 21.06(a) (2003).

25. *Lawrence*, p. 567.

26. Much has been written on the meaning of *Lawrence*. See, for example, David D. Meyer, "Domesticating *Lawrence*," 2004 *U. Chi. Legal F.* 453 (2004), p. 454, arguing that *Lawrence* "is best understood as expanding the boundaries of the fundamental right of privacy, and that the linchpin of this expansion is a broadening conception of family." See also Cass R. Sunstein, "What Did *Lawrence* Hold? Of Autonomy, Desuetude, Sexuality, and Marriage," 2003 *Sup. Ct. Rev.* 27; Ariela R. Dubler, "From *McLaughlin v. Florida* to *Lawrence v. Texas*: Sexual Freedom and the Road to Marriage," 106 *Colum. L. Rev.* 1165 (2006); William N. Eskridge, Jr., "*Lawrence v. Texas* and the Constitution of Disgust and Contagion," 57 *Fla. L. Rev.* 1011 (2005); Katherine M. Franke, "The Domestic Liberty of *Lawrence v. Texas*," 104 *Colum. L. Rev.* 1399 (2004).

27. *Lawrence*, p. 578.

28. For a comprehensive list of criminal sexual morality laws as of 2005, see Sara Sun Beale, "From Morals and Mattress Tags to

Overfederalization," 54 *Am. U. L. Rev.* 747 (2005), pp. 752–53. On criminal laws today based on family status, see Dan Markel et al., *Privilege or Punish: Criminal Justice and the Challenge of Family Ties* (2009).

29. See Elimination of Outdated Crimes Amendment of 2003, D.C. Law 15-154 (effective Apr. 29, 2004). This law repealed, among other provisions, D.C. Law 22-201 sec. 3(B), which criminalized adultery.
30. Va. Code Ann. sec. 18.2-344 (2005).
31. Martin v. Ziherl, 607 S.E.2d 367 (Va. 2005), p. 370.
32. See http://www.passionparties.com (visited Aug. 1, 2010).
33. Tex. Penal Code secs. 43.21, 43.23 (2010).
34. Kristin Fasullo, "Beyond *Lawrence v. Texas*: Crafting a Fundamental Right to Sexual Privacy," 77 *Fordham L. Rev.* 2997 (2009), p. 3016.
35. Brenda Cossman, "Sexual Citizens: Freedom, Vibrators, and Belonging," in *Gender Equality: Dimensions of Women's Equal Citizenship* (Linda C. McClain and Joanna L. Grossman, eds., 2009), pp. 289–90. See also "The Turtle and the Hare," *Sex and the City*, television broadcast (HBO, Aug. 2, 1998).
36. Cossman, "Sexual Citizens," p. 290.
37. 517 F.3d 738 (5th Cir. 2008).
38. 478 F.3d 1316 (11th Cir. 2007).
39. 1568 Montgomery Highway, Inc. v. City of Hoover, 45 So. 3d 319 (2010).
40. Kan. Stat. Ann. sec. 21-3522 (2010).
41. Limon v. Kansas, 539 U.S. 955 (2003).
42. State v. Limon, 122 P.3d 22 (Kan. 2005).
43. State v. Holm, 137 P.3d 726 (Utah 2006).
44. See Utah Code Ann. sec. 76-7-101 (2010).
45. *Holm*, p. 777 (Durham, C.J., concurring in part and dissenting in part).
46. Muth v. Frank, 412 F.3d 808 (7th Cir. 2005), p. 818.
47. John F. Kelly, "Va. Man Challenges State's Adultery Law," *Wash. Post*, Feb. 26, 2004, p. B8.
48. Calvin R. Trice, "Adultery Case against Ex-Official Halted," *Richmond Times Dispatch*, Aug. 27, 2004, p. B4.
49. Danny Hakim and Trymaine Lee, "New Governor and Wife Talk of Past Affairs," *N.Y. Times*, Mar. 19, 2008, p. A1. On Eliot Spitzer's downfall, see Danny Hakim and William K. Rashbaum, "Spitzer is Linked to Prostitution Ring," *N.Y. Times*, Mar. 10, 2008.
50. NY CLS Penal sec. 255.17 (2008). See Nicholas Confessore and Jeremy W. Peters, "The Spitzer Scandal," *N.Y. Times*, Mar. 13, 2008, p. B1.
51. Robbie Brown and Shaila Dewan, "Mysteries Remain After Governor Admits an Affair," *N.Y. Times*, June 24, 2009, p. A1.

52. Robbie Brown, "Sanford's Wife Files for Divorce," *N.Y. Times*, Dec. 11, 2009, p. A10.

第六章 同 居

1. N.C. Gen. Stat. sec. 14-184 (2010).
2. People v. C. H. Hamilton, No. 17701 (San Diego Sup. Ct., Jan. 1912).
3. Long v. State, 22 So. 725 (Fla. 1897).
4. Ibid., pp. 441–42.
5. See Martha L. Fineman, "Law and Changing Patterns of Behavior: Sanctions of Non-Marital Cohabitation," 1981 *Wis. L. Rev.* 275, p. 277.
6. Mass. Gen. Laws Ann. ch. 272, sec 16 (2010).
7. Fla. Stat. sec. 798.02 (2009); Mich. Comp. Law & Serv. sec. 750.335 (2010). Michigan amended this law in 2002 to increase the potential fine from $500 to $1,000.
8. Fineman, "Law and Changing Patterns of Behavior," pp. 287–98.
9. Fort v. Fort, 425 N.E.2d 754 (Mass. App. 1981), p. 758.
10. Jarrett v. Jarrett, 400 N.E.2d 421 (Ill. 1979).
11. Ibid., p. 426.
12. Burns v. Burns, 560 S.E.2d 47 (Ga. 2002).
13. See, for example, *In re* Marriage of Dwyer, 825 P.2d 1018 (Colo. Ct. App. 1991), pp. 1019–20.
14. Shahar v. Bowers, 114 F.3d 1097 (11th Cir. 1997). The sodomy ban was struck down the following year by the Georgia Supreme Court. See Powell v. State, 510 S.E.2d 18 (Ga. 1998).
15. *Shahar*, p. 1105.
16. 539 U.S. 558 (2003).
17. Hobbs v. Smith, No. 05 CVS 267 (N.C. Super. Ct. 2006).
18. Data-gathering on cohabitation did not begin in earnest until the 1980s, so little can accurately be said about its prevalence in earlier decades. See Pamela J. Smock, "Cohabitation in the United States: An Appraisal of Research Themes, Findings, and Implications," 26 *Ann. Rev. of Soc.* 1 (2000), p. 2.
19. U.S. Census Bureau, *Married-Couple and Unmarried-Partner Households: 2000* (February 2003), p. 1.
20. Ibid., p. 3.
21. Larry Bumpass and Hsien-Hen Lu, "Trends in Cohabitation and Implication for Children's Family Contexts in the United States," 54 *Population Stud.* 29 (2000), p. 29.
22. Smock, "Cohabitation in the United States," p. 3.
23. Ibid., p. 4.
24. Ibid., p. 3.

25. Ibid., p. 6.
26. Larry L. Bumpass and James A. Sweet, "National Estimates of Cohabitation," 26 *Demography* 615 (1989), p. 621.
27. Smock, "Cohabitation in the United States," p. 7.
28. Bumpass and Lu, "Trends in Cohabitation," p. 32.
29. Smock, "Cohabitation in the United States," p. 3.
30. Cynthia Grant Bowman, "Social Science and Legal Policy: The Case of Heterosexual Cohabitation," 9 *J. L & Fam. Stud.* 1 (2007), p. 16, summarizing studies. See also Bumpass and Sweet, "National Estimates of Cohabitation," pp. 620–21.
31. Smock, "Cohabitation in the United States," p. 10.
32. Bumpass and Sweet, "National Estimates of Cohabitation," pp. 616, noting that the "social disapproval" cohabitants once faced because "their living arrangements flaunted their sexual intimacy" has become "largely irrelevant now that sexual relationships are common regardless of living arrangements."
33. Arland Thornton and Linda Young-DeMarco, "Four Decades of Trends in Attitudes Toward Family Issues in the United States: The 1960s Through the 1990s," 63 *J. Marriage & Fam.* 1009 (2001).
34. Ibid., p. 1024, table 5.
35. Pew Research Center, *The Decline of Marriage and Rise of New Families*, Nov. 18, 2010.
36. See Smock, "Cohabitation in the United States," p. 5.
37. Ibid., p. 5. For further research on reasons for cohabitation, see Marin Clarkberg et al., "Attitudes, Values, and Entrance into Cohabitational versus Marital Unions," 74 *Soc. Forces* 609 (Dec. 1995).
38. See, for example, Swanner v. Anchorage Equal Rights Commission, 874 P.2d 274 (Alaska 1994), which interpreted Alaska's marital-status discrimination law, Alaska Stat. sec. 18.80.240 (2010), to protect unmarried cohabitants. It also rejected the landlord's claim that being forced to rent to unmarried couples violates his right to the free exercise of religion.
39. 436 F. Supp. 1328 (W.D. Pa. 1977), aff'd mem., 578 F.2d 1374 (3d Cir. 1978).
40. Ladue v. Horn, 720 S.W.2d 745 (1986). For a case reaching a different result, see Hann v. Housing Authority, 709 F. Supp. 605 (E.D. Pa. 1989), in which an unmarried couple living with their children was deemed a "single family" for purposes of qualifying for subsidized federal housing.
41. 431 U.S. 494 (1977).
42. 416 U.S. 1 (1974).
43. Hewitt v. Hewitt, 394 N.E.2d 1204 (Ill. 1979).
44. Ibid., p. 1207.

45. Ibid., p. 1211.
46. Marvin v. Marvin, 18 Cal. 3d 660 (1976), p. 666.
47. Ibid., p. 664.
48. Ibid., p. 669.
49. Marvin v. Marvin, 5 Fam. L. Rep. (BNA) 3077 (Cal. Super. Ct. 1979); see also Ann Laquer Estin, "Unmarried Partners and the Legacy of *Marvin v. Marvin*: Ordinary Cohabitation," 76 *Notre Dame L. Rev.* 1381 (2001).
50. Marvin v. Marvin, 122 Cal. App. 3d 871 (1981).
51. Anahad O'Connor, "Michelle Triola Marvin, of Landmark Palimony Suit, Dies at 76," *N.Y. Times*, Oct. 30, 2009, p. A22.
52. Boland v. Catalano, 521 A.2d 142 (Wash. 1987), p. 146, noted the "decided trend" to enforce agreements between unmarried cohabitants; Beal v. Beal, 577 P.2d 507 (Or. 1978), permitted enforcement of express or implied property-sharing agreements between cohabitants; see also Hay v. Hay, 678 P.2d 672 (Nev. 1984).
53. *In re* Estate of Steffes, 290 N.W.2d 697 (1980).
54. Ibid., p. 699.
55. See, for example, Minn. Stat. Ann. sec. 513.075 (West 2008). Contracts made "in consideration of" marriage must be in writing to comply with the Statute of Frauds, a statute that dictates the required formality for certain kinds of contracts. Cohabitation agreements are not generally covered by the Statute of Frauds, however, and thus can be made orally unless a state statute or judicial decision requires otherwise. Texas, for example, includes contracts made in consideration of "nonmarital conjugal cohabitation" in its Statute of Frauds. See Tex. Bus. & Com. Code sec. 26.01 (2010).
56. Wallender v. Wallender, 870 P.2d 232 (Or. 1994), p. 234.
57. New York refuses to enforce implied contracts in the cohabitation context because they are "conceptually so amorphous as practically to defy equitable enforcement" and inconsistent with the state's abolition of common-law marriage. See Morone v. Morone, 413 N.E.2d 1154 (N.Y. 1980). In *Tapley v. Tapley*, 449 A.2d 1218 (N.H. 1982), the court refused to recognize contract implied from rendition and acceptance of "housewifely services." See also Featherston v. Steinhoff, 575 N.W.2d 6 (Mich. 1997).
58. 78 Cal. Rptr. 2d 101 (App. 1998).
59. See Rehak v. Mathis, 238 S.E.2d 81 (Ga. 1977), p. 82; *Hewitt*.
60. Estin, "Ordinary Cohabitation," pp. 1383, 1384; see also Bowman, "Social Science and Legal Policy."
61. Hay v. Hay, 678 P.2d 672 (Nev. 1984), p. 674.
62. *In re* Estate of Roccamonte, 808 A.2d 838 (N.J. 2002).
63. Devaney v. L'Esperance, 949 A.2d 743 (N.J. 2008).

64. Ibid., quoting Levine v. Konvitz, 383 N.J. Super. 1 (App. Div. 2006).
65. See "An Act Concerning Palimony and Amending R.S. 25:1-5," N.J.S. Bill 2091, signed into law January 19, 2010.
66. See Elizabeth A. Pope, "Cohabitation: What to Do When Couples Cannot or Do Not Marry," D.C.B.A. Brief (Dec. 2007), advising lawyers how to draft cohabitation agreements.
67. The rule granting legal status to cohabiting couples was first announced in In re *Marriage of Lindsey*, 678 P.2d 328 (Wash. 1984).
68. 898 P.2d 831 (Wash. 1995), p. 834.
69. Wash. Rev. Code sec. 26.09.080 (2010).
70. See Olver v. Fowler, 168 P.3d 348 (Wash. 2007).
71. See Western States Constr., Inc. v. Michoff, 840 P.2d 1220 (Nev. 1992), p. 1222.
72. Olver v. Fowler, 126 P.3d 69 (2006) *aff'd*, 168 P.3d 348 (Wash. 2007).
73. American Law Institute, *Principles of the Law of Family Dissolution: Analysis and Recommendations* (2002).
74. On this point, see Bowman, "Social Science and Legal Policy," pp. 20–26.
75. An individual can bequeath property to an unmarried partner, but these wills are somewhat more vulnerable to will contests than more "natural" wills. In one Mississippi case, for example, the doctrine of "undue influence" was used to strike down a bequest to a woman's young and attractive lover. See *In re* Will of Moses, 227 So. 2d 829 (Miss. 1969).
76. See, for example, Estate of Cooper, 564 N.Y.S.2d 684 (Surr. Ct. 1990).
77. Steven L. Nock, "A Comparison of Marriages and Cohabiting Relationships," 16 *J. Fam. Issues* 53 (1995), p. 74.
78. Bowman, "Social Science and Legal Policy," p. 2.

第七章 同性关系

1. Minn. Stat. sec. 517 (1972).
2. See William N. Eskridge, Jr. and Darren R. Spedale, *Gay Marriage: For Better or for Worse?* (2006), pp. 14–15; see also Randy Shilts, *And the Band Played On: Politics, People, and the AIDS Epidemic* (1987).
3. Eskridge and Spedale, *Gay Marriage*, p. 16.
4. See, for example, Baker v. Nelson, 191 N.W.2d 185 (Minn. 1971), pp. 185–86, in which the court gave to the word "marriage" its common usage, as defined in the dictionary: "the state of being united to a person of the opposite sex as husband or wife."

5. Jones v. Hallahan, 501 S.W.2d 588 (Ky. Ct. App. 1973).
6. *Baker*, p. 187; see also *Jones*, p. 590; Anonymous v. Anonymous, 325 N.Y.S.2d 499 (1971). The court in *Singer v. Hara*, 11 Wash. App. 247 (1974), concluded simply that the plaintiffs were "being denied entry into the marriage relationship because of the recognized definition of that relationship."
7. The brief, though ostensibly on the question of jurisdiction, came out strongly against same-sex marriage, arguing that "it is patently obvious that to permit same sex marriages would create absolute chaos in our system of jurisprudence, government and culture." Appellee's Motion to Dismiss Appeal and Brief, *Baker v. Nelson*, No. 71-1027.
8. Baker v. Nelson, 409 U.S. 810 (1972).
9. Jurisdictional Statement, Baker v. Nelson, No. 71-1027.
10. Ibid., p. 8.
11. Eskridge and Spedale, *Gay Marriage*, p. 12.
12. See Cal. Civ. Code sec. 4100, enacted by Amended Stat. Ch. 339 sec. 1 (1977), and superseded by Cal. Fam. Code sec. 300 (2008).
13. See Jack Cheevers, "Coast City Set to Give Gay Couples Legal Status," *Boston Globe*, Dec. 6, 1982.
14. "The Family Changes Shape," *USA Today*, Apr. 13, 1987, at 1A.
15. Pew Research Center, *The Decline of Marriage and the Rise of New Families* (2010), p. 40.
16. 852 P.2d 44 (Haw. 1993).
17. *Baehr*, p. 63.
18. Loving v. Virginia, 388 U.S. 1 (1967), p. 3, quoting trial judge.
19. *Baehr*, p. 63.
20. *Loving*, pp. 7–8. See Andrew Koppelman, "Note, The Miscegenation Analogy: Sodomy Law as Sex Discrimination," 98 *Yale L.J.* 145 (1988), p. 147, which argues that just as miscegenation laws were designed to maintain white supremacy, "sodomy laws discriminate on the basis of sex—for example, permitting men, but not women, to have sex with women—in order to impose traditional sex roles."
21. *Baehr*, pp. 67–68.
22. Ibid.
23. The standard of review under the federal constitution is nominally lower than under the Hawaii constitution. See Craig v. Boren, 429 U.S. 190 (1976), establishing "intermediate scrutiny" as the standard of review for sex-based classifications; United States v. Virginia, 518 U.S. 515 (1996), requiring an "exceedingly persuasive justification" for a sex-based classification.
24. See Baehr v. Miike, 1996 WL 694235, p. *21 (Haw. Cir. Ct. Dec. 3, 1996), *aff'd*, 950 P.2d 1234 (Haw. 1997).

25. See Haw. Const. art. I, sec. 23; Haw. Rev. Stat. sec. 572-1 (Supp. 2004).
26. 1997 Haw. Sess. Laws, Act 383 (H.B. 118); S.B. 232, 26th Leg., Reg. Sess. (Hi 2011).
27. See Patrick J. Borchers, "*Baker v. General Motors*: Implications for Interjurisdictional Recognition of Non-Traditional Marriages," 32 *Creighton L. Rev.* 147 (1998), pp.152–53. For a sampling of the many articles perpetuating this idea, see "Editorial, The Freedom to Marry," *N.Y. Times*, Apr. 7, 1996, p. 10; Melissa Healy, "House Backs Curbs on Gay Marriages," *L.A. Times*, July 13, 1996, p. 1; George de Lama, "Hawaii May Lead Way On Same-Sex Marriage," *Chi. Trib.*, May 15, 1994, p. 21.
28. Evan Wolfson, "Fighting to Win and Keep the Freedom to Marry: The Legal, Political, and Cultural Challenges Ahead," *Nat'l J. of Sexual Orientation L.* 259 (1995), p. 262, http://www.ibiblio.org/gaylaw/issue2/wolfson.html (visited Aug. 1, 2010).
29. See, for example, 142 Cong. Rec. H7480, H7484 (1996), statement of Rep. Sensenbrenner.
30. President George W. Bush, President's Radio Address (July 10, 2004), audio and transcript available at www.presidency.ucsb.edu/mediaplay.php?id=25141$admin=43 (visited Aug. 1, 2010).
31. Katharine Q. Seelye, "Conservatives Mobilize Against Ruling on Gay Marriage," *N.Y. Times*, Nov. 20, 2003, p. A29.
32. See Dean E. Murphy, "San Francisco Married 4,037 Same-Sex Pairs From 46 States," *N.Y. Times*, Mar. 18, 2004, p. A26; Thomas J. Lueck, "Police Charge New Paltz Mayor for Marrying Same-Sex Couples," *N.Y. Times*, Mar. 3, 2004, p. B4.
33. See Defense of Marriage Act of 1996, Pub. L. No. 104-199, 119 Stat. 2419.
34. Statement of Senator Trent Lott, 142 Cong. Rec. S10100 (1996), emphasis added. For more on DOMA's legislative history, see Joanna L. Grossman, "Resurrecting Comity: Revisiting the Problem of Non-Uniform Marriage Laws," 84 *Or. L. Rev.* 433 (2005).
35. See Defense of Marriage Act sec. 3(a), codified at 1 U.S.C. sec. 7 (2004).
36. See Defense of Marriage Act sec. 2(a), codified at 28 U.S.C. sec. 1738C (2004).
37. One federal district court recently held this provision unconstitutional in two companion cases. See Gill v. Office of Personnel Management, 699 F. Supp. 2d 374 (D. Mass. 2010); Commonwealth of Mass. v. U.S. D.H.H.S., 698 F. Supp. 2d 234 (D. Mass. 2010).
38. See, for example, Baker v. General Motors Corp., 522 U.S. 222 (1998), p. 233; see also Fauntleroy v. Lum, 210 U.S. 230 (1908), p. 234,

368 which required Mississippi to give full faith and credit to a Missouri judgment to enforce a futures contract despite a Mississippi statute declaring that such a contract "shall not be enforced by any court."
39. 317 U.S. 287 (1942) (*Williams I*).
40. Ibid., p. 319; see also Williams v. North Carolina, 325 U.S. 226 (1945), p. 239; Estin v. Estin, 334 U.S. 541 (1948).
41. Wells v. Simonds Abrasive Co., 345 U.S. 514 (1953), p. 516.
42. Phillips Petroleum v. Shutts, 472 U.S. 797 (1985), p. 818, quoting Allstate Ins. Co. v. Hague, 449 U.S. 302 (1981), pp. 312–13; see also *Williams*, p. 298; Magnolia Petroleum Co. v. Hunt, 320 U.S. 430 (1943), p. 436.
43. See, for example, Defense of Marriage Act: Hearing on S. 1740 Before the S. Comm. on the Judiciary, 104th Cong., 42–43 (1996), hereinafter *Hearing on S. 1740*. During the hearings, Cass R. Sunstein discussed various examples in which full faith and credit principles were not applied to marriages.
44. Martinez v. City of Monroe, 50 A.D.3d 189 (N.Y. App. Div. 2008), recognizing a Canadian marriage for employment benefit purposes; Godfrey v. Spano, 892 N.Y.S.2d 272 (2009), upholding two governmental orders requiring recognition of same-sex marriages validly celebrated out of state; 95 Md. Op. Atty. Gen. 3 (2010).
45. Baker v. State, 744 A.2d 864 (Vt. 1999), p. 887.
46. Ibid.; see also Vt. Const., Ch. I, art 7.
47. See Report of the Vermont Commission on Family Recognition and Protection, http://www.leg.state.vt.us/workgroups/Family Commission (visited Aug. 1, 2010); The Legal, Medical, Economic & Social Consequences of New Jersey's Civil Union Law, http://www.nj.gov/lps/dcr/downloads/CURC-Final-Report-.pdf (visited Aug. 1, 2010).
48. 806 A.2d 1066 (Conn. 2002); see also Chambers v. Ormiston, 935 A.2d 956 (R.I. 2007).
49. Burns v. Burns, 560 S.E.2d 47 (Ga. 2002).
50. Langan v. St. Vincent's Hosp., 25 A.D.3d 90 (N.Y. 2005), *appeal dismissed by* 850 N.E.2d 672 (N.Y. 2006).
51. Goodridge v. Dep't of Public Health, 798 N.E.2d 941 (Mass. 2003).
52. Opinion of the Justices to the Senate, 802 N.E.2d 565 (Mass. 2004).
53. ALM GL ch. 207, sec. 11 (2004) (repealed).
54. Cote-Whitacre v. Dep't of Public Health, 2006 Mass. Super. LEXIS 670.
55. Cote-Whitacre v. Dep't of Public Health, 844 N.E.2d 623 (Mass. 2006); An Act Relative to Certain Marriage Laws, 2008 Mass. ALS 216; 2007 Mass. S.B. 800, repealing marriage evasion law.
56. See Kerrigan v. Comm'r of Public Health, 957 A.2d 407 (Conn. 2008); *In re* Marriage Cases, 183 P.3d 384 (Cal. 2008).

57. Strauss v. Horton, 46 Cal. 4th 364 (2009).
58. Perry v. Schwarzenegger, 704 F. Supp. 2d 921 (N.D. Cal. 2010).
59. See Varnum v. Brien, 763 N.W.2d 862 (Iowa 2009).
60. See An Act to Protect Religious Freedom and Recognize Equality in Civil Marriage, Vt. S.B. 115 (2009); An Act Affirming Religious Freedom Protections with Regard to Marriage and Prohibiting the Establishment of Civil Unions On or After January 1, 2010, N.H. H.B. 73 (2009); An Act to End Discrimination in Civil Marriage and Affirm Religious Freedom, L.D. 1020 (2009).
61. Maine Same-Sex Marriage People's Veto, Question 1 (2009).
62. See Religious Freedom and Civil Marriage Equality Amendment Act of 2009, D.C. Law 18-110.
63. See, for example, Cal. Fam. Code sec. 297 et seq. (2010); D.C. Code secs. 32-701 et seq. (2010); Wash. Rev. Code Ann. secs. 26.60.020 et seq.; Oregon Family Fairness Act, ch. 99, 2007 Or. Laws 607. An interactive map tracking developments on the same-sex marriage front is available at http://www.freedomtomarry.org/states/ (visited Aug. 1, 2010).
64. Illinois Religious Freedom Protection and Civil Union Act, SB 1716 (enacted 2010); 750 Ill. Comp. Stat. Ann. 75/1–90 (2011)
65. Poll data on attitudes about same-sex marriage and civil unions are available at www.pollingreport.com/civil.htm (visited Aug. 1, 2010).
66. See http://www.foxnews.com/story/0,2933,509733,00.html (visited Aug. 1, 2010).
67. See Hernandez v. Robles, 855 N.E.2d 1 (N.Y. 2006); Andersen v. King County, 18 P.3d 963 (Wash. 2006); Conaway v. Deane, 932 A.2d 571 (Md. 2007); Lewis v. Harris, 908 A.2d 196 (N.J. 2006). Legislative adoption of same-sex marriage in New York seemed for a time likely, but the Senate recently voted down a bill that would have legalized it. See Jeremy W. Peters, "New York State Senate Votes Down Gay Marriage Bill," *N.Y. Times*, Dec. 2, 2009, p. A1.
68. See Thomas Stoddard, "Why Gay People Should Seek the Right to Marry," *Out/Look* 8-12 (Autumn 1989); Paula Ettelbrick, "Since When is Marriage a Path to Liberation?" *Out/Look* 8-12 (Autumn 1989); see also William N. Eskridge, Jr., *The Case for Same-Sex Marriage: From Sexual Liberty to Civilized Commitment* (1996). For more recent explications of the "internal" gay marriage critique, see Nancy Polikoff, *Beyond (Straight and Gay) Marriage*, pp. 98–100 (2008); Ruthann Robson & S. E. Valentine, "Lov(h)ers: Lesbians as Intimate Partners and Lesbian Legal Theory," 63 *Temp. L. Rev.* 511, 540 (1990).
69. See, for example, Martha Albertson Fineman, "The Meaning of Marriage," in *Marriage Proposals* 29, 30 (Anita Bernstein, ed., 2006). Edward A. Zelinsky, "Deregulating Marriage: The Pro-Marriage Case for Abolishing Civil Marriage," 27 *Cardozo L. Rev.* 1161 (2006); Mary Lyndon

370 Shanley and Linda McClain, "Should States Abolish Marriage?" *Legal Affairs*, May, 16, 2005, http://www.legalaffairs.org/webexclusive/debateclub_m0505.msp.
70. Jane S. Schacter, "The Other Same-Sex Marriage Debate," 84 *Chi-Kent L. Rev.* 379 (2009).
71. See *In re* Estate of Gardiner, 42 P.3d 120 (Kan. 2002); Littleton v. Prange, 9 S.W.3d 223 (Tex. App. 1999).
72. Kan. Stat. Ann. sec. 23-101 (2010).

第八章 各奔东西：离婚和婚姻无效

1. Fla. Stat. sec. 3190 (1920), in Chester G. Vernier, *American Family Laws*, Vol. II, (1932), p. 242: "No divorce shall be from bed and board, but every divorce shall be from the bonds of matrimony."
2. Ibid., p. 341.
3. Leon C. Marshall and Geoffrey May, *The Divorce Court: Maryland*, Vol. I (1932), p. 235. On the role and prevalence of marital separation in the nineteenth century, see Hendrik Hartog, *Man and Wife in America: A History* (2000).
4. Straub v. Straub, 208 A.D. 663 (N.Y. 1924).
5. There is a rich literature on the history of divorce in the United States. See, for example, Glenda Riley, *Divorce: an American Tradition* (1991); Nelson Blake, *The Road to Reno: A History of Divorce in the United States* (1962); Lawrence M. Friedman, "Rights of Passage: Divorce Law in Historical Perspective," 63 *Or. L. Rev.* 649 (1984).
6. The General Assembly, in 1947, proposed an amendment to the Constitution. Under this proposal, divorces could be granted on grounds of "adultery, desertion ... physical cruelty, or habitual drunkenness." The voters ratified this proposal. The divorce law went into effect on April 15, 1949. Paul H. Jacobson, *American Marriage and Divorce* (1959), p. 111.
7. For a state-by-state breakdown as of 1930 or so, see Isabel Drummond, *Getting a Divorce* (1930); see also Vernier, *American Family Laws*, Vol. II.
8. Fla. Stat. sec. 3191 (5) (1920).
9. Ala. Code sec. 34-20-5 (1940).
10. Tenn. Code sec. 8426 (7) (1932).
11. N.H. Rev. Stat. sec. 458:7 (8) (1968).
12. Kan. Stat. Ann., sec. 60-1501 (1935).
13. Md. Ann. Code art. 16, sec. 38 (1924).
14. N.M. Stat. Ann. sec. 68-501 (1929).
15. Vernier, *American Family Laws*, Vol. II, p. 89.

16. Pa. Stat. Ann. sec. 9191 (1920).
17. Alberto Brandt Lopez, "Divorce and Annulment in San Mateo County, California, 1950–1957," unpublished J.S.D. dissertation, Stanford Law School, 2005, p. 90. See also Robert L. Griswold, "Law, Sex, Cruelty, and Divorce in Victorian America, 1840–1900," 38 *Am. Q.* 721 (1986), p. 722.
18. Or. Rev. Stat. sec. 6-907 (1930).
19. Cal. Civ. Code sec. 94 (Deering 1931).
20. Alfred Cahen, *Statistical Analysis of American Divorce* (1932), p. 15; William O'Neill, *Divorce in the Progressive Era* (1967).
21. Cahen, *Statistical Analysis*, p. 21.
22. U.S. Dep't Health & Hum. Servs., 54 *Nat'l Vital Stats. Rep.*, No. 20, July 21, 2006; *Statistical Abstract of the United States 2010*, p. 65, table 78.
23. William N. Gemmill, "Divorce as a Sign of Degeneracy or of Progress," 6 *Ill. L. Rev.* 32 (1914).
24. William T. Nelson, *Divorce and Annulment*, 2d ed., Vol. I (1945), p. 358.
25. N. P. Feinsinger and Kimball Young, "Recrimination and Related Doctrines in the Wisconsin Law of Divorce as Administered in Dane County," 6 *Wis. L. Rev.* 195 (1930), p. 210.
26. Ibid., p. 212.
27. Tenn. Code Ann. sec. 121 (1915).
28. See Charles S. Connolly, "Divorce Proctors," 34 *B.U. L. Rev.* 1 (1954).
29. W. Va. Code sec. 48-2-24 (1931). See McNinch v. McNinch, 188 S.E. 231 (W. Va. 1936). Here the husband sued for divorce, charging adultery, and asked for custody of a child. The wife denied the accusation, and charged plaintiff with "cruel and inhuman treatment"; she also asked for a divorce and custody. But then she agreed not to contest, in exchange for an agreement to get custody for three months during school vacations. The trial court granted the divorce and custody to the husband. The appeal court reversed, saying that the trial court shall have "delayed the hearing for investigation by the divorce commissioner." But this must have been unusual.
30. O'Neill, *Divorce in the Progressive Era*, p. 79.
31. In Wayne County, Michigan, there was an official called the "Friend of the Court." A description of the work of the "Friend" is found in George Squire, "Divorce and the Friend of the Court," 29 *Mich. St. Bar J.* 15 (1950). Squire's piece avoids the issue of collusion entirely.
32. Maxine B. Virtue, *Family Cases in Court* (1956), pp. 90–91.
33. Ibid., pp. 118, 140.
34. William J. Goode, *After Divorce* (1956), p. 133.
35. Joseph Epstein, "Divorce: Part One: Coming Apart in Chicago," *Chi. Trib.*, Nov. 5, 1972, p. 126.

36. Marshall and May, *The Divorce Court: Maryland*, pp. 199–200.
37. Jacobson, *American Marriage and Divorce*, p. 120.
38. Lopez, *Divorce and Annulment*, p. 58.
39. Lawrence M. Friedman and Robert V. Percival, "Who Sues for Divorce? From Fault through Fiction to Freedom," 5 *J. Legal Studies* 61 (1976).
40. U.S. Dept. of Health, Education and Welfare, *100 Years of Marriage and Divorce Statistics, United States, 1867–1967*, table 21, p. 50.
41. Lopez, *Divorce and Annulment*, p. 57.
42. Jacobson, *American Marriage and Divorce*, p. 121.
43. Lawrence M. Friedman, "A Dead Language: Divorce Law and Practice Before No-Fault," 86 *Va. L. Rev.* 1497 (2000), pp. 1524, 1525.
44. Dorothy Thompson, "The Barbarism of Divorce Laws," *Ladies' Home Journal*, Feb. 1949, p. 11.
45. See Reed v. Littleton, 289 N.Y. Supp. 798 (Sup. Ct. 1936).
46. *New York Sunday Mirror*, Feb. 25, 1934 (magazine), cited in Note, "Collusive and Consensual Divorce and the New York Anomaly," 36 *Colum. L. Rev.* 1121 (1936), p. 1131.
47. Leon C. Marshall and Geoffrey May, *The Divorce Court: Ohio*, Vol. II, p. 312.
48. Note, "The Administration of Divorce: A Philadelphia Study," 101 *U. Pa. L. Rev.* 101 (1953), p. 1204.
49. Riley, *Divorce*, pp. 147–51.
50. "Notice by the Probate Courts to the District Attorney in Adultery Cases," 4 *Mass. L.Q.*, pp. 45–46 (1947). The repeal was Laws Mass. 1948, ch. 279, sec. 1. The judge could still, at his discretion, inform the district attorney. We doubt that this happened very often.
51. Riley, *Divorce*, pp. 136–37.
52. Marshall and May, *The Divorce Court: Ohio*, p. 28.
53. Jacobson, *American Marriage and Divorce*, p. 100, table 48.
54. J. Herbie DiFonzo, *Beneath the Fault Line: The Popular and Legal Culture of Divorce in Twentieth Century America* (1997), p. 88.
55. Nelson Manfred Blake, *The Road to Reno: A History of Divorce in the United States* (1977), pp. 1–4.
56. Williams v. North Carolina, 317 U.S. 287 (1942). This case overruled *Haddock v. Haddock*, 201 U.S. 562 (1906). In *Haddock*, the husband moved to Connecticut, and got a divorce. His wife lived in New York. She was never served with process. The Supreme Court held that New York did not have to recognize the Connecticut decree.
57. Williams v. North Carolina, 325 U.S. 226 (1945).
58. Cahen, *Statistical Analysis*, p. 65. Apparently a small number of couples also got divorces in Paris. And Havana, Cuba, according to Cahen, also "opened a divorce mill to cater to wealthy American patrons."

Cahen reports that the traffic was not entirely one way: Canadians, fleeing from their own very strict laws, sometimes came to the United States to get their divorces. Ibid., pp. 66–67.

59. "Had Spat? Just Write to Mexico and Get Divorce," *Wash. Post*, Aug. 29, 1929, p. 12.

60. "The Perils of Mexican Divorce," *Time*, Dec. 27, 1963.

61. Ry Cooder, "Mexican Divorce" (1987).

62. Jacobson, *American Marriage and Divorce*, pp. 105–6.

63. 349 U.S. 553 (1955).

64. Ibid., p. 568.

65. Joseph B. Treaster, "A Weekend in Haiti can Include a Divorce," *N.Y. Times*, July 12, 1986.

66. *Wash. Post*, Apr. 26, 1979, p. DC13.

67. The website of Moroni Law Offices, P.C., http://guamdivorces.com/advantage_over_foreign_divorce.htm (visited Aug. 1, 2010).

68. 334 U.S. 541 (1948).

69. N.Y. Laws ch. 254 (1966); the statute also added, as grounds, abandonment, and two years of living separately under a decree or agreement of separation.

70. DiFonzo, *Beneath the Fault Line*, pp. 75–81; see also Herma Hill Kay, "Equality and Difference: A Perspective on No-Fault Divorce and its Aftermath," 56 *U. Cin. L. Rev.* 1 (1987), pp. 4–14.

71. North Carolina was an exception. Its divorce law, as strict as New York's had been, basically only allowed divorce for adultery—*except* for the provision on living apart; in 1948, this provision accounted for 91 percent of the divorces in the state. DiFonzo, *Beneath the Fault Line*, p. 81; see N.C. Gen. Stat. sec. 50-5 (1976).

72. N.M. Stat. sec 62-1 (1933).

73. N.M. Stat. sec. 319 (1973).

74. Max Rheinstein, *Marriage Stability, Divorce, and the Law* (1972), p. 251.

75. Hubert J. O'Gorman, *Lawyers and Matrimonial Cases: A Study of Informal Pressures in Private Professional Practice* (1963), pp. 26, 28. O'Gorman studied a sample of New York family laws. Only a handful approved of New York's laws. As one of them said, "Ninety percent of the undefended matrimonials are based on perjury.... We all know this. The judges know it. It's embarrassing." Ibid., p. 33.

76. Michael Clark, "Six Arrested Here in Divorce Racket as Inquiry Opens," *N.Y. Times*, Dec. 1, 1948, p. L1.

77. Joseph Epstein, *Divorced in America: Marriage in an Age of Possibility* (1974), p. 82.

78. Thompson, "The Barbarism of Divorce Laws," pp. 11, 12.

79. See Paul W. Alexander, "Foreword to Virtue," in Virtue, *Family Cases in Court*, pp. xxix, xxxi.
80. Judge Louis H. Burke, "Conciliation—A New Approach to the Divorce Problem," 30 *J. State Bar Cal.* 199 (1955), p. 205.
81. Louis H. Burke, *With This Ring* (1958), pp. 273–80.
82. John Bartlow Martin, "A Little Nest of Hate," *Saturday Evening Post*, Nov. 22, 1958, pp. 36, 121.
83. Vernier, *American Family Laws*, Vol II, pp. 150–56.
84. "Years Wait in Divorces Will Stand," *L.A. Times*, Mar. 30, 1933, p. 1.
85. Martin, "A Little Nest of Hate."
86. See, in general, Milton C. Regan, Jr., *Family Law and the Pursuit of Intimacy* (1993).
87. On the various stages of divorce reform in the twentieth century, see Herma Hill Kay, "From the Second Sex to the Joint Venture: An Overview of Women's Rights and Family Law in the United States During the Twentieth Century," 88 *Calif. L. Rev.* 2017 (2000), pp. 2040–57.
88. (Former) Cal. Civ. Code sec. 4506. On the background of this statute, see Herbert Jacob, *Silent Revolution: The Transformation of Divorce Law in the United States* (1988).
89. (Former) Cal. Civ. Code sec. 4506.
90. (Former) Cal. Civ. Code sec. 4508 (a).
91. Minn. Stat. sec. 518.06 (2009).
92. See, for example, N.H. Rev. Stat. Ann. secs. 458.7, 458.7-a (2010).
93. Nev. Laws ch. 500 (1973). This statute also provided that if both husband and wife "have been guilty of a wrong," a court can nonetheless in its discretion grant a divorce—to the "party least in fault," if both of them want a divorce; otherwise to the petitioner, even if the petitioner was the most at fault.
94. 23 Pa. Cons. Stat. secs. 3301 (c) & (d) (2010).
95. In a few states, in contested divorces, courts did examine the facts. See, for example, Marriage of Mitchell, 545 S.W.2d 313 (Mo. App. 1976).
96. Alan H. Frank et al., "No Fault Divorce and the Divorce Rate: The Nebraska Experience—An Interrupted Time Series Analysis and Commentary," 58 *Neb. L. Rev.* 1 (1978), p. 66.
97. Stephen L. Sass, "The Iowa No-Fault Dissolution of Marriage Law in Action," 18 *S.D. L. Rev.* 629 (1973), p. 641.
98. Ibid., pp. 6–7.
99. N.Y. Dom. Rel. sec. 170 (2009).
100. Davis v. Davis, 2009 N.Y. Slip Op 8579. In 1926, the state's highest court interpreted abandonment—as a ground for legal separation,

since it was not yet grounds for divorce—to include sexual abandonment; sexual relations were one of the "basic obligations" of marriage. Mirizio v. Mirizio, 150 N.E. 605 (N.Y. 1926), p. 607. Diemer v. Diemer, 168 N.E.2d 654 (N.Y. 1960), applied this rule to a proceeding for divorce.

101. Ozkan v. Ozkan, N.Y.L.J. Aug. 12, 2004, p. 19 col. 3; Omahen v. Omahen, 769 N.E.2d 353 (N.Y. 2001).

102. Senate Bill 3890 (signed Aug. 15, 2010). On prior reform efforts, see Joanna L. Grossman, "Will New York Finally Adopt True No-Fault Divorce?" *FindLaw's Writ*, available at http://writ.news.findlaw.com/grossman/20041020.html (visited Aug. 1, 2010); J. Herbie DiFonzo and Ruth C. Stern, "Addicted to Fault: Why Divorce Reform Has Lagged in New York," 27 *Pace L. Rev.* 559 (2007).

103. Advertisement online for "3Step Divorce," one of a number of such companies, http://www.3stepdivorce.com/states/California.shtml (visited Aug. 1, 2010). The service is available for other states, too, for example, Pennsylvania.

104. See Harvey J. Sepler, "Measuring the Effects of No-Fault Divorce Laws Across Fifty States: Quantifying a Zeitgeist," 15 *Fam. L. Q.* 69 (1981); Frank et al., "No Fault Divorce and the Divorce Rate."

105. See Pierre Hegy and Joseph Martos, eds., *Catholic Divorce: The Deception of Annulments* (2000), p. 2; see also data at http://www.divorcereform.org/rates.html (visited Aug. 1, 2010).

106. Herbert F. Goodrich, "Jurisdiction to Annul a Marriage," 32 *Harv. L. Rev.* 806 (1918–19), pp. 807–8.

107. Or. Rev. Stat. sec. 6-902 (1930).

108. *L.A. Times*, Sep. 18, 1935, p. A3.

109. *L.A. Times*, June 4, 1943, p. 18.

110. Or. Rev. Stat. sec. 6-903 (1930).

111. "Drugged and Wed, Young Woman Says: Seeks Annulment," *Atlanta Const.*, July 10, 1924, p. 3.

112. Moyers v. Moyers, San Mateo Case 59684, filed October 21, 1952; in Lopez, *Divorce and Annulment*, p. 38. Eugene too was befuddled by drink and sedatives at the time. Eugene wanted money in exchange for defaulting the case; and when he was not paid, filed a motion to set aside the default. But Linda got her annulment. Ibid., p. 120.

113. *N.Y. Times*, March 7, 1908, p. 1.

114. Spears v. Alexander, District Court, Clark County, Nevada, Case No. D311371, filed Jan. 5, 2004.

115. In Alameda County, California, at the turn of the twentieth century, marriages ending in annulment typically lasted less than three years. Joanna Grossman and Chris Guthrie, "The Road Less Taken: Annulment at the Turn of the Century," 40 *Am. J. Legal Hist.* 307 (1996), p. 312.

116. *L.A. Times*, May 31, 1931, p. A2. A more cynical observer might wonder whether Herman had found somebody else to share his life with, after all those years.

117. See, for example, Cal. Civ. Code sec. 83.1 (Pomeroy 1901).

118. "Bridegroom Goes Free," *Oakland Trib.*, May 21, 1900, p. 4.

119. In Raia v. Raia, 108 So. 11 (Ala. 1926), the groom was seventeen, the bride was fifteen. He lied about his age when getting the license, and gave a false name. This would not normally seem to be grounds for an annulment. But the bride was not more than a block from the courthouse when she "sent word to her father" about what had happened; and he came and got her. There had been, it was alleged, no sex as yet. The appeal court overruled a demurrer to the case: "a marriage procured by fraud of such character as to go to the essence of the marriage ... may be annulled, provided application for annulment be made before the consummation of the marriage."

120. This and other cases from a study of annulments in Alameda County, California between 1895 and 1906 are described in Grossman and Guthrie, "The Road Less Taken."

121. *L.A. Times*, Jan. 21, 1930, p. II 1.

122. See Lawrence A. Frolik and Mary F. Radford, "'Sufficient' Capacity: The Contrasting Capacity Requirements for Different Documents," 2 NAELA J. 303 (2006).

123. See, for example, Edmund v. Edwards, 287 N.W.2d 420 (Neb. 1980).

124. Grossman and Guthrie, "The Road Less Taken," p. 307.

125. Marshall and May, *The Divorce Court: Maryland*, p. 235; Marshall and May, *The Divorce Court: Ohio*, p. 302.

126. Sass, "The Iowa No-Fault Dissolution of Marriage Law in Action," p. 636.

127. Lopez, *Divorce and Annulment*, p. 40.

128. Ibid., p. 57.

129. Hanson v. Hanson, 191 N.E. 673 (Mass. 1934).

130. Note, "Annulments for Fraud—New York's Answer to Reno?" 48 *Colum. L. Rev.* 900, (1948), p. 902.

131. *N.Y. Times*, June 25, 1919, p. 5. At the time, as we noted, an American woman who married a foreigner lost her citizenship.

132. Note, "Annulments for Fraud," pp. 905–6.

133. John W. Moreland, *Keezer on the Law of Marriage and Divorce*, 3d ed. (1946), p. 270.

134. In her book, *Are Men Necessary?: When Sexes Collide* (2006), Maureen Dowd claims that it is standard practice for women to "Google" their dates ahead of time to learn about their net worth, past indiscretions, and other tidbits that might not be revealed in person.

135. Marshall v. Marshall, 300 P. 816 (Cal. 1931).
136. Reynolds v. Reynolds, 85 Mass. 605 (1862).
137. Radochonski v. Radochonski, 1998 Wash. App. LEXIS 765, p. 4. In this case, the wife allegedly lied about her past—and her relationship with another man. Supposedly she married to get permanent residency status in the United States. But the husband was unable to prove that he relied on anything she said. Lies about the other man were not enough for an annulment. The husband denied any sexual relations; but the court did not believe him.
138. 389 N.E.2d 1143 (Ill. 1979).
139. 228 P.3d 267 (Colo. 2010), p. 270.
140. See, for example, Meagher v. Maleki, 131 Cal. App. 4th 1 (2005), which refused to grant an annulment based on fraud related to financial matters because that is not "a matter which the state deems vital to the marriage relationship."
141. And, to a lesser degree, in California, at the time when divorces did not become final for a year after the interlocutory decree.
142. Sass, "The Iowa No-Fault Dissolution of Marriage Law in Action," p. 637.
143. The ad is http://www.annulmentnevada.com/library/annulment-info.php (visited on Aug. 1, 2010). The ad spells out the "Reasons allowed for Annulment," which include "You married the Defendant due to Defendant's fraud"; also, a "marriage may be annulled for any cause which is a ground for annulling or declaring void a contract in a court of equity."
144. La. Rev. Stat. Ann. sec. 272. There is a large literature on the subject. See, for example, Amy L. Stewart, "Covenant Marriage: Legislating Family Values," 32 *Ind. L. Rev.* 509 (1999).
145. Ariz. Rev. Stat. sec. 25-901 (2010); Ark. Code sec. 9-11-1801 (2010).
146. For a list and discussion of some of the post-Louisiana proposals in other states, see Lynne Marie Kohm, "A Comparative Survey of Covenant Marriage Proposals in the United States," 12 *Regent U. L. Rev.* 31 (1999).
147. Laura Sanchez, "The Implementation of Covenant Marriage in Louisiana," 9 *Va. J. Soc. Pol'y & L.* 192 (2001).
148. See Lynn A. Baker and Robert E. Emery, "When Every Relationship Is Above Average: Perceptions and Expectations of Divorce at the Time of Marriage," 17 *L. & Hum. Behav.* 439, 443 (1993).
149. Kristin Netterstrom, "Area Residents Take Advantage of Covenant Marriage Alternative," http://www.nwaonline.net/articles/2005/02/14/news/bentonville/01cov.txt (visited Jan. 26, 2009).
150. Rick Lyman, "Trying to Strengthen an 'I Do' With a More Binding Legal Tie," *N.Y. Times*, Feb. 15, 2005, p. A16.

151. The website is http://www.covenantmarriage.com/aboutus/php (visited Aug. 1, 2010).
152. Stewart, "Covenant Marriage: Legislating Family Values," p. 532.
153. S. Car. Code Ann. 20-1-230 (b) (2010).
154. Mackenzie Brown, "The State of our Unions," *Redbook*, June 1, 2008, p. 154.
155. Laura Sanchez et al., "Is Covenant Marriage a Policy that Preaches to the Choir? A Comparison of Covenant and Standard Married Newlywed Couples in Louisiana," Working Paper Series 02-06, Bowling Green State University, Center for Family and Demographic Research, pp. 1, 32.
156. Institute for American Values, *The Marriage Movement: A Statement of Principle* (2000).
157. This advertisement, as well as others in the National Healthy Marriage Research Center's media campaign, is available at http://www.healthymarriageinfo.org/images/NHMRC-Print-PSA-1B_full2.jpg (visited Aug. 1, 2010).
158. Administration for Children and Families, *Healthy Marriage Matters*, http://www.acf.hhs.gov/healthymarriage/about/factsheets_hm_matters (visited Aug. 1, 2010).
159. Linda C. McClain, *The Place of Families* (2007), p. 117.
160. Ibid., p. 118.
161. Pub. L. 104-193 sec. 101 (1996).
162. MaClain, *The Place of Families*, p. 121. See Theodora Odoms et al., Center for Law and Social Policy, *Beyond Marriage Licenses: Efforts in States to Strengthen Marriage and Two Parent Families* (2004).
163. Legislation proposed by Senator Charles Grassley, 109th Cong., S. 667, Mar. 17, 2005.
164. Pub. L. 109-171 (2006).
165. The initiative is described in detail on the ACF website, http://www.acf.hhs.gov/healthymarriage (visited Aug. 1, 2010).

第九章 金钱与感情：离婚的经济后果

1. Sanford N. Katz, *Family Law in America* (2003), p. 86.
2. James Kent, *Commentaries on American Law*, Vol. II (2d ed. 1832), p. 106. See discussion in chapter 2.
3. See, for example, McGuire v. McGuire, 59 N.W.2d 336 (Neb. 1953), which we discuss in chapter 2.
4. On women's rights regarding property from 1750 to 1830, see Marylynn Salmon, *Women and the Law of Property in Early America* (1986).

5. Hendrik Hartog, *Man and Wife in America: A History* (2000), pp. 29–39; see also Lawrence J. Golden, *Equitable Distribution of Property* (1983), p. 7.

6. Arizona, California, Idaho, Louisiana, Nevada, New Mexico, Texas, and Washington have always followed community property rules. Wisconsin adopted a very similar, but not identical approach based on the Uniform Marital Property Act in 1983. Alaska permits married couples to elect to hold their property as community property.

7. On community property generally, see W. S. McClanahan, *Community Property Law in the United States* (1982).

8. California, Louisiana, and New Mexico.

9. Arizona, Idaho, Nevada, Texas, and Washington.

10. See Chester G. Vernier, *American Family Laws*, Vol. II (1932), p. 260. Fifteen states also authorized alimony for husbands by this time, but such awards were extremely rare. Ibid., p. 262.

11. Ibid., p. 259.

12. On the traditional justification for alimony, see, for example, Herbert Jacob, *Silent Revolution: The Transformation of Divorce Law in the United States* (1988), p. 112. In cases of legal separation, an award of support was often called "separate maintenance."

13. Katz, *Family Law in America*, p. 95.

14. Ibid., p. 98.

15. Vernier, *American Family Laws*, Vol. II, p. 260; see also Mary Ann Glendon, *The New Family and New Property* (1981), p. 53.

16. Okla. Comp. Stat. sec. 508 (1921).

17. Vernier, *American Family Laws*, Vol. II, p. 261. See, for example, Neb. Rev. Stat. sec. 42 (1929).

18. Edward W. Cooey, "The Exercise of Judicial Discretion in the Award of Alimony," 6 *L. & Contemp. Probs.* 213 (1939), p. 220.

19. Cal. Civ. Code secs. 139, 142 (1929).

20. See, for example, Colo. Rev. Stat. sec. 5599 (1921); Cal. Civ. Code secs. 139, 142 (1929).

21. Vernier, *American Family Laws*, Vol. II, p. 283.

22. Jacob, *Silent Revolution*, p. 114. Mary Ann Glendon has also noted, with respect to alimony awards, the "well-known difficulties with ... enforcement." Glendon, *The New Family and the New Property*, p. 53.

23. Carroll D. Wright, U.S. Dep't. of Labor, *A Report on Marriage and Divorce in the United States, 1867 to 1886* (rev. ed. 1891), pp. 211–12.

24. See Paul Jacobson, *American Marriage and Divorce* (1959), p. 126, noting that between 9 percent and 15 percent of divorcing wives were awarded alimony according to census data collected between 1887 and 1922.

25. See Cooey, "The Exercise of Judicial Discretion in the Award of Alimony," p. 214.

26. See Joanna Grossman and Chris Guthrie, "The Road Less Taken: Annulment at the Turn of the Century," 40 *Am. J. Legal Hist.* 307 (1996), p. 328.

27. Equitable distribution is a move away from the common-law rule that "no rights to property arise by virtue of the marriage." Golden, *Equitable Distribution of Property*, pp. 4–5.

28. Ibid., p. 3.

29. Ibid., p. 27.

30. 639 So. 2d 921 (Miss. 1994).

31. Ibid., pp. 929–30.

32. Ibid., p. 926.

33. See Doris Jonas Freed and Henry H. Foster, Jr., "Divorce in the Fifty States: An Overview as of 1978," 13 *Fam. L. Q.* 105 (1979), p. 114.

34. The Supreme Court of New Jersey held that the local equitable distribution law was a reasonable exercise of police power. Rothman v. Rothman, 320 A.2d 496 (N.J. 1974), p. 501.

35. Bureau of the Census, *Married Couples by Labor Force Status of Spouses: 1986 to Present* (Table MC-1) (2008); see also Bureau of the Census, Current Population Reports, Series P60-203, *Measuring 50 Years of Economic Change Using the March Current Population Survey* (1998), p. 27 (fig. 2.5a).

36. See Bureau of Labor Statistics, U.S. Dep't. of Labor, *Charting the U.S. Labor Market in 2006*, p. 66, chart 6-5 (2007), http://www.bls.gov/cps/labor 2006/chartbook.pdf (visited Aug. 1, 2010). For a comprehensive analysis of women's current role in the workforce, see "The Shriver Report: A Woman's Nation Changes Everything," http://www.awomansnation.com/ (visited Aug. 1, 2010).

37. See, for example, Catherine Rampell, *As Layoffs Surge, Women May Pass Men in Job Force*, N.Y. Times, Feb. 6, 2009, p. A1.

38. Ibid.

39. Pew Research Center, "From 1997 to 2007: Fewer Mothers Prefer Full-time Work" (Aug. 1, 2007), available at http://pewresearch.org/assets/social/pdf/WomenWorking.pdf (visited Aug. 1, 2010).

40. Bureau of the Census, Table SHP-1, *Parents and Children in Stay-At-Home Parent Family Groups: 1994 to Present (July 2008)*, http://www.census.gov/population/www/socdemo/hh-fam.html (visited Aug. 1, 2010). In 1995, there were 22.9 million married-couple households, 4.4 million of which included a stay-at-home mother and 64,000 of which included a stay-at-home father. Ibid.

41. See Bureau of Labor Statistics, U.S. Dep't. of Labor, *Highlights of Women's Earnings in 2003*, pp. 29, 31, tables 12 and 14 (Sept. 2004), reporting that women's median weekly earnings were 79.5 percent of men's in 2003, but only 73.6 percent for college graduates.

42. See ibid., p. 3, chart 2, reporting median usual weekly earnings of $715 for white men, $567 for white women, $491 for black or African American women, and $410 for Hispanic or Latino women; compare Amy Caiazza et al., Inst. for Women's Pol'y Res., *The Status of Women in the States, Women's Economic Status in the States: Wide Disparities by Race, Ethnicity, and Region* (Apr. 2004), pp. 24–25, finding wide variation in Asian American women's wages.

43. See Daniel H. Weinberg, U.S. Dep't. of Commerce, Census 2000 Special Reports, *Evidence from Census 2000 About Earnings by Detailed Occupation for Men and Women*, pp. 7, 12, table 5 (May 2004).

44. See Michael Selmi, "Family Leave and the Gender Wage Gap," 78 N.C. L. Rev. 707 (2000), p. 715.

45. See, for example, Bureau of Labor Statistics, *Highlights of Women's Earnings in 2003*, p. 11, table 1; Francine D. Blau et al., *The Economics of Women, Men, and Work* (5th ed. 2006), p. 150.

46. See Stephen J. Rose and Heidi I. Hartmann, *Still a Man's Labor Market: The Long-Term Earnings Gap*, Inst. for Women's Pol'y Res. (2004), p. 9.

47. See Selmi, "Family Leave and the Gender Wage Gap," pp. 719–43.

48. Ibid., pp. 745–50; compare Nev. Dep't of Human Res. v. Hibbs, 538 U.S. 721, 730 (2003), discussing employer reliance on "stereotype-based beliefs about the allocation of family duties" as a form of sex discrimination.

49. See Selmi, "Family Leave and the Gender Wage Gap," p. 726.

50. See Linda R. Hirshman, *Get to Work: A Manifesto for Women of the World* (2006).

51. Leslie Bennetts, *The Feminine Mistake: Are We Giving Up Too Much?* (2007).

52. Katz, *Family Law in America*, p. 93. For a survey of current property division rules, see John DeWitt Gregory et al., *Property Division in Divorce Proceedings: A Fifty State Guide* (2003).

53. Uniform Marriage and Divorce Act (UMDA), 9A U.L.A. 159 (1970, amended 1973). The initial version incorporated a "dual property" approach, but in 1973 it was amended to permit division of separate and marital property.

54. Summary, Uniform Marital Property Act, http://nccusl.org (visited Aug. 1, 2010). The Uniform Marital Property Act (UMPA), adopted in 1983, proposed a system that was, essentially, a community property system. But only one state, Wisconsin, enacted the UMPA.

55. Katz, *Family Law in America*, p. 93.

56. See, for example, Marsha Garrison, "Good Intentions Gone Awry: The Impact of New York's Equitable Distribution Law Upon Divorce Outcomes," 57 *Brook. L. Rev.* 621 (1991), p. 681, table 24; James B.

382 McLindon, "Separate but Unequal: The Economic Disaster of Divorce for Women and Children," 21 *Fam. L. Q.* 351 (1987–88), p. 351.

57. On divorce lawyering in general, see Hubert J. O'Gorman, *Lawyers and Matrimonial Cases: A Study of Informal Pressures in Private Professional Practice* (1963); Austin Sarat and William L. F. Felstiner, *Divorce Lawyers and Their Clients: Power and Meaning in the Legal Process* (1995); Lynn Mather et al., *Divorce Lawyers at Work: Varieties of Professionalism in Practice* (2001); Howard S. Erlanger et al., "Participation and Flexibility in Informal Processes: Cautions from the Divorce Context," 21 *L. & Soc'y Rev.* 585 (1987); Kenneth Kressel, *The Process of Divorce: How Professionals and Couples Negotiate Settlements* (1985).

58. See Golden, *Equitable Distribution of Property*, p. 13.

59. *Ferguson*, p. 933.

60. Judith H. Dobrzynski, "A Corporate Wife Holds Out for a 50-50 Split of Assets," *N.Y. Times*, Jan. 24, 1997.

61. Wendt v. Wendt, 1998 Conn. Super. LEXIS 1023, pp. * 55–56.

62. Dobrzynski, "A Corporate Wife Holds Out for a 50-50 Split of Assets."

63. Ibid.

64. See Betsy Morris, "It's Her Job, Too: Lorna Wendt's $20 Million Divorce Case is the Shot Heard 'Round the Water Cooler," *Fortune*, Feb. 2, 1998, p. 65.

65. Her story is profiled on her own website, lornawendt.com (visited July 23, 2009). See also Ann Crittenden, *The Price of Motherhood* (2001), pp. 131–48.

66. 440 U.S. 268 (1979).

67. Glendon, *The New Family and the New Property*, p. 52.

68. Turner v. Turner, 385 A.2d 1280 (N.J. 1978), pp. 1281–82.

69. See, for example, McLindon, "Separate but Unequal," p. 364, finding, in a study of Connecticut divorces, a drastic reduction in the number of permanent alimony awards between the 1970s and the 1980s.

70. *Turner*, p. 1282. Katz, *Family Law in America*, p. 96.

71. McLindon, "Separate but Unequal," p. 365.

72. Lenore Weitzman, *The Divorce Revolution* (1985), p. 339; Lenore Weitzman, "The Economics of Divorce: Social and Economic Consequences of Property, Alimony and Child Support Awards," 28 *UCLA L. Rev.* 1181 (1981).

73. Herma Hill Kay, "Equality and Difference: A Perspective on No-Fault Divorce and its Aftermath," 56 *U. Cinn. L. Rev.* 1 (1987), p. 61 n. 311, notes the attention this statistic attracted in both academic and popular venues.

74. See, for example, Heather Ruth Wishik, "Economics of Divorce: An Exploratory Study," 20 *Fam. L. Q.* 79 (1986–87), p. 98, finding, based

on a review of divorces in 1982–83, that divorce was even more "economically damaging to women and children" in Vermont than in other parts of the country. Vermont convened a Commission on the Status of Women in 1982, charged, in part, to look at the "financial impact of divorce on women and children." Ibid., pp. 80–81. See also Paul Hoffman and John Holmes, *Husbands, Wives and Divorce in Five Thousand American Families—Patterns of Economic Progress* (1976), pp. 27, 31, reporting that men experience a 17 percent increase in standard of living after divorce, while women suffer a 29 percent decrease; McLindon, "Separate but Unequal," summarizing data from a variety of studies, pp. 80–81.

75. Marygold S. Melli, "Constructing a Social Problem: The Post-Divorce Plight of Women and Children," 1986 *Am. B. Found. Res. J.* 759 (1986), p. 770.

76. Bureau of the Census, Current Population Reports Series P-60, No. 173, *Child Support and Alimony: 1989*, p. 12.

77. Ibid., p. 13.

78. Marsha Garrison, "The Economic Consequences of Divorce," 32 *Fam. & Conciliation Cts. Rev.* 10 (1994), p. 11.

79. *In re* the Marriage of Larocque, 406 N.W.2d 736 (Wis. 1987).

80. See UMDA sec. 308 for a typical list of factors.

81. American Law Institute, in its *Principles of the Law of Family Dissolution* (2002), secs. 5.01–5.07.

82. Charles E. Welch, III and Sharon Price-Bonham, "A Decade of No-Fault Divorce Revisited: California, Georgia, and Washington," *J. Marriage & Family* (May 1983), p. 415, table 2. In Spokane County, Washington, alimony was awarded in 9.7 percent of cases in 1970 (pre-no-fault), but only in 7 percent of cases in 1980 (post-no-fault). The median award dropped from $125 per month to $94 per month. McLindon, "Separate but Unequal," p. 360.

83. Wishik, "Economics of Divorce," p. 85.

84. Bureau of the Census, U.S. Department of Commerce, *Child Support and Alimony: 1981* (Advance Report), Current Population Reports, Special Studies Series P-23, No. 124 (1984), pp. 24, 32.

85. McLindon, "Separate but Unequal," p. 363.

86. Bureau of the Census, U.S. Department of Commerce, Current Population Reports, Series P-60, No. 173, *Child Support and Alimony: 1989*, p. 12 and table K.

87. Ibid.

88. Freed and Foster, "Divorce in the Fifty States," p. 128.

89. See Employment Retirement Income Security Act of 1974, Pub. L. No. 93-406, 88 Stat. 829 (1974); Retirement Equity Act of 1984, Pub. L. No. 98-397, 98 Stat. 1426 (1984).

90. 489 N.E.2d 712 (N.Y. 1985).
91. Mahoney v. Mahoney, 453 A.2d 527 (N.J. 1982); Kuder v. Schroeder, 430 S.E.2d 271 (Ct. App. N.C. 1993).
92. Havell v. Islam, 301 A.D.2d 339 (N.Y. App. Div. 2002).
93. See Linda D. Elrod and Robert G. Spector, "A Review of the Year in Family Law," 42 *Fam. L. Q.* 713 (2009), chart 5; see also Keathley v. Keathley, 61 S.W.3d 219 (Ark. 2001). Sometimes too the misconduct affects the relative needs of the parties. An injured and abused wife may have lost some of her earning power.
94. American Law Institute, Principles of the Law of Family Dissolution; see also Brett R. Turner, "The Role of Marital Misconduct in Dividing Property upon Divorce," 15 *Divorce Litigation* 117 (July 2003), noting that twenty-seven states exclude consideration of fault. A 1979 state survey found that fifteen states excluded consideration of fault. See Freed and Foster, "Divorce in the Fifty States," p. 115.
95. UMDA, p. 161, prefatory note.
96. N.Y. Dom. Rel. sec. 236B.
97. The "shock the conscience" standard was set out in *Blickstein v. Blickstein*, 99 A.D.2d 287 (N.Y. App. Div. 1984), and applied in *Wenzel v. Wenzel*, 472 N.Y.S.2d 830 (S. Ct. 1984) and *Thompson v. Thompson*, N.Y.L.J., Jan. 5, 1990, p. 28.
98. DeSilva v. DeSilva, 2006 N.Y. Misc. LEXIS 2489 (Sup. Ct. N.Y.).
99. See Howard S. v Lillian S., 62 A.D.3d 187 (N.Y. App. Div. 2009).
100. Some studies report even higher rates of "quasi-marital" children. See Mary R. Anderlik and Mark A. Rothstein, "DNA-Based Identity Testing and the Future of the Family: A Research Agenda," 28 *Am. J. L. & Med.* 215 (2002), p. 222.
101. American Law Institute, *Principles of the Law of Family Dissolution*.
102. Mani v. Mani, 841 A.2d 91 (N. J. 2004). The list of factors to be considered does not include marital misconduct; but court can take into account "any other factor." New Jersey retains fault-based divorce as an alternative method; here fault may be considered in fixing the amount of alimony. The New Jersey State Bar Association filed a brief urging the court to exclude fault; the worry was opening the floodgates to litigation.
103. N.C. Gen. Stat. sec. 50-16.3A (2009).
104. See Freed and Foster, "Divorce in the Fifty States," p. 115, noting that in 1979, nine states treated some types of marital fault as an absolute bar to the receipt of alimony.
105. Ibid.
106. On fixed marital roles, see chapter 2.
107. 581 A.2d 162 (Pa. 1990).

108. On *Simeone* and the contractual approach to prenuptial agreements, see Brian Bix, "Bargaining in the Shadow of Love: The Enforcement of Premarital Agreements and How We Think About Marriage," 40 *Wm. & Mary L. Rev.* 145 (1998).

109. 9B U.L.A. 373 (1983). For the list of states which adopted or are considering adopting UPAA, see http://nccusl.org (visited Aug. 1, 2010). For discussion of the UPAA, see Judith T. Younger, "Perspectives on Antenuptial Agreements: An Update," 8 *J. Am. Acad. Matrimonial L.* 1 (1992); Gail F. Brod, "Premarital Agreements and Gender Justice," 6 *Yale J. L. & Feminism* 229 (1994).

110. The only limitation is, if enforcing the contract would put the poorer spouse on welfare, a court can order the richer spouse to provide minimal support.

111. *In re* Marriage of Shanks, 758 N.W.2d 506 (Iowa 2008).

112. California requires, as a condition of enforceability, that each party be represented by counsel. See Cal. Fam. Code sec. 1612(c) (2010). On the "minimum decencies" in the process that should be required before enforcement, see Judith T. Younger, "Lovers' Contracts in the Courts: Forsaking the Minimum Decencies," 13 *Wm. & Mary J. Women & L.* 349 (2007), 419–20.

113. American Law Institute, *Principles of the Law of Family Dissolution*, secs. 7.04, 7.05.

114. 929 N.E.2d 955 (Mass. 2010).

115. See Bratton v. Bratton, 136 S.W.3d 595 (Tenn. 2004); Casto v. Casto, 508 So. 2d 330 (Fla. 1987); N.Y. Dom. Rel. L. sec. 236(B)(3) (2010), which provides that an "agreement by the parties, made before or during the marriage, shall be valid and enforceable in a matrimonial action if such agreement is in writing, subscribed by the parties, and acknowledged or proven in the manner required to entitle a deed to be recorded"; Cal. Fam. Code sec. 1500 (2010). Ohio seems to be the only state that expressly bans postnuptial agreements. Ohio Rev. Code Ann. sec. 3103.06 (2010) provides that a "husband and wife cannot, by any contract with each other, alter their legal relations, except that they may agree to an immediate separation and make provisions for the support of either of them during the separation." Many states treat premarital and postmarital agreements the same, but *Ansin* requires greater scrutiny for the latter, as do the ALI Principles of Family Dissolution, sec. 7.01 cmt. e.

116. *In re* Marriage of Cooper, 769 N.W.2d 582 (Iowa 2009).

117. Ibid., p. 586.

118. On the history of the enforceability of separation agreements, see Sally Burnett Sharp, "Fairness Standards and Separation Agreements: A Word of Caution on Contractual Freedom," 132 *U. Pa. L. Rev.* 1399 (1984).

119. So provided in the UMDA sec. 306.
120. Robert H. Mnookin and Lewis Kornhauser, "Bargaining in the Shadow of the Law: The Case of Divorce," 88 *Yale L.J.* 950 (1979). ALI Principles, drafted later than the UMDA, recommend less deference to separation agreements. Such agreements are unenforceable if they "impair the economic well-being" of the custodial parent, or one with less money.
121. Ibid.
122. See Homer C. Clark, Jr., *The Law of Domestic Relations in the United States* (2d ed. 1988), p. 755.
123. Joann Loviglio, "Attorney Freed After Being Jailed 14 Years for Contempt in Divorce Case" (July 13, 2009), http://www.law.com/jsp/article.jsp?id=1202432191681 (visited Aug. 1, 2010).
124. Welch and Price-Bonham, "A Decade of No-Fault Divorce Revisited: California, Georgia, and Washington," p. 411.
125. Census Brief: Children with Single Parents—How They Fare, CENBR/97-1, p. 1, available at http://www.census.gov/prod/3/97pubs/cb-9701.pdf. Data from 2008 reveal that over half of families living in poverty are headed by a woman with no husband. See U.S. Census Bureau, Current Population Survey, 2008 and 2009 Annual Social and Economic Supplements, Table 4, available at http://www.census. gov/hhes/www/poverty/data/incpovhlth/2008/table4.pdf.
126. Garrison, "The Economic Consequences of Divorce," pp. 18–19.

第十章 连带伤害：离婚家庭中的孩子

1. For a thoughtful analysis of this default approach, see David Meyer, "The Constitutional Rights of Non-Custodial Parents," 34 *Hofstra L. Rev.* 1461 (2006).
2. June Carbone argues, in *From Partners to Parents* (2000), that the centrality of custody determinations to divorce proceedings is part of a larger shift in family law from an emphasis on adult relationships to one on parent-child relationships.
3. Michael Grossberg, *Governing the Hearth: Law and the Family in Nineteenth Century America* (1985), p. 235.
4. See, in general, Mary Ann Mason, *From Father's Property to Children's Rights: The History of Child Custody in the United States* (1994).
5. See Elizabeth Cady Stanton et al., eds., *Declaration of Sentiments* (1848), reprinted in 1 *History of Woman Suffrage* 70–71, (1881), photo reprint 1985.
6. Grossberg, *Governing the Hearth*.
7. Painter v. Bannister, 140 N.W.2d 152 (Iowa 1966).

8. For another psychiatric perspective on this case, see Anna Freud, 387 "*Painter v. Bannister*: Postscript by a Psychoanalyst," 7 *The Writings of Anna Freud* 247 (1966–70).

9. Harold Painter, *Mark, I Love You* (1980). The book was also turned into a made-for-television movie. Information is available at http://www.imdb.com/title/tt0081129/ (visited Aug. 1, 2010).

10. See Barbara A. Atwood, "The Child's Voice in Custody Litigation: An Empirical Survey and Suggestions for Reform," 45 *Ariz. L. Rev.* 629 (2003).

11. See, for example, Pusey v. Pusey, 728 1d 117 (Utah 1986).

12. Ibid., p. 120.

13. Watts v. Watts, 350 N.Y.S.2d 285 (1973), p. 290.

14. See, for example, Garska v. McCoy, 278 S.E.2d 357 (W. Va. 1981).

15. See, for example, Kathryn L. Mercer, "A Content Analysis of Judicial Decision-Making—How Judges Use the Primary Caretaker Standard to Make a Custody Determination," 5 *Wm. & Mary J. of Women & L.* 1 (1998), which examines the role continuity of care plays in custody decision-making.

16. See, for example, Squires v. Squires, 854 S.W.2d 765 (Ky. 1993). The Uniform Marriage and Divorce Act bars any modification within two years of the initial order unless there is present danger to the child. Even after two years, the status quo is strongly presumed to be the best situation. See Unif. Marriage & Divorce Act sec. 409 (1970, amended 1973).

17. See Jody Heymann, *The Widening Gap: Why America's Working Families Are in Jeopardy and What Can Be Done About It* (2000).

18. Available data on current patterns of household work are available at http://mothersandmore.org/press_room/statistics.shtml (visited Aug. 1, 2010).

19. See Eleanor Maccoby and Robert Mnookin, *Dividing the Child: Social and Legal Dilemmas of Custody* (1992), p. 284; see also Wendy Reiboldt and Sharon Seiling, "Factors Related to Men's Award of Custody," 15 *Fam. Advoc.* 42 (1993).

20. Karen Czapanskiy, "Volunteers and Draftees: The Struggle for Parental Equality," 38 *UCLA L. Rev.* 1415 (1991).

21. Ireland v. Smith, 547 N.W.2d 686 (Mich. 1996).

22. See, for example, Burchard v. Garay, 724 P.2d 486 (Cal. 1986).

23. Simpson was acquitted of the criminal charges, but later found liable in civil court for the "wrongful death" of both victims. For an account and timeline of both proceedings, see B. Drummond Ayres, Jr., "Civil Jury Finds Simpson Liable in Pair of Killings," *N.Y. Times*, Feb. 5, 1997, p. A16.

24. Tamar Lewin, "Demands of Simpson Case Land Prosecutor in Custody Fight," *N.Y. Times*, Mar. 3, 1995, p. B8.

25. Alice Hector initially lost custody of her two daughters primarily because she worked long hours and her husband did not. This ruling, however, was vacated after a rehearing by the court of appeals. See Young v. Hector, 740 So. 2d 1153 (Ct. App. Fla. 1999); Melody Petersen, "Working Mother Regains Custody of Two Children," *N.Y. Times*, July 15, 1999, p. C10.

26. The Prost case and other similar ones are discussed in Melody Petersen, "The Short End of Long Hours; A Female Lawyer's Job Puts Child Custody at Risk," *N.Y. Times*, July 18, 1998, p. D1.

27. On reforms necessary to reduce conflict in custody disputes, see Andrew I. Schepard, *Children, Courts, and Custody: Interdisciplinary Models for Divorcing Families* (2004).

28. On these devices, see *Psychological Testing in Custody Cases*, http://www.divorcenet.com/states/nationwide/psychological_testing_in_custody_cases (visited Aug. 1, 2010).

29. See, for example, Ellis v. Ellis, 952 So. 2d 982 (2007). On the controversy, see Barbara Jo Fidler and Nicholas Bala, "Children Resisting Postseparation Contact with a Parent: Concepts, Controversies, and Conundrums," 48 *Fam. Ct. Rev.* 10 (2010); Richard A. Warshak, "Bringing Sense to Parental Alienation: A Look at the Disputes and the Evidence," 37 *Fam. L. Q.* 273 (2003).

30. On the role of controversial parental beliefs and practices in custody determinations, see Eugene Volokh, "Parent-Child Speech and Child Custody Speech Restrictions," 81 *N.Y.U. L. Rev.* 631 (2006).

31. Jarrett v. Jarrett, 400 N.E.2d 421 (Ill. 1979).

32. Ibid., pp. 426–27.

33. Roe v. Roe, 324 S.E.2d 691 (Va. 1985), p. 727. A Louisiana court granted disproportionate joint custody time to the father over the lesbian mother "where the sexual preference is known and openly admitted, where there have been open, indiscreet displays of affection beyond mere friendship and where the child is of an age where gender identity is being formed." Lundin v. Lundin, 563 So. 2d 1273 (La. App. 1990), p. 1277. The difficulties faced by lesbian mothers and the grassroots movement that arose to protect them in custody cases are depicted artfully in a documentary, *Mom's Apple Pie: The Heart of the Lesbian Mothers' Custody Movement* (2007).

34. On this point, see the discussion of gay and lesbian parenting in chapter 12.

35. Pulliam v. Smith, 501 S.E.2d 898 (N.C. 1998).

36. Frank F. Furstenberg, Jr. and Christine W. Nord, "Parenting Apart: Patterns of Childrearing after Marital Disruption," 47 *J. Marriage & Family* 893 (1985), p. 902.

37. See, for example, Taylor v. Taylor, 508 A.2d 964 (Md. 1986).

38. For a critique of joint custody at its high point, see Jana B. Singer and William L. Reynolds, "A Dissent on Joint Custody," 47 *Md. L. Rev.* 497 (1988).

39. But see Eleanor Maccoby and Robert Mnookin, in their study of joint custody in California: Maccoby and Mnookin, *Dividing the Child*.

40. 507 N.W.2d 788 (Mich 1993).

41. See Maccoby and Mnookin, *Dividing the Child*; see also Margaret F. Brinig, "Does Parental Autonomy Require Equal Custody at Divorce?" 65 *La. L. Rev.* 1345 (2005).

42. See Martha Fineman, *The Autonomy Myth: A Theory of Dependency* (2004).

43. See American Law Institute, *Principles of the Law of Family Dissolution: Analysis and Recommendations* (2002), sec. 2.08; Marygold S. Melli, "The American Law Institute Principles of Family Dissolution, the Approximation Rule and Shared-Parenting," 25 *N. Ill. U. L. Rev.* 347 (2005).

44. For recent census data on living arrangements, see Rose M. Kreider and Diana B. Elliott, U.S. Census Bureau, *America's Families and Living Arrangements: 2007* (2009), p. 16, figure 9; see also Irwin Garfinkel et al., "Child Support Orders: A Perspective on Reform," 4 *The Future of Children: Children and Divorce* 84 (1994), p. 84; Patricia H. Shiono and Linda Sandham Quinn, "Epidemiology of Divorce," 4 *The Future of Children: Children and Divorce* (1994), p. 15. The marriage rate in the United States has declined over the course of the twentieth century from an all-time post–World War II high of 143 per 1,000 women to only 76 per 1,000 women in 1988.

45. Garfinkel et al., "Child Support Orders," p. 1, observe that "judicial discretion is giving way to administrative regularity" in matters of child support On this shift, see also Donna Schuele, "Origins and Development of the Law of Parental Child Support," 27 *J. Fam. L.* 807 (1988), pp. 825–26; Grossberg, *Governing the Hearth*, pp. 291–92.

46. Chester G. Vernier, *American Family Laws*, vol. IV (1936), p. 4. See also Schuele, "Origins and Development of the Law of Parental Child Support," pp. 809–16.

47. Schuele, "Origins and Development in the Law of Parental Child Support," p. 825.

48. Vernier, *American Family Laws*, Vol. IV, p. 5; Nan D. Hunter, "Child Support Law and Policy: The Systematic Imposition of Costs on Women," 6 *Harv. Women's L. J.* 1 (1983), p. 3.

49. Cal. Civ. Code. secs. 206-7 (1933), in Vernier, *American Family Laws*, Vol. IV, p. 67.

50. Iowa Code sec. 13230 (1927), in Vernier, *American Family Laws*, Vol. IV, p. 72.

51. Ibid., p. 5.

52. On the low rate of child support awards in the early part of the twentieth century, see J. Schouler, *A Treatise on the Law of Marriage, Divorce, Separation and Domestic Relations* (1921), pp. 880–85; William Goode, *After Divorce* (1956), p. 222.

53. Garfinkel et al., "Child Support Orders: A Perspective on Reform," p. 85.

54. Ibid. On the structure and inadequacies of the child support system as of 1981, see Harry Krause, *Child Support in America: The Legal Perspective* (1981).

55. Garfinkel et al., "Child Support Orders: A Perspective on Reform," p. 85. On typical child support laws as of 1983, see Hunter, "Child Support Law and Policy," pp. 5–6.

56. On the difficulties of using common-law mechanisms for collecting past due support, see Schuele, "Origins and Development of the Law of Parental Child Support," pp. 826–39.

57. See, for example, Hunter, "Child Support Law and Policy," pp. 15–17.

58. Ibid., p. 15.

59. See Child Support Enforcement Amendments of 1984, Pub. L. No. 98-378, codified at 42 U.S.C. sec. 667 (1984).

60. See Family Support Act of 1988, pub. L. No. 100-485, codified as 42 U.S.C. sec. 667(b)(2) (1988).

61. See Maureen A. Pirog et al., "Interstate Comparisons of Child Support Orders Using State Guidelines," 47 *Fam. Rel.* 289 (1998), p. 289, citing CSR, Inc., *Evaluating Child Support Guidelines: Report to the Office of Child Support Enforcement* (1996).

62. Thomas B. v. Lydia D., 69 A.D.3d 24 (N.Y. App. Div. 2009).

63. See Chen v. Warner, 695 N.W.2d 758 (Wis. 2005).

64. Lopez v. Ajose, 2005 *N.Y.L.J.*, April 5, 2005, p. 19, col. 1.

65. See discussion of women and wage-earning in chapter 9.

66. In most jurisdictions, child support awards can be reviewed periodically for cost-of-living adjustments, but unless circumstances change substantially, the awards will not be recalculated (apart from the cost-of-living adjustments). See, for example, Ky. Rev. Stat. Ann., sec. 403.213 (2010). On the custodial parent's freedom to relocate, see Lucy S. McGough, "Starting Over: The Heuristics of Family Relocation Decision Making," 77 *St. John's L. Rev.* 291 (2003).

67. *In re* Vrban, 293 N.W.2d 198 (Iowa 1980).

68. La. Rev. Stat. Ann. sec. 9:315.11 (2009). Similarly, the ALI recommends against imputing income, based on earning capacity, to a custodial parent with young children. *Principles of the Law of Family Dissolution* secs. 3.14(5), 3.15(1)(a). Wisconsin permits judges to use actual rather than imputed income in figuring support payments,

if the voluntary reduction in income is reasonable under the circumstances.

69. Pirog et al., "Interstate Comparisons of Child Support Orders Using State Guidelines," p. 291.

70. Mike Tierney, "With Nine Mouths to Feed, Travis Henry Says He's Broke," *N.Y. Times*, Mar. 12, 2009, p. B14.

71. See Henry v. Beacham, 686 S.E.2d 892 (Ga. App. 2009).

72. See, in general, Garfinkel et al., "Child Support Orders," p. 90. The ALI Principles provide that a noncustodial parent's income base for determining support is reduced by child support payments he already owes to other children. American Law Institute, *Principles of the Law of Family Dissolution*, sec. 3.14(3).

73. See Ann Nichols-Casebolt and Irwin Garfinkel, "Trends in Paternity Adjudications and Child Support Awards," 72 *Soc. Science Q.* 83 (1991), p. 84. On the structure and effectiveness of incentives and penalties under federal child support enforcement law, see Judith H. Cassetty and Royce Hutson, "Effectiveness of Federal Incentives in Shaping Child Support Enforcement Outcomes," 27 *Child. & Youth Servs. Rev.* 271 (2005).

74. Blaine Harden, "Finding Common Ground on Poor Deadbeat Dads," *N.Y. Times*, Feb. 3, 2002, p. D3.

75. Karen DeMasters, "Deadbeat Dads (and Moms) Are Rounded Up in Raids," *N.Y. Times*, May 17, 1998, p. M6.

76. Robert Pear, "U.S. Agents Arrest Dozens of Fathers in Support Cases," *N.Y. Times*, Aug. 19, 2002.

77. Prior to 1996, federal law mandated that states grant a $50 disregard per month, which meant that a mother receiving public assistance could keep the first $50 collected in child support, before making any welfare reimbursement. The 1996 welfare reform repealed that mandate; it was now up to the states to decide whether to do this, and in what amount. See Personal Responsibility and Work Opportunity Reconciliation Act, Pub. L. No. 104-193, 110 Stat. 2105 (1996).

78. Harden, "Finding Common Ground."

79. See U.S. Census Bureau, Current Population Reports, Special Studies, Series 9-23, *Child Support and Alimony: 1981* (1985), p. 2, table A.

80. U.S. Census Bureau, Current Population Reports, Series P-60, *Child Support and Alimony: 1989*, p. 4, table B. On general trends, see Nichols-Casebolt and Garfinkel, "Trends in Paternity Adjudications and Child Support Awards."

81. Timothy S. Grall, Current Population Reports, *Custodial Mothers and Fathers and Their Child Support: 1981*, P60-225 (2003), p. 2, table A. On reasons why so many women do not have child support in place, see Chien-Chung Huang, "'Why Doesn't She Have a Support Order?'

Personal Choice or Objective Constraint," 54 *Fam. Rel.* 547 (2005), which found that a majority of women without an order faced an "objective constraint" to getting one.

82. Ibid.

83. See Ira Mark Ellman, "Should Visitation Denial Affect the Obligation to Pay Support?" 36 *Ariz. St. L. J.* 661 (2004).

84. According to a 1989 census report, 90.2 percent of fathers with joint custody pay child support, versus 79.1 percent with only visitation privileges, and 44.5 percent with neither joint custody nor visitation rights. See Gordon H. Lester, Current Population Reports, Series P-60 No. 173, U.S. Census, *Child Support and Alimony: 1989* (1991), p. 7; see also Chien-Chung Huang, "Mothers' Reports of Nonresident Fathers' Involvement with Their Children: Revisiting the Relationship Between Child Support Payment and Visitation," 58 *Fam. Rel.* 54 (2009); Judith A. Seltzer et al., "Family Ties After Divorce: The Relationship Between Visiting and Paying Child Support," 51 *J. Marriage & Fam.* (1989), p. 1013. Marygold Melli argues that child support guidelines should have specific formulas to reflect different time-sharing arrangements, in "Guideline Review: Child Support and Time Sharing by Parents," 33 *Fam. L. Q.* 219 (1999).

85. See Lydia Scoon-Rogers and Gordon H. Lester, Current Population Reports, Series P60-187, Bureau of the Census, *Child Support for Custodial Mothers and Fathers: 1991*, (1995); see also Hunter, "Child Support Law and Policy," p. 2.

86. Grall, "Custodial Mothers and Fathers," p. 1.

87. Ibid., p. 3.

88. On the adverse effects of the child support system on women, see, in general, Hunter, "Child Support Law and Policy"; Judi Bartfeld, "Child Support and the Postdivorce Economic Well-Being of Mothers, Fathers, and Children," 37 *Demography* 203 (2000), pp. 203–4.

89. See, for example, Pirog et al., "Interstate Comparisons of Child Support Orders Using State Guidelines," p. 293.

90. Bartfeld, "Child Support and the Postdivorce Economic Well-Being of Mothers, Fathers, and Children," p. 211.

91. Donald T. Oellerich et al., "Private Child Support: Current and Potential Impacts," 18 *J. Soc. & Soc. Welfare* 3 (1991), p. 3.

第十一章　多代同堂：老年法和继承法

1. For more detail, see Lawrence M. Friedman, *Dead Hands: A Social History of Wills, Trusts, and Inheritance Law* (2009).

2. On these figures, see ibid., p. 60.

3. Fla. Stat. sec. 732.102 (2010).
4. In other states, the surviving spouse gets a lump sum plus one-half of the balance of the estate if there are surviving descendants. See, for example, Fla. Stat. sec. 732.103.
5. See Friedman, *Dead Hands*, pp. 86–87.
6. Unif. Probate Code secs. 2-103, 2-105 (1990, amended 2008). See also Ala. Rev. Code sec. 43-8-42 (2009); N.M. Stat. sec. 45-2-103 (2010); W.Va. Code sec. 42-1-3a (2010).
7. See chapter 14.
8. On the historical treatment of illegitimate children, see John Witte, Jr., "Ishmael's Bane: The Sin and Crime of Illegitimacy Reconsidered," 5 *Punishment & Soc'y* 327 (2003).
9. Probate Act of Illinois, 1953, ch. 12.
10. 391 U.S. 68 (1968). Legal ties between non-marital children and their fathers are also reinforced by a series of cases recognizing the constitutional parental rights of unwed fathers. See discussion in chapter 13.
11. Solangel Maldonado drew our attention to an unusual case in which the Iowa Supreme Court upheld a statute expressly authorizing courts to force divorced parents, but not never-married parents, to contribute to a child's college tuition. See Johnson v. Louis, 654 N.W.2d 886 (Iowa 2002), explaining that the "educational benefit is a quid pro quo for the loss of stability resulting from divorce," while non-marital children "cannot claim the loss of stability such change in status brings." Ibid., p. 891.
12. Ala. Code sec. 43-8-48(2) (2010).
13. Wash. Rev. Code sec. 11.04.081 (2010).
14. See, for example, United Kingdom Inheritance (Provisions for Family and Dependants) Act 1975. On the merits of a discretionary distribution system, see Frances Foster, "Linking Support and Inheritance: A New Model From China," 1999 *Wis. L. Rev.* 1199; Ronald Chester, "Disinheritance and the American Child: An Alternative From British Columbia," 1998 *Utah L. Rev.* 1; Helene S. Shapo, "A Tale of Two Systems: Anglo-American Problems in the Modernization of Inheritance Legislation," 60 *Tenn. L. Rev.* 707 (1993).
15. On the complex story of cases seeking compensation for caretaking of elderly relatives, see Hendrik Hartog, "Someday All This Will Be Yours: Inheritance, Adoption, and Obligation in Capitalist America," 79 *Ind. L.J.* 345 (2004).
16. See Ralph C. Brasier, *Inheritance and the Evolving Family* (2004), p. 87.
17. See Cal. Fam. Code sec. 297.5(c) (2010).
18. Estate of Cooper, 187 A.D.2d 128 (N.Y. App. Div. 1993). John Langan was similarly deprived of standing to bring a wrongful death claim

against a hospital allegedly responsible for his partner's death, even though they were joined in a civil union. Langan v. St. Vincent's Hosp., 850 N.E.2d 672 (N.Y. 2006). The same court, however, allowed a man to take over tenancy of his same-sex partner's rent-controlled apartment, a right typically reserved for legal relatives. Braschi v. Stahl Associates, 543 N.E.2d 49 (N.Y. 1989).

19. See Martinez v. City of Monroe, 50 A.D. 3d 189 (N.Y. App. Div. 2008), recognizing a Canadian marriage for employment benefit purposes; Godfrey v. Spano, 107 Fair Empl. Prac. Cas. (BNA) 1358 (2009), upholding two governmental orders requiring recognition of same-sex marriages validly celebrated out of state. See also our discussion of the legal rights of same-sex couples in chapter 7.

20. Wills are formal documents. They have to be executed just so: they need two witnesses, and a certain form of ceremony. In about half the states, however, you can dispense with witnesses and ceremony, so long as the will you execute is entirely in your handwriting, and signed—a so-called holographic will.

21. Ga. Code Ann. sec. 53-4-1 (2010).

22. Recall the discussion of marital property laws in chapter 9.

23. "Strauss Will Fight Seen," *N.Y. Times*, July 25, 1934, p. 35.

24. Newman v. Dore, 9 N.E.2d 966 (N.Y. 1937).

25. New York was the first state to adopt such a system. See N.Y. EPTL sec. 5-1.1 (2010).

26. Wis. Stat. sec. 169.3935 (1915).

27. The older statute was Cal. Prob. Code sec. 640; the present statute is sec. 6602.

28. Conn. Gen. Stat. sec. 45a-320c (2010).

29. Okla. Stats, tit. 58, sec. 311 (2010).

30. See N.Y. EPTL sec. 5-3.1 (2010).

31. Wyo. Stat. Ann. sec. 2-7-508 (2010).

32. Fla. Stat. sec. 732-4015 (2010). The right was substantially pared down as of October 1, 2010.

33. Cal. Prob. Code sec. 6524 (2010).

34. (Former) Cal. Civ. Code sec. 1307.

35. See, for example, N.Y. EPTL sec. 5-3.2 (2010).

36. La. Civ. Code sec. 1493 (2010).

37. See, for example, Nev. Rev. Stat. sec. 125B.1309 (2010).

38. For more on the lack of inheritance protection for children, see Friedman, *Dead Hands*, pp. 36–44.

39. Lawrence Friedman et al., "The Inheritance Process in San Bernardino County, California, 1964: A Research Note," 43 *Hous. L. Rev.* 1445 (2007), p. 1462.

40. Carole Shammas et al., *Inheritance in America: From Colonial Times to the Present* (1987), p. 184.
41. Friedman, *Dead Hands*, p. 141.
42. The story is told in David Margolick, *Undue Influence: The Epic Battle for the Johnson & Johnson Fortune* (1994).
43. See "The Forbes 400 Richest Americans 2009," available at http://www.forbes.com/lists/2009/54/rich-list-09_Barbara-Piasecka-Johnson_709C.html (visited Aug. 1, 2010).
44. A will can only be contested by someone with a pecuniary stake in the outcome. Close family members are often the only ones with standing, because they will usually inherit through intestacy, if the will in question is declared invalid.
45. "Olcott Will Probated," *N.Y. Times*, July 15, 1903, p. 1.
46. "A Man's Will's His Will," *Wash. Post*, Jan. 5, 1906, p. 3.
47. In re Estate of Strittmater, 53 A.2d 205 (N.J. 1947).
48. Matter of Kaufmann, 20 A.D.2d 464 (N.Y. App. Div. 1964), aff'd, 205 N.E.2d 864 (1965).
49. The poll was conducted by the Indiana University Center for Survey Research, on behalf of an organization called "Indiana Equality." Interestingly, although a majority favored giving these couples inheritance rights, it was a weaker majority than on other issues—74 percent thought these couples should have hospital visitation rights, for example.
50. S.C. Code Ann. sec. 8695 (1932).
51. Ind. Code sec 29-1-2-14 (2010); and yet, see n. 49 above, on the attitude of the good people of Indiana toward inheritance rights for same-sex partners.
52. See N.C. Gen. Stat. sec. 31A-1 (2010).
53. N.Y. EPTL sec. 5-1.2; see also Pa. Cons. Stat. sec. 20-2106 (2010).
54. See Restatement (Third) of Property: Wills and Other Donative Transfers sec. 9.7 (2003); see also, for example, Shriners Hospitals for Crippled Children v. Zrillic, 563 So. 2d 64 (Fla. 1990).
55. The most famous volume in this literature is Norman F. Dacey, *How to Avoid Probate* (1965). Although the book sold millions of copies, Dacey was sued multiple times for allegedly engaging in the unauthorized practice of law. See Richard D. Lyons, "Obituary, Norman Dacey, 85; Advised His Readers to Avoid Probate," *N.Y. Times*, Mar. 19, 1994.
56. The first case recognizing this arrangement was Matter of Totten, 71 N.E. 748 (N.Y. 1904). It is now codified and regulated by statute in New York. See N.Y. EPTL secs. 7-5.1 *et seq.* (2010).

57. John H. Langbein, "The Twentieth-Century Revolution in Family Wealth Transmission," 86 *Mich. L. Rev.* 722 (1988).

58. Shapira v. Union Nat'l Bank, 315 N.E.2d 825 (Ohio Ct. Common Pleas 1974). In most states, will or trust provisions imposing complete restraints on marriage or providing incentives to divorce are invalid, but partial restraints are tolerated.

59. 25 Del. C. sec. 503 (2010). See Jesse Dukeminier and James E. Krier, "The Rise of the Perpetual Trust," 50 *UCLA L. Rev.* 1303 (2003).

60. We are indebted to Micah G. Block, J.D., Stanford, 2009, for some of the references in this section; and also to Andrew Shupanitz, Stanford Law School, for help with the research.

61. N.D. Cent. Code sec. 14-09-10 (2010).

62. Ann Britton, "America's Best Kept Secret: An Adult Child's Duty to Support Aged Parents," 26 *Cal. W. L. Rev.* 351 (1990).

63. "California Doctor Plans Old Age Utopia," *N.Y. Times*, Dec. 22, 1934, p. 15.

64. "Townsend Group Queries Congress," *N.Y. Times*, Dec. 15, 1935, p. 1.

65. I. M. Rubinow, *The Quest for Security* (1934), pp. 222–23.

66. Ibid., p. 238.

67. 79 Cong. Rec. 5,594 (1935).

68. Terrance A. Kline, "A Rational Role for Filial Responsibility Laws in Modern Society?" 26 *Fam. L. Q.* 195 (1992), p. 199.

69. Edward A. Gargan, "House Panel Finds Widespread and Growing Abuse of the Elderly," *N.Y. Times*, Apr. 3, 1981, p. A12.

70. Eleanor Nelson, "Battered Elders—a Growing 'Unseen' Problem," *Chi. Trib.*, Dec. 1, 1982, p. B3.

71. Billingslea v. Texas, 780 S.W.2d 271 (Tex. Crim. App. 1989).

72. National Center on Elder Abuse, http://www.ncea.aoa.gov/NCEAroot/Main_Site/Index.aspx (visited Aug. 1, 2010).

73. Cal. Prob. Code sec. 259 (2010).

74. *In re* Estate of Malbrough, 768 N.E.2d 120 (Ill. App. 2002).

75. American Bar Association and American Psychological Association, *Assessment of Older Adults with Diminished Capacity: A Handbook for Psychologists* (2008), p. 11.

76. N.Y. Mental Hyg. Law sec. 81.02 (a) (2) (2010).

77. 528 N.W.2d 567 (Iowa 1995).

78. 1977 Cal. Stat. ch. 453.

79. Lawrence M. Friedman and June O. Starr, "Losing It in California: Conservatorship and the Social Organization of Aging," 73 *Wash. U. L. Q.* 1501 (1995).

80. See Steve Stoliar, *Raised Eyebrows: My Years Inside Groucho's House* (1996), p. 26; Stefan Kanfer, *Groucho: The Life and Times of Julius Henry Marx* (2000), p. 411.

81. Roxana Robinson, *Georgia O'Keefe: A Life* (1989), p. 523.
82. Ibid., p. 558.
83. Lisa Anderson, "Tragic Opera: Sir Rudolf Bing, Wife Are in a Drama of Dignity Lost," *Chi. Trib.*, May 15, 1988, p. C1; Timothy Clifford, "Bings Are Single Again," *Newsday*, Sept. 7, 1989, p. 6.

第十二章 父母和子女：权利和责任

1. B. F. Skinner, *Walden Two* (2d ed. 1976), pp. 131–32.
2. Cited in Meyer v. Nebraska, 262 U.S. 390 (1923), pp. 401–2.
3. The Supreme Court, in *Mormon Church v. United States*, 136 U.S. 1 (1890), described the parens patriae doctrine as "inherent in the supreme power of every state, ... a most beneficient function, and often necessary to be exercised in the interests of humanity, and for the prevention of injury to those who can protect themselves." See also Joseph Story, *Commentaries on Equity Jurisprudence* (3d ed. 1843), sec. 1341, describing the state's right to interfere when a father "acts in a manner injurious to the morals or interests of his children."
4. On the argument that the state should provide more affirmative support to families, see Maxine Eichner, *The Supportive State: Families, Government, and America's Political Ideals* (2010); Linda C. McClain, *The Place of Families: Fostering Capacity, Equality, and Responsibility* (2006).
5. 262 U.S. 390 (1923).
6. Ibid., pp. 402–3.
7. 268 U.S. 510 (1925).
8. Ibid., p. 534.
9. Ibid., p. 535.
10. 321 U.S. 158 (1944).
11. Marvin Ventrell, "Evolution of the Dependency Component of the Juvenile Court," 19 *Child. Legal Rts. J.* 2 (1999), p. 16.
12. See, in general, Maxine Eichner, "Who Should Control Children's Education?: Parents, Children, and the State," 75 *U. Cin. L. Rev.* 1339 (2007).
13. See Michael S. Katz, *A History of Compulsory Education Laws* (1976). For a survey of current compulsory education laws, see Eric A. DeGroff, "State Regulation of Nonpublic Schools: Does the Tie Still Bind?," 2003 *B.Y.U. Educ. & L.J.* 363.
14. 406 U.S. 205 (1972).
15. For a critique of this exclusive focus on curricular standards, see Emily Buss, "The Adolescent's Stake in the Allocation of Educational Control between Parent and State," 67 *U. Chi. L. Rev.* 1233 (2000).

16. On home schooling, see, in general, Kimberly A. Yuracko, "Education Off the Grid: Constitutional Constraints on Homeschooling," 96 *Cal. L. Rev.* 123 (2008).

17. *In re* Rachel L., 73 Cal. Rptr. 3d 77 (2008), vacated and replaced by Jonathan L. v. Super. Ct., 165 Cal. App. 4th 1074 (2008). The Michigan Supreme Court ruled in 1993 that the state could require teacher certification for home schooling that was not undertaken for religious reasons. See Michigan v. Bennett, 501 N.W.2d 106 (Mich. 1993).

18. 197 U.S. 11 (1905).

19. Zucht v. King, 260 U.S. 174 (1922).

20. On this controversy, see Sylvia Law, "Human Papillomavirus Vaccination, Private Choice, and Public Health," 41 *U.C. Davis L. Rev.* 1731 (2008); Tracy Solomon Dowling, "Mandating a Human Papillomavirus Vaccine," 34 *Am. J. L. & Med.* 65 (2008).

21. See, in general, James Keith Colgrove, *Vaccination Policy, Politics and Law in the Twentieth Century* (2004); Note, "Toward a Twenty-First Century *Jacobson v. Massachusetts*," 121 *Harv. L. Rev.* 1820 (2008). On current exemptions in state law, see Sean Coletti, Note, "Taking Account of Partial Exemptors in Vaccination Law, Policy, and Practice," 46 *Conn. L. Rev.* 1341 (2004), pp. 1370–75.

22. *In re* Hofbauer, 47 N.Y.2d 648, 656 (1979).

23. "Study Says Laetrile Is Not Effective as Cancer Cure," *N.Y. Times*, May 1, 1981; Harold M. Schmeck, Jr., "Final Report on U.S. Laetrile Study Says Drug Has No Value," *N.Y. Times*, Jan. 28, 1982.

24. See Walter H. Waggoner, "Boy, 10, in Laetrile Case," *N.Y. Times*, July 18, 1990.

25. Ibid. Patients had tried to force the government to allow them access to Laetrile. The Supreme Court upheld the right of the Food and Drug Administration to keep Laetrile off the market. See United States v. Rutherford, 442 U.S. 544 (1979).

26. On this issue, see, in general, Elizabeth A. Lingle, "Treating Children by Faith: Colliding Constitutional Issues," 17 *J. Legal Med.* 301 (1996); James G. Dwyer, "The Children We Abandon: Religious Exemptions to Child Welfare and Education Laws as Denials of Equal Protection to Children of Religious Objectors," 74 *N.C. L. Rev.* 1321 (1996).

27. See 42 U.S.C. sec. 5106i(a) (2010).

28. Compare, for example, *In re* Sampson, 278 N.E.2d 918 (N.Y. 1972), upholding a court order for surgery to correct a teenager's facial deformities, with *In re* Seiferth, 127 N.E.2d 820 (N.Y. 1955), refusing to override parent's objection to surgery to correct a cleft palate and hairlip.

29. See Emma Graves Fitzsimmons, "Wisconsin Couple Sentenced in Death of Their Sick Child," *N.Y. Times*, Oct. 8, 2009, p. A16. See, in general, Shawn Francis Peters, *When Prayer Fails: Faith Healing, Children, and the Law* (2007).

30. See U.S. Dep't. of Health and Human Svcs., *Child Maltreatment 2008*.
31. The case is discussed in Michele Bratcher Goodwin, "Baby Markets," in *Baby Markets: Money and the New Politics of Creating Families* (Michele Bratcher Goodwin, ed., 2010), pp. 2, 8–9.
32. 25 U.S.C. sec. 1901ff (2010).
33. See Santosky v. Kramer, 455 U.S. 745 (1982).
34. See Sallie A. Watkins, "The Mary Ellen Myth: Correcting Child Welfare History," 35 *Social Work* 500 (1990).
35. Mary Ellen's story was retold in a recent article, Howard Markel, "Case Shined First Light on Abuse of Children," *N.Y. Times*, Dec. 15, 2009, p. D6.
36. "Mrs. Connolly, the Guardian, Found Guilty, and Sentenced to One Year's Imprisonment at Hard Labor," *N.Y. Times*, Apr. 28, 1874. On the case, see a series of articles under the tagline "Mary Ellen Wilson" in the *New York Times* on April 11, 12, and 14, 1874.
37. This history is discussed in great detail in Jill Elaine Hasday, "Parenthood Divided: A Legal History of the Bifurcated Law of Parental Relations," 90 *Geo. L.J.* 299 (2002), pp. 303–7 and 333–47.
38. See 42 U.S.C. sec. 191 (2010) (adopted April 9, 1912). The history of child welfare law in the United States is painstakingly described in Brenda G. McGowan, "Historical Evolution of Child Welfare Services," in *Child Welfare for the 21st Century: A Handbook of Practices, Policies & Programs* (Mallon and Hess, eds., 2005), pp. 10–44.
39. Social Security Act of 1935, 42 U.S.C. sec. 301 *et seq.*, tit. IV-B.
40. Child Abuse Prevention and Treatment Act, Pub. L. No. 93-247 (1974).
41. See, for example, N.Y. Soc. Serv. Law sec. 413(1) (2010).
42. Key enactments after CAPTA include: Adoption Assistance and Child Welfare Act of 1980, Pub.L. 96-272; Child Abuse Amendments of 1984, Pub. L. 98-457; Child Abuse Prevention and Treatment Amendments of 1996, Pub. L. 103-235; Adoption and Safe Families Act of 1997, Pub. L. 105-89; Child Abuse Prevention and Enforcement Act of 2000, Pub. L. 106-177.
43. Current state laws are described in Child Welfare Information Gateway,*Definitions of Child Abuse and Neglect* (2009), available at www. childwelfare. gov/systemwide/laws_policies/statutes/defineall.cfm (visited Aug. 1, 2010).
44. Jean Koh Peters, "How Children Are Heard in Child Protective Proceedings, in the United States and Around the World in 2005: Survey Findings, Initial Observations, and Areas for Further Study," 6 *Nev. L.J.* 966 (2006).
45. Nicholson v. Williams, 203 F. Supp. 2d 153 (E.D.N.Y. 2002), p. 163.
46. 820 N.E.2d 840 (N.Y. 2004).

47. Matter of St. George, *N.Y.L.J.*, Nov. 13, 2000, p. 28, col. 1 (Fam. Ct. Monroe Co.).

48. On the line between reasonable discipline and physical abuse, see Scott A. Davidson, "When is Parental Discipline Child Abuse?—The Vagueness of Child Abuse Laws," 34 *U. Louisville J. Fam. L.* 403 (1996).

49. Adoption and Safe Families Act, Pub. L. No. 105-89 (1997).

50. U.S. Department of Health and Human Services, Child Welfare Information Gateway, "Foster Care Statistics," www.childwelfare.gov/pubs/factsheets/foster.cfm (visited Aug. 1, 2010).

51. Her foster parents, Joel Steinberg and Hedda Nussbaum, were charged with murder. In 1987, according to reports, 108 children died of abuse or neglect in New York City. In many cases, the problems of the families were known to child abuse agencies; yet the death occurred. Sam Robert, "Long After Lisa, Tragedy of Abuse Can Still Happen," *N.Y. Times*, Feb. 8, 1988.

52. DeShaney v. Winnebago Cty. Dep't of Soc. Servs., 489 U.S. 189 (1989).

53. Linda Goldston and Mark Gomez, "South Bay Sex-abuse Lawsuit: Ex-foster Child Awarded $30 Million," *Mercury News*, Aug. 5, 2010.

54. James Barron, "Decision Whether to Charge Prom Mother Awaits Tests," *N.Y. Times*, June 10, 1997, p. B2.

55. Robert Hanley, "Woman Gets 15 Years in Death of Newborn at Prom," *N.Y. Times*, Oct. 30, 1998, p. B1; Karen Demasters, "'Prom Mom' Released," *N.Y. Times*, Dec. 2, 2001, p. 14NJ-6.

56. Robert D. McFadden, "Teen-Age Sweethearts Charged with Murdering Their Baby," *N.Y. Times*, Nov. 18, 1996, p. B1; Robert Hanley, "Teen-Agers Get Terms in Prison in Baby's Death," *N.Y. Times*, July 10, 1998, p. A1.

57. Joseph P. Fried, "Trial Begins for Woman in the Death of Her Baby," *N.Y. Times*, Jan. 7, 1998, p. B3.

58. Carol Sanger, "Infant Safe Haven Laws: Legislating in the Culture of Life," 106 *Colum. L. Rev.* 753 (2006), p. 754.

59. Tex. Fam. Code Ann. sec. 262.301, et seq. (2009).

60. See Margaret Graham Tebo, "Texas Idea Takes Off: States Look to Safe Haven Laws as a Protection for Abandoned Infants," *A.B.A. J.*, Sept. 2001, p. 30. On the current safe haven landscape, see Guttmacher Institute, *State Policies in Brief: Infant Abandonment* (July 1, 2010), available at http://www.guttmacher.org/statecenter/spibs/spib_IA.pdf (visited Aug. 1, 2010).

61. In the Bible, Moses' mother abandons him in a reed basket in the Nile; Pharaoh's daughter rescues him.

62. Sanger, "Infant Safe Haven Laws," p. 756.

63. A description of the various safe haven laws is provided in U.S. Department of Health and Human Services, Child Welfare

Information Gateway, "Infant Safe Haven Laws," www.childwelfare.gov/systemwide/laws_policies/statutes/safehaven.cfm (visited Aug. 1, 2010).

64. Wendy Koch, "Nebraska 'Safe Haven' Law for Kids Has Unintended Results," *USA Today*, Sept. 9, 2008.

65. Neb. Rev. Stat. sec. 29-121 (2009).

66. Susan Ayres, "Kairos and Safe Havens: The Timing and Calamity of Unwanted Birth," 15 *Wm. & Mary J. Women & L.* 227 (2009), p. 228. In comparison to more than 100 babies abandoned in public places in 1998, more than 31,000 babies were delivered and "abandoned" in hospitals by being left without any arrangements for care.

67. Some states deal with this problem by giving the "anonymous" mother a bracelet that connects her to the abandoned infant, and can give her standing to appear later in court if she chooses to drop her anonymity.

68. Enforcement of support obligations in various contexts is discussed in chapters 10, 12, and 13.

69. Sanger, "Infant Safe Haven Laws," pp. 781–88.

70. Sanger, ibid., pp. 788–800, surveys the data, along with possible explanations, for the relative ineffectiveness of safe haven laws.

71. See Wendy Grossman, "Rock-A-Baby Bye-Bye," *Houston Press*, April 25, 2002. Houston received its first "safe haven" drop-offs only after a public official spent $100,000 of his own money to publicize the law.

72. Cara Buckley, "Safe-Haven Laws Fail to End Discarding of Babies," *N.Y. Times*, Jan. 13, 2007, p. B1; see also Abandoned Infant Protection Act, N.Y. Penal Law 260.03.15(2) (2009).

73. Tina Kelley, "Parents in Crisis Have Many Options for Giving Babies Haven," *N.Y. Times*, Mar. 5, 2008, p. B1.

74. Evan B. Donaldson Adoption Institute, *Unintended Consequences:"Safe Haven" Laws Are Causing Problems, Not Solving Them*, available at: http://www.adoptioninstitute.org/whowe/Lastreport.pdf (2003) (visited Aug. 1, 2010). These "unintended consequences" include encouraging abandonment, and the concealment of important medical history.

75. Sanger, "Infant Safe Haven Laws," p. 758. This was probably a more serious problem in the past. It was serious in late nineteenth-century England. In those days, an unmarried servant girl who gave birth faced loss of her job—and perhaps starvation.

76. Hasday, "Parenthood Divided."

77. 247 U.S. 251 (1918). This was a 5 to 4 decision.

78. Quoted in Grace Abbott, *The Child and the State*, vol. 1 (1938), pp. 546–48.

79. Quoted in Hasday, "Parenthood Divided," at 363.

80. See, for example, Linda Greenhouse, "Justices Deny Grandparents Visiting Rights," *N.Y. Times*, June 6, 2000.
81. For more on the parties in this case, see Timothy Egan, "After Seven Years: Couple Is Defeated," *N.Y. Times*, June 6, 2000.
82. See Wash. Rev. Code secs. 26.09.240, 26.10.160(3) (2010).
83. 530 U.S. 57 (2000).
84. N.Y. Dom. Rel. sec. 72 (2010).
85. See Hertz v. Hertz, 291 A.D. 2d 91 (N.Y. App. Div. 2002).
86. Ohio Rev. Code Ann. sec. 3109.11 (2010).
87. Harrold v. Collier, 836 N.E.2d 1165 (Ohio 2005). For other cases upholding third-party visitation laws, see *In re* Harris, 96 P.3d 141 (Cal. 2004); Blixt v. Blixt, 774 N.E.2d 1052 (Mass. 2002). For a case striking one down, see Santi v. Santi, 633 N.W.2d 312 (Iowa 2001), which characterized the invalid law as substituting "sentimentality for constitutionality." See, in general, John DeWitt Gregory, "Defining the Family in the Millennium: The *Troxel* Follies," 32 *U. Mem. L. Rev.* 687 (2002).
88. Rules for determining legal parentage are covered in chapter 13, adoption in chapter 14.
89. *In re* Parentage of L.B., 122 P.3d 161 (Wash. 2005).
90. See, for example, K.M. v. E.G., 117 P.3d 673 (Cal. 2005); *In re* Parentage of A.B., 837 N.E.2d 965 (Ind. 2005); C.E.W. v. D.E.W., 845 A.2d 1146 (Me. 2004); T.B. v. L.R.M., 786 A.2d 913 (Penn. 2001); V.C. v. M.J.B., 748 A.2d 539 (N.J. 2000); E.N.O. v. L.M.M., 711 N.E.2d 886 (Mass. 1999); *In re* the Custody of H.S.H.-K., 533 N.W.2d 419 (Wis. 1995).
91. See, for example, Jones v. Barlow, 154 P.3d 808 (Utah 2007); *In re* Bonfield, 780 N.E.2d 241 (Ohio 2002).
92. 930 N.E.2d 184 (N.Y. 2010).
93. Matter of Alison D. v. Virginia M., 572 N.E.2d 27 (N. Y. 1991).
94. *Debra H.*, pp. 191–92.
95. Cal. Fam. Code sec. 3101 (2010).
96. Corbin v. Reimen, 228 P.3d 1270 (Wash. 2010).
97. See also Lewis v. Goetz, 203 Cal. App. 3d 514 (1988).
98. U.N. Convention on the Rights of the Child, G.A. Res. 44/25, U.N. Doc. A/RES/44/25 (Nov. 20, 1989), at Art. 12.
99. Martha Albertson Fineman, "What Is Right for Children? Introduction," in *What Is Right for Children? The Competing Paradigms of Religion and Human Rights* (Martha Albertson Fineman and Karen Worthington, eds., 2009), pp. 1–2.
100. On modern conceptions of "children's rights," see, in general, Martin Guggenheim, *What's Wrong with Children's Rights* (2007); James G. Dwyer, *The Relationship Rights of Children* (2006); Nancy E. Walker, *Children's Rights in the United States* (1999); Martha Minow, "What Ever

Happened to Children's Rights?" 80 *Minn. L. Rev.* 267 (1995); Lee E. Teitelbaum, "Children's Rights and the Problem of Equal Respect," 27 *Hofstra L. Rev.* 799 (1999).

101. See, for example, Moe v. Dinkins, 669 F.2d 67 (2d Cir. 1982).

102. See Ohio Rev. Code Ann. sec. 3101.05 (2010).

103. 750 Ill. Comp. Stat. 5/203 (2010).

104. *In re* Barbara Haven, 86 Pa. D. & C. 141 (Orphans' Ct. 1953).

105. 428 U.S. 52 (1976). We discuss the cases establishing a woman's right to abortion in chapter 5.

106. 443 U.S. 622 (1979), p. 647. The right was revisited in a series of subsequent cases. See H.L. v. Matheson, 450 U.S. 398 (1981); Hodgson v. Minnesota, 497 U.S. 417 (1990); Ohio v. Akron Center for Reproductive Health, 497 U.S. 502 (1990).

107. On the implementation of these laws, see Carol Sanger, "Regulating Teenage Abortion in the United States: Politics and Policy," 18 *Int'l J. L. Pol'y & Family* 305 (2004).

108. See *Guttmacher Institute, State Policies in Brief: Parental Involvement in Minors' Abortions* (July 1, 2010), available at http://www.guttmacher.org/statecenter/spibs/spib_PIMA.pdf. Most of these statutes make exceptions for medical emergency, and some in cases of incest, assault, or parental neglect.

109. See Carey v. Population Svcs. Int'l, 431 U.S. 678 (1977).

110. On medical decision-making by minors, Guttmacher Institute, *State Policies in Brief: Minors' Access to STI Services* (July 1, 2010), available at http://www.guttmacher.org/statecenter/spibs/spib_MASS.pdf (visited Aug. 1, 2010); Guttmacher Institute, *An Overview of Minor's Consent Law* (July 1, 2010), available at http://www.guttmacher.org/statecenter/spibs/spib_OMCL.pdf (visited Aug. 1, 2010), which notes the minor's ability to "consent to a range of sensitive health care services" has "expanded dramatically over the last 30 years." See also Jennifer L. Rosato, "The End of Adolescence: Let's Get Real: Quilting a Principled Approach to Adolescent Empowerment in Health Care Decision-Making," 51 *DePaul L. Rev.* 769 (2002).

111. For typical emancipation statutes, see N.C. Gen. Stat. sec. 7B-3500-09 (2010); 750 Ill. Comp. Stat. 30/1-11 (2010). For a fifty-state survey, see "Emancipation of Minors—Laws," Legal Information Institute, available at http://topics.law.cornell.edu/wex/table_emancipation (visited Aug. 1, 2010).

112. On the Moceanu case, which included many allegations of wrongful conduct like squandering her earnings, see Jere Longman, "Gymnast Moceanu Gets Order of Protection against Father," *N.Y. Times*, Dec. 1, 1998.

113. Anthony DePalma, "Court Grants Boy's Wish to Pick His Parents," *N.Y. Times*, Sep. 26, 1992, p. 1.

114. John J. O'Connor, "Harsh Worlds Encroach on TV's Glossy Land," *N.Y. Times*, Feb. 8, 1993, p. C16.
115. On the history of juvenile courts, see Lawrence M. Friedman, *Crime and Punishment in American History* (1993), pp. 413–17; Steven L. Schlossman, *Love and the American Delinquent: The Theory and Practice of 'Progressive' Juvenile Justice, 1825–1920* (1977).
116. *In re* Gault, 387 U.S. 1 (1967).
117. 393 U.S. 503 (1969).
118. The case is *Davis v. Meek*, 344 F. Supp. 298 (N.D. Ohio 1972). The dress code cases, and the student rights cases in general, are discussed in Lawrence M. Friedman, "Limited Monarchy: The Rise and Fall of Student Rights," in *School Days, Rule Days: The Legalization and Regulation of Education* (David L. Kirp and Donald N. Jensen, eds., 1986), p. 238.

第十三章　我们属于父母还是法律？

1. See "Worth the Wait!" *People*, Aug. 17, 2009, p. 96; "Healthy Baby Born 22 Years after Father's Sperm Was Frozen," *Medical News*, http://www.news-medical.net/news/2009/04/15/48357.aspx (visited Aug. 1, 2010).
2. See "Twins Born at 66; World's Oldest Mother Dies," *Gold Coast Bulletin*, July 17, 2009.
3. See Stephanie J. Ventura, "Changing Patterns of Nonmarital Childbearing in the United States," *National Center for Health Statistics*, Data Brief No. 18 (2009), p. 2.
4. See Lucy Carnie, "Sperm Wail by Donor: Must Pay Support 18 Yrs. Later," *N.Y. Post*, Dec. 2, 2007.
5. "Woman Gives Birth to Baby Conceived Outside the Body," *N.Y. Times*, July 26, 1978, p. A1.
6. See "Profile: Louise Brown," BBC News, http://news.bbc.co.uk/2/hi/health/3091241.stm (visited Aug. 1, 2010).
7. We take up the issue of co-parent adoption in chapter 14.
8. On some of the legal and public policy issues presented by reproductive technology, see Naomi Cahn, *Test Tube Families: Why the Fertility Market Needs Regulation* (2009); Mary Lyndon Shanley, *Making Babies, Making Families: What Matters Most in an Age of Reproductive Technologies, Surrogacy, Adoption, and Same-sex and Unwed Parents* (2001); Janet L. Dolgin, *Defining the Family: Law, Technology, and Reproduction in an Uneasy Age* (1999).
9. See Mary Ann Mason, *From Father's Property to Children's Rights* (1994), p. 24.

10. Chester G. Vernier, *American Family Laws*, Vol. IV (1936), p. 207; Mason, *From Father's Property to Children's Rights*, p. 25.
11. Ark. Code Ann. sec. 772-85 (1921), in Vernier, *American Family Laws*, Vol. IV, p. 222.
12. The Uniform Illegitimacy Act of 1922 tried to provide for more support of illegitimate children—more obligations, and more effective enforcement mechanisms. The Act was later withdrawn. See Prefatory Note, Uniform Parentage Act, 9B U.L.A. 287 (1987).
13. Mary Ann Mason notes this as a "reversal of the colonial practice, where fathers could choose to raise the child rather than pay support to the mother." Mason, *From Father's Property to Children's Rights*, p. 70.
14. Ibid.
15. Ventura, "Changing Patterns of Nonmarital Childbearing in the United States," p. 1.
16. Mason, *From Father's Property to Children's Rights*, pp. 99–100.
17. See Leslie Harris et al., *Family Law* (4th ed. 2010), p. 887. In England, a husband was conclusively presumed to be the father of his wife's children, unless he had been out of the kingdom for more than nine months.
18. Prochnow v. Prochnow, 80 N.W.2d 278 (Wis. 1957).
19. 491 U.S. 114 (1989).
20. See, in general, June Carbone and Naomi Cahn, "Which Ties Bind? Redefining the Parent-Child Relationship in an Age of Genetic Certainty," 11 *Wm. & Mary Bill Rts. J.* 1011 (2003), p. 1044.
21. Parker v. Parker, 950 So. 2d 388 (Fla. 2007).
22. See, for example, Chris W. Altenbernd, "Quasi-Marital Children: The Common Law's Failure in *Privette* and *Daniel* Calls for Statutory Reform," 26 *Fla. St. U. L. Rev.* 219 (1999), pp. 227–28, which cites a study in the 1940s finding that 10 percent of children born to married women were conceived in adultery.
23. Unif. Parentage Act sec. 101, 9B U.L.A. 299 (2001). Under the original 1973 version of the UPA, a father could seek to disestablish paternity within five years of the child's birth. Unif. Parentage Act sec. 6 (1973).
24. The child of a married couple is still presumed to be the husband's child. But this can be rebutted if he, the wife, and the biological father agree to this effect. And it can be rebutted in a suit to disestablish paternity, as long as the suit is filed within two years of the child's birth. The husband can act later, but only if he can prove that he did not have sex with the mother during the necessary period, and that he did not hold the child out as his own. Unif. Parentage Act secs. 204, 607 (2002).
25. See Millicent A. Tanner, "Case Note: Paternity," 32 *U. Louisville J. Fam. L.* 189 (1993); see also Brie S. Rogers, "The Presumption of

406   Paternity in Child Support Cases: A Triumph of Law Over Biology," 70 *U. Cinn. L. Rev.* 1151 (2002); Judy N. Tabb, "Family Law—Louisiana's Presumption of Legitimacy—Methods of Disavowal—Sterility," 44 *Tul. L. Rev.* 598 (1970).

26. See, in general, Paula Roberts, "Questioning the Paternity of Marital Children," www.clasp.org (visited Sept. 19, 2009).

27. The National Center For Men, Home Page, http://www.nationalcenterformen.org/ (visited Aug. 1, 2010); see Ronald K. Henry, "The Innocent Third Party: Victims of Paternity Fraud," http://www.defaultpaternity.org/pdf/flq-0706.pdf (Aug. 1, 2010); see Melanie B. Jacobs, "When Daddy Doesn't Want to be Daddy Anymore: An Argument Against Paternity Fraud Claims," 16 *Yale J.L. & Feminism* 193 (2004).

28. Selwyn Duke, "Abortion, Authority and Responsibility," http://mensnewsdaily.com/2006/03/17/abortion-authority-and-responsibility/?cp=1 (visited Aug. 1, 2010).

29. See Dubay v. Wells, 442 F. Supp. 2d 404 (E.D. Mich. 2006), aff'd, 506 F.3d 422 (6th Cir. 2007).

30. Dubay, 442 F. Supp. 2d 404, p. 413; Dubay, 506 F.3d 422, p. 430.

31. See N.E. v. Hedges, 391 F.3d 832 (6th Cir. 2004).

32. See Rivera v. Minnich, 483 U.S. 574 (U.S. 1987), p. 579.

33. Pamela P. v. Frank S., 59 N.Y.2d 1 (1983), p. 7.

34. Pamela P., ibid., allowed defense of fraud but called it a "limited defense" in that it did not relieve the man of support obligations; see also Pinhas Shifman, "Involuntary Parenthood: Misrepresentation as to Use of Contraceptives," 4 *Int'l J. L. Pol'y & the Fam.* 279 (1990), pp. 279–96.

35. See Brown v. Wyatt 202 S.W.3d 555 (Ark. Ct. App. 2005).

36. See David J. Mack, "Note: Cleansing the System: A Fresh Approach to Liability for the Negligent or Fraudulent Transmission of Sexually Transmitted Diseases," 30 *U. Tol. L. Rev.* 647 (1999); see also DeVall v. Strunk, 96 S.W.2d 245 (Tex. Civ. App. 1936); Kathleen K. v. Robert B., 150 Cal. App. 3d 992 (1983); Maharam v. Maharam, 123 A.D.2d 165 (N.Y. App. 1986).

37. See Ventura, "Changing Patterns of Nonmarital Childbearing in the United States," p. 2. There is significant racial variation in the rate of non-marital childbearing. Although the overall rate is 40 percent, 72 percent of births to African American women were non-marital, versus only 17 percent to Asian or Pacific Islander women. See Brady E. Hamilton et al., "Births: Preliminary Data for 2008," 58 *Nat'l Vital Stats. Rep.* 16, Apr. 6, 2010, p. 6 table 1.

38. See Stanley v. Illinois, 405 U.S. 645 (1972), p. 646.

39. Ibid., p. 651.

40. 391 U.S. 68 (1968).
41. Later cases cemented the view that illegitimate children were entitled to the benefits of a parent-child relationship. In 1977, the Supreme Court struck down an Illinois code provision that permitted illegitimate children to inherit only from their mothers, a common (but not universal) rule. Trimble v. Gordon, 430 U.S. 762 (1977). For other cases establishing the rights of illegitimate children, see Jimenez v. Weinberger, 417 U.S. 628 (1974); Weber v. Aetna Casualty & Surety Co., 406 U.S. 164 (1972).
42. "Male Lib: No Relief for the Chauvinist Pigs," *N.Y. Times*, Apr. 9, 1972, p. E9; Fred P. Graham, "Court Backs Rights of Unwed Fathers: Says a State Cannot Take Children From Man Just Because Mother Dies," *N.Y. Times*, Apr. 4, 1972, p. 1.
43. 441 U.S. 378 (1979).
44. Ibid., p. 388.
45. 463 U.S. 248 (1983).
46. See N.Y. Soc. Serv. Law sec. 372-c (1983).
47. *Lehr*, p. 262.
48. See Mary Beck and Lindsay Biesterfeld, "A National Putative Father Registry," 36 *Cap. U. L. Rev* 295 (2007); see also Donna L. Moore, "Implementing a National Putative Father Registry by Utilizing Existing Federal/State Collaborative Databases," 36 *J. Marshall L. Rev.* 1033 (2003).
49. See *In re* Petition of Kirchner, 649 N.E.2d 324 (Ill. 1995).
50. See *In re* B.C.G., 496 N.W.2d 239 (Iowa 1992); *In re* Baby Girl Clausen, 502 N.W.2d 649 (Mich. 1993).
51. The movie, which one reviewer described as containing "lots of appropriate weeping," first aired on ABC in September 1993. See John J. O'Connor, "Dramatizing the Battle to Bring Up Baby Jessica," *N.Y. Times*, Sept. 24, 1993.
52. See "Adoptive Parents Divorce after Custody Fight Loss," *N.Y. Times*, Oct. 24, 1999.
53. Iowa Code Ann. sec. 600A.9 (2010).
54. See Uniform Adoption Act, Prefatory Note. See also Susan Chira, "Law Proposed to End Adoption Horror Stories," *N.Y. Times*, Aug. 24, 1994. Under the Uniform Adoption Act, proposed in 1994, unwed fathers, to thwart a pending adoption, had to speak up quickly, and also demonstrate potential for good parenting.
55. See Fla. Stat. sec. 63.087, 63.088(5) (2003) (repealed). See Nicholas Ciappetta, "Note: Florida's Scarlet Letter Repealed: A Retrospective Analysis of the Constitutionality of the Florida Adoption Notification Provision and a Commentary on the Future of the Right to Privacy," 32 *Hofstra L. Rev.* 675 (2003).

56. Jon Burstein, "Moms Challenge New Adoption Law: Women Fear Ads Naming Sex Partners," *Sun-Sentinel* (Fort Lauderdale, FL), Aug. 7, 2002, p. 1A; "Scarlet Letter," *Playboy*, Jan. 1, 2003.

57. G.P. v. Florida, 842 So. 2d 1059 (Fla. Ct. App. 2003).

58. See, for example, Tamar Lewin, "Unwed Fathers Fight for Babies Placed for Adoption by Mothers," *N.Y. Times*, Mar. 19, 2006, p. 1. See, in general, Laura Oren, "Thwarted Fathers or Pop-Up Pops?: How to Determine When Putative Fathers Can Block the Adoption of Their Newborn Children," 40 *Fam. L. Q.* 153 (2006).

59. Ibid.

60. See Lori B. Andrews, "The Aftermath of Baby M: Proposed State Laws on Surrogate Motherhood," *Hastings Center Report* (Nov. 1987), p. 31.

61. Unif. Parentage Act, 9B U.L.A. 287 (1973, amended 2002).

62. Ibid., sec. 5.

63. Ibid., sec. 4.

64. Unif. Parentage Act sec. 703 (2002). On the judicial approaches to artificial insemination cases, see Gaia Bernstein, "The Socio-Legal Acceptance of New Technologies: A Close Look at Artificial Insemination," 77 *Wash. L. Rev.* 1035 (2002); Marsha Garrison, "Law Making for Baby Making: An Interpretive Approach to the Determination of Legal Parenthood," 113 *Harv. L. Rev.* 835 (2000). In states with no specific law on the status of sperm donors, courts have relied on equitable or other principles to assign rights and obligations.

65. See Alice J. Carlson, "Trade in Reproductive Human Biota: Our Quest for Babies," http://www1.american.edu/TED/reproductive-trade.htm#r5, (visited Aug. 1, 2010); see also Karen Springen and David Noonan, "The Web Has Changed the Process of Looking for Donors. Jokes Aside, It's Become a Booming Business," *Newsweek*, Apr. 21, 2003, http://www.newsweek.com/id/59049 (visited Aug. 1, 2010).

66. See http://www.cryobank.com/Donor-Search/Look-A-Likes/ (visited Aug. 1, 2010).

67. See, for example, Ferguson v. McKiernan, 598 Pa. 78 (2007), which ordered a sperm donor to pay child support for resulting twins despite a contract relieving him of all parental rights and obligations.

68. See, for example, Roni Caryn Rabin, "As Demand for Donor Eggs Soars, High Prices Stir Ethical Concerns," *N.Y. Times*, May 15, 2007; Naomi Cahn, "Reproducing Dreams," in Goodwin, *Baby Markets*, pp. 147, 156–68; Nanette R. Elster, "Egg Donation for Research and Reproduction: The Compensation Conundrum," in Goodwin, *Baby Markets*, p. 226.

69. Janice C. Ciccarelli and Linda J. Beckman, "Navigating Rough Waters: An Overview of the Psychological Aspects of Surrogacy," 61 *J. Soc. Issues* (2005), p. 21.

70. See *In re* Baby M, 537 A.2d 1227 (N.J. 1988).
71. Ibid., p. 1235.
72. On the *Baby M* case in general, see Elizabeth S. Scott, "Surrogacy and the Politics of Commodification," 72 *L. Contemp. Prob.* 109 (2009); Carol Sanger, "Developing Markets in Baby-Making: *In the Matter of Baby M*," 29 *Harv. J. L. & Gender* 67 (2007); Mark Rust, "Whose Baby Is It—Surrogate Motherhood after *Baby M*," 73 *A.B.A. J.* 52 (1987).
73. In re *Baby M*, p. 1237.
74. Ibid., p. 1240.
75. Ibid., p. 1250.
76. Ibid., p. 1255.
77. Ibid., p. 1259.
78. Sanger, "Developing Markets in Baby-Making," p. 69. The initial ruling of the trial court, in favor of surrogacy, had already provoked debate. Betty Friedan saw "frightening implications for women," a "terrifying denial of what should be basic rights for women." James Barron, "Views on Surrogacy Harden after Baby M Ruling," *N.Y. Times*, April 2, 1987, p. A1.
79. Judith Areen, "*Baby M* Reconsidered," 76 *Georgetown L.J.* 1741 (1988); Ciccarelli and Beckman, "Navigating Rough Waters," p. 23, noting that "[s]urrogacy, like abortion, is controversial precisely because it evokes and often contradicts basic concepts about family, motherhood, and gender roles."
80. See, for example, J. Mahoney, "An Essay on Surrogacy and Feminist Thought," 16 *L. Med. & Health Care* 81 (1988).
81. "Poll Shows Most in U.S. Back Baby M Ruling," *N.Y. Times*, April 12, 1987, p. A39.
82. Ciccarelli and Beckman, "Navigating Rough Waters," p. 29.
83. A few cases prior to *Baby M* had considered the enforceability of surrogacy contracts. See, for example, Doe v. Kelley, 307 N.W.2d 438 (Mich. 1981); Surrogate Parenting Associates, Inc. v. Kentucky, 704 S.W.2d 209 (1986).
84. See Donald Janson, "Baby M Ruling Welcomed at Meeting of Surrogacy Experts," *N.Y. Times*, Feb. 5, 1987, p. B5.
85. These states include Arizona, Indiana, Louisiana, Michigan, Nebraska, North Dakota, and Utah. See, for example, Neb. Rev. Stat. sec. 25-21 (1988).
86. The Uniform Status of Children of Assisted Conception Act, promulgated in 1988, offered alternative provisions on surrogacy: one banning such arrangements, one allowing them. USCACA secs. 5, 10, 9C U.L.A. 363 (2001).
87. See N.Y. Dom. Rel. sec. 123 (2009). On these developments in New York, see Scott, "Surrogacy and the Politics of Commodification," pp. 119–20.

88. See, for example, Calvert v. Johnson, 851 P.2d 776 (Cal. 1993); Doe v. Roe, 717 A.2d 706 (Conn. 1998).
89. Scott, "Surrogacy and the Politics of Commodification," p. 120.
90. Robert Hanley, "Jersey Panel Backs Limits on Unpaid Surrogacy Pacts," *N.Y. Times*, Mar. 12, 1989, p. 38.
91. Ibid., p. 14; see also Sanger, "Developing Markets in Baby-Making," p. 79, citing *Resolve, The National Infertility Association, Fact Sheet 56: Surrogacy (Gestational Carrier)* (2004), p. 3.
92. Ciccarelli and Beckman, "Navigating Rough Waters," pp. 31–32.
93. Martha Field advocates a non-enforcement approach to surrogacy contracts, rather than one that expressly disallows or permits them. See Martha Field, "Reproductive Technologies and Surrogacy: Legal Issues," 25 *Creighton L. Rev.* 1589 (1992).
94. 750 Ill. Comp. Stat. Ann. sec. 47/5 (2009).
95. Ibid., sec. 47/20.
96. Ibid., sec. 47/15.
97. Scott, "Surrogacy and the Politics of Commodification," p. 109.
98. See, for example, Fla. Stat. sec. 742.15 (2010); N.H. Rev. Stat. secs. 168-B:1 et seq. (2010); Nev. Rev. Stat. sec. 126.045 (2010); Va. Code Ann. sec. 20-159 (2010).
99. Sophia J. Kleegman and Sherwin A. Kaufman, *Infertility in Women* (1966), p. 178, cited in Andrews, "The Aftermath of Baby M," p. 31.
100. See Ciccarelli and Beckman, "Navigating Rough Waters," pp. 23–24, describing the data collection issues surrounding surrogacy.
101. Ibid., p. 23.
102. Sara Rimer, "No Stork Involved, but Mom and Dad Had Help," *N.Y. Times*, July 12, 2009, p. A1.
103. Katherine T. Pratt, "Inconceivable? Deducting the Costs of Fertility Treatment," 89 *Cornell L. Rev.* 1121 (2004), p. 1136.
104. See Lori B. Andrews, "Surrogate Motherhood: The Challenge for Feminists," 16 *L. Med. & Health Care* 72 (1988), p. 74; Elizabeth Bartholet, "Guiding Principles for Picking Parents," 27 *Harv. Women's L. J.* 323 (2004), p. 328.
105. A recent article describes the complexity and legal uncertainty of some surrogacy arrangements. See Stephanie Saul, "Building a Baby, with Few Ground Rules," *N.Y. Times*, Dec. 13, 2009, p. A1.
106. A.G.R. v. D.R.H., No. FD-09-001838-07, Super. Ct. N.J. (Dec. 23, 2009); see also Joanna L. Grossman, "Time to Revisit *Baby M.?*" FindLaw's Writ, Jan. 19 (2010), available at http://writ.news.findlaw.com/grossman/20100119.html (visited Aug. 1, 2010).
107. See William Blackstone, *Commentaries on the Law* (1765–1769), Vol. 1, p. 130.

108. Section 204 of the Uniform Parentage Act uses a rebuttable presumption of parentage for births within 300 days of a man's death. Unif. Parentage Act sec. 204, 9B U.L.A. (2001).

109. "A Birth Spurs Debate on Using Sperm after Death," *N.Y. Times,* Mar. 27, 1999, A11.

110. Allison Sherry, "Doomed Man's Wife Succeeds in Effort to Have Sperm Saved," *Denver Post,* Oct. 22, 2003, p. A1.

111. The American Society for Reproductive Medicine cautiously supported posthumous reproduction in 2004, as long as guidelines on screening, disclosure, and consent were followed. See ASRM, "Posthumous Reproduction," 82 *Fertility & Sterility* 260 (2004). Legal questions can also be raised about ownership and use of sperm and embryos left behind after death. See, for example, Hecht v. Superior Court, 16 Cal. App. 4th 836 (1993), a dispute between a surviving girlfriend (she wanted to use the sperm to inseminate herself), and his children from a prior marriage (who wanted it destroyed).

112. On the developing law regarding posthumously conceived children, see, for example, Browne C. Lewis, "Dead Men Reproducing: Responding to the Existence of Afterdeath Children," 16 *Geo. Mason L. Rev.* 403 (2009); Raymond C. O'Brien, "The Momentum of Posthumous Conception: A Model Act," 25 *J. Contemp. Health L. & Pol'y* 332 (2009); Charles P. Kindregan, Jr., "Dead Dads: Thawing an Heir from the Freezer," 35 *Wm. Mitchell L. Rev.* 433 (2009); Ruth Zafran, "Dying to be a Father: Legal Paternity in Cases of Posthumous Conception," 8 *Hous. J. Health L. & Pol'y* 47 (2007).

113. 371 F.3d 593 (9th Cir. 2004); but see Khabbaz v. Comm'r, 930 A.2d 1180 (N.H. 2007), holding that a child conceived after the father's death in the state was not "surviving issue" for inheritance purposes and, therefore, not eligible for Social Security survivor's benefits.

114. Under federal law, "dependent children" are entitled to survivor's benefits under Social Security. Legitimate children are always considered "dependent."

115. See Vernoff v. Astrue, 568 F.3d 1102 (9th Cir. 2009).

116. 760 N.E.2d 257 (Mass. 2002).

117. La. Rev. Stat. 9:391.1 (2009). A Canadian law commission recently recommended that provinces create protections for posthumously conceived children, as long as they were conceived within two years of a parent's death. Manitoba Law Reform Commission, Rep. No. 118, Posthumously Conceived Children: Intestate Succession and Dependent's Relief, p. 30, http://www.gov.mb.ca/justice/mlrc/reports/118.pdf (visited Feb. 7, 2010).

118. See N.Y. EPTL sec. 5-3.2(b) (2010).

119. In a question about the rights of a posthumously conceived child, the Arkansas Supreme Court denied inheritance rights and concluded the opinion by "strongly encourage[ing] the general assembly to revisit the intestacy succession statutes to address the issues involved in the instant case and those that have not but will likely evolve." Finley v. Astrue, 270 S.W.3d 849 (Ark. 2008).

第十四章 选定之人：收养与法律

1. Stephen Cretney, *Family Law in the Twentieth Century: A History* (2003), p. 596.
2. See, in general, Stephen B. Presser, "The Historical Background of the American Law of Adoption," 11 *J. Fam. L.* 443 (1971), p. 443; Chris Guthrie and Joanna L. Grossman, "Adoption in the Progressive Era: Preserving, Creating, and Re-Creating Families," 43 *J. Am. Leg. Hist.* 235 (1999). On the informal arrangements that preceded the passage of the first adoption statutes, see Yasuhide Kawashima, "Adoption in Early America," 20 *J. Fam. L.* 677 (1981–82), p. 677; Presser, "The Historical Background of the American Law of Adoption," pp. 456–64; C.M.A. McCauliff, "The First English Adoption Law and its American Precursors," 15 *Seton Hall L. Rev.* 656 (1986).
3. 1846 Miss. Laws, ch. 60, Miss. Code (Hutchinson 1848) ch. 35, art. 2; Laws Mass. 1851, ch. 324, p. 815.
4. Kawashima, "Adoption in Early America," pp. 677–78.
5. Michael Grossberg, *Governing the Hearth: Law and the Family in Nineteenth Century America* (1985), p. 268; Jamil S. Zainaldin, "The Emergence of a Modern American Family Law: Child Custody, Adoption, and the Courts, 1796–1851," 73 *N.W. L. Rev.* 1038 (1979).
6. Guthrie and Grossman, "Adoption in the Progressive Era," p. 253.
7. Ibid., p. 237.
8. Chester G. Vernier, *American Family Laws*, Vol. IV (1936), pp. 279–80.
9. Cal. Civ. Code secs. 221-22 (Hart 1892), in ibid., p. 286.
10. Cal. Civ. Code secs. 223–225 (Hart 1892).
11. Cal. Civ. Code sec. 224 (Hart 1892).
12. 1917 Laws Minn. ch. 222.
13. Allen v. Allen, 330 P.2d 151 (Ore. 1958).
14. See Cal. Fam. Code sec. 9100 (2009).
15. See, for example, Unif. Adoption Act sec. 7-105 (1994); Danielle Saba Donner, "The Emerging Adoption Market: Child Welfare Agencies, Private Middlemen, and 'Consumer' Remedies," 35 *U. Louisville J. Fam. L.* 473 (1996), p. 518.

16. Burr v. Bd. of Cty. Commr's, 491 N.E.2d 1101(Ohio 1986); see also 413 Meracle v. Children's Svc. Soc'y, 437 N.W.2d 532 (Wis. 1989), with similar facts; and Roe v. Catholic Charities, 588 N.E.2d 354 (Ill. 1992), where the agency had concealed information about children's severe psychological problems.

17. See the discussion in Mallette v. Children's Friend and Service, 661 A.2d 67 (R.I. 1995). On wrongful adoption generally, see D. Marianne Blair, "Getting the Whole Truth and Nothing But the Truth: The Limits of Liability for Wrongful Adoptions, 67 *Notre Dame L. Rev.* 851 (1992).

18. Compare Michael J. v. County of Los Angeles, 201 Cal. App. 3d 859 (1988), and Engstrom v. State, 461 N.W.2d 309 (Iowa 1990), which reject liability for negligence by adoption agencies, with McKinney v. State, 950 P.2d 461 (Wash. 1998), and Gibbs v. Ernst, 647 A.2d 882 (Pa. 1994), which allow it.

19. The wrongful adoption cases and the passage of disclosure statutes are discussed in Laura Morgan, "Telling the Truth in Adoption Proceedings: Tort Action for Wrongful Adoption," 10 *Divorce Litig.* 11 (Jan. 1998).

20. Ohio Rev. Code Ann. sec. 3107.017 (2010).

21. See Jacqueline Horner Plumez, "Adoption: Where Have All the Babies Gone?" *N.Y. Times*, April 13, 1980.

22. National Council on Adoption, *Adoption Factbook IV*, p. 10.

23. "3 Accused Here in Adoption Ring," *N.Y. Times*, Dec. 6, 1949.

24. Andrew Keshner, "Attorney Gets 10 to 20 Years for Adoption Scam," *N.Y.L.J.*, Dec. 8, 2010, p. 1.

25. Stuart W. Thayer, "Moppets on the Market: The Problem of Unregulated Adoption," 50 *Yale L.J.* 715 (1950).

26. National Council on Adoption, *Adoption Factbook IV*, p. 7.

27. Ibid., p. 6.

28. See, for example, Unif. Adoption Act sec. 7-103, 9 U.L.A. (pt. IA). On the general rules governing the adoption of children, see Susan Frelich Appleton and D. Kelly Weisberg, *Adoption and Assisted Reproduction* (2009).

29. Laura Masnerius, "Market Puts Price Tags on the Priceless," *N.Y. Times*, Oct. 26, 1998, p. A1.

30. Ibid.

31. Walter I. Trattner, *From Poor Law to Welfare State: A History of Social Welfare in America* 111 (5th ed. 1994).

32. The full results of this study are reported in Grossman and Guthrie, "Adoption in the Progressive Era."

33. Kawashima, "Adoption in Early America," p. 689, reporting that most colonial adoptions involved relatives.

34. "Baby Girl Abandoned by Unknown Parents," *S.F. Chron.*, July 7, 1908, p. 5. California was a hotbed of activity in the child-saving movement. See William H. Slingerland, *Child Welfare Work in California* (1916), p. 17; Michael B. Katz, *In the Shadow of the Poorhouse: A Social History of Welfare in America* (1986), pp. 113–45; Susan Tiffin, *In Whose Best Interest? Child Welfare Reform in the Progressive Era* (1982), pp. 38–39.

35. Homer H. Clark, Jr., *The Law of Domestic Relations in the United States*, (2d ed. 1988).

36. National Council on Adoption, *Adoption Factbook IV* (2007), p. 9.

37. Our thanks to Sarah Crabtree for some of the research in this section.

38. Vernier, *American Family Laws*, Vol. IV, p. 282; La. Rev. Stat. Ann. sec. 9:422 (1972).

39. See, for example, Compos v. McKeithen, 341 F. Supp. 264 (E.D. La. 1972) and *In re* Adoption of Gomez, 424 S.W.2d 656 (Tex. Civ. App. 1967), which both ruled that it was a violation of the Equal Protection Clause to prohibit transracial adoptions altogether.

40. 466 U.S. 429 (1984), pp. 432–33.

41. Mark C. Rahdert, "Transracial Adoption—A Constitutional Perspective," 68 *Temple L. Rev.* 1687 (1995), p. 1695; David D. Meyer, "*Palmore* Comes of Age: The Place of Race in the Placement of Children," 18 *U. Fla. J. L. & Pub. Pol'y* 183 (2007), p. 189. Meyer notes that for years "after *Palmore*, states continued to adhere to statutes or other legal guidelines establishing priorities or preferences for same-race placements, sometimes specifying the length of time children would be kept waiting while caseworkers searched for willing adoptive parents of the child's race." Meyer, p. 185.

42. Meyer, "*Palmore* Comes of Age," p. 187.

43. On this early history, see, for example, Randall Kennedy, *Interracial Intimacies: Sex, Marriage, Identity, and Adoption* (2003), p. 387; see also Twila L. Perry, "The Transracial Adoption Controversy: An Analysis of Discourse and Subordination," 21 *N.Y.U. Rev. L. & Soc. Change* 33 (1993).

44. Perry, "The Transracial Adoption Controversy," p. 42. On changing attitudes toward unwed motherhood, see, for example, Mary Lyndon Shanley, *Making Babies, Making Families: What Matters Most in an Age of Reproductive Technologies, Surrogacy, Adoption, and Same-Sex and Unwed Parents* (2001), pp. 16–17; E. Wayne Carp, *Family Matters: Secrecy and Disclosure in the History of Adoption* (1998).

45. See Hollee McGinnis et al., *Beyond Culture Camp: Promoting Healthy Identity Formation in Adoption* (Evan B. Donaldson Adoption Institute, 2009).

46. Ron Nixon, "Adopted from Korea and in Search of Identity," *N.Y. Times*, Nov. 9, 2009, p. A9.

47. See, in general, Perry, "The Transracial Adoption Controversy"; Elizabeth Bartholet, "Where Do Black Children Belong? The Politics of Race Matching in Adoption," 139 *U. Pa. L. Rev.* 1163 (1991).

48. See Ruth-Arlene W. Howe, "Adoption Practice, Issues, and Laws, 1958–1983," 17 *Fam. L. Q.* 273 (1983).

49. 92 Stat. 3069 (act of Nov. 8, 1978), 25 U.S.C. 1915 (2008).

50. Ann E. MacEachron et al., "The Effectiveness of the Indian Child Welfare Act of 1978," 70 *Soc. Science Rev.* 451 (1996), pp. 458–59.

51. Robert H. Bremner, *Children and Youth in America: A Documentary History* (1974), Vol. 3, pp. 777–80. William Merritt restated NABSW's opposition to transracial adoption in 1985—in just as stark terms—condemning it as a "hostile act against our community" and a "blatant form of race and cultural genocide." Testimony, Senate Comm. Labor & Human Resources, 99th Cong., 1st Sess., June 25, 1985, quoted in Perry, "The Transracial Adoption Controversy," p. 47.

52. Kenneth L. Karst, "Law, Cultural Conflict, and the Socialization of Children," 91 *Cal. L. Rev.* 967 (2003), pp. 982–83, citing Bartholet, "Where Do Black Children Belong?" 1178–80. Data after 1975 are scant because the federal government stopped collecting information about adoptions.

53. Patricia K. Jennings, "The Trouble with the Multiethnic Placement Act: An Empirical Look at Transracial Adoption," 49 *Soc. Persp.* 559 (2004), p. 561.

54. Ibid.; see also Evan B. Donaldson Institute, *Finding Families for African American Children: The Role of Race & Law in Adoption from Foster Care* (2008), p. 22.

55. Elizabeth Bartholet, "Race Separatism in the Family: More on the Transracial Adoption Debate," 2 *Duke J. L. & Pol'y* 99 (1995), p. 100.

56. Perry, "The Transracial Adoption Controversy," pp. 43–47.

57. See, for example, Shanley, *Making Babies, Making Families*, pp. 24–25.

58. Pub. L. No. 103-382, 108 Stat. 4056 (1994).

59. See Removal of Barriers to Interethnic Adoptions, Pub. L. 104-188, sec. 1808, 110 Stat. 1904 (1996) (codified as amended at 42 U.S.C. sec. 1996b (2010)). Under current law, federally funded entities must also "diligently recruit" foster and adoptive parents who reflect the diversity of children in need of placements. Jennings, "The Trouble with the Multiethnic Placement Act," p. 561. States have made efforts to recruit black adoptive parents, but even with similar adoption rates, transracial adoption is necessary because black children are so

416 disproportionately represented among would-be adoptees. See Bartholet, "Race Separatism in the Family," p. 101.

60. Pub. L. No. 105-89, 111 Stat. 2115 (codified as amended in scattered sections of 42 U.S.C.).

61. On the role of racial preferences, see R. Richard Banks, "The Color of Desire: Fulfilling Adoptive Parents' Racial Preferences through Discriminatory State Action," 107 *Yale L.J.* 875 (1998); Solangel Maldonado, "Discouraging Racial Preferences in Adoptions, 39 *U.C. Davis L. Rev.* 1415 (2006), pp. 1472–73.

62. These cases are recounted in more detail in Meyer, "*Palmore* Comes of Age," pp. 196–98.

63. See, for example, *In re* Marriage of Gambla, 853 N.W.2d 847 (Ill. App. Ct. 2006), which is discussed at length in Meyer, "*Palmore* Comes of Age," pp. 192–95. See also J.H.H. v. O'Hara, 878 F.2d 240 (8th Cir. 1989); *In re* R.M.G., 454 A.2d 776 (D.C. 1982); Drummond v. Fulton County Dep't of Family & Children's Svcs., 563 F.2d 1200 (5th Cir. 1977).

64. Twila L. Perry, "Book Review: Hawley Fogg-Davis, Power, Possibility and Choice: The Racial Identity of Transracially Adopted Children," 9 *Mich. J. Race & L.* 215 (2003), p. 233.

65. N.Y. Soc. Serv. Law sec. 373 (2009).

66. Perry, "The Transracial Adoption Controversy," p. 56. Perry notes that in 1954, forty-three states provided for religious-matching by statute, and seventeen still had such statutes in 1989.

67. Shanley, *Making Babies, Making Families*, p. 12.

68. See, for example, "Sample Letter to Families Applying for Infants Where the Woman is Over 40 Years of Age," (early 1940s), available at: http://www.uoregon.edu/~adoption/archive/SLFAIWWOFYA.htm, which explained that women forty and over were generally not eligible to adopt.

69. Cal. Civ. Code secs. 228–229 (Hart 1892).

70. Naomi Cahn describes the range of rules regarding inheritance by adopted children in the late nineteenth and early twentieth centuries in "Perfect Substitutes or the Real Thing?" 52 *Duke L. J.* 1077 (2003), pp. 1126–32. "No statute accorded adoptive children the same intestacy rights as biological children." Ibid., p. 1132.

71. Two states still allow inheritance from both sets of parents. See Tex. Prob. Code sec. 40 (2010). On the more typical approach, see Uniform Probate Code sec. 2-114 (2008).

72. See, for example, Unif. Prob. Code sec. 2-114 (2008); Hall v. Vallandingham, 540 A.2d 1162 (Ct. App. Md. 1988).

73. State v. Fischer, 493 N.E.2d 1265 (Ind. App. 1986).

74. Bohall v. State, 546 N.E.2d 1214 (Ind. 1989).

75. On the many factors fueling the movement toward secrecy, see Carp, *Family Matters*, pp. 102–37.
76. 1931 Laws Ill., p. 734; 1937 Laws Ill., p. 1006; Ill. Rev. Stat. 1939, ch. 111½, secs. 48a, 57.6.
77. Annette Ruth Appell, "Blending Families through Adoption: Implications for Collaborative Adoption Law and Practice," 75 *B.U. L. Rev.* 997 (1995); see also Adam Pertman, *Adoption Nation: How the Adoption Revolution is Transforming America* (2000); Carp, *Family Matters*.
78. On this history, see Elizabeth J. Samuels, "The Idea of Adoption: An Inquiry into the History of Adult Adoptee Access to Birth Records," 53 *Rutgers L. Rev.* 367 (2001).
79. Joel D. Tenenbaum, "Introducing the Uniform Adoption Act," 30 *Fam. L. Q.* 333 (1996–97), p. 334.
80. Mills v. Atlantic City Dep't of Vital Statistics, 372 A.2d 646 (N.J. 1977), p. 649.
81. Donald Janson, "Adopted Children Seeking Changes in Law on Finding Natural Parents," *N.Y. Times*, Oct. 27, 1976.
82. Cal. Fam. Code sec. 9203 (2009). On the history of adoption records law in California, see Kathleen Caswell, "Opening the Door to the Past," 32 *Golden Gate U. L. Rev.* 272 (2002), pp. 281–83; Everett R. Holles, "California Health Department Seeks to Open Adoption Records," *N.Y. Times*, Oct. 8, 1977, p. 34.
83. On this and other aspects of adoption in the United States, see The Adoption History Project, available at http://www.ureogen.edu/~adoption/people/CUB.htm (visited Aug. 1, 2010). On the advocacy efforts for birth parents, see also Nadine Brozan, "Parents Who Gave Up Babies Organize to Gain New Rights," *N.Y. Times*, Jan. 23, 1978.
84. Tamar Lewin, "Woman Convicted of Fraud in Efforts to Find Adoptees," *N.Y. Times*, July 30, 1993.
85. Oregon Ballot Measure 58 (1998).
86. Doe 1 v. State, 993 P.2d 822 (Ore. 1999).
87. Jim Robbins, "Where Adoption Is Suddenly an Open Book," *N.Y. Times*, May 17, 2001, p. F12.
88. See Alaska Stat. sec. 18.50.500 (2009); Kan. Stat. Ann. sec. 65-2423 (2008); Tenn. Code Ann. secs. 36-1-125 to -129 (1996); see also M. Christina Rueff, "A Comparison of Tennessee's Open Records Law with Relevant Laws in Other English-Speaking Countries," 37 *Brandeis L. J.* 453 (1998–99). Alabama granted a blanket right to see original birth certificates upon reaching adulthood; but then changed the law. Now there is an automatic right only to non-identifying information about background and circumstances of birth. Information revealing who the birth parents were, however, can be granted by court order or if the birth parents, after an intermediary contacts them, give their consent. Ala.

418 Code Ann. sec. 26-10A-31 (2009). On the movement to unseal adoption records, see Naomi Cahn and Jana Singer, "Adoption, Identity, and the Constitution: The Case for Opening Closed Records," 2 *U. Pa. J. Const. L.* 150 (1999).

89. 2009 Ill. H.B. 5428 (enacted May 21, 2010). Before this Act, an adoptee could find his or her birth parents only if the parents had signed up for the state's Adoption Registry and Medical Information Exchange.

90. See, for example, Susan Livingston Smith, Evan B. Donaldson Adoption Inst., *Safeguarding the Rights and Well Being of Birth Parents in the Adoption Process* (2007), http://www.adoptioninstitute.org/publications/2006, pp. 6 and 19 (visited Aug. 1, 2010).

91. See Margaret Talbot, "The Year in Ideas: A to Z; Open Sperm Donation," *N.Y. Times*, Dec. 9, 2001. On the parallels between secrecy in adoptions and sperm donations, see Naomi Cahn, "Necessary Subjects: The Need for a Mandatory National Donor Gamete Databank," 12 *DePaul J. Health Care L.* 203 (2009).

92. We discussed the parentage issues raised by sperm and egg donation in chapter 13.

93. Betsy Streisand, "Who's Your Daddy? Sperm Donors Rely on Anonymity; Now Donor Offspring (And their Moms) Are Breaking Down the Walls of Privacy," *U.S. News & World Report* (Feb. 5, 2006).

94. The registry is available at http://donorsiblingregistry.com/ (visited Aug. 1, 2010).

95. On the comparative law of gamete donation, see Lucy Frith, "Gamete Donation and Anonymity," 16 *Hum. Reprod.* 818 (2001).

96. Carey Goldberg, "The Search for DGM 2598," *Boston Globe*, Nov. 23, 2008.

97. See, for example, Cal. Fam. Code sec. 7613(a) (2007).

98. See, for example, the Fairfax Cryobank ID Option Donor Program, http://www.fairfaxcryobank.com/IDConsentDonor.shtml (visited Aug. 1, 2010).

99. Streisand, "Who's Your Daddy."

100. Goldberg, "The Search for DGM 2598"; see also Cahn, "Necessary Subjects."

101. On current regulations and proposals for change, see Michelle Dennison, "Revealing Your Sources: The Case for Non-Anonymous Gamete Donation," 21 *J. L. & Health* 1 (2007–08).

102. "Be My Baby," *20/20*, ABC News, aired Apr. 30, 2004.

103. "Bowling for Babies: Bastard Nation's Response to *20/20*'s Be My Baby Ad Campaign," http://www.bastards.org/activism/bowling-babies.html (visited Aug. 1, 2010).

104. See, for example, Esther B. Fein, "Secrecy and Stigma No Longer Clouding Adoptions," *N.Y. Times*, Oct. 25, 1998; Michael Winerip,

"With Open Adoption, A New Kind of Family," *N.Y. Times*, Feb. 24, 2008.

105. Mary Shanley notes that "[o]pen adoption developed in response to the realization of white birth mothers that 'the agencies needed them, rather than birth mothers needing the agencies.'" Shanley, *Making Babies, Making Families*, p. 21.

106. For a state law survey, see Child Welfare Information Gateway, "Postadoption Contact Agreements Between Birth and Adoptive Families: Summary of State Laws" (2009), available at www.childwelfare.gov; see also E. Gary Spitko, "Open Adoption, Inheritance, and the "Uncleing" Principle," 48 *Santa Clara L. Rev.* 765 (2008), p. 777.

107. N.C. Gen. Stat. sec. 48-3-610 (2010).

108. Thayer, "Moppets on the Market."

109. National Committee for Adoption, *Adoption Factbook: United States Data, Issues, Regulations, and Resources* (1985).

110. Rose M. Kreider and Jason Fields, "Living Arrangements of Children: 2001," *U.S. Census Bureau, Current Population Reports*, P70-104 (July 2005), pp. 6–7.

111. On data collection problems in this area, see Victor E. Flango, "Are Courts an Untapped Source of Adoption Statistics?," 11 *St. Court J.* 12 (1987), p. 13.

112. Christine A. Bachrach et al., "On the Path to Adoption: Adoption Seeking in the United States, 1988," 53 *J. Marriage & Fam.* 705 (1991), p. 705.

113. See National Council for Adoption, *Adoption Factbook IV*, p. 5. Among adoptions by strangers in the United States, the percentage of international adoptions more than doubled between 1992 (10.5 percent) and 2002 (21.7 percent).

114. Ibid., p. 13; see also Barbara Stark, "Baby Girls from China in New York: A Thrice-Told Tale," 2003 *Utah L. Rev.* 1231 (2003).

115. Clifford J. Levy, "Russia Calls for Halt on U.S. Adoptions," *N.Y. Times*, Apr. 9, 2010.

116. Elisabeth Rosenthal, "Law Backfires, Stranding Orphans in Romania," *Int'l Herald Trib.*, June 23, 2005.

117. See Jim Yardley, "China Tightens Adoption Rules, U.S. Agencies Say," Dec. 19, 2006.

118. For general background on modern adoption law, see Joan Hollinger and Naomi Cahn, *Families by Law: An Adoption Reader* (2004); Susan Frelich Appleton and D. Kelly Weisberg, *Adoption and Assisted Reproduction: Families under Construction* (2009).

119. See Nancy D. Polikoff, "The Social Construction of Parenthood in One Planned Lesbian Family," 22 *N.Y.U. Rev. L. & Soc. Change* 203 (1996).

120. Nancy Polikoff, Brief Amicus Curiae, R.-Y v. Robin Y., New York County Family Court Docket No. P3884/91, reprinted in 22 *N.Y.U. Rev. L. & Soc. Change* 213 (1996–97), pp. 219–20 n. 2, citing documentation of early lesbian planned families. See also Nan D. Hunter and Nancy D. Polikoff, "Custody Rights of Lesbian Mothers: Legal Theory and Litigation Strategy," 25 *Buff. L. Rev.* 691 (1976); Benna F. Armano, "Lesbian Mother: Her Right to Child Custody," 4 *Golden Gate U. L. Rev.* 1 (1973).

121. See North Coast Women's Care Medical Group, Inc. v. Superior Court, 189 P.3d 959 (Cal. 2008); Unruh Civil Rights Act, Cal. Civ. Code sec. 51 (2010). On the question whether fertility services should be more closely regulated, see Naomi Cahn, *Test Tube Families: Why the Fertility Market Needs Regulation* (2009).

122. See Charlotte Patterson and Fiona Tasker, "Research on Lesbian and Gay Parenting: Retrospect and Prospect," *J. GBLT Fam. Stud.*: Special Issue: Lesbian and Gay Parenting: New Directions (2006), p. 4.

123. See A. I. Lev, "Gay Dads: Choosing Surrogacy," 7 *Lesbian & Gay Psychol. Rev.* 73 (2006).

124. April Martin, "The Planned Lesbian and Gay Family: Parenthood and Children," cited in Polikoff, Brief Amicus Curiae, p. 219.

125. Judith Stacey and Timothy J. Biblarz, "(How) Does the Sexual Orientation of Parents Matter?" 66 *Am. Soc. Rev.* 159 (2001), pp. 164–65.

126. See Gary J. Gates et al., *Adoption and Foster Care by Gay and Lesbian Parents in the United States* (2007), available at http://www.law.ucla.edu/Williamsinstitute/publications/Policy-Adoption-index.html.

127. Fla. Stat. sec. 63-042(3) (2010).

128. 377 F.3d 1275 (11th Cir. 2004). The story of one of the plaintiffs in *Lofton* is portrayed in *Daddy and Papa* (2002), a documentary by Johnny Symons about gay fatherhood in America.

129. *In re* Adoption of Doe, 2008 WL 5006172 (Fla. Cir. Ct. Nov. 25, 2008).

130. *In re* Matter of Adoption of X.X.G. and N.R.G., 45 So. 3d 79 (Fla. App. 2010); see also Joanna L. Grossman, "Will Gays and Lesbians in Florida Finally Gain the Right to Adopt Children?" *FindLaw's Writ*, Oct. 26, 2010, available at http://writ.news.findlaw.com/grossman/20101026.html (visited Nov. 1, 2010).

131. Ark. Code Ann. sec. 9-8-304 (2009).

132. Miss. Code Ann. sec. 93-17-3(5) (2009): "Adoption by couples of the same gender is prohibited"; Utah Code Ann. sec. 78B-6-117 (2009): "A child may not be adopted by a person who is cohabiting in a relationship that is not a legally valid and binding marriage under the laws of the state"; "A child may be adopted by … adults who are legally married."

133. See Adoption of B.L.V.B., 628 A.2d 1271 (Vt. 1993); Adoption of Tammy, 619 N.E.2d 315 (Mass. 1993).

134. Mass. Gen. Laws ch. 210, sec. 1 (2009). The local statute provided that a "person of full age may petition the probate court ... to adopt as his child another person younger than himself, unless such other person is his or her wife or husband, or brother, sister, uncle or aunt, of the whole or half blood."

135. The statute did say that adoption has the effect of terminating legal ties between the adoptive child and her natural parents, but the court interpreted that provision not to apply to stepparent or second-parent adoptions, when one of the natural parents is a party to the adoption petition. Doris Sue Wong, "Lesbian Couple Allowed to Adopt," *Boston Globe*, Sept. 11, 1993.

136. See Cal. Fam. Code sec. 9000(f) (2004); Colo. Rev. Stat. secs. 9-5-203(1), 19-5-208(5), 19-5-210(1.5), 19-5-211(1.5) (2007); Conn. Gen. Stat. sec. 45a-724(3) (2004); Vt. Stat. Ann. tit. 15A, sec. 1-102(b) (2004). On second-parent adoptions generally, see Jane S. Schacter, "Constructing Families in a Democracy: Courts, Legislatures, and Second-Parent Adoption, 75 *Chi.-Kent L. Rev.* 933 (2000).

137. A complete list of current laws on second-parent adoption is available at: www.familyequality.org (visited Aug. 1, 2010).

138. 73 P.3d 554 (Cal. 2003); see also *In re* Jacob, 660 N.E.2d 397 (N.Y. 1995).

139. See, for example, *Jacob*.

140. Boseman v. Jarrell, 704 S.E. 2d 374 (N.C. 2010); *In re* Adoption of Luke, 640 N.W.2d 374 (Neb. 2002); *In re* Adoption of Doe, 719 N.E.2d 1071 (Ohio Ct. App. 1998); *In re* Angel Lace M., 516 N.W.2d 678 (Wis. 1994).

141. 117 P.3d 660 (Cal. 2005).

142. K.M. v. E.G., 117 P.3d 673 (Cal. 2005).

143. We discuss the legal treatment of sperm donors in chapter 13.

144. 117 P.3d 690 (2005).

145. Embry v. Ryan, 11 So. 3d 408 (Fla. App. 2009); see also Russell v. Bridgens, 647 N.W.2d 56 (Neb. 2002); Starr v. Erez, COA99-1534 (N.C. Ct. App. Nov. 27, 2000); Finstuen v. Edmonson, 496 F. Supp. 2d 1295 (W.D. Okla. 2006). A New York court allowed a same-sex couple to jointly adopt the biological child of one of the partners, even though the co-parent already had enforceable parental rights because the couple had legally married in the Netherlands. The court held that "the best interests of this child require a judgment that will ensure recognition of both Ingrid and Mona as his legal parents throughout the entire United States." *In re* Sebastian, No. 38-08, Surrogate's Court: County of New York (Apr. 9, 2009).

146. See, in general, Charlotte J. Patterson, "Adoption of Minor Children by Lesbian and Gay Adults: A Social Science Perspective," 2 *Duke J. Gender L. & Pol'y* 191 (1995); Richard E. Redding, "It's Really About Sex: Same-Sex Marriage, Lesbigay Parenting, and the Psychology of Disgust," 15 *Duke J. Gender L. & Pol'y* 127 (2008); Susan Golombok et al., "Children with Lesbian Parents: A Community Study," 39 *Dev. Psychol.* 20 (2003); Megan Fulcher et al., "Lesbian Mothers and Their Children," in *Sexual Orientation and Mental Health: Examining Identity and Development in Lesbian, Gay, and Bisexual People* (Allen M. Omoto and Howard S. Kurtzman, eds., 2006), p. 281.

147. Varnum v. O'Brien, 763 N.W.2d 862 (Iowa 2009).

148. The declaration is cited at http://www.nclrights.org/site/DocServer/adptn0204.pdf?docID=1221 (visited Aug. 1, 2010).

149. American Psychological Association, *Lesbian and Gay Parenting* (2005), p. 15.

150. American Academy of Pediatrics, Co-Parent or Second Parent Adoption by Same-Sex Parents, 109 *Pediatrics* 339 (2002).

151. American Bar Association, House of Delegates, Report 112A (2003), http://www.abanet.org/leadership/2003/journal/112.pdf (visited Aug. 1, 2010).

152. Patricia Wen, "Catholic Charities Stuns State, Ends Adoptions," *Boston Globe*, Mar. 11, 2006. For arguments against same-sex parenting, see also Lynn D. Wardle, "The Potential Impact of Homosexual Parenting on Children," 1997 *U. Ill. L. Rev.* 833 (1997). On the other end of the spectrum, we see lawyers and brokers who specialize in adoption for gays and lesbians, and a recent survey found that many non-specialized adoption agencies will accept gay men and lesbians as clients. D. M. Brodzinsky and Evan B. Donaldson Adoption Institute, *Adoptions by Lesbians and Gays: A National Survey of Adoption Agency Policies, Practices, and Attitudes* (2006), http://www.adoptioninstitute.org/whowe/Gay%20and%20 Lesbian%20 Adoption1. html (visited Aug. 1, 2010); see also Charlotte J. Patterson, "Lesbian and Gay Family Issues in the Context of Changing Legal and Social Policy Environments," in Bieschke et al., eds., *Handbook of Counseling and Psychotherapy with Lesbian, Gay, Bisexual, and Transgender Clients* (2007), p. 363.

索 引*

abandonment: of babies and children, 271–74, 309–11, 321, 401nn66–67; as child abuse, 19, 269; as grounds for divorce, 4, 179, 248, 373n69, 374n100
abortion: minors' rights to, 281–82, 403n108; privacy rights and, 39, 109, 113–14, 291; restrictions on, 85, 360n18, 403n108; right to seek, 113, 337n71, 360n18; societal views about, 11, 409n79
absolute divorce, 21, 159, 161, 183
Ackerman-Schoendorf Scales for Parent Evaluation of Custody, 219
ACLU, 35, 125
ADC, 274–75
Administration for Children's Services (ACS), 269
Adoptees' Liberty Movement Association, 317
adoption: of child abuse victims, 270; data on, 321; industry of, 306–9; inheritance rights and, 238, 244, 315, 416nn70–71; intent to parent and, 325–29; origins of, 305–6; parent-child relationships in, 314–15; parent-child reunions, 317; post-adoption contracts, 319–20; procedures in, 315–20; purpose of, 19, 309–10; race and, 19–20, 310–14, 414n41; race-matching in, 19–20, 312–14; rate of, 320; records for, 315–20, 417–18nn88–89; religion and, 19, 314, 416n66; scams in, 308; trends in, 320–21; unwed fatherhood laws and, 293–96, 407n54
adoption, types of: family creation, 309; family preservation, 309; family re-creation, 309; illegal, 308; independent, 308–9; international, 320–21, 419n111; open, 318–20, 419n105; same-sex, 321–25, 420n132, 421n145, 421nn134–35, 422n152; second-parent, 324, 327, 421n135; stepparent, 310, 315, 421n135; transracial, 308, 310–14, 414n39, 414n41, 415–16n59, 415n51
adoption agencies, dishonesty of, 307–8, 413n16
Adoption and Safe Families Act of 1997 (ASFA), 270, 313
Adoption Assistance and Child Welfare Act of 1980, 270
Adoption of Tammy (1993), 323–24
adultery, 73–74; as crime, 119–21; evidence of, 167–68, 184; as grounds for divorce, 160–61, 167–68; inheritance laws and, 248; marital fault and, 208
Adult Protective Services Acts, 255–56
AFDC, 225
African-Americans: gender wage gap and, 198–88, 198–99, 380–81nn41–48; interracial marriage and, 32–37; racial marriage gap, 54–56, 345n352; right to marry, 54; transracial adoption and, 308, 310–14, 414n39, 414n41, 414n51, 415–16n59, 415n51
age requirements, marital: annulment and, 182–83, 376n119; in common-law marriage, 81, 339n110; parental consent and, 44–45, 340n116; statutory age minimums, 44–45
AID (artificial insemination by donor), 296
AIDS, 41–42
Aid to Dependent Children (ADC), 274–75
Aid to Families with Dependent Children (AFDC), 225
Alabama, laws and statutes on: adoption, 417n88; alimony, 70, 201; divorce, 161; elder care, 252; inheritance rights, 239; interracial marriage, 35–36; marital naming, 346n56; sex discrimination, 346n56; sex toys, 118
Alaska, laws and statutes on: adoption, 417n88; cohabitation, 363n38; old-age pensions, 253; property rights, 379n6

---

* 索引中所标示的页码为原书页码, 即本书边码。

Alford, Patricia and Jeffy, 102
ALI. *See* American Law Institute
alienation of affections, 93–95, 102–3, 211, 223, 356n59, 356nn57–58, 358n74
alimony, 14–15, 201–5; cohabitation effect on, 124; in common-law system, 195–96, 379n10; data on, 204–5, 279n24, 382n69; gender-based alimony statutes, 201–2, 208, 379n10; marital fault and, 206–9, 384nn102–4; palimony agreements, 131–36; reimbursement alimony, 206; shift from lifetime to short-term, 202–3; standards of living inequalities, men vs. women, 203–4, 213–14, 282–83n74, 384n93, 386n125
ALI Principles, 138–39, 204, 208, 211, 223, 386n120, 390n68, 391n72
American Academy of Pediatrics (AAP), 328
American Bar Association (ABA), 328
American Civil Liberties Union (ACLU), 35, 125
American Law Institute (ALI): Model Penal Code, 1962, 122; Principles of the Law of Family Dissolution, 138–39, 204, 208, 211, 223, 386n120, 390n68, 391n72
American Psychological Association (APA), 327–28
American Wedding Survey, 105
Amish, education and, 264
Anna Karenina (Tolstoy), 56
annulment, 180–87, 375n112, 375n115, 376–77nn134–44, 376n119; Catholic church and, 160, 164, 177–78, 180–81, 185; marital age requirements and, 182–83, 376n119; rate in U.S., 183
anonymous sperm donation, 318–19, 322
Ansin v. Craver-Ansin (2010), 212, 385n115
antenuptial agreements, 192
anti-heartbalm laws, 106
anti-miscegenation laws, 142, 146–47
anti-same-sex marriage movement, 147–49, 153–54, 323
anti-vaccine activism, 265
Argentina, same-sex marriage in, 152
Arizona, laws and statutes on: covenant marriage, 187–88; divorce, 172; juvenile courts, 284; old-age pensions, 253; parentage, 303; property rights, 379n6
Arkansas, laws and statutes on: covenant marriage, 187–88; divorce, 161, 172; parentage, 20, 287; posthumously conceived children, 412n119; same-sex adoption, 323
artificial insemination, 20, 286, 322, 324–25, 408n64
ASFA, 313
Awful Truth, The (film), 44, 175
AWOL fathers, 229

baby abandonment, 19, 271–74, 309–11, 321
Baby Jessica, 293–95
Baby M, 297–99, 301
Baby M, In re (1988), 297–99, 301
baby Moses laws, 19, 271–74, 400n61
Baby Richard, 294–95
baby-selling: illegal adoption and, 308; surrogacy viewed as, 298, 301
Baehr v. Lewin (1993), 146–47
Bairnsfather, Cecilia and Bruce, 95
Baker, Richard, 142–44
Baker v. Nelson (1971), 365n4, 366nn6–7
Baker v. State (1999), 149
Ball, J'Noel (J'Noel Gardiner), 154
Bardwell, Keith, 36
Barrymore, Drew, 283
Barton, Jennifer and Jason, 189
"bastard" children. *See* illegitimate children
Bastard Nation, 317, 319
battered elders, 255
"battered women's syndrome," 74
Beatie v. Beatie (1993), 65
Bellotti v. Baird (1979), 282
Bennetts, Leslie, 199
Berg, George, 102
Bergh, Henry, 267–68
Biblis, Stella, 286
bifurcated systems, 274–75
bigamy: freedom of religion and, 28–30; as grounds for annulment, 181; privacy rights and, 119; prosecution of, 29–30, 43, 119, 170
Big Chill, The (film), 82
Billingslea, Hazel, 256

Billingslea, Ray Edwin, 256
Bing, Sir Rudolph, 260
Blackadder, Idelia and John A., 181–82
Blackstone, William, 4, 59, 68
Blackwell, Cobert, 43
blended families: adoption and, 309–10, 315; child support in, 228; rise of, 310; stepparents' rights, 278–79; will contests in, 246
blind credulity, 185
Blodgett, H. H., 87
blood tests, requirements for marriage, 41–42
blood-typing, paternity, 288–89
Bobbitt, Lorena and John Wayne, 76
Boehler, Alfred, 74
Boland v. Catalano (1987), 364n52
Bowers v. Hardwick (1986), 114–15, 125
Brace, Charles Loring, 309
Bradkowski, Keith, 240
breach of promise: abolition of, 96–106, 357n70; cause of action, 12, 90–93, 355n50
Breitung, Juliet, 97
Brennen, William J., 113
Brethren of the United Order, 29
Bricklin Perceptual Scales, 219
Brieux, Eugene, 41
Brode, Patrick, 357n70
Brooks, Mary Lou, 132
Brougham, Ward, 95
Brown, Louise, 322
Brown, Robert C., 98
Brown v. Board of Education (1954), 152
Bryan, William Jennings, 66
Bryant, Anita, 143, 323
Buck, Carrie, 112
Buck v. Bell (1927), 112
Bureau of Indian Affairs, 311
Bureau of War Risk Insurance, 84
Burke, Louis, 174
Burns, Susan and Darian, 123–24, 151
Burr v. Burr (1986), 307, 413n16
Bush, George W., 148, 190

Caban, Abdiel, 293
Caban v. Mohammed (1979), 293

Cable Act of 1922, 66–67
California, laws and statutes on: adoption, 412n9, 305–6, 314; adoption records, 316; alimony, 61, 195, 379n10; annulment, 181–82, 185, 196, 375n115, 376n119; child custody, 221–22; child support, 224; citizenship, 66; cohabitation, 10, 121–22, 131, 139; common-law marriage, 80, 83, 352n20; compulsory education, 265; conservatorships, 259; divorce, 14, 163, 175–76, 178, 377n141; domestic partnership, 240; eugenics movement, 86, 112; heart balm laws, 100; inheritance rights, 243–45, 257; intent to parent, 325–27; interracial marriage, 32; marital age, 44, 110; marital rape, 75; parentage, 289, 297, 299, 303, 314; parental rights, 264–65, 277, 279; prenuptial agreements, 385n112, 385n115; property rights, 379n6; remarriage waiting periods, 44, 169; same-sex adoption, 322; same-sex relationships, 144–45, 150, 152–53; second-parent adoptions, 324; stepparents' rights, 279; sterilization, 86; surrogacy, 299
California Cryobank, 297
Cameron, Lucille, 33
Cameron, Ralph, 100
Canada, laws and statutes on: heart balm laws, 357n70; posthumously conceived children, 411n117; same-sex relationships/marriage in, 152, 394n19
CAPTA, 268, 399n42
Carbone, June, 386n2
Caribbean islands, divorce in, 171–72, 372n58
Carney, Cordelia P., 93
Carr, Stanley, 183
Carvin, Sue Ellen, 278
Catholic Charities of Boston, 328
Catholic church, annulment and, 160, 164, 177–78, 180–81, 185
Chadwick, H. Beatty, 213
Cheatham, Denty, 70
Chen, Jane, 226–27
Cherepski v. Walker (1996), 356n58
Cherlin, Andrew, 54, 178

Chesney, Kenny, 182
Chicago Defender, 41
Chicago Tribune, 87, 98–99
child abuse, 266–71; child welfare services for, 268–70; deaths caused by, 270–71, 400n51; discipline and, 269–70; mandatory reporters of, 268; neglect, 269, 271–74; newborns, abandoned and killed, 19, 271–74, 401nn66–67; poverty, effect on, 274–75; safe haven laws to combat, 272–74, 401nn70–71; types of, 269. *See also* domestic violence
Child Abuse Prevention and Treatment Act (CAPTA), 268, 399n42
child custody: "best interests of the child" standard in, 216–17; courts' involvement in, 222; determining, 215–19, 386n2; disputes over, 123–24, 218–19, 371n29, 387n16, 388n25; gender-based parenting stereotypes in, 217–19; joint custody, 221–23, 392n84; legal child custody, 222; in nineteenth century, 5–6; parental behavior and, 219–21; parental obligations in, 235–36; physical child custody, 220–21; primary caretakers and, 217–18; residential child custody, 221; sole child custody, 221, 223; "tender years" doctrine in, 215, 217; types of, 221–23
childhood socialization, 280–81
child labor laws, 19, 264, 274
child-rape, 29–30, 334n15
children's rights, 17–19, 279–81; education, 264–65, 398n17; emancipation, 282–83; of foster children, 268, 270–71; to medical care, 265–66, 398n25; minors and marriage, 281–82; minors and sex, 282; parental authority and, 17–19, 262–65, 279–81, 397n3; societal view of children, 285; state authority over, 18–19, 283–85
child support: award determinations, 224–25, 390nn66–68; blended families and, 228; civil laws, 224; common-law notions on, 223–24; "deadbeat dads," 15, 229; earning power basis of, 225–28; high-income families and, 228;

inheritance and, 244; lack of support for mothers and, 225, 229–30, 391n81; parental duty to provide, 223–28; second marriages and, 228; "shirking" payment of, 226; visitation rights and, 230
child support enforcement, 228–31, 393n11; collection rates, 229–30, 391n77; federal involvement in enforcing, 225–26, 228–31; ineffectiveness of system, 230–31
child welfare services, federal, 268–70, 274–75
Chin, Ernest, 240
China, adoptions from, 320–21
Christian Scientists, 266
citizenship, marriage and, 65–68, 376n119
civil capacity, 258
civil unions, 147, 149–51, 393–94n18
Clark, Claude, 43
Clark, Marcia, 218–19
Clark, Tom C., 171
clergy, legally defined, 42
Clinton, Bill, 190
cohabitation: alimony and, 124; child custody decisions and, 123, 220; civil regulation of, 128–29; vs. common-law marriage, 10, 83, 89; as crime, 121–25; domestic partnerships, 13, 138, 145, 150, 153; employment and, 124–25; inheritance rights and, 139; interracial cohabitation, 34–35; *Marvin*-type rights and, 131–36, 138, 140; as meretricious relationships, 79, 134, 137; property rights and, 137–38; reasons for, 126–27; rights between cohabitants, 88, 139; rights to benefits in, 139; right to cohabit, 127–28; rise of, 125–27; societal views about, 10, 84, 104, 121–22, 142, 178, 363n32, 363n38; status-based rights for, 136–41, 336n40
cohabitation agreements, 129–36, 364nn52–57
cohabitation rates, U.S., 125–26
Cohen, Alfred, 372–73n58
Collier, Brittany, 277
Collier, Constance, 95

Collman, Jeff, 240
collusive divorce, 163–68, 173, 179. *See also* divorce
Colorado, laws and statutes on: annulment, 186; bigamy, 30; interracial marriage, 34
Commentaries (Blackstone), 59
Common Benefits Clause, Vermont, 149–50
common-law marriage, 9–10, 78–80; abolition of, 81; age minimums for, 81, 339n110; vs. cohabitation, 83, 89; decline of, 84–89; eugenics movement and, 85–86; expectations in evidentiary privileges and, 79; in media and popular culture, 82–83; as "meretricious" relationship, 79; morality/moral codes and, 78–80; new common-law marriage, 139–41; pension benefit claims in, 84, 88; property rights and, 84, 86–87; proving, 82–83, 87; records for, 84; Social Security Act and, 84; state laws on, 80–83, 88, 350–51n3, 351n7, 351n13; widow's rights in, 78, 80–81, 86–88; Workers Compensation laws and, 84, 88; WW I soldiers and, 84
community marriage policies, 188
community property, 137, 194–95, 212, 379n6
companionate marriage, 11–12, 56–58, 63–64, 77, 178
compulsory education laws, 264–65
Concerned United Birthparents (CUB), 317
Concerned Women of America, 148
Conciliation Court, 174–76
condonation, 162, 179
Conger, Darva, 182
conjugal association, 62
Connecticut, laws and statutes on: alimony, 204, 382n69; civil unions, 150–51; contraceptives, 113–14; inheritance rights, 243; interracial marriage, 335n27; marital health controls, 40; same-sex relationships, 150–53
Connell, Shannon, 136–37
Connell v. Francisco (1995), 136, 140

consensual divorce, 174–76
Constitution, federal: Due Process Clause, 38, 114–15, 271, 276; Equal Protection Clause, 38, 43, 291, 414n39; Full Faith and Credit clause, 147–49, 170, 172, 327, 367–68n38, 368nn43–44; right of parents under, 217, 263–64; right to marry under, 28, 35–39, 146–47, 151–53; right to privacy, 112–14; Sixteenth Amendment, 68
constitutions, state. *See specific states*
contraceptives, 52, 109, 113–14, 337n71, 359n8
contracts: cohabitation agreements, 129–36, 364nn52–57; enforceable cohabitation agreements, 364nn52–57; freedom of contract, 210; palimony agreements, 131–36; post-adoption contracts, 319–20; postnuptial agreements, 212, 385n115; prenuptial agreements, 186, 209–13, 385nn108–15; reconciliation agreements, 174–76, 212; separation agreements, 212–13; surrogacy contracts, 301, 322, 410n93
Cooder, Ry, 171
Cooksey, Helen, 323–24
Coontz, Stephanie, 57
Cooper, William, 240
Corbin, John, 279
Corbin v. Reimen (2010), 279
Cott, Nancy, 66
cousin marriages, 46–47, 49
covenant marriage, 187–89
coverture, rules of, 59–60, 193
Craig v. Boren (1976), 366n23
criminal adultery. *See* adultery
criminal conversation, 93–95, 102
criminal neglect. *See* neglect
cruelty, as grounds for divorce, 161, 163, 165, 168, 172, 207
Culkin, Macaulay, 283
cultural genocide, 312, 415n51. *See also* ICWA; transracial adoption
Cummings, Ray, 352n20
Current Population Survey, 55
custody. *See* child custody
Czapanskiy, Karen, 218

Dacey, Norman F., 395n55
Daddy and Papa (film), 420n128
Daggett, Harriet Spiller, 98
Damaged Goods (Brieux), 41
"Danger" (Kenyan polygamist), 31
Dasgupta, Gautam, 103
Davidson, Renzie, 62–63
Davis, Novel and Shepherd, 179
Davis, Sylvester, 34
Davis v. Davis (2009), 374n100
"deadbeat dads," 15, 229
Debra H. v. Janice R. (2010), 278
decree *nisi,* 175
de facto marriage, 88
de facto parentage, 278–79
Defense of Marriage Act (DOMA), 148–49
Deficit Reduction Act of 2005, 191
DeFina, Virginia, 105–6
Delaware, laws and statutes on: inheritance rights, 251; torts, 65
Department of Health and Human Services (DHHS), 190, 273, 313
desertion, as grounds for divorce, 161, 168, 223–24
DeShaney, Joshua, 271
DeSilva, Howard and Lillian, 207–8
destination weddings, 47
Devaney, Helen, 135
Devaney v. L'Esperance (2008), 135
DHHS, 190
Dickens, Charles, 59
disinheritance, 241, 244–45
DiTrapani, Karlie, 272
divorce, 13–16, 159–60, 370n1; commissioners/proctors for, 165; early divorce, 4–6; economic consequences of, 192–93, 282–83n74, 384n93, 386n125; effect on families, 203, 213–14, 223, 227, 230; increased demand for, 163–64; *a mensa et thoro,* 159; in nineteenth century, 5; poverty and, 203, 213–14, 223, 227, 230; rates in U.S., 53, 141, 163–64, 169; reconciliation agreements in, 174–76, 212; residency requirements for, 168–72; resistance to, 173–74; Roman Catholicism and, 177–78; state laws on, 160–63, 372n50, 372n56; unilateral divorce, 177,

179; *a vinculis matrimonii,* 159
divorce, grounds for, 160–63, 168, 370n6, 371n29, 373n69; abandonment, 4, 179, 248, 373n69, 374n100; adultery, 160–62, 167–68, 373n71; consensual divorce, 174–76; cruelty, 161, 163, 165, 168, 172, 207, 371n29; desertion, 161, 168, 223–24; incompatibility, 13, 177; irreconcilable differences, 176; neglect, 162, 168; recrimination, 162, 164–65, 179
divorce, substitutes for. *See* annulment; legal separation
divorce, types of, 14, 140–41, 176–80, 186, 206–7, 374n93; absolute, 21, 159, 161, 183; collusive, 163–68, 173, 179; consensual, 174–76; covenant, 187–89; easy, 13, 169–71, 187; international, 169–72; migratory, 44, 171–72, 184; mutual consent, 174–75; no-fault, 14, 140–41, 176–80, 186, 206–7, 374n93, 383n82; parent-child, 283; without grounds, 172–73
divorce mills, 172, 372–73n58
divorce tourism, 169–72, 372–73n58
DNA testing for paternity, 289
Doe, Mary, 121
DOMA, 148–49
domestic partnerships, 13, 138, 145, 150, 153
Domestic Relations Law, New York, 293
domestic violence, 71–73; "battered women's syndrome," 74; elder abuse, 255–57; mandatory arrest laws for, 73; marital fault and, 206–7; marital rape, 74–77, 350n121; newborns, abandoned/killed, 19, 271–74, 401nn66–67; removal of children in, 269–70; self-defense in, 74; "stitch rule" in, 72; wife-beating, 72
Dominican Republic, divorce in, 171–72
Donor Sibling Registry, 318
Douglas, Caroll, 260
Douglas, William O., 113
Dowd, Maureen, 376n134
dower, right of, 5, 237
Draper, Betty, 169

Drexler, Melissa, 272
Dubay, Matt, 290–91
Dubler, Ariela, 359n5
Due Process Clause, 38, 114–15, 271, 276
Dugdale, Richard, 85–86
Dunne, Irene, 44, 175
Durham, Christine, 119
duty of support. *See* alimony; marriage

earning power: child support and, 225–28; property division in divorce and, 205; of wives, 197–99
education as property, 206
education laws, 264–65
Edwards, Elizabeth and John, 102
egg donors, 302, 318–19, 326, 408n64
egg mothers, 20, 326
Einstein, Albert, 46
Eisenstadt v. Baird (1972), 113, 337n71
elder abuse, 255–57
elder care, 252–54; guardianship arrangements for, 258–59; protecting wealth of elderly, 257–61
Electra, Carmen, 182
Elisa B. v. Superior Court (2005), 325–26
Ellis, Sarah, 173
emancipation of minors, 282–83
Embry, Lara, 327
embryo donors, 318–19
Employee Retirement and Income Security Act (ERISA), 69, 205
engagement rings, suits for return of, 104–6, 358n77, 358n84
engagements, broken. *See* breach of promise
England (U.K.), surrogacy bans in, 299
English law: adoption laws, 305; adoption records laws, 318; criminal conversation, 94; incest laws, 45–46; inheritance rights, 237–39; parentage laws, 405n17; widow's rights, 237
Equality of Status Act of 1982, 357n70
Equal Protection Clause, 38, 43, 291, 414n39
equitable distribution, 196–200, 380n27; fairness in, 199–200; high-income couples and, 200–201

Erickson, Sally, 62–63
ERISA, 69, 205
Erlanger, Abraham, 80–81
escheats to state, 238
Estate of May (1953), 49
Estate of Roccamonte, In re (2002), 135
Estin, Ann, 134
Estin v. Estin (1948), 172, 337n60
estoppel, 326
Ethiopia, adoptions from, 320
Ettelbrick, Paula, 154
eugenics movement: common-law marriage and, 85–86; sterilization statutes, 86, 112–13, 359nn12–13
Europe: adoption records laws in, 318; divorce laws in, 177; same-sex relationships in, 152
Expatriation Act of 1907, 65–66
expressive individualism, 8, 106, 112, 173, 231, 328, 331
expressive marriage, 58, 63–64, 68, 77, 173–74, 178, 186
extended family, visitation rights of, 275–79

Family and Medical Leave Act of 1993 (FMLA), 69
Family Bureau of the National Catholic Welfare Conference, 34
family law, as field, 2
Family Law Reform Act of 1978, 357n70
family life: death and, 16–17; extended family today, 251–53; gender roles, traditional, 57–63, 67, 162, 174, 189, 192–93, 197; vs. individualism, 84, 277; provider spouse vs. dependent spouse, 204; social role of, 1–3, 235–36; traditional family, changes to, 3–9, 21–23, 57–58family violence. *See* domestic violence
fatherhood: child custody and, 221–22, 392n84; child support law and, 223–24; husbands, traditional gender roles of, 57–63, 162, 174, 189, 192–93, 197; unwed fatherhood laws, 293–95, 407n54. *See also* paternity
fault, marital, 206–9

427

federal law on: child support enforcement, 225–26, 228–31, 391n77; child welfare services, 268–70; elder care, 252–54; marriage definitions, 148; race-matching in adoption, 313. *See also* Constitution, federal
Ferguson, Linda and Billy, 196–97, 200
Ferguson v. Ferguson (1994), 196–97
Fernandez, Joseph Y., 181
Fields, Martha, 410n93
filius nullius, 238, 287–88
Finch, Billie Ann, 103
Finch v. Dasgupta (2001), 103
Fineman, Martha, 280
first-cousin marriages, 46–47, 49
Fischer, Robert, 315
Fisher, Eddie, 169
Fitch, Jerry, 103
Fixel, Charlotte, 80–81
FLDS, 29–31
Fleischmann, Max, 97
Fleischmann, William N., 97
Fleming, Erin, 260
Florida, laws and statutes on: ADC laws, 275; adoption, 295–96, 308, 310, 323, 327; cohabitation, 122, 362n7; common-law marriage, 80; divorce, 161; inheritance rights, 237, 244; interracial marriage, 34–35; legal separation, 159; parentage, 289–90; same-sex adoption, 323, 327; torts, 65; transracial adoption, 310
Florida Adoption Act of 2001, 295
FMLA, 69
Fontaine, Evan Burrows, 96–97
Food Stamp program, 254–55
forced assimilation, 267, 311–12
Fortenberry, Nadine, 43
foster children, 268, 270–71
"Fragile Families and Child Wellbeing Study," 54
Francis, Henry, 169
Francisco, Richard, 137
fraud, as grounds for annulment, 181, 183–87
Frech, John A., 95
free speech rights, student, 284

Full Faith and Credit clause, 147–49, 170, 172, 327, 367–68n38, 368nn43–44
Fundamentalist Church of Jesus Christ of Latter Day Saints (FLDS), 29–31
Funk, Clarence, 98

Gabor, Zsa Zsa, 51
Gaden v. Gaden (1971), 105
gamete donation, 318–19
Gardiner, J'Noel and Marshall, 154
Garmong v. Henderson (1915), 92
Gault, Gerald, 284
Gault, In re (1967), 284
gay adoption. *See* same-sex adoption/parenting
gay marriage. *See* same-sex relationships/marriage
gay rights movement, 143–44, 146, 150, 152, 154, 366nn6–7. *See also* same-sex relationships/marriage
Gemmil, William N., 164
gender dysphoric disorder, 154
gender roles, traditional, 57–63, 67, 162, 174, 189, 192–93, 197
gender wage gap, 198–99, 380–81nn41–48
General Assembly of the United Presbyterian Church, 34
Georgia, laws and statutes on: alimony, 204; civil unions, 151; cohabitation, 124; heart balm laws, 103–4; inheritance rights, 241; interracial marriage, 33, 36; privacy, 114–15; same-sex relationships, 124, 151; sodomy, 114, 124–25, 362n14
gestational surrogacy, 286, 300
Gestational Surrogacy Act of 2004, 300
Ghosts (Ibsen), 41
Gibbs, Wayne, 103
Gilbert and Sullivan, 93
Gimbel, Frederick, 97, 100, 354n26
Glendon, Mary Ann, 21, 379n22
Goddard, Henry Herbert, 86
Godfrey v. Spano (2009), 368n44
Golden, Ellen, 352–53n35
gonorrhea, 40
Gonzalez v. Carhart (2007), 360n18
Goode, William, 166–67
good-faith marriage, 88

Goodridge v. Department of Public Health (2003), 151–52
Gordon, Linda, 72
Gould, Marion and Roy, 40
Gould v. Gould (1905), 40
Graham, Margrethe, 61
Graham v. Graham (1940), 61
grandparent visitation rights, 275–79
Grant, Cary, 44, 67, 175
Granville-Smith v. Granville-Smith (1955), 171
Green, Thomas, 29–30
Gregory K. (TV movie), 283
Grey's Anatomy (TV series), 82–83
Griswold v. Connecticut (1965), 71, 113–14, 143
Grossberg, Amy, 272
Grube, Barbara and Edward, 184
Guam, divorce in, 172
guardian *ad litem*, 269
guardianship: for child abuse victims, 269; for the elderly, 258–59

Haddock v. Haddock (1906), 372n56
Haiti, divorce in, 171
Hall, Fred, 48, 84
Hamilton, C. H., 121
Hamilton, Juan, 260
Hammer v. Dagenhart (1918), 274
Hansen, Torry Ann, 320
Hanson, Pauline Maier, 183–84
Harrold, Carol and Gary, 277
Hartog, Hendrik, 63
Hasday, Jill, 274
Hatch, Orin, 219
Havell, Theresa, 206–7
Havell v. Islam (2002), 207
Hawaii, laws and statutes on: civil unions, 147, 150; same-sex marriage, 146–48, 366n23
Hazzard, Arthur, 33
health controls, marital, 39–43, 338n87
Healthy Marriage Initiative, 191
heart balm laws, 12, 22, 90; alienation of affections, 93–95, 211, 223, 356n59, 356nn57–58, 358n74; breach of promise, 12, 90–93, 355n50, 357n70; criminal conversation, 93–95, 102; decline of, 96–104, 355–56nn48–59, 355–56nn50–59, 355n50, 357n70; trends in, 104–6, 358n77, 358n84
Heather Has Two Mommies (Newman), 324
Hector, Alice, 388n25
Hedin, In re (1995), 259
Henning, Josephine, 98
Henry, Travis, 228
Hewitt, Victoria and Robert, 130
Hewitt v. Hewitt (1979), 130–31
Heyzer, Charles H., 247
HHS, 190, 273, 313
HIV-AIDS testing, 41–42
Ho, Cung and Thuy, 139
Hobbs, Debra, 124–25
Hofbauer, Joey, 265–66
Hogan, Frank, 173
Hollenbaugh v. Carnegie Free Library (1978), 127
Holmes, Oliver Wendell, Jr., 113
home schooling, 264–65, 398n17
homestead rights, 243–44
homosexuality. *See* same-sex relationships/marriage
Honore, Adrian C., 96
Horn, Joan, 127
Horn, Wade, 190
Huckabee, Mike, 188
Hughes, Howard, 237
Hunter, Rielle, 102
Hupp, Charles, 73
Hurt, William, 82
husbands, traditional gender roles of, 57–63, 162, 174, 189, 192–93, 197
Hutelmyer, Dorothy and Joe, 102

Ibsen, Henrik, 41
ICWA, 267, 311–12
Idaho, laws and statutes on: common-law marriage, 80, 351n7; divorce, 172; heart balm laws, 356n55; marital health controls, 41; property rights, 379n6
illegitimate children: inheritance rights of, 238–39, 244, 287, 407n41; number of, 20; parentage laws and, 20, 287–88, 405n12, 407n41; protection against discrimination,

illegitimate children (*cont'd*)
20, 239, 292; rights to tort damages by, 20, 239, 287, 292
Illinois, laws and statutes on: adoption, 317; adoption records, 315, 317; children's rights, 281; civil unions, 150; cohabitation, 123, 130–31, 220; common-law marriage, 80, 87; divorce, 161; elder care, 257; heart balm laws, 99; inheritance rights, 185, 238, 407n41; interracial marriage, 335n27; juvenile courts, 18, 284; marital health controls, 42; marital naming, 59; parentage, 238–39, 292, 300–301; same-sex relationships, 153; surrogacy, 300–301; underage marriage, 281
immigration laws, 65–68
impotence, as grounds for annulment, 182–83
incest laws, 45–47, 49
income taxes, 68–70
incompetency, determining, 258
independent adoptions, 308–9
Indiana, laws and statutes on: adoption, 315; divorce, 165–66; eugenics movement, 86, 112; heart balm laws, 99–100, 355n48; inheritance rights, 248, 295nn49–51; marital health controls, 41; marriage, 60–61; marriage evasion, 49; privacy, 112; sterilization, 86
Indiana Equality, 395
Indian Child Welfare Act of 1979 (ICWA), 267, 311–12
individualism, 8–9, 84, 106, 112, 173, 202, 231, 277, 328, 331
infant safe haven laws, 271–74, 401nn70–71
informal marriage. *See* common-law marriage
inheritance rights: of adoptive children, 244, 315, 328, 416nn70–72; bloodlines and, 238; of children, 244–45; cohabitation and, 139; in common-law marriage, 86–87; dead hand control, 250–51; disinheritance and, 241, 244–45; of distant relatives, 237–38, 393n4; homestead rights and, 243–44; intestate succession

and, 236–40; mortmain statutes and, 248; parentage laws and, 7, 20, 286–87; of posthumously conceived children, 303, 412n119; of same-sex couples, 240, 395n49; separate property and, 241; slayer laws and, 257; trusts/trustees, 248–51, 396n58; of widows, 4–5, 236–37, 242–44, 393n4; wills and, 139, 240–48; 365n75, 394n20, 395n44, 396n58
in loco parentis, 18
Institute for American Values, 189
intent to parent, 325–29
interlocutory decree, 175
interracial cohabitation, 34–35
interracial marriage: *Loving v. Virginia*, 35–39, 143, 146; miscegenation laws and, 32–37; states without bans on, 335n27
interstate marriage recognition, 27–28, 147–50, 367–68n38, 368nn43–44
intestate succession, 236–40
in vitro fertilization, 7, 20, 286, 300–302, 326
Iowa, laws and statutes on: adoption, 315; child custody, 216–17; child support, 223, 227, 393n11; divorce, 168, 177; heart balm laws, 356n57; inheritance rights, 259; parentage, 294–95; postnuptial agreements, 212, 385n115; same-sex marriage, 327; same-sex relationships, 153; unwed fatherhood, 294
irreconcilable differences, 176
Islam, Aftab, 206–7

Jackson, John Hardy, 271
Jacobson v. Massachusetts (1905), 265
Jarrett, Jacqueline and Walter, 123, 220
Jarrett v. Jarrett (1979), 123, 220
Jeffs, Rulon, 29, 31, 335n24
Jeffs, Warren, 31
Jennings, Sandra, 82
Jessica M. ("Baby Jessica"), 293–95
Jessop, Carolyn, Foneta, and Merril, 27
Jessop, Raymond M., 30
Jewish marriage traditions, 49, 251, 339n97
Johnson, Jack, 33
Johnson, Seward, 246

joint child custody, 221–23
Jolie, Angelina, 320
Jones, Alice, 33
Jones, Jill, 358n74
Jones, Terrence, 127
Journal of Genetic Counseling, 46
Joyce, Charles, 73
"Jukes, The" (Dugdale), 85
juvenile courts, 7, 18, 284

Kallikaks, the (Goodard), 86
Kane, Frederick L., 355n50
Kansas, laws and statutes on: common-law marriage, 86; divorce, 162; marital age, 44–45; marital health controls, 40; sex toys, 118; transsexuals' right to marry, 154–55
Kaufmann, Robert D., 247
Keezer, Frank, 92
Kentucky, laws and statutes on: consensual sodomy, 360n22; divorce, 172; same-sex relationships, 143
kibbutz, Israeli, 262
Kingsley, Gregory, 283
Kinsey reports, 73, 111–12, 144
Knapp, Chester B., 93
Knoll, Munio, 67
Koegel, Otto E., 84
Korea, adoptions from, 311, 320
Koso, Matthew, 44–45
Kramer vs. Kramer (film), 219
Kristine H. v. Lisa R. (2005), 326

Ladue v. Horn (1986), 336n40
Laetrile, 265–66, 398n25
LaGasse, Jill, 101
Lambda Legal Defense and Education Fund, 154
Langan, John, 151, 393n18
La Pearl, James H., 96
Las Vegas weddings, 47
Lawrence v. Texas (2003), 11, 115–19, 125, 220, 323, 360n26
Lawson, William C., 66
legal child custody, 222
legal neglect. *See* neglect
legal separation, 159–60, 337n60

Lehr, Jonathan, 293–95
Lehr v. Robertson (1983), 293–95
L'Esperance, Francis, 135
Levi-Strauss, Claude, 46
Leviticus, law of, 45
Levy v. Louisiana (1968), 20, 239, 292
Lewis, Jerry Lee, 46
Lewis v. Harris (2006), 369n67
Liberta, Mario, 75
Limon, Matthew, 118
Lipscomb, Ethel, 182–83
"living in sin," 10, 84, 104, 121, 178. See also cohabitation
living trusts, 249–50
Lofton, Steven, 323, 420n128
Lombardo v. Lombardo (1993), 222–23
Long, Mary, 121–22
Lord, Thomas, 356n54
Lott, Trent, 148
Louisiana, laws and statutes on: child custody, 388n33; child support, 228; covenant marriage, 187, 189; divorce, 161, 172; inheritance rights, 244; interracial marriage, 36; parentage, 20, 239; prenuptial agreements, 61; property rights, 379n6; same-sex relationships, 388n33; transracial adoption, 310
Love, Susan, 323–24
"Love Stuff" company, 118
Loving, Mildred Jeter and Richard, 27, 35–39
Loving v. Virginia (1967), 35–39, 143, 146, 366n20
Lundquist, Anne, 102
Lutwak, Marcel, 67
Lutwak v. United States (1953), 67–68

Maccoby, Eleanor, 223
Mackenzie, Ethel, 66
Mad Men (TV series), 169
Madonna, 320
Maglica, Anthony, 133–34
Maglica v. Maglica (1998), 133
Maine, laws and statutes of: heart balm laws, 92, 94; same-sex relationships, 153
Malay people, 32
Malbrough, Graciella and Ira D., 257

Maldonado, Solangel, 393n11
maltreatment. *See* child abuse; domestic violence; neglect
Mandel, Lilian, 97, 100, 354n26
Mani, Brenda and James, 208
Mani v. Mani (2004), 384n102
Mann Act of 1910, 110, 116, 359n2
Manning, John Bernard, 97
marital expectations, 56–58
marital fault, 206–9, 384n94, 384n97, 384nn102–4
marital privacy, 71–73, 113
marital privilege, 64
marital property: division of, 196, 199–200, 206–8, 381nn53–54; new property, 205–6. *See also* property division in divorce
marital rape, 74–77, 350n121
marital unity, 59
Mark I Love You (Painter), 217, 387n9
marriage, 9–13; citizenship laws and, 65–68, 376n131; definitions of, 143, 148, 365n4, 366n6; as economic unit, 68–70; expectations in evidentiary privileges and, 79; legal consequences of, 58–63; societal views about, 51–52, 191; states' control over, 27–28; validity of, 42–43, 47–50, 339n101
marriage, alternatives to: civil unions, 149–51, 393–94n18; domestic partnerships, 13, 138, 145, 150, 153. *See also* cohabitation
marriage, dissolution of. *See* divorce
marriage, evasion of restrictions on, 49, 152, 342n143
marriage, restrictions on: age requirements, 28, 30, 44–45, 81, 182–83, 339n110; bigamy, 27–28, 30; health controls, 39–43, 338n87; incest, 27–28, 45–47; miscegenation laws, 32–37; polygamy, 27–32; remarriage waiting periods, 43–44, 169; state power over, 27–28
marriage, types of: companionate, 11–12, 56–58, 63–64, 77, 178; cousin, 46–47, 49; covenant, 187–89; expressive, 58, 63–64, 68, 77, 173–74, 178, 186; good-faith, 88;

individualized, 12; post-companionate, 11–12, 58; putative, 88, 129. *See also* common-law marriage
marriage-like relationships. *See* cohabitation
marriage mills, 10, 47
Marriage of Farr, In re (2010), 186
marriage promotion movement, 189–91
marriage rate, U.S., 53–56; decline in, 126, 164, 389n43; racial variations in, 54–56, 345n352
Married Women's Property Acts, 4, 60, 193, 346–47n59
marry, right to, 28, 37–39; African-Americans and, 54; constitutional basis of, 28, 35–39, 146–47, 151–53; same-sex marriages and, 146–47, 151–53, 369n67; transsexuals' rights to, 154–55
Marshall v. Marshall (1931), 185
Martin, April, 322
Martinez v. City of Monroe (2008), 368n44
Marvin, Lee, 131–35
Marvin v. Marvin (1976), 10, 131–36, 138, 140, 330
Marx, Groucho, 260
Maryland, laws and statutes on: divorce, 160, 162, 166, 183; same-sex marriage, 149, 154
Massachusetts, laws and statutes on: adoption, 305, 421nn134–35; annulment, 183, 185; cohabitation, 122; compulsory education, 264; contraceptives, 113; divorce, 168; marital age, 44; marriage, 49–50; parentage, 303; parental rights, 263–65; postnuptial agreements, 212; same-sex adoption, 323–24, 328; same-sex relationships, 151–54
May, Fannie and Sam, 49
Maynard v. Hill (1888), 37
McConnell, James, 142–44
McCutchen v. McCutchen (2006), 356n59
McFarlin, Marjorie and Edward, 100
McGilvray, Duncan, 93
McGuire, Lydia and Charles, 62
McGuire v. McGuire (1953), 62
McLaughlin v. Florida (1964), 34
McNinch v. McNinch (1954), 371n29

Mead, Margaret, 46
Medicare/Medicaid, 6, 17, 254–56
Meli, Josie and John, 74
Mendes, Josephine, 181
MEPA, 313
meretricious relationships, 79, 134, 137
Mexico, divorce in, 13, 170–71, 341n134
Meyer, David D., 360n26
Meyer v. Nebraska (1923), 263
Michael H. v. Gerald D. (1989), 289
Michigan, laws and statutes on: child custody, 218, 222; cohabitation, 122, 362n7; heart balm laws, 92, 94, 99; home schooling, 398n17; marital health controls, 40; marriage, 61; parentage, 291, 294
migratory divorce, 44, 171–72, 184
Millon Clinical MultiAxial Inventory, 219
Mills v. Atlantic City Dep't of Vital Statistics (1976), 316
Miner, Julius, 175
Minnesota, laws and statutes on: adoption, 306; adoption records, 315; cohabitation, 364n55; common-law marriage, 80; divorce, 177; marital health controls, 40; parental rights, 277; same-sex relationships, 142, 144
misconduct, marital, 206–9
Mississippi, laws and statutes on: adoption, 305; alienation of affections, 102–3; criminal conversation, 102; equitable distribution, 196–200; marital age, 45; marital health controls, 41; marriage, 43; property rights, 365n75; same-sex adoption, 323, 420n132; same-sex marriage, 154; uniform marriage, 50
Missouri, laws and statutes on: cohabitation, 127; marriage, 39
Mitchell, Madge, 97
Mnookin, Robert, 223
Moceanu, Dominique, 283
Mom's Apple Pie: The Heart of the Lesbian Mothers' Custody Movement (film), 388n33
Montana, laws and statutes on: adoption, 310; interracial marriage, 34; old-age pensions, 253; transracial adoption, 310

Monte, Dora, 183
Moore v. City of East Cleveland (1977), 127–28, 337n71
morality, laws reflecting, 110–12
Moran, Rachel, 106
Mormon Church, 28, 397n3. *See also* polygamy
Morrill Act of 1862, 28
mortmain statutes, 248
Moyers, Linda and Eugene, 181, 375n112
Moyers v. Moyers (1952), 374n100
Multiethnic Placement Act of 1994 (MEPA), 313, 415n59
multiracial adoption, 310–14
Musser, Rebecca, 31

National Association of Black Social Workers (NABSW), 312, 415n51
National Center for Child Abuse and Neglect, 268
National Center for Men (NCM), 291
National Center on Elder Abuse, 256
National Conference of Commissioners on Uniform State Laws (NCCUSL), 48
National Gamete Donor Registry, 319
National Geographic, 29
National Women's Party, 247
Native Americans, 18, 267, 311–12; adoption and child protection of, 267, 311–12; common-law marriage among, 353n38
Neal, Mary and Thomas, 101
Neal v. Neal (1994), 356n55
Nebraska, laws and statutes on: divorce laws in, 177; interracial marriage, 32; marital age, 44–45; marital rape, 75; marriage, 62; parental rights, 263; safe haven laws, 272; second-parent adoptions, 324
neglect: as child abuse, 269, 271–74; elder abuse and, 255–57; as grounds for divorce, 162, 168; legal neglect, 265–66; medical neglect by parents, 265–66
Netting, Rhonda and Robert, 302–3
Netting v. Gillette-Netting, 302–3
Neumann, Dale and Leilani, 266
Neumann, Madeleine, 266

索 引 433

Nevada: divorces in, 13, 169–70, 337n60; weddings in, 47
Nevada, laws and statutes on: adoption, 310; annulment, 186–87, 377n143; cohabitation, 137; divorce, 169–70, 172, 177–78; domestic partnership, 150; elder care, 252; interracial marriage, 34; no-fault divorce, 178, 374n93; old-age pensions, 253; property rights, 379n6; transracial adoption, 310
newborns, abandoned/killed, 19, 271–74, 401nn66–67
New Hampshire, laws and statutes on: divorce, 161; interracial marriage, 33; same-sex relationships, 150, 153
New Jersey, laws and statutes on: adoption records, 316; alimony, 208–9; child support, 229; cohabitation, 135; common-law marriage, 88; divorce, 384n102; equitable distribution, 380n34; heart balm laws, 95; marital rape, 350n121, 74; safe haven programs, 272; same-sex relationships, 150, 154; surrogacy, 298, 300–301
Newman, Leslea, 324
Newman v. Dore (1937), 242
New Mexico, laws and statutes on: divorce, 162, 173; marital age, 44; property rights, 379n6; same-sex relationships, 152
new property. *See* property division in divorce
New York, laws and statutes on: adoption, 314; adultery, 5, 13, 119; annulment, 184–86; child custody, 217; child support, 226–27; cohabitation, 364n57; common-law marriage, 81, 87, 351n13; divorce, 5, 13, 160, 167–68, 172, 207, 373n58; family law, 373n75; grandparent visitation, 277; guardianship, 259; heart balm laws, 95, 98, 100–101, 105–6; incest, 49; inheritance rights, 240, 242–43, 247–48, 303, 412n119; legal separation, 337n60; marital health controls, 42; marital rape, 75; marriage, 42–43; marriage evasion, 49; no-fault divorce, 178–79, 186, 206–7; parentage, 291,

293–94; parental rights, 265–66, 277; posthumously conceived children, 303, 412n119; same-sex adoption, 421n145; same-sex marriage, 154, 369n67; same-sex relationships, 151, 240; second-parent adoptions, 327, 421n135; surrogacy, 299; unwed fatherhood, 293–94
New York Society for Ethical Culture, 42
New York Times, 52, 95, 98, 101, 171
Nicholson, Roberta West, 99
Nicholson v. Scoppetta (2004), 269
Nock, Steven, 139
no-fault divorce, 14, 140–41, 176–80, 186, 206–7, 374n93, 383n82
non-marital cohabitation. *See* cohabitation
North Carolina, laws and statutes on: adoption, 319–20; alimony, 209; bigamy, 43; child custody, 221; cohabitation, 117, 121, 124–25; divorce, 170, 172, 373n71; heart balm laws, 101–2, 356n59; inheritance rights, 248; interracial marriage, 36
North Dakota, laws and statutes on: elder care, 252; heart balm laws, 356n52
Nussbaum, Hedda, 400n51

O'Brien, Honora, 97
O'Brien, Loretta and Michael, 206
O'Brien v. O'Brien (1985), 206
Oddo v. Presser (2003), 356n61
Oedipus, 45
Office of Child Support Enforcement, 225
O'Gorman, Hubert J., 373n75
Ohio, laws and statutes on: adoption, 307–8, 313, 324; common-law marriage, 80; divorce, 163, 168, 183; inheritance rights, 251, 396n58; juvenile courts, 284; marital health controls, 40–41; marriage, 42; parental rights, 277; postnuptial agreements, 385n115; second-parent adoption, 324
O'Keefe, Georgia, 260
Oklahoma, laws and statutes on: alimony, 195; common-law marriage, 353n37; eugenics movement, 38, 112–13, 359nn12–13; inheritance rights, 243; marital health controls, 42

Olcott, Joseph, 246–47
Oliver Twist (Dickens), 59
Olsen, Arthur P., 90–91
Olson v. Saxton (1917), 90–91
one-drop rule, 32. *See also* interracial marriage
O'Neill, William, 57
O'Neil v. Schuckardt (1986), 356n56
Oregon, laws and statutes on: adoption, 306; adoption records, 317; annulment, 181; cohabitation, 132–33; divorce, 163, 165; domestic partnership, 150; interracial marriage, 32, 34; marital rape, 75–76; parental rights, 263; property rights, 138
Orr v. Orr (1979), 70, 201–2
Ott, Geraldine, 86–87
Owen, Ruth Bryan, 66–67

Painter, Harold, 216
Painter, Mark, 216–17
Painter v. Bannister (1966), 216–17
Palermo, Rose (Rose Cheatham), 70
palimony agreements, 131–36
Palmer, Mrs. Potter, 96
Palmore v. Sidoti (1984), 310, 314, 414n41
pan-ethnicity, 311
parens patriae power, 18, 262
parentage, 287–88; adoptive relationships, 314–15; de facto parentage, 278–79; for illegitimate children, 20, 287–88, 405n12, 407n41; inheritance rights, 7, 20, 286–87; for legitimate children, 288–89; nonmarital childbirth rates, 406n37; paternity, establishing, 289–92, 405nn23–24; posthumously conceived children, 302–4, 411–12nn108–19; sperm donors, rights of, 296–97, 408n64, 408n68; surrogacy and, 297–302; unwed fatherhood, 292–96, 393n10, 407n54
parental alienation syndrome, 219
parental consent, marital age requirements and, 44–45, 340n116
parental rights and duties, 17–19, 262–66, 279–81; constitutional basis for, 217, 263–64; vs. state rights, 18–19, 264–66; stepparents' rights, 278–79; vs. third party rights, 275–79
parent-care. *See* elder care
parenting, gender-based stereotypes about, 217–19
Parker, Richard and Margaret, 289–90
Parkinson, Ruth and Richard, 88
"partnership principle," 199–201
paternity: child support enforcement and, 224, 228–29; disavowals of, 290–92, 406n34; establishing, 289–92, 405nn23–24; requirements for adoption, 295
Paterson, David, 119–20
Patton, Mollie, 90
Pennsylvania, laws and statutes on: common-law marriage, 80; divorce, 162, 177; domestic violence, 73; elder care, 255; inheritance rights, 245; marital health controls, 42; old-age pensions, 253; prenuptial agreements, 210
pension benefits as property, 205–6, 253
People v. Liberta (1984), 75
People v. Meli (1922), 74
Perez, Andrea, 34
Perez v. Sharp (1948), 34
Perry, Twila, 312
Personal Responsibility and Individual Development for Everybody Act of 2005 (PRIDE), 190
Peterson, Brian, 272
Peterson v. Widule (1914), 41
Pew Forum on Religion and Public Life, 150
Pew Research Center surveys: cohabitation, 126; marriage gap, 56; same-sex couples, 145, 153
Pierce v. Society of Sisters (1925), 263
pillow talk privilege, 64
"place of celebration" rule, 48
Planned Parenhood v. Casey (1992), 360n18
Planned Parenthood v. Danforth (1976), 282
plural marriage/plural wives. *See* polygamy
polyandry, 32
polygamy: in African societies, 31; Brethren of the United Order, 29; gender equality and, 31–32; male supremacy in, 31–32; in Mormon fundamentalism,

435

polygamy (cont'd)
  27–31; in Muslim faith, 31; religion and right to privacy in, 118–19; state recognition of, 48–49; Yearning for Zion Ranch, 30–31; young girls and, 30–31
post-adoption contracts, 319–20
post-companionate marriage, 11–12, 58
postnuptial agreements, 212, 385n115
poverty: child abuse and, 274–75; divorce and, 203, 213–14, 223, 227, 230; family law and, 2; of mothers and children, 273–74
Powell, Lewis, 114
prenuptial agreements, 186, 209–13, 385nn108–15
PRIDE Act of 2005, 190
primary caretakers, 217–18
Prince v. Massachusetts (1944), 263
Principles of the Law of Family Dissolution (ALI Principles), 138–39, 204, 208, 211, 223, 386n120, 390n68, 391n72
privacy, right to: abortion and, 39, 109, 113–14, 291; adoption laws and, 295–96; constitutional basis of, 112–14; contraceptives and, 113; *Lawrence v. Texas* and, 11, 115–19, 125, 220, 323, 360n26; marital privacy, 71–73, 113; paternity testing and, 291; religion and, 118–19; same-sex relationships and, 109, 143–44
probate estate, 242
Prochnow, Joyce, 288
property, classification of, 242–43
property division at death. *See* inheritance
property division in divorce, 192; in common-law system, 193–94; community property, 137, 194–95, 212, 379n6; coverture, 193; equitable distribution, 196–200, 380n27; marital fault and, 206–9, 384n94, 384n97, 384nn102–4; new property, 205–6; non-economic contributions and, 197, 199, 227; pension benefits, 205–6; premarital property, 193–94; prenuptial agreements and, 209–13, 385nn108–15; separate property, 196, 199–201, 381nn53–54; title-based distribution, 193–94

property rights: cohabitation and, 137–38; common-law marriage and, 84, 86–87
Proposition 8, 153
Prosser, William L., 64
Prost, Sharon, 219
Protection from Abuse Act of 1976, 73
Protestantism, divorce in, 164
Puffer, Mabel, 33
putative marriage, 88, 129

Quakers, 42, 339n97
quantum meruit, 133, 140

race-matching in adoption, 312–14, 414n41
"race suicide," 85. *See also* eugenics movement
racial classifications: in adoptions, 310–14; in interracial marriage, 32–33
racial marriage gap, 54–56, 345n352
Radochonski v. Radochonski (1998), 377n137
Ramsey, Carolyn, 72
rape: changes in legal definition of, 75–76; child-rape, 29–30, 334n15; marital rape, 74–77; in polygamy, 31–32; statutory rape, 31, 45, 110, 115, 118
reciprocal beneficiary status, 147
reconciliation agreements, 174, 212
recrimination, 162, 164–65, 179
Rehnquist, William H., 271
Reliable Consultants, Inc. v. Earle (2008), 118
religion: adoption and, 314; dissolution of marriage and, 160, 164, 177–78, 180–81, 185; freedom of, 28–30; incest laws and, 45–46; privacy rights and, 118–19
remarriage: rate of, 54; waiting periods for, 43–44, 169
reproductive rights, 112–14, 126–27; contraceptives, 52, 109, 113–14, 337n71; sterilization statutes, 86, 112–13, 359nn12–13. *See also* abortion
reproductive technology: advances in, 7, 20, 286–87; artificial insemination, 20, 286, 322, 324–25, 408n64; *in vitro* fertilization, 7, 20, 286, 300–302, 326; posthumously conceived children, 302–4, 411–12nn108–119; surrogacy, 20, 297–302, 322, 409nn78–79

Republic (Plato), 262
retirement earnings test (RET), 254
Reynolds, Bridget and Michael, 185
Reynolds, Debbie, 169
Reynolds v. United States (1878), 28
Rheinstein, Max, 173
Rhinelander, Leonard, 33
Rhode Island, laws and statutes on: divorce, 172; incest, 49; same-sex relationships, 152
Richmond, Mary, 48, 84
Rideout, Greta and John, 76
Rider, Marion and William, 76
Robertson, Lorraine, 293
Rockwell, Rick, 182
Roddenbery, Seaborn, 33
Rodman, Dennis, 182
Roe v. Roe (1985), 388n33
Roe v. Wade (1973), 113, 337n71
Romania, adoptions from, 320–21
"Romeo and Juliet" law, 118
Romney, Mitt, 152
Roosevelt, Theodore, 85
Rosenblat, Herman, 182, 376n116
Rosengarten v. Downes (2002), 151
Rothman, Cappy, 303
"ruined" women, 91
Russ, George, 283
Russell, Diana, 76
Russia, adoptions from, 320
Ryan, Kimberly, 327

safe haven laws, 272–74, 401nn70–71
same-sex adoption/parenting, 321–25, 420n132, 421n145, 421nn134–35, 422n152; intent to parent and, 325–29; public opposition to, 328; research in support of, 327–28; second-parent adoption and, 324, 327, 421n135
same-sex relationships/marriage, 12–13; anti-same-sex marriage movement, 147–49, 153–54; child custody disputes and, 151, 220–21, 388n33; civil unions, 149–51, 393–94n18; current trends, 152–53; domestic partnerships, 13, 138, 145, 150, 153; equality and, 151; fight for legal recognition for, 144–46;

foreign countries, rights in for, 152; gay rights movement, emergence of, 142–44; inheritance rights in, 240, 395n49; legal recognition for, 144–46, 393–94nn18–19; marriage evasion laws, 152; privacy rights and, 109, 143–44 (see also *Lawrence v. Texas*); Proposition 8, 153; reciprocal beneficiary status, 147, 368n44, 393–94n18; right to marry, 146–47, 151–53, 369n57; societal views about, 145–46, 155
Sanford, Mark, 119–20
San Francisco Chronicle, 309
Sanger, Carol, 272
Schiro, Jennie and Mike, 245
scientific racism. *See* eugenics movement
Scott, Stephen, 105–6
second-parent adoptions, 324, 327, 421n135
seduction, tort of, 12, 92, 94, 162, 357n70. *See also* heart balm laws
self-defense, 74
separate property: common-law system of rights and, 193–94; division of, 196, 199–200; inheritance of, 241
"separate spheres" ideology, 3, 57, 216
separation, legal, 159–60, 337n60
separation agreements, 212–13
serial monogamy, 171
Sex and the City (TV series), 117
sex-based classification, 147, 366n23
sex discrimination, 70–71; gender-based alimony statutes, 201–2; gender wage gap, 198–99, 380–81nn41–48; against men, 291; name changes, marital, 59, 70, 346n56; same-sex relationships, 146; sodomy laws and, 366n20; unwed fatherhood and, 292–96
sexual abuse. *See* rape
sexual aids/sex toys, 109, 117–18
sexually transmitted diseases. *See* venereal diseases
sexual revolution, 12, 89, 106, 109
Shackelford, Cynthia, 102
Shahar, Robin, 124
Shahar v. Bowers (1997), 124, 362n14
Shakers, 162

437

Shalimar Wedding Chapel, 47
Shanks, Randall, 210
Shanley, Mary Lyndon, 419n105
Shapira, David, 251
Sharon S. v. Superior Court (2003), 324
Sharpe Furniture, Inc. v. Buckstaff (1980), 61
Shaw, Lemuel, 356n54
Shell, RoseMary, 103
Sheppard-Towner Act, 274
Sheridan, Ann, 67
Short Creek community, 29
Siegel, Reva, 71
Simeone v. Simeone (1990), 210
Simpson, O. J., 218, 387n23
single-parent households: children in, 230–31
Sister Wives (TV series), 30
Skinner, B. F., 262
Skinner v. Oklahoma (1942), 38, 112–13, 143
slayer laws, 257
Smith, Albert, 74
Smith, Joseph F., 28
Smoot, Reed, 28
Social Security Act of 1935 (SSA), 5, 17; benefits for children conceived posthumously, 302–3; child welfare agencies and, 268; common-law marriage and, 84; elder care and, 17, 252–54; Office of Child Support Enforcement, 225; spousal rights to benefits of, 69–70, 254
social welfare programs: federal child welfare services, 268–70; Food Stamp program, 254–55; Medicare/Medicaid, 17, 254–56; for mothers and children, 274–75
Society for Reproductive Medicine, 318
sodomy statutes, 124–25, 360n22, 362n14; *Lawrence v. Texas* and, 11, 115–19, 125, 220, 323, 360n26; sex discrimination and, 366n20
soft-core adultery, 167–68, 184
Soldier Bride acts, 67
South Africa, same-sex relationships in, 152
South Carolina, laws and statutes on: adultery, 119–20; alimony, 195; common-law marriage, 82; covenant marriage, 188; divorce, 161, 341n134; inheritance rights, 248; marital age, 44; property rights, 194
South Dakota, laws and statutes on: common-law marriage, 81; criminal conversation, 102; elder care, 255; heart balm laws, 357n67; interracial marriage, 34
Spears, Britney, 182
Spellings v. Parks (1900), 92
sperm donation, 318–19, 322; rights of donors, 296–97, 318, 408n64, 408n68
Spicehandler, Neal, 151
Spitzer, Eliot, 119–20
spousal support, 195–379n10. *See also* alimony; property division
Stanley, Joan and Peter, 292
Stanley v. Illinois (1972), 292
state authority: of children's welfare, 18–19, 283–85; of marriage regulation, 27–28
state laws and statutes. *See specific states*
State v. Lynch (1980), 43
statutory marital age, 44–45, 81, 339n110
statutory rape, 31, 45, 110, 115, 118
Steffes, Virgil, 132
Steinberg, Joel, 400n51
Steinberg, Lisa, 270, 400n51
stepparent adoptions, 310, 315, 421n135
stepparents' rights, 278–79
sterility, 46, 185
sterilization statutes, 86, 112–13, 359nn12–13
Stern, William and Elizabeth, 297–99
Stoddard, Thomas, 154
Stone, Lawrence, 8
Stonewall Riots (1969), 143, 146
Straub, Margaret and Walter, 160
Straus, Clara Dorner and Ferdinand, 242–43
Strittmater, Louisa, 247
succession, law of. *See* inheritance rights
Sunstein, Cass R., 368n43
support payments. *See* alimony
surrogacy, 20, 297–302; contracts for, 301, 322, 410n93; gestational surrogacy, 300; parentage rights and, 297–99, 409n78,

409n86; societal views about, 20, 298, 301, 409n79
syphilis, 39–43, 338n87

TANF, 225, 274–75
taxes, income, 68–70
Taylor, Elizabeth and Bertrand, 86–87
Temporary Assistance to Needy Families (TANF), 225, 274–75
"tender years" doctrine, 215, 217
Tennessee, laws and statutes on: adoption, 267, 417n88; divorce, 161, 165; heart balm laws, 92, 99; interracial marriage, 35; marital age, 110; sex discrimination, 70
testation, freedom of, 236, 241, 245
test tube babies, 286
Texas, laws and statutes on: adoption, 310; cohabitation, 364n55; common-law marriage, 81, 350–51n3; divorce, 162; elder care, 256; heart balm laws, 162; infant safe havens, 272; parental rights, 265; property rights, 379n6; safe haven laws, 272; sex toys, 117–18; transracial adoption, 310
Thomas, Henry, 121–22
Thompson, Dorothy, 167
Thompson v. Thompson (1910), 64
Tinker v. Des Moines Independent Community School District (1969), 284
title-based property distribution, 193–94
Tolstoy, Leo, 56
tort law, 64–65, 95, 239, 307, 357n70
Totten trust, 250
Townsend, Francis E., 253
Townsend Plan, 253
traditional family: changes to, 5–9, 21–23, 57–58; images of, 3–4
traditional gender roles, 57–63, 162, 174, 189, 192–93, 197
transracial adoption, 308, 310–14, 414n39, 415–16n59, 415n51
transsexuals, marriage rights of, 154–55
Treitler, Regina, 67
Trial by Jury (Gilbert and Sullivan), 93
Triola, Michelle (Michelle Marvin), 131–35
Troxel, Tommie and Brad, 276

Troxel v. Granville (2000), 276–77, 279
trusts/trustees, 248–51, 396n58
Turner v. Safley (1987), 39
TwoOfUs.org, 190

ULC, 42–43
underage marriage. *See* age requirements, marital
undue influence, 246–48, 365n75
Uniform Adoption Act of 1994, 407n54
Uniform Illegitimacy Act of 1922, 405n12
Uniform Marriage and Divorce Act of 1970 (UMDA), 200, 207, 381nn53–54, 387n16, 390n66
Uniform Marriage and Marriage License Act, 1911, 48
Uniform Marriage and Property Act of 1983 (UMPA), 379n6, 381n54
Uniform Marriage Evasion Act (1912), 49
uniform marriage laws, 48–49
Uniform Parentage Act (UPA), 290, 296–97, 405n23, 411n108
Uniform Premarital Agreement Act of 1983 (UPAA), 63, 210
Uniform Probate Code, 238
Uniform Status of Children of Assisted Conception Act of 1988, 409n86
United Kingdom, surrogacy bans in, 299
United Nations Convention on the Rights of the Child, 280
United States Children's Bureau, 268
Universal Life Church (ULC), 42–43
unnatural will, 139, 248
Unruh Civil Rights Act, 322
unwed fatherhood, 292–96, 393n10
UPA, 290, 296–97, 405n23, 411n108
UPAA, 63, 210
USA Today, 145
Utah, laws and statutes on: adoption, 420n132; bigamy, 30; child custody, 217; criminal conversation, 102; incest, 46; marriage, 43; polygamy, 27–31, 118–19; same-sex adoption, 323, 420n132; same-sex marriage, 154

vaccinations, 265
Vail, Mayme and Clarence, 51, 342n2

索 引

439

Valentine, Sandra and Johnny, 103
Van Buren, Abigail, 83
Vanderbilt, Jacob, 94
Van Dyke, Dick, 132
Vazakos, Alexander, 181–82
venereal diseases: as grounds for annulment, 185; marital health controls for, 39–43, 338n87
Vermont, laws and statues on: alimony, 204; civil unions, 151; same-sex adoption, 323; same-sex relationships, 149–51, 153
Vernier, Chester, 159–60, 305
Vernoff, Bruce, 302
Village of Belle Terre v. Boraas (1974), 128
violence. *See* domestic violence
Virginia, laws and statutes on: child custody, 220; eugenics movement, 113; fornication, 116–17; interracial marriage, 27, 32, 35–38, 146; marriage, 43; same-sex relationships, 146
Virgin Islands, divorce in, 171
Virtue, Maxine, 165
visitation rights: child support and, 230; grandparent's rights, 275–79
void/voidable marriage. *See* annulment; marriage

wage-earning work, women's right to, 197–99
wage gap, gender, 198–99
Waite v. Waite (1993), 65
waiting periods: before divorce, 175, 377n141; before marriage, 43–44, 169
Walden Two (Skinner), 262
Wallender, Sharon, 132–33
Walter, Florence, 182–83
Walters, Barbara, 319
War Bride Act of 1945, 67
Ward, Violet, 94
Warner, John, 226
Washington, D.C., laws and statutes on: marital health controls, 42; same-sex relationships, 153; torts, 64
Washington Post, 171
Washington state, laws and statutes on: alimony, 204; cohabitation, 136–40;

common-law marriage, 83; domestic partnership, 150; elder care, 252; heart balm laws, 101, 356n57; inheritance rights in, 239, 245; marital health controls, 40; parentage, 278–79; parental rights, 276; property rights, 379n6; same-sex adoption, 327; same-sex marriage, 154
Wassermann test, 338n87
Watson v. Lord (1918), 356n54
Way We Never Were, The (Coontz), 57
weddings, costs of, 47
Weiss, Walter, 247
Weitzman, Lenore, 202
Wendt, Lorna and Gary, 200–201
West Virginia, divorce laws in, 165, 371n29
Whitehead, Mary Beth, 297–300
White Slave Traffic Act. *See* Mann Act of 1919
Whitney, Cornelius Vanderbilt, 96
Whose Child Is This? The War for Baby Jessica (TV movie), 295, 407n51
Who Wants to Marry a Millionaire? (TV show), 182
widow's/widower's rights: in common-law marriage, 78, 80–81, 86–88; inheritance rights, 4–5, 237, 242–44, 393n4
wife-beating, 72
Williams v. Morgan (2007), 118
Williams v. North Carolina (1942), 149
wills/will contests, 139, 240–48, 365n75, 394n20, 395n44, 396n58. *See also* inheritance rights
Winslow, John B., 41
Wisconsin, laws and statutes on: alimony, 204; child support, 390n68; cohabitation, 122; divorce, 164–65, 172; incest, 119; interracial marriage, 335n27; marital health controls, 41; parentage, 288–89; property rights, 379n6; remarriage waiting periods, 44; second-parent adoptions, 324
Wisconsin v. Yoder (1972), 264–65
Wolfe v. Wolfe (1979), 185–86
Wolfson, Evan, 147
womb mothers, 20, 326
women: chastity and, 91, 101, 104, 159–60,

围城之内

185; cohabitation and, 126–38; divorce effect on earning power for, 199, 282–83n74, 384n93, 386n125; gender wage gap, 198–99, 380–81nn41–48; legal position under common law, 4–5; marital name changes, 59, 70–71, 346n56; marriage patterns and, 52–56; standard of living inequalities in divorce, 203–4, 213–14; traditional gender roles, 57–63, 162, 174, 189, 192–93, 197; traditional views of, 3, 57, 90–91, 216; wage-earning rights, 197–99; wives, traditional role of, 57–63, 162, 214

Woodward v. Commissioner (2002), 303

Workers' Compensation laws, common-law marriage and, 84, 88

Wright, W. W., 165

Wyman v. Wallace, 356n57

Wyoming, inheritance rights in, 244

Xenia, Luise, 181–82

Yearning for Zion Ranch, 30–31

Young, Andrew, 102

Young, Stephen, 254–55

Young Democratic Clubs of America, 34

Zablocki v. Redhail (1978), 39

Zaffere, Frank D., 355–56n51

Zellweger, Renée, 182

Zuckerman, Max, 173

围城之内